京津冀产业协同发展理论与实践研究

THEORETICAL AND PRACTICAL RESEARCH ON THE COORDINATED DEVELOPMENT OF INDUSTRIES IN THE BEIJING-TIANJIN-HEBEI REGION

《北京社会科学》编辑部　主编

序

2024年是京津冀协同发展战略实施十周年的重大节点。习近平总书记指出，京津冀协同发展是一个系统工程，不可能一蹴而就，要做好长期作战的思想准备。2024年1月，尹力书记主持召开北京市推进京津冀协同发展领导小组会议指出，要研究谋划好今年工作，立足三地各自资源禀赋，破解制约发展的根节问题，强化协同、同向发力，推动京津冀协同发展走深走实，展现新气象、新作为。

为深入贯彻落实习近平总书记关于京津冀协同发展战略的重要指示批示精神，落实落细尹力书记在北京市推进京津冀协同发展领导小组会议上的部署，进一步加强京津冀协同发展理论研究，特别是京津冀产业协同发展的研究，由北京市社会科学院副院长鲁亚主编、《北京社会科学》编辑部主任赵勇及编辑部团队成员构成的本书编写组科学化组织、精细化约稿，形成了一大批有影响力的京津冀一体化选题论文。编写组从2022年6月开始策划，7~12月为第一阶段，编写组查阅国内外产业协同发展的相关资料，通过线上线下专家咨询会、调研访谈等形式进行专栏主题调研，在此基础上开展社会化征稿、专家约稿等组稿工作。2023年1~6月为第二阶段，编写组对北京、天津、石家庄、雄安等城市进行实地调研，学习借鉴不同城市产业布局和规划中所形成的新模式、新理念，在此基础上遴选主题性、创新性和宣传性较强的文章。2023年7~12月为第三阶段，编写组征求各方意见对专栏文章进行修改完善，编辑成册。2023年11月25日，编写组与东莞理工学院马克思主义学院共同举办了“京津冀、珠三角产业协同发展比较研究学术研讨会”。在此次会议上，《北京社会科学》编辑部主任赵勇在专题发言中指出，京津冀与珠三角两大城市群有共性也有差异，由此构成了比较研究的大前提；北京大学经济学院王大树教授认为，京津冀地区基于各自独特的发展定位，错位发展；首都经济贸易大学特大城市经济社会发展研究院执行副院长叶堂林教授提出，要以创新为抓手提升科技成果对接效率，促进北京创新成果在京津冀落地转化。上述专家为本书的编写贡献了智慧与心血。在前期开展的系列实践的基础上，编写组围绕京津冀产业协同发展这一研究主题，以“专业性优、可读性高、指导性强”为遴选标准，在一大批优秀论文中分类分层精细化选定编入本书，力求对京津冀产业协同发展的理论探索、实践经验、发展路径等研究成果进行总结与宣传。

本书以“京津冀产业协同发展”为主题，共分为五个子议题，分别是理论框架与发展路径、人口疏解与民生改善、结构升级与协调发展、风险防范与环境治理、影响机理与协同效果。其中，理论框架与发展路径部分主要运用马克思主义科学分析方法探究京津冀产业高质量发展中存在的问题，并对相关理论命题进行细致研究，包括《基于构建新发展格局的首都发展战略》《京津冀建设中国式现代化先行区、示范区的理论逻辑与路径选择》《同城化的中国实践、概念阐释和政策思路》等文章；人口疏解与民生改善部分主要探究京津冀一体化与人口疏解和民生改善的关系，包括《京津冀城市群双核心结构下的城市最优人口分布》《非首都功能疏解下的城市通勤决策逻辑——以首钢家庭为例》《北京市机构养老供给现状及环京布局》等文章；结构升级与协调发展部分主要探究京津冀产业发展问题，如京津冀地区绿色产业、金融产业、旅游产业等的高质量发展，包括《经济集聚、产业结构升级与绿色经济效率协调发展——基于京津冀与粤港澳大湾区的比较分析》《金融科技与京津冀地区产业结构升级》《协同学视角下京津冀公共法律服务协同机制研究》等文章；风险防范与环境治理部分主要探究京津冀协同发展如何应对来自多个方面风险的问题，包括《京津冀协同发展政策效果评估——以家庭经济风险为例》《京津冀地区房地产金融风险评估——基于支持向量机模型的实证分析》《京津冀及周边地区大气污染治理

“协同—绩效”评估》等文章；影响机理与协同效果部分主要对京津冀产业协同发展的影响与效果进行分析，包括《京津冀协同发展规划对税收收入的影响》《京津冀协同发展对企业成长的影响效应及作用机制》等文章。上述五个子议题对京津冀产业协同发展涉及的内容进行了科学分类，研究范围广泛、研究视角多样、研究层次鲜明，为京津冀产业协同发展提供了较好的理论参考。

诚然，京津冀产业协同发展是一个常谈常新的议题，本书编写组和作者对这一议题进行的探究并不能穷尽所有，对京津冀产业协同发展的研究还需要久久为功、日日深究，而这恰恰是今后编写组乃至致力于该议题研究的学界同人的目标。

《北京社会科学》编辑部

2024 年 12 月

目　录

理论框架与发展路径

基于构建新发展格局的首都发展战略 ………………… 杨开忠　牛　毅 / 003
京津冀建设中国式现代化先行区、示范区的理论逻辑
　与路径选择 ……………………………………………… 刘秉镰　边　杨 / 022
同城化的中国实践、概念阐释和政策思路 ………… 张懿玮　刘士林 / 045
中国首都圈的综合发展能力和协同治理水平测度 …… 陆　军　毛文峰 / 066
京津冀产业高质量协同发展中存在的问题及对策 ……………… 叶堂林 / 085
中国式现代化建设背景下京津冀产业协同发展路径
　………………………………………………………… 李兰冰　徐瑞莲 / 101

人口疏解与民生改善

京津冀城市群双核心结构下的城市最优人口分布 …… 童玉芬　刘志丽 / 123
非首都功能疏解下的城市通勤决策逻辑
　——以首钢家庭为例 ……………………………………… 刘中一 / 142

京津冀地区产业结构转型对城乡居民收入差距的影响
…………………………………………………… 李玉姣　王晓洁 / 160
北京市机构养老供给现状及环京布局 …………………… 赵　杨 / 180
北京市义务教育优质均衡发展的政策路径 ……… 薛二勇　王红伟 / 197

结构升级与协调发展

经济集聚、产业结构升级与绿色经济效率协调发展
——基于京津冀与粤港澳大湾区的比较 ………… 刘照德　聂普焱 / 221
金融科技与京津冀地区产业结构升级 ……………… 廖正方　王　丽 / 248
协同学视角下京津冀公共法律服务协同机制研究 ………… 雷　刚 / 268
京津冀旅游业协同发展的理论框架与优化方向 …………… 厉新建 / 287
京津冀协同发展对产业结构升级的影响效应及作用机制
…………………………………………………… 申珍妮　李小平 / 305

风险防范与环境治理

京津冀协同发展政策效果评估
——以家庭经济风险为例 ……………………… 张　冀　史　晓 / 333
京津冀地区房地产金融风险评估
——基于支持向量机模型的实证分析 …………… 葛红玲　孙　迪 / 357
京津冀及周边地区大气污染治理“协同—绩效”评估
…………………………………………………… 谢永乐　王红梅 / 378
京津冀地区数字经济发展对碳排放的影响效应
——来自2011~2019年13个地级及以上城市的经验证据
…………………………………………………… 姜汝川　景辛辛 / 403

影响机理与协同效果

京津冀协同发展规划对税收收入的影响 …………… 周　波　申亚茹 / 425
京津冀协同发展对企业成长的影响效应及作用机制
……………………………………………………… 李素英　刘　珊 / 452
基于投入产出表的京津冀产业协同发展水平测度 …… 刘　冲　李皓宇 / 474
京津冀与珠三角协同创新比较分析 ………………… 叶堂林　刘哲伟 / 494

理论框架与发展路径

基于构建新发展格局的首都发展战略*

杨开忠　牛　毅**

摘　要：　新中国成立以来，首都发展战略演变在根本上取决于中国社会主要矛盾、中心任务和发展战略的转变。本文在揭示构建新发展格局本质为构建强大的全球资源优化配置能力的基础上，提出新发展阶段首都发展战略的本质是建设强大的全球资源优化配置中心城市，走全球高精尖集聚发展之路，全主体、全要素、全过程提升首都在全球范围内决定"为谁生产、生产什么、怎样生产、在哪里生产、谁以及按什么规则和程序决策"的能力。为此，本文提出要吸引和培育跨国公司总部、全球性组织、有全球话语权的媒体与机构，加快建设全球金融中心、全球科技创新中心、全球人才发展中心、国际消费中心城市和新兴要素交易市场，大力提升国际规则创制能力、打造全球定价中心、发展高端生产性服务业、提升全球城市服务能力和打造世界顶级交通体系。

关键词：　首都发展战略　新发展格局　全球城市　全球资源配置能力

---

* 本文已发表于《北京社会科学》2024年第1期。

** 杨开忠，中国社会科学院生态文明研究所党委书记，中国社会科学院大学应用经济学院院长，教授，博士研究生导师；牛毅，首都经济贸易大学国际经济管理学院常聘副教授，博士研究生导师。

一 引言

首都发展战略始终是中国现代化的重大命题，自中华人民共和国成立以来，首都发展战略历史演变从根本上取决于中国社会主要矛盾、中心任务和发展战略的转变，经历了社会主义革命和建设时期重工业优先发展、改革开放和社会主义现代化建设新时期发展“首都经济”以及中国特色社会主义新时代推动高精尖集聚发展的深刻变化。

在社会主义革命和建设时期，中国社会的主要矛盾是人民对于建立先进的工业国的要求同落后的农业国的现实之间的矛盾，是人民对于经济文化迅速发展的需要同当前经济文化不能满足人民需要的状况之间的矛盾。国家的主要任务是推进“四个现代化”，尽快地从落后的农业国变为先进的工业国。为此，1954 年 10 月，党中央批复首都功能定位为中国政治、经济和文化的中心，其中，全国经济中心定位的核心内涵是国家强大的工业基地，文化中心定位的核心内涵是国家科学技术中心。为与国内主要矛盾、根本任务和首都功能定位相适应，北京实行了重工业优先发展的战略。到 1978 年，北京建成了门类比较齐全的工业体系，冶金、化工、纺织、重型机械制造加工等产业发展成为支柱产业，第二产业产值占 GDP 的比重从 1949 年的 37% 上升至 71%，北京一度成为中国北方重工业城市之首。

在改革开放和社会主义现代化建设新时期，中国社会的主要矛盾是人民日益增长的物质文化需要同落后的社会生产之间的矛盾，根本任务是坚持以经济建设为中心，集中力量发展社会生产力。在此背景下，1980 年 4 月，党中央明确首都功能定位是全国政治中心、文化中心和国际交往中心。为与国内主要矛盾、根本任务、首都功能定位相适应，党中央确立了北京需“发展适合首都特点的经济”即“首都经济”的战略。北京不再以发展重工业为主，而是大力发展高新技术产业和第三产业，第三产业产值占 GDP 的比重从 1978 年的 23.9%增长到 2012 年的 79.0%。

中国特色社会主义进入新时代后，中国社会的主要矛盾转化为人民日益增长的美好生活需要和不平衡不充分的发展之间的矛盾，经济社会发展方式转变为高质量发展。在此背景下，党中央明确了北京作为全国政治中心、文化中心、国际交往中心、科技创新中心和建设国际一流和谐宜居之都的定位，要求疏解北京非首都功能、优化提升核心功能，推动京津冀协同发展。在全面建成小康社会、实现第一个百年奋斗目标之后，中国开启了全面建设社会主义现代化国家的新征程，向第二个百年奋斗目标进军，进入新发展阶段。以习近平同志为核心的党中央立足于中华民族伟大复兴战略全局和世界百年未有之大变局，进一步指出新发展阶段的中心任务是以中国式现代化全面推进中华民族伟大复兴，发展战略是加快构建以国内大循环为主体、国内国际双循环相互促进的新发展格局。习近平总书记要求把构建新发展格局同实施国家区域协调发展战略衔接起来，各地区要找准自己在国内大循环和国内国际双循环中的位置和比较优势，有条件的地区可以率先探索有利于促进全国构建新发展格局的有效路径，发挥引领和带动作用。[①] 首都在构建新发展格局中的位置在哪里？应该发挥怎样的作用？如何优化调整首都功能定位和经济社会发展战略以适应新的位置、发挥新的作用？这无疑是新发展阶段首都经济发展面临的重大理论和实践问题。对此，已有相关文献[②]有所触及，但所谈不深。鉴于此，本文试图在明确新发展格局本质的基础上做出回答。

二　新发展阶段首都发展战略

首都北京是中国经济和世界经济结合的中枢，其发展战略无疑必须服从服务构建新发展格局。因此，要找准新发展阶段首都发展战略定位，必须先搞清楚构建新发展格局的本质是什么。

---

① 习近平谈治国理政：第四卷[M]. 北京：外文出版社，2022：226.

② 包路林. 科学回答首都发展的重大时代课题[J]. 前线，2023（5）：53-56；李国平. 把握首都发展内涵切实加强“四个中心”建设[J]. 北京观察，2022（2）：12-13；赵继敏. 习近平总书记的首都城市战略定位思想及其指导意义[J]. 前线，2018（5）：27-30；伍建民. 加快实施首都创新驱动发展战略[J]. 前线，2023（8）：77-80.

（一）构建新发展格局的本质

构建新发展格局是中央根据中国新发展阶段、新历史任务、新环境条件做出的重大战略决策。自构建新发展格局提出以来，探讨其本质究竟是什么就成了学术界的焦点。关于这个问题的讨论尽管众说纷纭，但归结起来，主要有主体地位论、去依附论和全球资源配置能力论三种认识。

主体地位论是最早也是多数文献的观点。这种观点认为，构建新发展格局的本质是增强国内大循环的主体地位，甚至有一种极端倾向认为，新发展格局是逆全球化的一部分，是中国式“脱钩”战略。习近平总书记指出，以国内大循环为主体，绝不是关起门来封闭运行，而是要科学认识国内大循环和国内国际双循环的关系，主动作为、善于作为，建设更高水平开放型经济新体制，实施更大范围、更宽领域、更深层次的对外开放。[①] 同时，从贸易和 GDP 增长动态关系来看，以国内大循环为主体是 20 世纪六七十年代和 2008 年后的主要特征，在新发展阶段无疑会更加明显。因此，主体地位论既不切合中央实行更高水平开放战略的意图，又非新发展阶段才有的内在规定性。

去依附论认为构建新发展格局是新发展阶段突破“依附性”的经济现代化路径、过程和战略。[②] 习近平总书记指出，构建新发展格局最本质的特征是实现高水平的自立自强。[③] 从世界体系来看，实现高水平的自立自强无疑要有一个突破“依附性”的过程，但构建新发展格局、实现高水平的自立自强不止于去依附性。正如习近平总书记所指出的，从根本上来说，构建新发展格局是适应中国发展新阶段要求、塑造国际合作和竞争新优势的必然选择，以国内大循环为主体是通过发挥内需潜力，使国内市场和国际市场更好地联通，以国内大循环吸引全球资源要素，更好

---

① 习近平谈治国理政：第四卷[M].北京：外文出版社，2022：156.

② 黄群慧.新发展格局的理论逻辑、战略内涵与政策体系——基于经济现代化的视角[J].经济研究，2021，56（4）：4-23.

③ 习近平谈治国理政：第四卷[M].北京：外文出版社，2022：177.

利用国内国际两个市场两种资源，提高在全球配置资源的能力，更好争取开放发展中的战略主动。[①] 因此，去依附论仍然没有触及构建新发展格局的实质。

笔者主张全球资源配置能力论[②]，认为构建新发展格局的本质在于获取强大的全球资源优化配置能力，成为全球资源优化配置中心国家，具体包括使中国成为全球主要的消费中心、分配中心、高端生产中心、创新中心、供应链运筹管理中心及全球经贸规则的制定者。这既是实现全面现代化、应对世界大变局的必然要求，也是中国作为负责任大国履行自身使命和责任的需要，因而是中国在新发展阶段的必由之路。究其具体依据，包括以下两个方面。一是从世界体系来看，国家现代化是从世界体系的边缘地带到核心地带的转变过程，从被支配位置到支配位置的转变过程，表现在经济上就是一个不断获取全球资源配置能力的过程。当大国现代化达到一定水平时，进一步现代化就势必带来强大的全球资源优化配置能力。一方面，中国日益走进世界体系的核心，已是全球第二大经济体，第一大对外投资目的国（2020 年）、资本净输出国（2015 年）、对外投资国（2021 年），第五大知识产权贸易经济体，新一轮产业革命重要中心。另一方面，大而不强的特征明显，中国依然是一个技术和知识产权净进口国，一些关键核心技术更是受制于人。因此，迫切需要战略性地建设全球资源优化配置能力。二是世界百年未有之大变局加速演变，全球新一轮产业革命方兴未艾，围绕全球资源优化配置能力的国际竞争进入关键期。在这种环境下，如果没有强大的全球资源优化配置能力，中国就不能把握未来发展的主动权，不能按照人民意愿和利益配置国内国际资源，不能更有效地履行一个负责任大国的使命和责任，也将不利于更好地为人类命运共同体建设贡献中国智慧和中国方案。

---

① 习近平谈治国理政：第四卷[M].北京：外文出版社，2022：156.

② 杨开忠．形成强大的全球资源优化配置能力[J].财贸经济，2022，43（1）：14-16.

（二）基于新发展格局本质的首都发展战略

“全球城市”也称“世界城市”，西方学者一般强调其命令和控制功能，认为全球城市是世界权力中心和决策中心[①]，是世界经济组织高度集中的控制点和超国界的全球化网络得以构建的关键节点[②]，是主导全球资本生产与资本市场、控制全球产业分布和劳动力市场、创新全球生产与管理技术的全球经济控制中心。[③] 以经济命令与控制为主要标准，纽约、伦敦、东京等城市通常被视为最高能级的全球城市。[④] 中国在国际关系中奉行和平共处、平等互利、共生共享的原则，强调全球城市的全球影响力和竞争力。[⑤] 从新发展格局来看，全球城市是国内国际双循环的中枢，是具有全球资源优化配置能力的生产中心城市。因此，全球城市建设是构建新发展格局的战略引擎。

以习近平同志为核心的党中央高度重视全球城市建设在构建新发展格局中的引领作用，不仅积极推动典型全球城市建设，先后将成都、武汉、郑州、西安等定位为具有全国中心性、国际性的国家中心城市[⑥]，批复北京建设全球中心城市和上海建设卓越全球城市，而且系统明确地强化全球城市和世界级城市群的全球资源优化配置能力建设方向。2019 年 11 月，习近平总书记在上海考察时明确要求，要强化全球资源配置功能、科技创新策源功

---

① Lefebvre H. The Urban Revolution[M]. Minneapolis, MN: University of Minnesota Press, 2003.

② Sassen S. The Global City[M]. Princeton, NJ: Princeton University Press, 1991: 3-15.

③ Friedmann J, Wolff G. World city formation: an agenda for research and action[J]. International journal of urban and regional research, 1982, 6 (3): 309-344; Friedmann J. The World City hypothesis [J]. Development and change, 1986, 17 (1): 69-83.

④ Friedmann J, Wolff G. World city formation: an agenda for research and action[J]. International journal of urban and regional research, 1982, 6 (3): 309-344; Beaverstock J V, Smith R G, Taylor P J. A roster of world cities[J]. Cities, 1999, 16 (6): 445-458; Godfrey B J, Zhou Y. Ranking world cities: multinational corporations and the global urban hierarchy [J]. Urban geography, 1999, 20 (3): 268-281.

⑤ 杨开忠．中国特色世界城市建设理论与实践[J].科学中国人，2011 (9)：22-25.

⑥ 在 2025 年的国土空间总体规划中，成都、武汉、郑州、西安被定位为“大区中心城市”。

能、高端产业引领功能和开放枢纽门户功能。[①]《中华人民共和国国民经济和社会发展第十四个五年规划和2035年远景目标纲要》提出，优化提升超大特大城市中心城区功能，增强全球资源配置、科技创新策源、高端产业引领功能，提升综合能级与国际竞争力，以京津冀、长三角、粤港澳大湾区为重点，提升创新策源能力和全球资源配置能力，加快打造引领高质量发展的第一梯队。

在打造具备强大全球资源优化配置能力的全球城市方面，北京有着巨大的潜力与优势。第一，北京作为中国首都，集中了全国党、政、军首脑机关，以及大部分全国性的总公司、行业总会和金融机构总部，这些机构对全国乃至全世界都有着巨大影响。第二，北京是全国科技和教育事业最发达的地区，高校、一流人才和科研成果的数量与质量在全国均居领先地位。第三，各国使馆、国际组织的驻华代表机构和大量外商机构集聚北京，与世界各地联系频繁且紧密。因此，北京在中国最早被赋予"全球城市"的使命和责任。1993年国务院对《北京城市总体规划（1991年—2010年）》的批复中率先提出，应将北京建成世界第一流水平的现代化国际城市；2005年国务院对《北京城市总体规划（2004年—2020年）》的批复中指出，北京是现代国际城市；2007年中国共产党北京市第十次代表大会提出，世界城市是国际城市的高端形态，在政治、经济及文化领域具有全球影响力，是具有全球意义的战略资源的聚集和配置中心；《北京城市总体规划（2016年—2035年）》提出，到2050年北京将建成"全球中心城市"。

目前，北京在全球城市体系中仍存在一定的上升空间。根据全球化与世界城市研究网络（The Globalization and World Cities Research Network，GaWC）对全球城市的排名，全球一线城市中的最高档一直被纽约和伦敦占据着，北京虽然由2000年的全球二线城市跃升至全球一线城市，但目前尚处于全球一线城市中的第二档（见表1）。

---

① 习近平：城市是人民的城市，人民城市为人民[N]. 人民日报（海外版），2019-11-04(1).

表 1　2000~2020 年中国进入 GaWC 全球城市排名的城市

级别		2000 年	2010 年	2020 年
全球一线城市（Alpha）	A++			
	A+	香港	香港、上海	香港、上海、北京
	A		北京	
	A-	台北、上海	台北	广州、台北、深圳
全球二线城市（Beta）	B+	北京		成都
	B		广州	天津、南京、杭州、重庆
	B-		深圳	武汉、长沙、厦门、郑州、沈阳、西安、大连、济南
全球三线城市（Gamma）	G+			青岛、苏州、昆明、合肥
	G			台中、海口
	G-	广州		福州、哈尔滨、高雄、太原
全球四线城市（Sufficiency）	HS		天津	宁波、澳门
	S	深圳	南京、青岛、成都、杭州、大连、澳门	乌鲁木齐、珠海、贵阳、南宁、长春、南昌、石家庄、无锡、呼和浩特、兰州、台南

因此，构建新发展格局必须把首都建设成为强大的全球资源优化配置能力生产中心。这意味着，定位首都功能和战略地位，必须深刻领悟党的十九届五中全会提出的将北京建设成国际科技创新中心的战略背景和精神，实现从全国的政治中心、文化中心、国际交往中心、科技创新中心到全球的政治中心、文化中心、国际交往中心、科技创新中心的转变，走全球高精尖集聚发展之路。

三　实现新发展阶段首都发展战略定位的途径

全球资源优化配置能力本质上是指在全球范围内决定“为谁生产、生产什么、怎样生产、在哪里生产、谁以及按什么规则和程序决策”的能力。为获取强大的全球资源优化配置能力，更好地服务构建新发展格局，首都在新发展阶段应通过以下三个方面的 14 条路径全主体、全要素、全过程地推进全球高精尖集聚发展，大力提升北京全球资源优化配置能力。

（一）全主体提升全球资源优化配置能力

1. 吸引、培育跨国公司总部

以跨国公司为代表的国际企业在全球化过程中逐步成为世界经济运作的主导力量，是全球资源配置的重要主体。跨国公司为寻求更廉价的生产要素组合，不断调整企业组织形式与区位布局，生产部门的投资重心逐渐转向基本生产要素充足且廉价的半边缘国家，但总部及研发部门仍然保留在全球城市等核心城市区域，使这些核心城市具备了控制和协调功能。[①] 跨国公司不仅通过公平竞争、平等交易、产业链关联等渠道参与全球资源的市场化配置，也通过公司管理对各类资源要素在不同部门、不同层级和不同地域之间进行行政式配置[②]，对“在哪里生产”“生产什么”“怎样生产”等资源配置环节产生重要影响。

虽然位于北京的世界500强企业总部较多，但其中大多数仍是国企总部，深度参与全球业务的外企、民企总部不多。2021年，设立在北京的跨国公司地区总部累计只有201家，不仅远远落后于同处亚洲的新加坡（超过4200家）、东京（超过2400家）和香港（超过1400家），还落后于上海（827家）。[③] 为弥补该短板，北京须大力发展高能级创新型总部经济，既要加大力度吸引外资跨国公司总部机构，也要着力培养民营国际企业和本土跨国公司，以提高全球营运网络地位和增强话语权。

2. 吸引、培育全球性组织

经济、政治、社会、文化等领域的全球性组织也可以参与整合、分配全球资源，在“谁以及按什么规则和程序决策”等资源配置环节发挥着不可

---

① 姜炎鹏，陈囿桦，马仁锋．全球城市的研究脉络、理论论争与前沿领域[J]. 人文地理，2021，36（5）：4-14.

② 王丹，等．上海增强全球资源配置功能的思路与对策[J]. 科学发展，2020（11）：31-38.

③ 今年北京已认定跨国公司地区总部15家，全市累计达201家[EB/OL].（2021-12-07）[2023-07-25]. https：//www.sohu.com/a/506120608_114988；张广婷．申论丨上海全球资源配置有哪些瓶颈，如何应对[EB/OL].（2021-05-13）[2023-07-25]. https：//www.thepaper.cn/newsDetail_forward_12474942.

替代的作用。纽约是联合国总部所在地，拥有联合国六大主要机构中的五个机构（联合国六大主要机构包括联合国大会、安全理事会、经济及社会理事会、托管理事会、国际法院与秘书处，只有国际法院位于荷兰海牙）以及一批重要下属机构（联合国开发计划署、联合国儿童基金会、联合国人口基金等）。日内瓦尽管只是一个人口约 20 万人的瑞士小城，但能对全球资源配置产生重要影响，其中一个重要因素就是它是许多国际组织总部所在地，包括世界贸易组织、世界卫生组织、世界气象组织、国际红十字会、世界知识产权组织、联合国难民事务高级专员公署、联合国欧洲总部等。此外，拥有重要全球性组织总部的全球城市还包括巴黎（联合国教科文组织、经济合作与发展组织、国际能源机构等）、伦敦（国际海事组织、国际合作社联盟、国际妇女同盟等）、华盛顿（国际货币基金组织、世界银行、美洲国家组织等）、东京（联合国地区发展中心、联合国新闻中心、世界银行多边投资担保机构办事处）、维也纳（石油输出国组织、国际原子能机构、欧洲安全与合作组织）等。

目前，位于北京的全球性组织偏少。1997 年将总部设在北京的国际竹藤组织是第一家，目前还包括上海合作组织秘书处、亚洲基础设施投资银行总部、联合国可持续农业机械化中心、联合国教科文组织教师教育中心等机构。随着中国国际影响力日益提高，北京应充分发挥大国首都优势，加大力度吸引、培育具备强大资源优化配置能力的全球性组织，推动形成更加公正合理有效的国际经济秩序和全球治理体系。

3. 吸引、培育有全球话语权的媒体与机构

全球话语权是全球资源优化配置能力的重要组成部分，也是国家软实力的象征。习近平总书记强调，要加强国际传播能力建设，增强国际话语权，集中讲好中国故事，同时优化战略布局，着力打造具有较强国际影响的外宣旗舰媒体。[①] 不应忽视，高能级全球城市往往也是媒体领导者，具备引导全球舆论走向的能力。纽约被称为世界媒体之都，是北美最大的媒体市场，拥

① 习近平谈治国理政：第二卷[M]. 北京：外文出版社，2017：333.

有 CNN、NBC 环球集团、赫斯特集团、纽约时报公司等一批媒体巨头；全球八大广告代理公司中有七家总部设在纽约，美国四大广播公司（ABC、CBS、FOX、NBC）的总部全都设在纽约，美国三家全国性日报中的两家（《纽约时报》《华尔街日报》）总部也设在纽约。伦敦拥有英国大部分的全国性报纸、电视网及广播网的总部，最著名的媒体中心包括舰队街和 BBC 广播大楼。北京虽然拥有数量较多的新闻机构，但在国际上的影响力与话语权仍不够强，迫切需要加强和改进国际传播工作，下大力气加强国际传播能力建设，形成同高能级全球城市相匹配的全球话语权，为中国改革发展稳定营造有利的外部舆论环境。

（二）全要素提升全球资源优化配置能力

1. 建设全球金融中心

习近平总书记指出，“金融是国家重要的核心竞争力”[①]“是实体经济的血脉”[②]。Sassen 认为全球城市应是高度发达的金融与商务服务中心，对金融资本流具有强大的指挥和控制能力。[③] 纽约、伦敦、东京等高能级全球城市都是全球金融中心。纽约市金融从业人数占全市总就业人数的 10%左右，金融业薪资收入占全市总薪资的 30%左右；纽约证券交易所是全球最大的证券交易所，大约有 2800 家公司在纽约证券交易所上市，总市值和首次公开募股（IPO）规模均为全球第一；全球最大的外汇交易中心位于伦敦，2019 年外汇交易总量占全球的比重高达 43%，世界 100 家最大的商业银行几乎都在伦敦设立了分行。[④] 北京具有国家经济和金融管理中心的区位优势，既是中国人民银行、外汇管理局、国家金融监督管理总局、证监会等国

① 论把握新发展阶段、贯彻新发展理念、构建新发展格局[M]. 北京：中央文献出版社，2021：307.

② 习近平著作选读：第一卷[M]. 北京：人民出版社，2023：614.

③ Sassen S. The global city[M]. Princeton, NJ: Princeton University Press, 1991: 3-15.

④ Orr J. How important is the finance sector to the New York city economy? [EB/OL]. (2017-06-09) [2023-07-25]. https://esg.gc.cuny.edu/2017/06/09/how-important-is-the-finance-sector-to-the-new-york-city-economy/.

家金融监管部门所在地，也是三家政策性银行、四大国有商业银行、四大金融资产管理公司的总部所在地，党的十九届五中全会后还设立了北京证券交易所，但这些机构在国际金融市场中的影响力亟待增强。今后，北京需要继续发展国际金融功能，大力培育在全球金融市场中的定价权、规则制定权和协调支配权，逐步建成强大的全球金融中心。

2. 加速建设全球科技创新中心

创新对全球资源优化配置能力至关重要，对“怎样生产”“生产什么”等资源配置环节具有直接决定或间接引领的作用。1976~2019 年，纽约的专利获批总量在美国城市中排名第二，目前在先进制造、机器人技术、网络安全、卫生和生命科学等领域处于领先地位，位于纽约曼哈顿的硅巷（Silicon Alley）集中了互联网、新媒体、通信、软件开发、生物技术等领域的大量高科技公司，是纽约高科技行业的代名词，2015 年为高科技公司吸引了 73 亿美元风险投资。东京是机器人研究与开发、3D 制造技术、金融科技等前沿领域的中心，集聚了超过 1200 家软件行业创业公司，约六成东京企业在 2010~2020 年均研发了新技术或开发了新产品。根据全球创新城市 2021 年的排名，东京、纽约、新加坡市、巴黎、伦敦等全球城市分别位列第 1、第 3、第 5、第 10 和第 11，而北京排名第 19，显然仍有一定差距。① 党的十九届五中全会明确北京科技创新发展定位，建设国际科技创新中心。要实现这一目标，关键在于培育发展具有强大全球影响力的全球性产学研创新主体和世界级创新集群，加快形成全球化本土化高度融合、充满活力的世界级创新生态体系。

3. 加速形成强大的全球人才发展中心

习近平总书记指出，“人才是第一资源”②“是实现民族振兴、赢得国际竞争主动的战略资源”③。一个城市要吸引和培育具备全球资源优化配置能

---

① Innovation Cities™ Index 2021：Top 100 world's most innovative cities[EB/OL]．[2023-07-25]．https：//innovation-cities.com/worlds-most-innovative-cities-2021-top-100/25477/.

② 在北京大学师生座谈会上的讲话[M]．北京：人民出版社，2018：13.

③ 决胜全面建成小康社会 夺取新时代中国特色社会主义伟大胜利——在中国共产党第十九次全国代表大会上的报告[M]．北京：人民出版社，2017：64.

力的全球性企业、全球性组织和全球性媒体，要建成全球科技创新中心，关键在于拥有庞大的高素质劳动力“蓄水池”。2020 年第七次全国人口普查数据显示，中国一线城市中，大学文化程度人口占比最高的是北京（42.0%），大幅领先上海（33.9%）、广州（27.3%）和深圳（28.9%）。目前，北京拥有的两院院士占全国的近一半，入选国家级人才项目者占全国近四分之一。[①] 然而，根据 2020 年全球城市人才竞争力指数报告，纽约、伦敦、东京、巴黎、香港等全球城市人才竞争力位居前 10，北京排名第 35，仍有一定差距。北京应更加突出坚持人才强市强国战略，更加紧扣人才发展全过程，营造最具世界竞争力的“近者悦、远者来”的人才发展环境，加快形成强大的全球人才发展中心。

4. 积极建设国际消费中心城市

正如新空间经济学和消费城市理论所指出的，随着人民美好生活需要日益增长和人才—创新驱动发展不断深入，城市功能将更多地向消费中心转变，城市的未来在于消费者。因此，自 20 世纪 90 年代以来，国际消费中心日益成为全球城市功能核心和竞争焦点。例如，世界时尚之都巴黎引领全球时尚消费潮流，不仅是时尚产品设计中心，也是各大品牌展示新品的“秀场”，许多高端时尚品牌的首家实体店都在巴黎开设，2021 年巴黎时装周期间举办了 92 个品牌时装秀和线上线下发布会；伦敦是举世公认的国际消费中心城市，拥有诸多独具魅力的消费场所，如哈罗德、福南梅森等老牌高端百货商店，温布利球场、斯坦福桥球场等举办重大足球赛事的场地及集聚西区的 49 家剧院。

作为国务院批准的首批开展国际消费中心城市培育建设的五个城市之一，北京应更加注重从战略上培育发展国际消费中心功能。下一步应努力在中国率先建成具有全球影响力、竞争力和美誉度的国际消费中心城市。为此，一是要以新时尚、新业态、新模式为引领，推动消费向体验化、品质化和数字化提档升级，推进传统消费扩容提质，促进新型消费优质供给。二是

---

① 高质量建设北京高水平人才高地[N]. 光明日报，2022-07-17（7）.

要拓宽消费内涵，高度重视丰富和提升教育、文化、卫生医疗等集体消费品数量、种类、质量及可及性。

5. 领先发展新兴要素交易市场

建设高能级全球城市需要抢抓机遇，在新兴要素交易市场方面加快探索建设，力争实现全球领先发展，在“为谁生产”“生产什么”“怎样生产”等资源配置环节增强领导力。一是要打造碳排放权交易中心。深化碳排放权交易市场建设，积极探索构建企业碳排放信用体系，探索开发碳期货等衍生产品和业务，推动北京绿色交易所在承担碳排放权交易中心功能的基础上升级为面向全球的国家级绿色交易所。二是要打造数据交易中心。加快培育数据要素市场，建设数字贸易试验区，高标准建设北京国际大数据交易所，探索制定数字交易相关规则和管理办法，构建与国际接轨的高水平数字贸易开放体系。三是要发展知识产权交易市场。研究制定促进知识产权市场化和商业化运用的法律规定，完善国际数字产品专利和版权等新领域新业态的知识产权保护制度，创新知识产权质押融资机制，探索知识产权证券化，建设全国性乃至全球性知识产权交易市场。

（三）全过程提升全球资源优化配置能力

1. 大力提升国际规则创制能力

国际规则的制定权和话语权是全球资源优化配置能力的重要体现，对资源配置的方式与效率具有决定性影响。[①] 高能级全球城市往往在国际规则创制方面发挥着关键作用。例如，纽约作为国际金融中心，经过几十年的努力，建成了包括证券跨国清算结算系统、美元跨国清算结算系统和外汇交易跨国清算结算系统在内的全球最完备、高效、低风险的机构间跨国清算结算体系。

提高中国在全球经济治理中的制度性话语权，北京应以国家服务业扩大

① 潘闻闻．上海范式：要素市场全球资源配置的引领性[J]．探索与争鸣，2021（10）：130-139；上海市人民政府发展研究中心．上海强化全球资源配置功能研究[M]．上海：格致出版社，2021.

开放综合示范区和中国（北京）自由贸易试验区建设为契机，坚持全球视野，以制度创新为核心，加大先行先试力度，在科技、金融、互联网信息、数字经济和数字贸易等优势领域深入探索具有较强国际市场竞争力的开放政策和制度，积极探索数字贸易规则体系，落地一批有突破、有活力、有实效的制度创新成果，形成一批有影响力的“北京规则”和“北京标准”。

2. 打造全球定价中心

打造国际大宗商品定价中心，是“为谁生产”“怎样生产”“谁以及按什么规则和程序决策”等环节培育全球资源优化配置能力的关键内容，也是维护中国和世界经济安全、推动构建更为公正合理国际新秩序的重要抓手。当前，世界范围内成熟的大宗商品主要采用期货价格作为基准价格[①]，全球主要的国际期货交易市场均设在高能级全球城市，形成了若干个大宗商品全球定价中心。例如，纽约商业交易所和伦敦洲际交易所的原油期货合约价格是国际原油交易的定价基准，伦敦金属交易所的相关价格是国际有色金属交易的定价基准，芝加哥期货交易所提供了国际农产品交易的定价基准。

虽然中国拥有巨大的大宗商品产量和消费量，但在国际市场上一直缺乏定价权。对此，北京应以全国棉花交易市场、北京铁矿石交易中心等全国性大宗商品交易平台为基础，以加快建设和发展大宗商品期货市场为路径，以“一带一路”建设和人民币国际化进程加速为契机[②]，发挥好央企总部聚集优势，增加期货交易的品种，提升期货市场的开放程度，努力形成有效反映全球市场供求关系和价格预期的权威期货价格，建设以人民币计价的大宗商品全球定价中心。

3. 大力发展高端生产性服务业

以生产性服务业为主的现代服务业既直接参与全球资源配置，又能为本地全球性企业、跨国公司总部、全球性组织等提供不可或缺的中间投入服

---

① 赵娴，刘国欣．我国建立铁矿石国际定价中心路径研究[J].中国证券期货，2019（1）：16-25.

② 2016年10月1日，人民币正式纳入国际货币基金组织特别提款权（SDR）货币篮子，占比10.92%；2022年8月1日，新的SDR货币篮子生效，人民币占比提升至12.28%。

务，推动企业剥离非核心业务，深化专业化分工。2016 年，GaWC 为研究全球城市选取了 175 家全球顶级跨国高端生产性服务业公司，其中有 36 家总部设在纽约，31 家总部设在伦敦。在纽约，服务业已经吸纳了 90%以上的就业，其中，就业最多的服务业就是专业和商务服务业，美国 10 家最大的咨询公司、排名前 100 的律师事务所中的 35 家和全球四大会计师事务所总部都位于纽约；东京集中了日本 37. 4%的金融和保险业增加值、30. 3%的商贸商务服务业增加值。[①] 作为唯一冠名“国家”的服务业扩大开放综合试点城市，北京应继续支持培育会计、律师、中介、金融、咨询、资产评估、科技研发等高端生产性服务业，建设更高水平的国家服务业扩大开放综合示范区，助推本土经济主体参与全球业务、引领全球规则。

4. 全面提升北京市政府全球城市服务能力

将北京建设成具有强大全球资源优化配置能力的全球城市，迫切需要全面提升北京市政府的综合服务能力，打造国际一流的营商环境和符合国际规则的市场环境。一是要提升有关部门人员的涉外工作能力，包括提升外语水平和对国际规则与惯例的了解程度、形成国际化思维方式等，减少行政和司法机关对法律的解释与国际标准明显不符等不合理情况。二是要创新政府服务管理模式，简政放权，提升政府效率，减少企业在证照办理、货物通关等环节耗费的资金、时间、人力成本，助力在京全球性企业、全球性组织、全球性媒体机构提升效率、利润和影响力。最终实现对政府运行架构的优化，使其逐步适应新的首都功能定位。

5. 打造世界顶级交通体系

广泛的国际联系网络、大量面对面交流会晤、高端人才昂贵的时间成本等因素均要求高能级全球城市具备高水平联通性，尤其体现在全球联通的规模与效率方面。从联通规模来看，伦敦拥有六个民用机场（伦敦希思罗机场、伦敦盖特威克机场、伦敦斯坦斯特德机场、伦敦卢顿机场、伦敦

---

① 上海市人民政府发展研究中心．上海强化全球资源配置功能研究[M]. 上海：格致出版社，2021.

城市机场和伦敦绍森德机场)，2018 年旅客吞吐量合计为 1.77 亿人次，居全球首位；纽约拥有三个民用机场（纽约肯尼迪国际机场、纽瓦克自由国际机场和拉瓜迪亚机场)，2018 年旅客吞吐量合计为 1.38 亿人次。值得注意的是，纽约肯尼迪国际机场与伦敦希思罗机场间航线 2019 年运输旅客高达 319.22 万人次。相比之下，首都机场旅客吞吐量 2018 年才刚刚突破 1 亿人次，2019 年启用的大兴国际机场旅客吞吐量 2021 年刚突破 2500 万人次。从联通效率来看，2019 年，伦敦希思罗机场准点率为 75.3%，纽约肯尼迪机场准点率为 77.9%，东京羽田机场准点率为 86.6%，新加坡樟宜国际机场准点率为 84.0%，巴黎戴高乐机场准点率为 73.7%，而首都机场 2017 年准点率只有 52.8%。[①] 这些比较显示，要建设具备全球资源优化配置能力的高能级全球城市，北京必须打造与之相配套的世界顶级陆空交通体系，努力以两大国际枢纽机场为中心建设亚洲乃至“一带一路”共建国家和地区一日往返圈，协调推进亚太区域化和全球化进程。

6. 建设世界级现代化首都圈

从纽约、伦敦、东京、巴黎等的经验来看，高能级全球城市和高等级城市群相辅相成、共生共享。因此，北京要坚持顺应具有全球资源优化配置能力的经济社会主体向中心城市和城市群集聚的大趋势，充分用好用足京津冀协同发展国家重大战略的优势，着力深度消除区域分割，促进要素自由流动和有效集聚，促进人口和经济空间布局有效形成紧凑发展，打造区域别具一格的产品和服务，加快构建不同空间尺度的、具有强大全球资源优化配置能力的世界级首都圈。

四 结论

本文在指出新发展阶段首都发展战略研究的相关重大问题的基础上，揭示了构建新发展格局的本质，即形成强大的全球资源优化配置能力，并进一

---

① 数据来源：国际民航数据公司，www.oag.com。

步提出新发展阶段首都发展战略的本质是建设具有强大全球资源优化配置能力的顶级全球城市，首都功能定位须实现从全国的政治中心、文化中心、科技创新中心、国际交往中心到全球的政治中心、文化中心、科技创新中心、国际交往中心的转变[①]，走全球高精尖集聚发展之路，全主体、全要素、全过程提升在全球范围内为“谁生产、生产什么、怎样生产、在哪里生产、谁以及按什么规则和程序决策”的能力。未来无疑具有高度不确定性，但只要将中华民族伟大复兴进行到底，这一首都发展战略定位就是确定无疑的。

On the Capital Development Strategy Under the New Development Pattern

Yang Kaizhong, *Niu Yi*

Abstract: Since the founding of the People's Republic of China, the evolution of the capital development strategy fundamentally depends on the transformation of China's main social contradictions, central tasks and development strategies. On the basis of revealing that the essence of the new development pattern is to build a strong global resource optimal allocation capability, the paper puts forward that the essence of the capital development strategy in the new development stage is to build a strong global resource optimal allocation central city, take the road of development of global advanced concentration, all subjects, all elements, and all processes enhance the capital's ability to make global decisions about "who to produce, what to produce, how to produce, where to produce, who to produce, and by what rules and procedures". To this end, we need to attract and nurture multinational headquarters, global organizations, media

① 李国平，杨艺. 全球格局变化下北京“四个中心”建设研究[J]. 北京社会科学，2023(2)：22-32.

organizations with global voice, accelerating the construction of global financial centres, global centres for scientific and technological innovation, global centres for talent development, international consumer centres and markets for emerging factors, we will vigorously develop international rule-making, global pricing, high-end producer services, global urban services, and world-class transportation systems.

Keywords: the capital development strategy; new development pattern; global city; capacity of global resource allocation

京津冀建设中国式现代化先行区、示范区的理论逻辑与路径选择*

刘秉镰　边　杨**

摘　要： 本文基于建设中国式现代化先行区、示范区的战略使命，回顾了京津冀协同发展的演进历程及阶段特征，识别了京津冀协同发展的新要求；依托区域经济发展机制分析了京津冀协同发展面临的经济社会环境变化，结合京津冀创新实践构建了疏建结合的要素投入、内涵集约的要素组合、地方品质导向的要素集聚、多节点网络化的要素布局、深化协同的要素治理五个方面的京津冀协同发展理论框架。在此基础上，从根植国家经济社会发展宏观背景、立足区域发展现实基础、遵循区域经济发展规律出发，围绕经济发展、协同开放、区域联动、政府治理、共同富裕和生态环境治理提出了京津冀建设中国式现代化先行区、示范区的路径构想。

关键词： 中国式现代化　先行区　示范区　京津冀城市群　协同发展

---

* 本文已发表于《北京社会科学》2024年第7期。

** 刘秉镰，南开大学经济与社会发展研究院院长，南开大学京津冀协同发展研究院院长，教授，博士研究生导师；边杨，经济学博士，天津财经大学经济学院讲师。

一　引言

党的二十大擘画了全面建设社会主义现代化国家、以中国式现代化全面推进中华民族伟大复兴的宏伟蓝图，并对加快构建新发展格局、着力推动高质量发展做出了战略部署。在新形势下，中国区域发展的外部环境、目标定位、任务方向均有所调整，必须结合国家对区域发展的最新要求进行系统性总结和再认识。京津冀协同发展是党中央围绕首都北京做出的重大区域战略部署，是由习近平总书记亲自谋划、亲自部署、亲自推动的，该战略不仅是地区发展规划，更是加快构建新发展格局的重大国家发展战略，对协调推进“四个全面”战略布局、实现“两个一百年”奋斗目标和中华民族伟大复兴的中国梦影响深远。因此，围绕中国式现代化建设的核心要求探讨京津冀协同发展的新特征和新路径具有重要意义。

二　文献述评

目前，面向中国式现代化的京津冀协同发展的相关研究主要集中在以下三个方面。第一，围绕中国式现代化的科学内涵、本质要求和首要任务，探讨京津冀协同发展的成效及不足。如李国平和吕爽通过多维数据挖掘肯定了京津冀科技创新与产业协同发展取得的成效，并指出区域存在创新资源分布失衡、创新能级差距过大、北京创新辐射带动作用不足、创新链与产业链不匹配、先进制造业集群化建设不完善等问题。① 颜廷标认为京津冀协同创新在科技成果转化、产业技术攻关、创新平台共建共享、协同创新机制等方面取得了重大成效，但仍面临着目标困惑、进程测度困惑和路径优化困惑。②

① 李国平，吕爽．京津冀科技创新与产业协同发展研究［J］. 首都经济贸易大学学报，2024，26（3）：27-37.

② 颜廷标．构建京津冀协同创新共同体：底层逻辑与优化路径［J］. 河北学刊，2023，43（6）：131-136.

张贵和赵一帆研究发现京津冀地区高技术产业和技术创新空间集中度较低，各城市高技术制造业集聚水平存在显著差异，区域创新链与产业链双链协同水平有待提高，高技术制造业与高技术服务业融合水平也有待加强。① 孙久文和邢晓旭指出京津冀在区域产业结构优化、产业疏解和转移、产业共享体制机制完善、创新链产业链融合等方面取得了初步进展，但存在产业总体辐射带动能力不足、产业内部发展梯度差距较大、创新势能向产业动能转换不充分、生产要素流动与分配受限等问题。② 李剑玲和樊响基于生态视角，使用复合系统协同度模型横向比较了京津冀、长三角和珠三角三大城市群的协同水平，测算结果显示，京津冀城市群复合系统协同度偏低，原因主要是生态子系统和科技子系统发展不协调。③

第二，探讨中国式现代化背景下的区域发展方向，并提出京津冀的未来发展要求。如肖金成和申现杰从空间视角指出，党的十八大以来中国区域发展更加强调效率、分工与协调，必须依托城市群提升经济内生发展水平与全球竞争能力，以京津冀协同发展等重大区域战略为引领，推动区域经济高质量发展。④ 李程骅对照中国式现代化的鲜明特征与本质要求，对创新驱动、区域高质量协调发展、中国式现代化的逻辑关系进行了阐释，提出在京津冀等区域构筑创新载体集聚地，建立高效率创新生态系统。⑤ 张贵和赵勇冠从中国式现代化背景下区域一体化的新趋势出发，构建了包括邻近、联通和效率三个维度的理论分析框架，阐释了分析框架的基本内容、作用关系和微观机理，并以京津冀为例，提出了“邻近—联通—效

---

① 张贵，赵一帆．京津冀高技术产业创新链与产业链空间演化与耦合发展[J]．河北学刊，2023，43（6）：137-144.

② 孙久文，邢晓旭．京津冀产业协同发展的成效、挑战和展望[J]．天津社会科学，2024，1（1）：48-57.

③ 李剑玲，樊响．生态视角的京津冀协同发展实证研究——基于三大城市群比较[J]．河北学刊，2023，43（2）：156-163.

④ 肖金成，申现杰．中国现代化新征程与“十四五”区域空间发展方向[J]．河北经贸大学学报，2021，42（3）：86-93.

⑤ 李程骅．中国式现代化视阈下区域协调发展的新方略新路径[J]．天津社会科学，2023（5）：95-103.

率”框架下京津冀协同发展向纵深推进的路径建议。① 刘秉镰和高子茗认为，城市群是实现中国式现代化的主要空间载体，京津冀等城市群须进一步优化规模体系和空间格局。② 李兰冰和商圆月指出，京津冀协同发展必须积极适应，主动探索数字经济赋能等新路径，推动地区实现高质量发展。③ 张杰指出京津冀应服务于国内产业大循环体系，着力推动世界级先进制造集群、战略性新兴产业融合集群和未来产业全产业链体系的建设。④ 张双悦认为加快经济带建设，既是实现区域协调发展的重要手段，又是推进中国式现代化进程的内在要求和必然选择，未来应以京津冀协同发展、长三角一体化发展和粤港澳大湾区建设等为抓手，促进沿海地区率先实现现代化。⑤

第三，探讨中国式现代化与京津冀协同发展的逻辑关系。刘秉镰和汪旭从模式转化、产业协同、市场建设、区域治理、空间优化五个方面研究了中国式现代化背景下京津冀协同发展的新逻辑。⑥ 李晨和张可云从中国式现代化的五大特征出发，分析了中国式现代化与区域发展的逻辑关系以及京津冀建成中国式现代化先行区、示范区所面临的挑战，并提出了思路对策。⑦ 李兰冰和徐瑞莲基于中国式现代化、区域重大战略与区域产业协同发展三者之间的逻辑关系，对区域产业协同发展的目标导向、支撑保障和演化机制进行

---

① 张贵，赵勇冠．邻近—联通—效率：区域一体化分析新框架——对京津冀协同发展的新诠释[J]．天津社会科学，2024（1）：58-74.

② 刘秉镰，高子茗．城市群空间结构视角下中国式城镇化的内涵、机制与路径[J]．西安交通大学学报（社会科学版），2023，43（4）：11-22.

③ 李兰冰，商圆月．新发展格局下京津冀高质量发展路径探索[J]．天津社会科学，2023（1）：122-128.

④ 张杰．加快推进中国现代化产业体系的新问题与对策[J]．河北学刊，2023，43（4）：132-139.

⑤ 张双悦．中国式现代化视角下的经济带建设：政策依据与路径选择[J]．经济问题，2024（4）：7-12.

⑥ 刘秉镰，汪旭．中国式现代化与京津冀协同发展再认识[J]．南开学报（哲学社会科学版），2023（2）：27-36.

⑦ 李晨，张可云．京津冀建成中国式现代化先行区示范区的路径选择[J]．农村金融研究，2024（6）：70-80.

了理论阐释，并提出了未来京津冀产业协同发展的路径。①

总体来看，现有研究具备了良好的理论基础并积累了有益的方法经验，但仍然存在值得改进与拓展之处。一方面，现有研究对京津冀协同发展的全景式回顾不足，多是基于数据展示京津冀协同发展的实施效果，而缺乏从历史视角认识这一区域重大战略的推进任务、推进机制和推进方式。另一方面，现有研究对京津冀协同发展的创新经验提炼不足，并且缺少对京津冀协同发展创新范式的理论阐释，既不利于创新做法的全国复制推广，也影响新发展阶段下路径选择的系统性构思。基于此，本文的研究主要集中在以下几个方面：第一，对京津冀协同发展的演进历程进行阶段划分和特征分析，识别新要求和新变化；第二，对京津冀协同发展的理论逻辑与创新范式进行探讨，构建京津冀协同发展理论框架；第三，提出路径构想，为京津冀加快建设中国式现代化先行区、示范区提供政策启示。

三 京津冀协同发展的阶段演进与特征分析

本部分以三次京津冀协同发展座谈会为分界点，大致将京津冀协同发展历程划分为“顶层设计—实施推进—攻坚克难—面向中国式现代化的新征程”四个阶段，并在总结各阶段推进特征的基础上评价区域重大战略的实施效果，以此来揭示中国式现代化背景下京津冀协同发展的新目标和新要求。

（一）顶层设计阶段（2014年2月至2015年4月）

2014 年 2 月，习近平总书记在北京主持召开京津冀协同发展座谈会，京津冀协同发展上升为国家重大区域战略。② 此后，京津冀协同发展领导小

① 李兰冰，徐瑞莲．中国式现代化建设背景下京津冀产业协同发展路径[J]．北京社会科学，2023（10）：34-44.

② 习近平主持召开座谈会听取京津冀协同发展工作汇报[EB/OL].（2014-02-27）[2025-4-9]. https：//www. gov. cn/guowuyuan/2014-02/27/content_2624908. htm.

组办公室和相应的咨询组织相继成立，规划设计工作全面启动。各级政府部门积极组织全面参与，在各层面各区域全力配合工作开展。2015 年 4 月 30 日，中共中央政治局审议通过了《京津冀协同发展规划纲要》（以下简称《规划纲要》），完成了该项战略的顶层设计。《规划纲要》全面回答了京津冀协同发展战略干什么、谁来干、怎么干、在哪干四大问题，在总体定位、三地定位、重点任务、建设时序、任务分解、政策支持等方面均做出了明确部署。与此同时，各部门及北京、天津、河北三地政府均开展了相关规划设计工作，对标战略要求不断调整工作任务。经过一年多的筹备和科学论证，以《规划纲要》出台为标志，系统形成了这一国家战略的顶层设计和各项任务分解，擘画了世界级城市群建设的宏伟蓝图，也为后续其他国家区域战略制定与实施探索了高效推进的工作模式。

（二）实施推进阶段（2015年5月至2018年12月）

《规划纲要》出台后，为了把蓝图变成现实，各级政府部门、企事业单位、专家学者、社会民众均积极参与推动京津冀协同发展，明确以北京非首都功能疏解为核心，聚焦在交通一体化、生态环境保护和产业协同三个京津冀协同发展亟待解决、具备一定条件并取得共识的领域率先突破。这一阶段在重点突破和深化改革的目标引领下，“轨道上的京津冀”建设加快，“蓝天、碧水、净土”三大保卫战集中打响，生态治理取得了显著成效，集中建设雄安新区和北京城市副中心的重大战略举措落地，“2+4+N”产业合作格局初步形成，区域产业协同加速推进。京津冀有效克服了行政管理分割、法规规范标准不协调、责任和义务缺乏明确划分等困难，规划任务得到明显推进，为后续深化发展奠定了良好基础。

（三）攻坚克难阶段（2019年1月至2023年4月）

2019 年 1 月，习近平总书记再次主持召开京津冀协同发展座谈会，指出过去的 5 年，京津冀协同发展总体上处于谋思路、打基础、寻突破的阶段，当前和今后一个时期进入滚石上山、爬坡过坎、攻坚克难的关键阶段，需要下更大气力推进工作。[①] 这一阶段京津冀协同发展虽然取得了明显成果，但也出现了一些困难。从国际环境来看，西方断供、贸易壁垒等影响了经济发展。从区域内部来看，城市群增长速度放缓，协同推进任务由广向深转化的难度加大。面对这些问题，党中央提出了双循环和新发展格局的战略导向，并对深入实施区域重大战略提出了新要求和新任务。京津冀非首都功能疏解工作进入了更高层次，疏解不单纯是为了解决北京“大城市病”问题，而是使资源在更大空间尺度上优化聚集和重新布局，推动区域实现高质量发展。京津冀三地通过打造跨区域产业链、创新链、价值链，大力推动产业协同，加快推进协同创新，不断深化治理协同，打造形成了中国新发展阶段下创新、协调、绿色、开放、共享发展的区域标杆。

（四）面向中国式现代化的新征程（2023年5月以来）

党的二十大报告提出了以中国式现代化全面推进中华民族伟大复兴的宏伟目标和基本遵循，使京津冀协同发展的世界级城市群建设有了更加明确的方向。2023 年 5 月，习近平总书记主持召开深入推进京津冀协同发展座谈会，并提出了努力使京津冀成为中国式现代化建设的先行区、示范区的新要求[②]，赋予了京津冀新的战略使命和发展重任。在面临新环境、肩负新使命的情况下，京津冀三地需要利用更先进、更开放的政策和制度体系，努力突破外需约束、模式约束、结构约束和体制约束，在打造增长极、缩小区域落差、提升政府治理、践行绿色发展、高水平对外开放等方面率先探索中国式现代化实现路径，为建成富强民主文明和谐美丽的社会主义现代化强国提供成功示范。

① 稳扎稳打勇于担当敢于创新善作善成推动京津冀协同发展取得新的更大进展[N]. 人民日报，2019-01-19（1）.

② 以更加奋发有为的精神状态推进各项工作推动京津冀协同发展不断迈上新台阶[N]. 人民日报，2023-05-13（1）.

根据京津冀协同发展的阶段演进及特征（见表1）可以看出，一方面，京津冀协同发展重大战略的推进受国内外政治经济形势的动态影响，每个阶段的目标任务各有侧重，围绕着世界级城市群建设的总目标分步骤向高层次迈进；另一方面，京津冀协同发展的推进效果深受体制机制影响，这是协同发展破局的关键，只有客观认清各个阶段的发展特征，不断深化体制机制改革，才能推动京津冀协同发展取得新的更大进展。

表1　京津冀协同发展阶段演进及特征

	顶层设计阶段	实施推进阶段	攻坚克难阶段	面向中国式现代化的新征程
阶段任务	明确发展目标、思路和任务	重点领域突破、协同机制初建	形成空间格局，由广向深推进协同	建设中国式现代化先行区、示范区
推进方式	中央部署、各级政府部门配合任务分解	中央引领、三地政府两两协作	政府协议合作、市场主体参与	多元主体参与、三地政府协同治理
推进机制	政府主导	政府主导、企业配合	市场和政府共同作用	有效市场和有为政府相结合
实施效果	出台了纲领性文件，基本建成了规划体系“四梁八柱”	“大城市病”治理和重点领域协同取得了显著进展	完成了《规划纲要》2020年目标任务，在非首都功能疏解、新两翼建设、重点领域协同、区域产业链创新链构建上取得了新进展	努力完成《规划纲要》远景目标任务，努力打造中国式现代化先行区、示范区

资料来源：笔者整理。

四　京津冀协同发展的理论逻辑与创新范式

自京津冀协同发展战略实施以来，京津冀三地坚持以协同为手段，以发展为目标，旨在建设以首都为核心的世界级城市群，打造中国北方增长极，并取得了显著成效。本文基于区域经济发展理论，对京津冀协同发展面临的环境变化进行分析，并结合京津冀协同发展创新范式从要素禀赋和要素效率视角构建理论分析框架，为建设中国式现代化先行区、示范区的路径选择提供理论及经验支撑。

（一）京津冀协同发展面临的环境变化

区域经济发展理论认为，基础设施条件、相关产业布局等硬环境，以及经济制度、管理方式、组织形式等软环境，均是影响区域发展的重要因素。2014年以来，中国社会主要矛盾、发展阶段、总体要求、主要任务、产业政策、区域政策均发生了很大变化（见表2）。这就要求在推进京津冀协同发展的过程中不断进行路径的适应、调整和创新，以保证区域发展质量。

表2 2014年和2023年京津冀协同发展环境对比

	2014年	2023年
主要矛盾	日益增长的物质文化需要同落后的社会生产之间的矛盾	人民日益增长的美好生活需要和不平衡不充分的发展之间的矛盾
发展阶段	高速增长转向中高速增长;从规模速度型粗放增长转向质量效率型集约增长	中高速增长转向恢复性增长;国内大循环存在堵点,外部环境的复杂性、严峻性、不确定性增加,但长期向好的基本趋势没有改变
总体要求	主动适应经济发展新常态,保持经济运行在合理区间;把转方式调结构放到更重要位置	稳中求进、以进促稳、先立后破;以中国式现代化全面推进中华民族伟大复兴;构建新发展格局,推动高质量发展
主要任务	保持经济稳定增长;培育新增长点;转变农业发展方式;优化空间格局;保障和改善民生工作	以科技创新引领现代化产业体系建设;着力扩大国内需求;深化重点领域改革;扩大高水平对外开放;持续有效防范化解重点领域风险;坚持不懈抓好"三农"工作,推动城乡融合、区域协调发展;深入推进生态文明建设和绿色低碳发展;切实保障和改善民生
产业政策	培育新增长点,鼓励创新创业,创造更好市场竞争环境	发展新质生产力,推进新型工业化
区域政策	优化经济发展空间格局;通过改革创新打破地区封锁,提高资源配置效率	全面推进区域协调、乡村振兴,深入实施区域重大战略,东西互济双向开放

资料来源：笔者整理。

（二）区域经济发展机制及京津冀协同发展创新范式

经典的区域经济发展理论认为，要素禀赋的非均衡性及要素效率的差异会使某些地区比其他地区更具有发展优势，而要素的流动与配置对区域要素禀赋及要素效率至关重要①，具体表现为以下几个方面。第一，要素投入机制。通过改变投入模式，引导资本、劳动、技术等要素向高效率部门或地区流动，实现要素生产效率的提高，并对区域经济产生杠杆作用。第二，要素组合机制。在特定区域范围内，在不改变要素投入总量的前提下，通过优化要素组合可以提高要素配置效率，进而促进区域发展。第三，要素集聚机制。要素集聚能够深化区域分工、扩大经济规模、产生外部性和提高市场效率，要素流入和集聚会形成新的要素禀赋优势，是推动区域经济发展的重要力量。第四，要素布局机制。区域经济发展可以具体化为空间尺度上的增长，不同空间尺度上的要素布局及禀赋结构会影响区域整体发展效果。第五，要素治理机制。统筹要素流动与配置的制度安排，能够影响区域经济主体的成本与收益及其行为，提高区域要素利用效率，治理空间失灵带来的效率损失。

本文以五大机制为出发点，系统总结并提炼京津冀协同发展的推进过程，即基于客观环境条件，通过疏建结合的要素投入、内涵集约的要素组合、地方品质导向的要素集聚、多节点网络化的要素布局、深化协同的要素治理等创新范式，优化要素禀赋、提高要素效率，进而实现区域经济发展（见图 1），为建设中国式现代化先行区、示范区的路径选择提供理论依据。

1. 疏建结合的要素投入

按照要素投入的理论逻辑，资本、劳动和技术等要素投入效率高的产业或地区带来的产出效应和杠杆效应可以推动区域经济快速增长。新经济地理学“核心—边缘”模型在刻画经济空间动态演化的过程中，既讨论了“市场接近效应”和“生活成本效应”所产生的要素集聚力及循环累积的自我

---

① 《区域经济学》编写组．区域经济学[M].北京：高等教育出版社，2020：101-102.

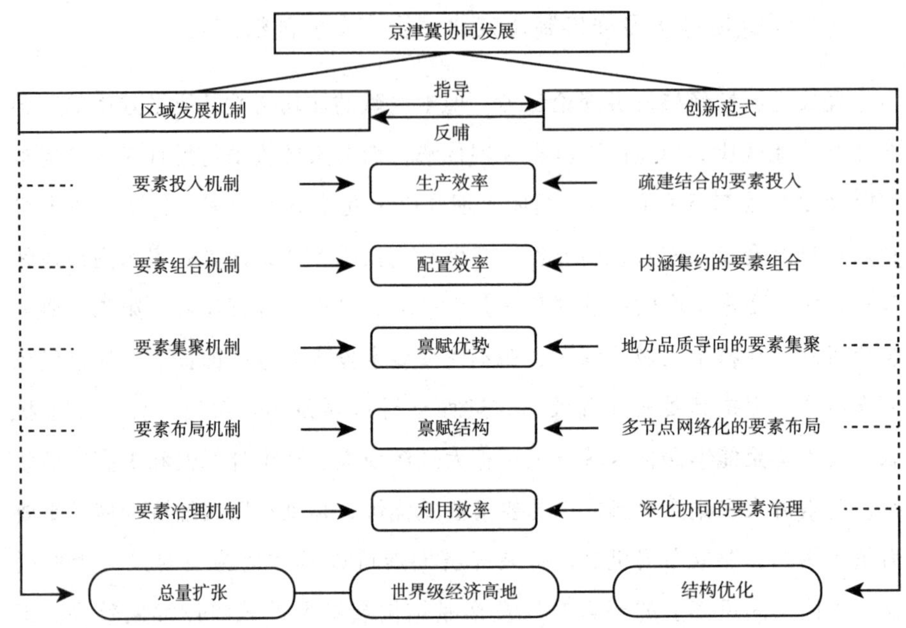

图 1　要素禀赋和要素效率视角的京津冀协同发展理论逻辑框架

资料来源：笔者绘制。

强化特征，又讨论了“市场拥挤效应”催生的要素分散力，并且指出当分散力相对较弱时，经济活动的集聚趋势就会一直持续下去。① 部分学者就此提出了要素拥挤理论，认为生产要素在某地区的投入会面临边界，超过边界的要素投入不仅不会提高产出，反而会降低产出。② 因此，区域发展应在尊重要素集聚的市场规律的基础上，充分发挥政府调节作用，避免过度集聚带来的效率损失。

京津冀协同发展战略实施之初，北京市因为要素过度集聚导致“大城市病”问题突出，如何结合有效市场和有为政府，立足京津冀优化要素配

① 陆大道，等．人文与经济地理学的发展和展望[J]. 地理学报，2020，75（12）：2570-2592.

② 马红，侯贵生．金融集聚能促进企业的实业投资吗？——基于金融生态环境和要素拥挤理论的双重视角[J]. 现代财经（天津财经大学学报），2018，38（8）：3-15.

置成了破局关键。从解决“大城市病”的国际经验来看，发达国家往往凭借巨大的财政投入，采取推动技术进步、产业结构升级、污染型企业外迁以及“跳出去建新城”等综合措施。[①] 习近平总书记在引领推进京津冀协同发展中，多次强调要紧紧抓住“牛鼻子”，积极稳妥有序疏解北京非首都功能[②]，在北京中心城区之外高标准规划建设了北京城市副中心和雄安新区，形成了疏建结合的特色化要素投入模式。一方面，在疏解上“做减法”。北京市坚持和强化首都核心功能定位，制定了疏解清单，有序推动了一批制造业、城区批发、教育功能、医疗卫生功能和行政功能的单位向外疏解。功能空间合理腾退后，北京市的产业结构进一步优化，成为全国第一个通过减量取得发展的超大城市，实现了从集聚资源求增长到疏解功能谋发展的重大转变。[③] 另一方面，在承接上“做加法和乘法”。京津冀坚持站在“千年大计、国家大事”的战略高度，用最先进的理念和国际一流的水准规划建设了北京城市副中心和雄安新区，形成了北京新两翼，并在津冀建设了一批高水平承接平台，在承接北京外溢效应的同时，积极发挥乘数效应，拓展了区域发展新空间，为地方发展注入了新动能。

2. 内涵集约的要素组合

要素组合模式是影响区域经济运行的微观基础。在总投入不变的条件下，通过要素资源的优化组合可以提高效率，从而实现增长。然而，制度约束、市场失灵往往会带来要素错配，降低要素配置效率，影响区域发展。[④] 区域协同政策具有显著的要素流动促进效应和全要素生产率提升效应[⑤]，并且数字技术的发展也能有效改善区域要素错配，提高区域产业、创新、环境

① 习近平著作选读：第一卷[M]. 北京：人民出版社，2023：582.

② 中共中央党史和文献研究院. 习近平关于城市工作论述摘编[M]. 北京：中央文献出版社，2023：59.

③ 刘秉镰. 纵深推进京津冀协同发展[N]. 经济日报，2023-05-05（12）.

④ 刘贯春，张晓云，邓光耀. 要素重置、经济增长与区域非平衡发展[J]. 数量经济技术经济研究，2017，34（7）：35-56.

⑤ 陈浩，罗力菲. 区域协同发展政策对要素流动与配置的影响：京津冀例证[J]. 改革，2023（5）：105-123.

一体化水平①。

自京津冀协同发展战略实施以来，以制度改革和技术进步为支撑，积极推进区域内涵集约发展，通过协同创新、产业协同、空间协同和治理协同促进了区域资源要素的有序流动和有效组合，提高了资源要素的利用效率，实现了经济增长的高效益和可持续性。第一，以协同创新提供区域发展引擎。科技创新和新技术能够有效推动区域共享、匹配和学习，发挥“苗圃效应”，为城市群发展提供生产率优势。通过将北京科技创新中心优势、天津研发转化优势和河北资源优势有机结合，京津冀大力推动创新发展，加强三地科研合作，促进科技资源加快流动，逐步形成了“京津研发、河北转化”的区域创新合作模式，推进了区域经济结构升级，提升了城市群的综合经济实力。第二，以产业协同释放区域发展潜能。通过互设分公司、子公司，形成“2+4+N”产业合作格局，打造跨区域产业链，三地产业协作逐步加强，产业间技术渗透和链条延伸显著提高了区域产业发展效率，创造了更多就业机会，提高了经济效益。第三，以空间协同构建区域发展载体。京津冀积极调整优化城市布局和空间结构，构建现代化交通网络，推动了更大空间尺度上的要素流动和集聚。第四，以治理协同完善区域发展保障。治理体系和治理能力直接影响区域经济运行效率。京津冀在顶层设计、三地政府合作共治、治理现代化等方面发挥制度优势，打破“一亩三分地”的思维定式，区域治理体系不断完善，治理现代化水平显著提高，治理创新成果有效转变为现实生产力，保障了京津冀协同发展战略的平稳推进。

3. 地方品质导向的要素集聚

要素的空间流动影响区域要素禀赋优势的形成。新时代中国经济发展已经从传统的投资驱动转向了创新驱动，创新区位取决于人才区位，而人才集聚主要受地方品质的影响。② 从人地关系视角来看，“三生空间”的功能耦

① 王玉，张占斌．数字经济、要素配置与区域一体化水平［J］．东南学术，2021（5）：129-138.

② 杨开忠．京津冀协同发展的新逻辑：地方品质驱动型发展［J］．经济与管理，2019，33（1）：1-3.

合及优化是影响地方品质的关键，“三生空间”既是一种更具综合性的国土空间分区方式，又标识了优化国土空间应达到的目的[①]，而生态、生产和生活空间的异质性会带来地方品质的分化，进而使要素集聚呈现不同的空间分布特征[②]，改善地方品质可以有效吸引人才，并带来其他要素的集聚。

自京津冀协同发展战略实施以来，京津冀三地始终坚持以人为本，在生态、产业、就业、教育、医疗、社保、养老等领域，着力提升区域生态品质、生产品质、生活品质，并以“世界眼光、国际标准、中国特色、高点定位”理念要求打造雄安新区，使其成为中国高质量发展新阶段的城市样板，构筑了新时代宜居宜业的“人民之城”，创造了高品质要素集聚的示范。在区域公共服务共建上，京津冀探索了一条“合作—共享—均等化”的新路径，人民群众获得感、幸福感、安全感显著增强，区域宜居水平明显提高。首先，三地签署了专业技术人员职称资格互认、工伤保险、养老就医等系列合作协议，有效破除了区域内要素流动壁垒。其次，三地积极推进多层次教育资源共享，进行医疗检验结果互认、异地就医免备案、跨区域劳动力信息协同和发布等制度改革，引导京津优质资源向河北外溢，促进了区域公共服务共享。最后，京津冀坚持“同质同标”原则，率先在部分公共服务领域探索构建京津冀一体化标准体系，以公共服务一体化促进人才要素的合理流动。

4. 多节点网络化的要素布局

合理的要素空间布局会带来地区要素禀赋结构的优化，进而有利于发挥比较优势和规模效应，推进产业互补，促进区域整体经济增长。当前，城市群已成为中国经济社会发展的核心载体，京津冀、长三角、珠三角三大城市群以占全国不足7%的土地面积承载了近29%的人口，并贡献了近42%的地区生产总值[③]，合理有序的要素空间布局是提升城市群经济效率的重要动力来

① 黄安，许月卿，卢龙辉，等．“生产—生活—生态”空间识别与优化研究进展［J］. 地理科学进展，2020，39（3）：503-518.

② 段亚明，黄安，卢龙辉，等．“生产—生活—生态”空间的概念与理论研究［J］. 中国农业大学学报，2023，28（4）：170-182.

③ 刘秉镰，高子茗．城市群空间结构视角下中国式城镇化的内涵、机制与路径［J］. 西安交通大学学报（社会科学版），2023，43（4）：11-22.

源，并且与单中心城市结构相比，多中心城市结构更能有效提高城市群的经济效率。①

自京津冀协同发展战略实施以来，党中央按照“功能互补、区域联动、轴向集聚、节点支撑”的思路，优化调整“一核、双城、三轴、四区、多节点”空间布局，多节点网络型空间格局逐步形成，区域禀赋结构持续优化。第一，优化规模体系，发挥城市群整体效应。京津冀三地依托城市比较优势，明确城市功能定位，充分发挥北京的总部功能和溢出辐射作用，并由津冀承接北京非首都功能，促进了城市群内部产业的承接与转移，以产兴城，以城促产，加快了城市群规模体系的优化。第二，优化空间布局，鼓励紧凑型临近发展模式。京津冀通过启动“双城记”“新两翼”“通武廊”等逐步推进区域一体化，推动都市连绵带的形成与发展，实现了空间布局由单中心向多中心过渡，促进区域分工合理化。

5. 深化协同的要素治理

跨区域政府合作是治理空间失灵的重要手段，通过破除地区之间的利益藩篱和政策壁垒能够有效缩小边界效应，促进要素按市场规律自由流动并提高要素利用效率，实现区域增长。习近平总书记指出，行政区划并不必然就是区域合作和协同发展的障碍和壁垒，行政区划本身也是一种重要资源，用得好就是推动区域协同发展的更大优势，用不好也可能成为掣肘，这就需要大家自觉打破自家“一亩三分地”的思维定式，由过去的都要求对方为自己做什么，变成大家抱成团朝着顶层设计的目标一起做。② 与长三角、珠三角不同，京津冀在探索跨区域政府协作方式的过程中，需要处理好央地、地地两层关系，改革力度更大，创新性更强，为中国跨域治理特别是发达的大都市地区和不发达的周边地区高质量协同发展提供了新典范。③

---

① 于斌斌，郭东．城市群空间结构的经济效率：理论与实证[J]. 经济问题探索，2021（7）：148-164.

② 优势互补互利共赢扎实推进努力实现京津冀一体化发展[N]. 人民日报，2014-02-28（1）.

③ 李国平，吕爽．京津冀跨域治理和协同发展的重大政策实践[J]. 经济地理，2023，43（1）：26-33.

自京津冀协同发展战略实施以来，三省市通力合作，坚持“一盘棋”思想，跳出“一城一池”得失，有效打破了行政分割和市场分化，促进了协同发展走深走实。首先，构建多元治理主体。通过设立中央层面的京津冀协同发展领导小组，并下设北京市、天津市和河北省三个地方层面的推进京津冀协同发展领导小组，有效强化了央地、地地政府之间合作和利益的有机统一，提高了区域合作的质量和效率。其次，在几大重点领域率先加强地方合作。在产业协同上，京津冀三地找准比较优势，明确分工定位，有序推进非首都功能转移和承接，加强了区域产业协作和联系。在交通一体化上，三地合力共建立体化、网络化综合交通体系，实现乘车二维码互联互通，“轨道上的京津冀”基本建成，区域通达程度显著提高。在生态治理上，京津冀加强生态联防联控联治，区域生态环境明显改善。最后，强化机制体制创新。三地建立了各层级、各部门协同推进的工作机制，如财税制度、生态补偿机制、公共基础设施与公共服务管理机制，有效破除了阻碍区域协同的制度性约束和体制性障碍，通过治理创新促进了区域协同发展。

五　京津冀建设中国式现代化先行区、示范区的路径选择

京津冀建设中国式现代化先行区、示范区的路径选择，必须根植于国家经济社会发展的宏观背景，在区域层面探索先立后破、发展经济的可行路径。首先，要围绕经济建设这一中心，以新技术赋能产业转型升级，发展新质生产力，以产业链、创新链、价值链融合强化区域发展竞争优势，以全方位制度改革推进区域经济建设，加快解决区域发展动力和增速问题，夯实中国式现代化先行区、示范区的物质基础。其次，在经济发展过程中要将质的有效提升和量的合理增长相结合，将深化供给侧结构性改革和着力扩大有效需求相结合，将结构调整与稳就业稳预期相结合。再次，必须立足区域发展现实基础，充分利用京津冀三地资源禀赋优势和协同基础，深化重点领域协同，优化空间布局，高效集聚国内外优质要素，打造以首都为核心的世界级城市群。最后，要遵循区域经济发展规律，推动有效市场和有为政府良性互

动，着力推进区域一体化、同城化水平，促进生产要素在更大空间尺度上有序流动和高效配置，增强区域要素禀赋优势和提升要素效率。

（一）提升全要素生产率，加快经济发展

京津冀协同发展旨在建设以首都为核心的世界级城市群，形成一个带动北方乃至全国高质量发展的新动力源。在建设中国式现代化先行区、示范区的使命要求下，京津冀地区必须深刻践行新发展理念，探索高质量发展路径，以增长极为抓手，提升全要素生产率，加快经济发展。

一是应深刻挖掘红利，以协同促发展。京津冀应保持向协同要红利的战略定力，深刻依托三地要素资源禀赋条件，突出地区优势，优化区域分工与合作；应充分发挥北京作为全国政治中心、文化中心、国际交往中心和科技创新中心的优势，利用天津作为沿海成熟大城市、河北作为老牌经济大省且生态资源丰富的禀赋基础，以高质量疏解和承接非首都功能带动区域整体快速发展。

二是应发展新质生产力，以多层次的现代产业体系稳就业强预期。京津冀应不断完善区域产业发展环境，构建有利于提升产业基础能力和产业链水平的区域产业创新生态；充分利用京津冀产业基础优势，强化新技术应用和赋能，在智能制造、新能源、新材料、生物医疗、高端装备制造等重点产业领域发力；优化区域营商环境，形成对国内外优质资源要素的强大吸引力；注重传统产业与新兴产业的结构平衡，稳增长、稳就业、稳预期。

三是应积极探索协同创新路径，推动产业链、创新链、价值链融合。京津冀应高度聚焦经济动能转换和可持续发展，充分利用北京作为科技创新中心的优势，进一步探索区域协同创新模式，将北京科技创新资源、天津先进制造研发优势与河北雄厚的产业基础进行有机结合，提升区域创新要素流动性和区域协同创新关联性、互补性；应发挥区域数字经济基础优势，以数字经济促进区域创新，提升区域经济发展的速度和高度；应加快产业链、创新链、价值链融合，加快创新成果转化，助推区域经济高质量发展。

（二）集聚内外优质要素，推动协同开放

京津冀必须紧紧抓住中国新一轮全方位开放格局建设机遇，积极融入全球产业链、创新链、价值链，着力提升利用国内国外两个市场、两种资源的能力，坚定不移地推进自贸试验区高水平对外开放和更深层次的改革创新，优化营商环境，持续提高对外开放水平，使京津冀成为参与全球资源配置的关键节点，传播中国声音，提升国际竞争力和影响力。

一是应整合开放资源，挖掘外向型经济新红利。京津冀应借鉴国际知名自贸区的开放经验，依托北京作为国际交往中心的优势，充分对接天津国际口岸资源和河北空间资源，大力发展外向型经济，逐步打造形成中国对外开放高地；应充分挖掘临港产业空间和生态空间，扎实推进临港产业转型升级，提升临港科技创新和创业氛围，推动港产城融合发展。

二是应优化区域开放布局，完善区域开放基础设施。首先，应加强天津、河北港口群与北方腹地的通道建设，加快构建东西向交通走廊和陆海联动交通走廊，形成东西互济和陆海联运的强有力支撑；其次，应加强与东北亚、中亚、南亚、西亚、东南亚等地区国家的交流合作；最后，应加快自贸区特色开放和联动发展，发挥北京服务贸易的引领作用，最大化地发挥天津港口的港产和区位优势，联手河北众多港口，探索港口群协同发展新模式。

（三）优化要素空间配置，加强区域联动

中国经济发展正面临多重结构性挑战，如制造业传统比较优势弱化导致的制造业比重下降，低效企业不甘心退出经营寻求政策保护导致的资源配置僵化，劳动力从高生产率部门（制造业）向低生产率部门（低端服务业）逆向转移导致的资源配置退化等。① 区域经济在空间维度上促进资源的合理配置和高效利用，通过促进生产要素在更大空间尺度上的流动和组合，加速财富

① 蔡昉．生产率、新动能与制造业——中国经济如何提高资源重新配置效率[J]．中国工业经济，2021（5）：5-18.

积累和福利改善。因此，优化要素空间配置是中国新发展阶段提高资源配置效率的关键途径，更是京津冀建设中国式现代化先行区、示范区的有效抓手。

一是应持续优化空间结构。建好“一核、双城、三轴”，优化形成多中心城市发展格局和轴带布局空间结构，通过培育沧州、廊坊、武清等次中心城市和三级中心城市，构建多层级、多节点的网络型城市体系；高标准建设北京城市副中心和雄安新区，推动北京“新两翼”建设取得更大突破；深化“通武廊”改革试验，填补京津都市连绵带建设断点，促进要素集聚，推动京津同城化发展；逐步启动京保石和京唐秦都市连绵带建设，形成功能布局合理高效的城市群空间架构。

二是应提高要素空间配置效率。着力推动京津冀传统设施与新型基础设施融合，在推进综合型、立体化交通体系建设和完善的基础上，改革购票、乘车等管理机制，缩短空间距离，提高生产要素跨区域流动效率，进一步促进要素高效组合和合理集聚，提升区域资源配置效率；持续激发京津冀数字经济活力，巩固和提高区域资源数字化配置优势，以数字技术解决资源碎片化和市场交易壁垒等问题，增加区域要素利用和配置的多样性和灵活性。

三是应促进空间格局协调发展。进一步梳理区域产业链条，加快推进区域产业横向及纵向分工，在京津冀地区尝试以错位、融合的区域产业分工体系解决大城市过度拥堵和中小城市功能性萎缩难题，逐步形成中心城市引领、大中小城市和小城镇协调发展的城市群空间格局。

（四）深化政府治理改革，提高现代治理水平

中国政府治理现代化仍然面临如何科学界定政府与市场的边界、如何创新界定中央与地方的权力和责任边界、如何实现官员激励和约束的平衡等多重挑战。[①] 建设中国式现代化先行区、示范区要求京津冀积极探索新型央地

---

① 周黎安．中国政府治理的变革与现代化［M］//蔡昉，等．中国式现代化发展战略与路径．北京：中信出版社，2023：297-312.

关系，创新治理协同模式，在政府治理改革上形成新示范。

一是应建立形成京津冀特色管理体制和协调配合机制。抓紧补足区域治理在主体、目标、内容、结构等方面的短板，依托区域顶层设计、规划和会商协调基础及优势，深度挖掘各城市比较优势，进一步促进政府间合作交流，降低城市之间恶性竞争带来的负向空间外部性；创新跨区域协同治理的体制机制，实施统筹规划管理，强化政府部门间的协调联动。①

二是应向服务型政府转型。着力建设服务型政府，高效利用北京作为全国政治中心的制度优势，深化区域机制体制改革，全面推动政府职能向市场和企业的服务人转型，打造全国服务型政府样板。

三是应着力推进市场化进程。充分发挥市场机制在资源配置中的决定性作用，同时发挥有为政府的作用，深入解放思想，围绕市场发展需要，改革干部管理制度，创新政府服务模式，进一步简政放权，降低非国有企业进入市场的门槛，扶持民营经济。

（五）改善要素报酬分配，锚定共同富裕

中国式现代化是全体人民共同富裕的现代化，满足人民对美好生活的向往始终是党和政府的努力方向。从共同富裕的维度解读京津冀建设中国式现代化先行区、示范区的具体任务包括以下三个层面：一是在宏观层面上缩小南北差距，在北方建设经济新高地，促进区域均衡发展；二是在区域层面上消除三地落差，疏解北京非首都功能和加强产业协作，促进三地均衡发展，推进三地公共服务共建共享，增进民生福祉；三是在城乡层面上，通过打造世界级城市群现代化人居环境和优良的公共服务缩小城乡差距，为京津冀地区落实战略定位提供有力支撑。因此，应从以下三个方面做出努力和突破。

一是应保持经济增长与收入同步增长。京津冀应继续通过动能转换提升经济发展速度，通过区域协同提高经济发展质量，保持经济增长在合理区

① 李国平，吕爽．京津冀协同发展战略实施十年回顾及展望[J]. 河北学刊，2024，44（1）：60-69.

间，探索初次分配和再分配叠加的新模式，改善收入分配结构，提高居民收入水平，使居民共享区域发展成果。

二是应推动纵向劳动力流动，扩大中等收入群体规模。进一步优化京津冀户籍、养老保险、医疗保障、社会救助等制度安排，进一步畅通农业人口、农民工等群体向上流动的通道，以促进纵向社会性流动，提高中等收入群体的比重，尽快向橄榄型分配结构过渡。

三是应逐步实现社会福利均等化。以促进区域公共服务均等化为突破口，建立统一调配的基本公共服务资源对接平台，推动京津冀公共服务资源共享和功能互补；合理布局公共服务基础设施，推动地区公共服务资源存量疏解、增量均衡；探索京津优质公共服务资源向河北转移的新路径，加大公共服务资源向河北倾斜的力度。

（六）推进生态环境治理，提高要素利用效率

习近平总书记强调，要以美丽中国建设全面推进人与自然和谐共生的现代化。[①] 京津冀应锚定建设中国式现代化先行区、示范区的战略目标，加快推进区域生产方式绿色转型[②]，积极探索低碳经济发展路径，持续提高资源要素利用效率，以高品质保护支撑区域高质量发展。

一是应深入探索区域生态联防联控机制。充分发挥京津冀空气污染联防联治专长，制定水、土壤等区域性污染联防联治策略，逐步形成区域环保标准一体化；推行“河长制”“林长制”建设，落实治理责任体系；以重点生态工程为抓手，落实“生态保护红线、环境质量底线、资源利用上线和环境准入负面清单”的生态环境硬约束制度，推进绿色生态屏障等重大生态工程建设，持续抓好北方防沙带等生态保护和修复重点工程建设。

二是应创新生态治理机制。建立京津冀生态环境监管平台，实现区域环

---

① 习近平．以美丽中国建设全面推进人与自然和谐共生的现代化[J].求是，2024（1）：4-9.

② 张贵，孙晨晨，刘秉镰．京津冀协同发展的历程、成效与推进策略[J].改革，2023（5）：90-104.

境管理和污染源识别及时化、精细化、动态化、可视化；建立京津冀污染治理转移支付机制，通过地方政府间转移支付，调节各地政府环境治理的利益诉求，在降低中央纵向转移支付财政压力的同时，使地方政府在环境治理中受益；完善京津冀绿色金融顶层设计，推动区域能源消费转型①；建立社会公众监管平台，通过设置奖励引导社会公众参与环境监督和治理，弥补市场和政府治理的不足，共建区域生态环境治理新标杆。

六　结语

努力使京津冀成为中国式现代化建设的先行区、示范区是当前推动京津冀协同发展的基本遵循。建设中国式现代化先行区、示范区要以中国式现代化的本质要求为基本遵循，利用京津冀更先进、更开放的政策和制度体系，努力突破外需约束、模式约束、结构约束和体制约束，在打造增长极、高水平协同开放、优化空间布局、提升政府治理、缩小区域落差和促进生态改善等方面率先探索中国式现代化实现过程，为建成富强民主文明和谐美丽的社会主义现代化强国提供成功示范。

从京津冀协同发展的演进特征来看，在中国式现代化的新阶段，多元主体参与、三地政府协同治理等新型战略推进方式将逐渐取代政府协议合作等传统模式，战略推进机制也将由简单的市场和政府共同作用转向更高级别的有效市场和有为政府相结合。这些转变和升级将赋予京津冀更多的创新和政策实验空间，如何以新技术赋能产业转型升级、发展区域新质生产力，如何立足区域发展现实基础进一步发挥各地区比较优势，如何深化改革顺应经济规律、促进要素合理流动和高效集聚等问题有待持续关注。

---

① 谢婷婷，黄雨薇．绿色金融如何影响能源消费转型？[J]．江南大学学报（人文社会科学版），2022，21（6）：71-83.

The Theoretical Logic and Path Selection of Building a Pilot and Demonstration Area of Chinese Path to Modernization in Beijing-Tianjin-Hebei Region

Liu Binglian, Bian Yang

Abstract: Based on the strategic mission of building a pilot demonstration area of Chinese path to modernization, this thesis reviewed the evolution process and stage characteristics of the coordinated development of Beijing-Tianjin-Hebei region, and identified the new requirements of regional development: Based on the regional economic development mechanism, the economic and social environment changes faced by Beijing-Tianjin-Hebei region were analyzed, and combined with the innovative practice of the region, a theoretical framework for coordinated development of the Beijing-Tianjin-Hebei region was constructed in five aspects: "input of sparse construction elements", "combination of intensive connotation elements", "aggregation of local quality oriented elements", "multi node networked element layout", and "deepening collaborative element governance". On this basis, from the perspective of rooting in the macro background of national economic and social development, standing on the realistic basis of regional development, and following the laws of regional economic development, the path selection idea of building a pilot demonstration area of Chinese path to modernization in Beijing-Tianjin-Hebei region is proposed around economic development, coordinated opening, regional linkage, government governance, common prosperity, and ecological improvement.

Keywords: Chinese path to modernization; pilot area; demonstration area; Beijing-Tianjin-Hebei Urban Agglomeration; coordinated development

同城化的中国实践、概念阐释和政策思路*

张懿玮　刘士林**

摘　要：　同城化在中国历经近二十年，已经积累了一定的经验，并逐步形成了一体化概念下的同城化、共建新城型同城化、直接代管型同城化、全面融入型同城化和以都市圈为核心的同城化等模式。但是总体来看，同城化进展缓慢，目前仍存在缺乏顶层设计、未克服体制障碍、治理创新乏力等问题，其根源在于认识不足和行政壁垒。同城化不同于大都市区、城市群和都市圈等传统区域一体化模式，同城化源于一体化，但高于一体化。它在外延上拓展了一体化的合作边界，在内涵上又加深了一体化的改革力度。为了更高质量地推进同城化发展，需要构建工作和生活同城圈、产业和科创同城链、生态和文化同城网、体制和机制同城体。

关键词：　同城化　区域一体化　中国实践

* 本文已发表于《北京社会科学》2023 年第 2 期。

** 张懿玮，上海杉达学院管理学院副院长，副教授，上海交通大学城市科学研究院研究员；刘士林，上海交通大学城市科学研究院院长，教授，博士研究生导师。

一 引言

随着中国经济由规模发展向高质量发展升级，过去十年间，我国已经形成了以京津冀协同发展、长江经济带发展、粤港澳大湾区建设、长三角一体化发展、黄河流域生态保护和高质量发展等国家战略为引领的区域一体化发展新格局，区域一体化已经成为城市发展的共识。然而，在区域一体化发展的进程中，重复建设、产业雷同、要素流动受限等现象仍然存在，经济核算、税收分成、跨区补偿等深层次问题仍未解决。区域一体化改革正进入深水区和攻坚期，急需破除各类体制机制障碍，化解各类矛盾冲突，同城化作为一体化发展的更高阶段，呼之欲出，正当其时。

据不完全统计，目前全国已有 20 多个地区提出并实施同城化战略。但总体上，有关同城化的实践和理论仍在探索中。随着越来越多的地区提出同城化构想，同城化迫切需要实践总结和理论指导，以避免一哄而上追求时尚概念却未能取得实效。为此，本文梳理和总结我国同城化的实践经验，阐释同城化的当代内涵，提出相关政策思路，以期为规范和促进区域同城化更好发展、形成区域一体化理论的中国话语体系和实践模本提供一定的参考。

二 同城化的中国实践

（一）基本现状

从 2005 年开始，许多城市开启了同城化探索。2005 年，沈阳、鞍山、抚顺、本溪、营口、辽阳、铁岭 7 个城市共同签署了《辽宁中部城市群（沈阳经济区）合作协议》，以交通、通信同城化推进沈阳经济区一体化建设。同年，太原—榆次、济宁—曲阜和郑州—开封等也开始规划在金融、电信、公交等领域的同城化。此外，还有一些城市虽然没有明确提出同城化战略，但通过大力发展与邻近城市的交通，在事实上推进了同城化发展。2005

年，上海开始规划建设虹桥综合交通枢纽，提出以虹桥空港、京沪高速铁路上海站为中心，汇聚地铁、城际轻轨及磁悬浮等交通方式，以打通与长三角其他城市的交通要道。可以说，2005 年是同城化元年，从交通、金融和通信等领域出发，中国大地开始书写同城化的城市发展篇章。

过去十多年间，全国陆陆续续有二十多个地区开始实施同城化战略，包括广佛、沈抚、长株潭、西咸、郑汴、厦漳泉、宁镇扬等地区，几乎涉及中国所有城市群。2020 年 8 月，习近平总书记在合肥主持召开扎实推进长三角一体化发展座谈会，提出要探索以社会保障卡为载体建立居民服务“一卡通”，在交通出行、旅游观光、文化体验等方面率先实现“同城待遇”。[①] 以公共服务的“同城待遇”为先导，引领长三角一体化发展迈入同城化的更高阶段，是以习近平同志为核心的党中央对长三角一体化高质量发展提出的最新要求和做出的重大战略部署。2020 年 7 月，推动长三角一体化发展领导小组办公室印发了《长三角一体化发展规划“十四五”实施方案》，提出“积极推动上海与近沪区域同城化”，并将制定沪苏（州）同城化方案列入“十四五”时期长三角一体化发展重点工作清单。[②] 2021 年 6 月，国家发展改革委正式启动沪苏（州）同城化重大项目研究。同城化这一区域合作的战略影响力日益扩大，正式由地方探索进入国家视野。

当下同城化已与早期同城化不同。第一，当下同城化更加注重平衡利益、合作共赢。事实上，早期同城化较多服务于中心城市，以增强中心城市的集聚能力为主要目的。比如，太榆同城化就明确指出实施太原市率先发展战略，力争把太原市建设成国内一流的省会城市。[③] 第二，同城化开始由省内走向省外，之前的同城化主要局限于省域内，主要由省、市级的行政部门主导，但以沪苏（州）同城化为代表的跨省同城化不仅突破了省域行政界线，还跨越层级、消除更高行政障碍，是两个城市开展的深层次改革，也是以同城化推进行政区和经济区分离的率先尝试和探索。第三，同城化合作的

---

① 习近平谈治国理政：第四卷[M].北京：外文出版社，2022：190.

② 宋广玉．苏南地区要加快打造现代化建设先行示范区[N].南京日报，2021-12-06（5）.

③ 田蕾，成巍．山西省着手建设大太原都市圈[N].人民政协报，2005-10-22（3）.

领域进一步扩大，如果说早期局限于交通、通信、金融等领域，“做容易的事”，当下的同城化则是在政治、经济、社会、生态、文化等领域开展更广泛、更全面的合作，“啃硬骨头”。第四，从合作重点来看，同城化由早期的以经济为主转向以公共服务为主，早期的交通、通信和金融等领域的同城化事实上主要服务于要素流动，但习近平总书记提出的“同城待遇”开启了新时代同城化的重要主题。

（二）主要模式

同城化概念的提出和探索在我国已有近20年的历史，与城市群作为新型城镇化主体形态几乎同步。各地在有关的探索过程中，结合自身的特点和需求，逐步形成了一定的经验和模式。概括起来，同城化大致可分为五种模式（见表1）。

表1 同城化的主要模式

模式	主要建设内容	主要特点	管理方式
一体化概念下的同城化	交通设施建设先行;注重产业分工协作和产业转移	以经济一体化为主	一体化联席会议
共建新城型同城化	以大规模基础设施建设为主要表现形式的新城建设;以促进产业发展为目标的经济开发区建设;以提升新城人气为主的房地产和公共服务建设	位于两市交界区域;省市共建,但开发建设以省为主;初期以基础设施建设、产业园区建设和房地产开发为主;涉及经济、政治、社会等各领域的同城化建设	省委、省政府派出党工委、管委会;管委会负责经济管理事务;地方政府负责行政和社会管理事务
直接代管型同城化	经济、政治、社会、文化、生态等各领域的全面建设	以共建新城型同城化为基础;纳入代管市城市规划,由代管市全面管理;代管区域实现经济、政治、社会、文化、生态等各领域完全同城化	地方政府负责行政、经济和社会管理事务

续表

模式	主要建设内容	主要特点	管理方式
全面融入型同城化	同城化规划引领；交界区同城化示范区建设；重点项目推进	两地社会经济发展水平相当；同城化项目覆盖全境；以经济、社会、生态同城化为主	党政四人领导小组；市长联席会议；分管副市长协调会专责小组
以都市圈为核心的同城化	注重都市圈公共服务共享；推进“清单制+责任制”；推进毗邻区域率先同城发展；推进飞地发展	涉及两个或两个以上城市；涉及经济、政治、社会、文化、生态等各领域的同城化建设	发展领导小组；协调小组

1. 一体化概念下的同城化

在早期的同城化探索中，由两个城市联合推动的城市组团发展战略主要是以一体化的名义开展的，如郑汴一体化、乌昌一体化等，其基本特征是两个城市的一体化，因此可以将这种形式看作同城化不自觉的早期形态。一体化最初是一个经济学概念，在实践中大部分区域的一体化都是从经济开始并以经济为主要目的的。这种带有明显经济功利色彩的同城化通常都以打通区域城市交通网络、促进要素流动为先导。然而，“人往高处走，水往低处流”，这种一体化事实上加速了资源向经济发达城市集聚，落后城市希冀通过一体化吸引优质要素（如人才）的愿望落空，从而导致一体化的虹吸效应大于溢出效应，落后城市的所得和所失严重不匹配。因此，一体化概念下的同城化往往以失败告终，如郑汴一体化。两地在 2005 年提出和实施一体化战略，并积极推进交通、教育、通信、金融等同城化发展，但在这一过程中，原本经济落后的开封不仅没有借助郑州实现自身的跨越式发展，反而与郑州拉开差距，郑州与开封的地区生产总值之比由 2005 年的 4 倍增加至 2021 年的 5 倍。开封的很多城市基础设施和文旅项目建设，也主要服务于郑州发展。这种现象在早期的同城化中比较普遍，是未来实施同城化需要认真研究和吸取的教训。

2. 共建新城型同城化

共建新城型同城化是指在两地邻近地带，灵活利用土地优势，共同打造新城新区，两地共同管理，如沈抚同城化。其特点是以双方高规格规划跨区域新城推动同城化，绕开了早期一体化进程的陷阱，成功规避了中心城市对周边城市的虹吸效应，有利于平衡双方利益。而且，新城因为建设在城市边界区域，加速推进了两地城市化进程，提升了城乡一体化水平。为了保证新城建设有效推进，这类模式一般都有新城规划引领及高位领导体系推进（如省政府派出管委会，管委会具有省级部门的经济管理权限等）。由于是新建城区，城市建设更加现代化，空间规划、功能布局、产业定位等更加科学合理，体制机制更容易创新，通常也能获得更多政策红利。如 2008 年《沈抚连接带总体发展概念规划》一开始就划定了同城化的区域空间范围，勾勒了“一核三区、一带两廊、多中心网络”的总体空间格局，确定了同城化合作的主要产业领域。但这一模式存在四个主要问题：一是此类同城化的空间范围有限，无法普惠两地全部市民；二是在两地资源有限的情况下，新城建设容易稀释城市发展资源，事实上新城建设是以牺牲城市其他地区的利益为代价的；三是新城建设过程中双方都有各自的打算，导致两地投入资源不同，建设进度不一，要真正实现“心往一处想，劲往一处使”并非易事，如沈抚新城建设伊始，沈阳对新城的开发就明显落后于抚顺；四是虽然有统一领导，但在根本上还是两地各管一块，行政壁垒并未完全打破，双方利益仍难以协调，这是早期沈抚新区和西咸新区等共建新城所面临的共同问题。

3. 直接代管型同城化

直接代管型同城化是由中心城市直接行政代管次中心城市的合作区域。当共建共管改革走到深处，难以突破行政分割障碍和解决两地矛盾冲突时，直接代管成为一种简单有效的同城化模式。这一模式通常发生在同一省域两个经济地位差距较大的城市之间，而行政代管一般由省委、省政府批准实施，典型的如西咸新区。西咸新区原是在陕西省政府直接领导下由西安和咸阳共管，但 2017 年省政府退出，改由西安代管，2021 年则由西安全面代管。根据 2021 年 6 月 28 日陕西省发布的《关于印发西安市全面代管西咸新区指导意见的通知》，西咸新区被划分为直管区和共管区，直管区由西安市全面管理，负责辖区内行政、经济和社会管理事务，共管区则由咸阳市负责。省级派出机构划归西安市，省级部门原则上不直接管理和审批西咸新区的有关事项，也不将新区作为单独的绩效考核主体，而是全面授权西安市管理。[①] 通过全面代管，西咸新区事实上成为西安的一个区，为两地同城扫清了障碍。

直接代管型同城化破除了行政体制障碍，解决了省级部门和市级部门、本地部门和外地部门之间的矛盾，提升了资源配置效率。但问题是，这种简单模式不仅难以解决 GDP 划分、税收分配等关键问题，也有重新划分行政区域之嫌。如四川的天府新区，2011 年天府新区（包含简阳市的部分地区）成立，2016 年成都开始代管简阳，2020 年简阳正式被划归成都。虽然直接代管型同城化表面上看似乎实现了真正意义上的同城化，但实际上以牺牲弱势城市发展主动权为代价，有着极强的行政命令色彩，距离两座城市真正深入合作、共创双赢仍然有不小的差距。因此，这种同城化只可能在小范围内试行，而不可能成为主流。

4. 全面融入型同城化

与共建新城型同城化和直接代管型同城化在两地交界区域推进同城化不同，全面融入型同城化是以两座城市的全域为对象，全面推进同城化建设，最有代表性的是广佛同城化。由于涉及的区域范围较广，此类同城化通常是在同城化规划引领下，以同城化项目为抓手，以交界区同城化为示范，以点到面逐步推进同城化深入发展。以广州和佛山的同城化为例，2009 年 3 月，广州和佛山两地签署《广州市佛山市同城化建设合作框架协议》，正式启动同城化工作。2009 年 12 月，《广佛同城化发展规划（2009—2020 年）》出台。2017 年 9 月，《广佛同城化“十三五”发展规划（2016—2020 年）》印发。2022 年 8 月，《广佛全域同城化“十四五”发展规划》发布。

全面融入型同城化的主要目的是以同城效应提升区域发展水平，提高区

① 关于印发西安市全面代管西咸新区指导意见的通知[EB/OL].（2021-06-03）[2022-08-04].http://sndrc.shaanxi.gov.cn/zjww/jgcs/ggc/gzxx/uMryEv.htm.

域竞争力。相比一体化概念下的同城化、共建新城型同城化和直接代管型同城化，全面融入型同城化模式从区域角度推进城市社会经济的整体发展和提升。因此，它需要从空间规划上明确功能布局，从产业规划上明确产业重点，从公共服务规划上推进服务均等，从生态规划上实现协同共治。社会、经济和生态同城化成为全面融入型同城化的重点工作。

由于全面融入型同城化涉及地域广、领域多，相比其他同城化模式协调难度更大。良好的同城化基础条件有助于降低双方的协调难度，其中最主要的有以下两点。第一，两地社会经济发展水平相当。广州和佛山两地的经济产值长期以来居广东省第 2 位和第 3 位，2020 年人均 GDP 分别为 13.40 万元和 11.39 万元。两地社会经济发展水平相对均衡，为广佛同城化走向互利双赢提供了基本支撑和保障，并有利于提升两地全面推进同城化的积极性和主动性。第二，两地有着极强的社会和经济联系。长期以来，两地社会和经济相互交织缠绕，经济互动频繁，人员往来密切，民心向同，有利于自下而上破除同城化的各种障碍，这也是广佛同城化能够顺利开展的重要原因。

5. 以都市圈为核心的同城化

以都市圈为核心的同城化是将同城化作为推进都市圈建设的重要手段，如《长江三角洲城市群发展规划》和《长江三角洲区域一体化发展规划纲要》都明确提出要推动都市圈同城化建设。这一模式最具代表性的是江苏省的宁镇扬同城化、四川省的成德眉资同城化及具有跨省域特点的上海和浙江湖州的沪湖同城化。① 其主要特点有以下几个方面：一是注重都市圈公共服务共享，如宁镇扬同城化重点在交通、教育、医疗、环境和公共服务等领域发力；二是推进“清单制+责任制”，如成德眉资同城化的

---

① 将上海和湖州也作为同城化区域是因为 2020 年 12 月，上海市发展和改革委员会发布的《上海市贯彻〈长江三角洲区域一体化发展规划纲要〉实施方案》明确了上海大都市圈“1+8”的空间范围，其中湖州是大都市圈同城化的重要一员。2020 年 12 月底，湖州市也出台了《湖州市加快融入上海同城化都市圈三年行动计划（2018—2020 年）》，积极谋划更高水平、更深层次融入上海大都市圈。

“清单制+责任制”涉及设施互通、产业协作、教育医疗卫生等优质服务资源共建共享等多个领域；三是推进毗邻区域率先同城发展，如南京提出推进宁镇扬毗邻地区的江宁—句容、六合—仪征等率先融合发展；四是推进飞地发展，如湖州在融入上海都市圈的过程中，积极推进“飞地”模式，前移科技、人才、创新阵地，加大与上海、杭州的产业合作。以都市圈为核心的同城化总体上与都市圈一体化发展高度重合，是在都市圈基础上更深入的合作模式。

（三）主要问题

虽然我国同城化起步较早，且形成了一定的经验和模式，但是总体进程仍然较缓慢，区域发展不平衡仍待破解。概括来看，现阶段我国同城化还存在以下主要问题。

1. 同城化仍缺乏顶层设计

政府在同城化进程中发挥着主体作用，同城化的高效推进依赖政府周详的同城化顶层设计，既要有高瞻远瞩的战略框架统筹谋划，也要有明确的行动目标和计划予以落实。然而，综观各地的同城化现状，除广佛、宁镇扬等少数地区有明确的同城化发展规划，一些地区的同城化或停留在同城化的战略构想上，或只有简单的战略协议，或只有零散的个别行动，或局限于某一具体领域的同城化规划；还有一些地区将同城化等同于都市圈或城市群，忽视了这些概念的差异，未能出台专门的更具有针对性的同城化战略规划。此外，很多地区的同城化还缺乏相应的空间规划支撑。如果不能统筹协调区域内的各类资源，同城化规划事实上难以落地。在国家层面，目前也还未有专门的同城化指导意见或支持文件。

2. 同城化未克服体制障碍

同城化作为一种新提法，是新时代背景下区域一体化的新实践、新探索、新发展。但当前大多数同城化实践与区域一体化的关系仍然是“新瓶装旧酒”，未能在一体化的基础上有新突破。最主要体现在当前各地同城化与区域一体化一样，均未能克服体制上的障碍。比如，之前区域一体化一直试图解决的行政区与经济区适当分离、要素自由流动、跨区域分成和补偿等一系列体制障碍问题，目前的同城化依然未能很好解决。同城化勾画了区域协同发展的美好愿景，各地试图从交通同城化入手逐步推进各领域的同城化。但事实上，经济、社会、生态等领域的同城化涉及各方利益，矛盾冲突不断，有些矛盾（如产业同构问题）甚至是积重难返。如果无法在体制上有大的突破，同城化的进展将十分有限。

3. 同城化治理创新乏力

除共建新城型同城化和直接代管型同城化，目前同城化的治理方式无论是联席会议还是领导小组，都主要是通过上层领导协调解决各类问题。事实上，这仍然是原来区域一体化的老路。协调的好处是容易化解矛盾，但缺点是无法从根本上解决同城化的利益冲突，难以克服协同惰性问题，难以形成常规性的制度安排，从而使同城化始终处于各类协调中，影响了同城化的进展和效率。此外，在跨区域同城化治理中，城市关系复杂，既有经济上的不平等，也有行政上的不平等（如上海和苏州、南京和镇江），原来单一的科层治理模式难以实施，而包括政府组织、准政府组织、行业协会、民间组织和社会团体等在内的跨区域多元协同治理模式还未形成，这也制约了同城化发展。

这些同城化问题的根源主要在于认识不足和行政壁垒。在理论上，作为一个本土概念，同城化的有关研究才刚刚起步，国外也没有对应的概念可资借鉴。同城化与大都市区、城市群、都市圈等概念的区别仍然不清晰，与一体化的关系仍然不明朗。这种理论研究的不足直接影响了同城化实践，不仅导致实践中概念混乱，也导致难以在原来一体化的基础上更进一步发展。此外，同城化还缺乏可参照的科学评价标准、可借鉴的国内外成功经验，目前各地的同城化都是“摸着石头过河”。而更大的障碍则是行政上的壁垒，固有的行政分割导致地方政府具有强烈的短期功利性动机，缺乏全局意识和换位思维，跨区域城市难以形成真正持续牢固的城市共同体，常常导致竞争大于合作，索取大于给予，防备大于开放。而且，在不平等的城市行政关系中（如上海和苏州），往往因缺乏直接、平等的对话权力和机制而影响同城化的步伐。

三　同城化的概念辨析和当代阐释

在同城化被提出之前，已有大都市区、城市群、都市圈等诸多概念。要理解同城化，首先要认识同城化与前述概念的区别，正本清源，以走出认识上的误区。

（一）同城化概念辨析

1. 同城化与大都市区

都市区（Metropolitan Distract 或 Metropolitan Area）是根据某地区特点、河流水系、海岸线、农田、公园和流域来确定的有限的具体空间。[①] 这是国外最常使用的城市功能地域概念，一般包括一个大型人口中心及与该中心有较高经济、社会整合程度的邻近区域。由于地理空间和人口规模较大，也被称为"大都市区"。它最初只是一个统计区的概念，服务于区域人口统计[②]，但它产生的基础是城市与外围地区紧密的社会经济联系。国际上通常用城市间的通勤联系来界定都市区。近年来，都市区的概念开始出现在我国中心城市、大都市的城市规划中，在范围上一般包括市区（中心城区）及周边县市区、乡镇等，用来促进中心城区、非中心城区和乡镇协调发展。

从都市区的形成和发展历史看，它与 20 世纪 50 年代西方国家的郊区化紧密联系。20 世纪 50 年代之后，西方国家特别是美国开始了战后大规模的城市扩张运动，居民逐渐分散到周边地区，形成了城市郊区化发展。因此，都市区是大城市因为"城市病"向外围扩散所形成的空间。从城市中心与其腹地的关系看为"中心—边缘"关系，一方面在经济上表现出高度的依

① （美）安东尼·奥罗姆，陈向明．城市的世界——对地点的比较分析与历史分析[M].曾茂娟、任远，译．上海：上海人民出版社，2005：165.

② 马燕坤，肖金成．都市区、都市圈与城市群的概念界定及其比较分析[J].经济与管理，2020，34（1）：18-26.

赖性，另一方面中心城市与城镇、村落的差距等级结构在社会上表现出明显的割裂性，具有典型的二元结构特征。

同城化在形式上似乎与都市区类似，均表现为相邻城市间紧密的社会经济联系，但是二者在本质上有着明显区别。后者主要探讨中心城区与其城市化水平较低的郊区及农业地区的协调、均衡和一体化发展问题，用于解决大都市发展中出现的“只支配，不服务”“中心繁荣，周边凋敝”问题。而前者不同于传统大都市区的“中心—边缘”关系走向，具有更高的一体化程度、更强的协调性、更加平等的城市关系结构，相互促进、利益共享，是行政区划调整限制下城市合作的一种现实选择。

2. 同城化与城市群、都市圈

在西方城市研究中，城市群和都市圈的英文都来自地理学家戈特曼的“Megalopolis”，最初用来描述以大都市为核心的城市分布密集区域，在翻译后成为两个独立概念。作为中国城市发展的主体形态，城市群是具有合理层级分工体系和功能互补的城市共同体。① 而都市圈则是城市群内部以超大、特大城市或辐射带动功能强的大城市为中心，以一小时通勤圈为基本范围的城镇化空间形态。② 因此，可以说，都市圈是比一般城市群空间小、人口少的城市群。

城市群和都市圈都是区域一体化的空间表现形态。基于经验法则，包围中心城市的“圈”涉及两个及以上城市。因此，无论是城市群还是都市圈，其最小单元应该是三个城市。当城市群的边界被极大地拓展后，内部联系及中心对边缘的驱动和引领作用就会递减，这就需要再规划都市圈作为城市群的核心功能区。但当都市圈仍然无法有效协调彼此关系时，同城化开始登场。

同城化特指两个及以上城市的高度一体化发展，它是城市群或都市圈空间范围内的最小合作空间单元。它与城市群和都市圈的区别在于以下几点。

---

① 刘士林．从大都市到城市群：中国城市化的困惑与选择[J]．江海学刊，2012（5）：76-83.

② 国家发展改革委关于培育发展现代化都市圈的指导意见[EB/OL]．(2019-02-21)［2022-08-04］. http：//www. gov. cn/xinwen/2019-02/21/content_ 5367465. htm.

第一，城市数量不同。同城化主要集中于两到三个城市，这是因为城市数量增加后，一方面协调难度大大增加，难以取得同城化的预期效果；另一方面如果同城化与都市圈和城市群的城市数量没有区别，那么将导致这些不同概念难以区分。同城化发生于城市群或都市圈内部，作为两到三个城市的空间规划，虽然它们都遵从城市群的基本原理，但是在空间、人口、规模上应有所差异。第二，城市群和都市圈更多是空间概念，强调的是城市的分工体系，而同城化虽然也追求合理的城市分工，但更偏向于打破空间和行政界限，以实现城市融合。“同城”显然要比“群”和“圈”具有更深的合作内涵。第三，城市群和都市圈通常具有明显的“中心—次中心—外围”结构①，强调中心城市的集聚和辐射功能，但是同城化并不限定或约束两个城市的地位等级，任何相邻城市都可能成为同城化的城市，这完全取决于这两个城市的同城化决心和勇气，最终的评判标准也主要取决于两地企业和居民对于同城化的感受。第四，虽然有学者指出，同城化是城市群和都市圈形成的中间过程，是构成城市群和都市圈的必要条件②，但从实践来看，现有的城市群和都市圈事实上不是高度一体化的空间组织，还未实现真正意义上的同城化发展。即使人们毫无“生活在同一座城市”的感受，也不妨碍城市通过相互合作实现“群”或“圈”的发展。所以与其说同城化是城市群和都市圈形成的中间过程③，不如说同城化是推动城市群和都市圈更高质量发展的新的治理模式。

（二）同城化的当代阐释

同城化的理论研究滞后于实践。对于什么是同城化，至今仍没有一个统一的认识，比较流行的概念有十多个。学者们从不同的角度阐述了对同城化的看法，概括起来，大致有“经济观”“政治观”“人文观”“综合观”四

① 徐涛，魏淑艳，王颖．同城化概念及其界定问题探讨[J]．社会科学家，2014，29（11）：56-60.

② 王振．长三角地区的同城化趋势及其对上海的影响[J]．科学发展，2010（4）：101-109.

③ 王振．长三角地区的同城化趋势及其对上海的影响[J]．科学发展，2010（4）：101-109.

种观点。“经济观”延续了经济一体化的观念，将同城化视为一种经济现象和战略，从降低交易成本的角度，主要讨论市场、产业一体化问题，目的是促进要素流动，提升区域经济竞争力。“政治观”更加强调跨区治理，从政治学的角度认为同城化实质上是形成高度协调的机制，在行政上要打破行政界限，统一行动，实现跨区治理融合。“人文观”则强调人们的生活感受，注重人们是否能够共享同城发展的成果。比如，学者们在讨论同城化时指出要弱化市民的属地意识①，使居民产生如同生活在同一个城市的感受②。“综合观”则是强调城市各个方面的共同发展，如认为同城化应该在经济、社会和自然生态环境等方面能够融为一体③。虽然学者们对同城化的理解各有侧重，但这些观点既未能脱离一体化的范畴，又未能清晰阐明同城化与一体化的关系。

一体化是同城化最重要的关键词。同城化本质上是区域一体化在两三个城市之间更高、更深层次的发展，它源于一体化，又高于一体化。同城化在外延上拓展了一体化的合作边界。党的十八大提出的“五位一体”思想明确了中国特色社会主义事业的总体布局，也界定了区域合作的基本内涵和框架。据此，同城化需要从原来注重经济的区域一体化拓展为包括经济、政治、文化、社会和生态的更全面的一体化，尤其需要注重社会领域的同城化。城市理念从霍华德的“田园城市”到芒福德“人文城市”，城市实践从“政治城市”“经济城市”到“人民城市”，人民正在成为城市的核心，人民的满足感和获得感成为城市发展的根本。《中共中央关于党的百年奋斗重大成就和历史经验的决议》多次提到“坚持以人民为中心”和“共同富裕”，指出“让老百姓过上好日子是我们一切工作的出发点和落脚点”。④

---

① 邢铭．沈抚同城化建设的若干思考[J].城市规划，2007，31（10）：52-56.

② 谢俊贵，刘丽敏．同城化的社会功能分析及社会规划视点[J].广州大学学报（社会科学版），2009，8（8）：24-28+85.

③ 方创琳．面向国家未来的中国人文地理学研究方向的思考[J].人文地理，2011，26（4）：1-6.

④ 中共中央关于党的百年奋斗重大成就和历史经验的决议[EB/OL].（2021-11-16）[2022-08-04].http：//www.gov.cn/zhengce/2021-11/16/content_5651269.htm.

习近平总书记也多次强调“人民城市为人民”的论述[①]。正是人民城市思想推动了当前以公共服务为重点的同城化改革。2019 年 12 月发布的《长江三角洲区域一体化发展规划纲要》明确提出要以基础设施一体化和公共服务一卡通为着力点，提升都市圈的同城化水平。[②] 关注交通、医疗、教育、文化等领域的同城化，切实满足人们对美好生活的向往。人民群众是社会变革的决定性力量，社会领域的率先同城化有利于加速推动其他各领域的同城化。新一代空间经济学家主张通过促进劳动力流动推动城市发展。[③] 公共服务同城化有利于促进人口自由流动，从而带动技术、资本、数据等要素资源的流动，加快经济同城化、倒逼政治同城化、推动文化和生态同城化。

同城化在内涵上加深了一体化的改革力度。区域一体化原来以协调为主，未能从根本上打破各自为政的独立“经营”局面。综观现有的区域一体化，主要以联席会议的形式协调彼此之间的矛盾，即使有地方成立了一体化办公室，也主要起协调和咨询作用，尚不拥有领导和决策权力。信奉自由主义的西方国家反对过多干预城市的开发建设，主张放松管制，强化市场力量，给资本和市场更多的自由空间。[④] 因此，在西方国家的区域一体化进程中，行政界限较少成为阻碍一体化的壁垒。中国行政体系具有典型的“条块”结构，即从中央到地方通过财政体制改革等形成的“条”状纵向分权，与同级部门之间形成的“块”状横向竞争。[⑤] 这种行政体系结构造成了政府的“企业化”倾向[⑥]，形成了政府主导型经济。[⑦] 一方面，这充分激发了地

① 习近平：城市是人民的城市，人民城市为人民[N].人民日报（海外版），2019-11-04（1）.

② 长江三角洲区域一体化发展规划纲要[EB/OL].(2019-12-01)[2022-08-04].http://www.gov.cn/zhengce/2019-12/01/content_5457442.htm.

③ （英）艾伦·哈丁，泰尔加·布劳克兰德．城市理论：对 21 世纪权力、城市和城市主义的批判性介绍［M］.王岩，译．北京：社会科学文献出版社，2016：81.

④ 尹小平，孙小明．日本新自由主义城市政策解析[J].东北亚论坛，2017，26（3）：119-126+128.

⑤ 张慧慧，胡秋阳，张云．纵向分权和横向竞争：行政治理模式如何影响地级市城市化与工业化协调发展[J].财贸经济，2022，43（2）：112-127.

⑥ 马学广，王爱民，闫小培．从行政分权到跨域治理：我国地方政府治理方式变革研究[J].地理与地理信息科学，2008，24（1）：49-55.

⑦ 吴延兵．中国式分权下的偏向性投资[J].经济研究，2017，52（6）：137-152.

方政府的积极性，极大地促进了城市经济的发展，尤其是能有效治理经济衰退[①]；另一方面，不可避免地导致地方政府相互攀比，为了追求业绩而采取地方保护主义和“大而全”的经济发展政策，如限制要素自由流动、重复建设和跟风投资等[②]，导致政府间消极合作。在城市竞合关系中，合作越是对其他城市有利，政府合作就越是趋于消极[③]，尤其是同一辖区内的政府为了自身经济排位，可能会避免合作。[④] 因此，中国的区域一体化面临诸多行政障碍。而同城化正是“啃最硬的骨头，破最坚的冰”，从相邻的两三个城市入手，率先突破机制体制障碍，弱化博弈思维，强化合作意识，模糊行政边界，降低交易成本，共同谋划、共同发展、共享成果，真正建立城市发展共同体，从而增强企业和居民的同城获得感。

因此，同城化是区域一体化的更高发展阶段和更深表现形式。具体来讲，它是指地域毗邻或相近的两个及以上城市在不改变现有行政区划和隶属关系的条件下，在区域一体化发展的基础上，以“共商、共建、共保、共治、共享、共富”为基本原则，以提升区域竞争力和人民幸福感为主要目标，消除行政壁垒、加快要素流动、畅通内外循环、培育更加合理的城市层级和功能体系，打造具有统一的政策和规划体系、畅通的交通和能源体系、开放的经济和市场体系、协调的生态和社会治理体系、均衡的公共服务和文化服务体系的高质量城市发展新模式。有学者指出，同城化并非同一化[⑤]，而我们依然主张，同城化不是简单的求同存异，而是要努力消除制度差异、标准差异和服务差异，它不仅是物理空间上的连接，更是整个城市软环境的协调统一，在不消除行政界限的情况下实现城市的融合发展，“美美与共，天下大同”。

---

① 方红生，张军．中国地方政府竞争、预算软约束与扩张偏向的财政行为[J]．经济研究，2009，44（12）：4-16.

② 周黎安．晋升博弈中政府官员的激励与合作——兼论我国地方保护主义和重复建设问题长期存在的原因[J]．经济研究，2004，39（6）：33-40.

③ 赵曦，司林杰．城市群内部“积极竞争”与“消极合作”行为分析——基于晋升博弈模型的实证研究[J]．经济评论，2013（5）：79-88.

④ 孙兵．晋升博弈背景下中国地方政府合作发展研究[J]．南开学报（哲学社会科学版），2013（2）：23-30.

⑤ 王振．长三角地区的同城化趋势及其对上海的影响[J]．科学发展，2010（4）：101-109.

四 同城化的政策思路

理想的同城化应该是在同城化规划的引领下，坚持以人民为中心，坚持新发展理念，以“换位思考”的友好理念和宽广胸怀，以自我革命的勇气、突破创新的精神和化解矛盾的智慧，以区域共同体建设的坚定立场，推进一批重大项目，打造一批重要平台，落实一批重点政策，加快制度改革，加速人才、资本、信息等要素的自由流动和共享合作，推进政治、经济、社会、文化、生态等各领域的有效衔接和充分融合，最终实现人民满意、企业增益、社会受益和城市的更高质量发展。

（一）构建工作和生活同城圈

习近平总书记提出的“人民城市”理念和“同城待遇”期望，确定了当前我国同城化最重要的命题——如何提升人民群众的幸福感和获得感。在民生方面，毗邻地区的同城化仍然面临一系列问题和挑战。比如，随着过去20多年的大规模基础设施建设，城市间的交通要道已基本打通，但是连接城市的交通毛细血管仍存在淤堵现象，存在大量“断头路”“丁字路”“肠梗阻”等问题，极大地制约了交通连通。此外，在教育、医疗、社保等公共服务领域还存在较明显的不均衡现象。因此，必须加快交通和社会领域的同城化进程，让人民群众尽早享受同城化福利。一是既要大力推动交通大基建，也要高度重视交通小工程。构建以国道、省道、铁路、轻轨（地铁）为主动脉，以乡道和县道为毛细血管的交通体系，畅通同城化城市交通网络，打通连接城市中心的快速通道，加快高铁、地铁等轨交系统无缝衔接，以降低居民通勤的时间成本和经济成本。发展毗邻区公交，增加站点和班次，尽可能地方便群众往来。二是要提升公共服务均等化便利化水平。推进城市间公共服务政策统一、公共服务标准统一，使公共服务设施满足居民需求，推进跨区授权、全盘受理、一窗综合、同城服务。推进同城化城市

“一网通办”“一卡通行”“一证通用”“一码通用”，方便群众办事。医疗和养老服务补贴实现异地直接结算，社会保险实现异地办理和转移。三是要推进教育、医疗等优质资源共建共享。支持优质中小学异地办学，加强学校交流合作。支持发展跨区职业教育集团，推进高校开展跨区科研合作和虚拟教研室建设，推动学生互访和学分互认。加强医院合作，支持医生异地交流、开设门诊和专家工作室，构建跨区医联体。

（二）构建产业和科创同城链

从各地同城化实践来看，产业和科创领域的同城化是同城化的重要甚至首要目标，但也是最难实现的目标。一直以来，许多地区试图通过合理的产业分工、协调的产业体系实现地区经济利益最大化，但问题是各地区都是独立的经济“个体”，政府同时是“政治参与人”和“经济参与人”。[①] 在竞合关系中，政府博弈会降低产业合作的积极性。所以，在产业和科创合作中，各地往往是“面和心不和”，产业同构现象严重，还存在为要素流动设置障碍、在招商引资中恶性竞争等不公平现象。因此，同城化必须要加快产业协调，建设统一市场，推进要素自由流动，充分激发市场活力和科创活力。一是要制订同城产业协同发展规划，明确产业发展方向，协调产业发展重点，建立相互补充、协调互利、共同增长的产业发展体系，要在增链补链上下功夫，在“配合战”上做文章，避免重复投资、恶性竞争。要将产业协同发展规划作为地方产业发展的最高规划，地方规划应该与之相协调。二是要共建产业园区和产业发展平台。鼓励有实力、有经验的产业园区跨区投资和经营。支持关联产业组建产业联盟，建设跨区产业集聚区，扩大产业规模，共建产业链条，发挥规模经济和范围经济优势。三是要搭建区域创新平台。加快推进跨区“产学研用”协同，支持科研院所、龙头企业组建跨区研发中心，支持创新资源跨区流动、创新成果跨区转化。增强联合创新力

---

① 周黎安．晋升博弈中政府官员的激励与合作——兼论我国地方保护主义和重复建设问题长期存在的原因[J].经济研究，2004，39（6）：33-40.

量，组建重大项目联合创新团队，联合举办同城化创新大赛。集中优势资源，建设若干具有特色的创新中心，构建从创新需求到产业化扩散的完整跨区创新链和包括多元主体参与的创新生态系统。

（三）构建生态和文化同城网

生态和文化建设满足人们对美好生活的向往，但生态问题恰恰是同城化进程中矛盾较为突出的问题。比如，因上下游环保标准不统一，环保治理力度不同，或上游的不配合，下游不得不承担上游的环境污染问题。又如，毗邻区具有负外部性的“邻避”设施矛盾突出，垃圾焚烧、固废处理等设施常常位于交界区域。因为生态建设各有自己的“经济账”和“小算盘”，所以城市间生态建设容易陷入“吵架”“协调”的怪圈，跨区生态治理未能从根本上理顺。而文化不仅能满足人们的精神享受，还是城市关系的“润滑剂”“黏合剂”，有助于解决同城化的各类冲突矛盾，从而加快同城化的进程。因此，同城化必须加快生态和文化同城网建设，以自然之美和人文之美实现同城之美。一是要推进跨界水体的联保共治和大气污染、固危废的综合防治。实施联合河（湖）长制，积极实施水污染联合治理，水生态联合修复，水资源联合保护，要保证上游水质标准不低于下游水质标准。同城化区域内垃圾和固危废处理等重大公共设施要科学规划、统筹布局，实施共商、共批、共建和共享机制。二是要加强同城化区域内生态环境协同监管力度。共抓环境大保护、大整治，构建跨区域生态体系建设联动机制，加强环境共同监测和环境联合执法。积极推进同城化区域内环保标准统一、数据共享、技术共通、政策协调和结果互认，共同推进智慧环保建设，建立区域环境风险监控和应急统一管理平台。联合打击危废非法跨界转移、倾倒等违法犯罪行为。三是要积极推进区域内文化交流，加强文化认同。要加快文化资源共享，加强图书馆、博物馆等公共文化设施的全面对接和全面开放。共同挖掘和阐释当地文化资源，合力打造一批文化精品，共同塑造地区文化品牌。

（四）构建体制和机制同城体

体制机制改革对同城化发展起着重要支撑作用，既能理顺城市关系和工作方式，有效解决城市间的矛盾，又能激发市场活力和内生增长动力。同城化必须深入分析面临的主要困境和障碍，突破僵化思维，摈弃路径依赖，加快体制机制改革和创新，助推同城化取得实效。一是要逐步推进经济区和行政区适度分离改革，改进和完善政府考核机制，提升地方政府的全局思维和系统观念，从区域“一盘棋”的角度整体谋划，从对方的角度协调矛盾，以此推进以突破行政壁垒为重点的政府改革。二是要梳理现有的税收、土地、人才等制度和政策，积极推进同城化区域税收分享、经济统计分成和生态补偿机制，推进土地统一管理，建立跨区域统筹用地指标、盘活空间资源的土地管理机制，推进人才享受同城待遇，加快破除制度障碍，降低政策的不良竞争。三是要构建和完善同城化工作机制。建立同城化工作领导小组，组建同城化工作办公室，落实好重大政策、重大项目、重大工程，协调解决同城化实施过程中的各类问题。推行“项目清单+责任清单”的同城化推进方式，建立同城化年度考核机制。

中国城镇化经历了从最初的“严格控制大城市规模，合理发展中等城市，积极发展小城市”到以建设国际化大都市为代表的都市化，再到以城市群为主体形态和以都市圈为治理模式，走出了一条以区域一体化为主的共建共享、合作共赢的现代化城市发展道路。随着改革迈入深水区，一些阻碍一体化进程的深层次矛盾开始凸显，一些与“人民城市”理念和“共同富裕”重要论述相左的问题更加突出。这些问题和矛盾将主要通过同城化发展实践来应对和解决。随着越来越多的城市提出同城化以及同城化理论研究的不断成熟，同城化必将成为未来中国新型城镇化发展的重要形态，承担起区域一体化更高质量发展的重任。

China's Practice, Concept Interpretation and Strategies on Cities' Integration

Zhang Yiwei, Liu Shilin

Abstract: After nearly 20 years in China, cities' integration has accumulated some experiences and gradually formed several models, including cities' integration under the framework of regional integration, building new cityarea, direct management, comprehensive integration, and cities' integration with metropolitan areas. However, in general, the progress of cities' integration is slow, and there are problems such as lack of top-level design, failure to overcome institutional barriers and lack of innovationin governance, which are rooted in insufficient understanding and administrative barriers. Cities' integration is a concept different from traditional regional integration models such as metropolitan areas, city clusters and megalopolis, and is both derived from and higher than regional integration. It extends the cooperation boundary of integration in terms of outreach and deepens the reform of integration in terms of connotation. To promote cities' integration development with higher quality, it is necessary to build a cities' integration circle for work and life, a cities' integration chain for industry and innovation, a cities' integration network for ecology and culture, and a cities' integration body for institutions and mechanisms.

Keywords: cities' integration; regional integration; China's practice

中国首都圈的综合发展能力和协同治理水平测度*

陆 军　毛文峰**

摘　要： 首都圈是中国都市圈现代化发展战略的核心标杆，对于构建京津冀城市群协同发展空间框架的组织基础具有不可忽视的战略意义。本文采用聚类分析、空间识别和数据分析等方法，构建评价指标体系，对首都圈综合发展能力和协同治理水平进行了科学测度与比较。结果发现，在全国28个都市圈中，首都圈的综合发展能力处于第一梯队，但协同治理水平较低，存在区域核心要素分布不均、产业分工落差过大、公共服务不均等、城镇空间分布体系失衡等问题。有鉴于此，需加快推进首都圈区域交通设施一体化建设，多渠道强化创新资源互联互通和开放共享，提升首都圈外围圈层产业吸收和承接能力，大力推动核心城市公共服务向周边延伸布局，科学构建首都圈区域城镇网络化框架体系。

关键词： 首都圈　发展能力　协同治理　水平测度

---

* 本文已发表于《北京社会科学》2022年第11期。

** 陆军，北京大学政府管理学院副院长，教授，博士；毛文峰，北京大学政府管理学院博士研究生。

一　引言

当前，都市圈和城市群是集聚发展要素和支撑区域经济高质量发展的主要空间载体，尤其是都市圈，其培育有利于形成新发展格局。[①] 作为跨行政区的经济地理区域，都市圈已逐渐成为中国新时期经济活动的高级空间组织形态，是“城市群—都市圈—大城市”城镇化空间组合链条中的关键一环。[②] 根据《北京市国民经济和社会发展第十四个五年规划和二〇三五年远景目标纲要》，为了全面落实并纵深推动京津冀协同发展战略，在“十四五”期间，发挥北京“一核”辐射带动作用，加快建设现代化首都都市圈，提升京津冀城市群影响力和竞争力，这是尊重区域经济发展客观规律的必然选择。规划纲要指出，必须从交通一体化、生态环境协同治理、产业链供应链协同、公共服务合作等方面优化资源配置、强化功能互补。建设现代化首都圈为推动形成更紧密的区域协同发展格局提供了核心构架。因此，客观、全面地分析评价首都圈综合发展能力与协同治理水平，分析存在的问题并提出有针对性的政策建议，对于提升区域核心竞争力、促进京津冀协同发展具有重要意义。

目前，国内已有一些研究从不同维度对城市群或都市圈的发展能力或协同治理水平进行了测度与评价。毛广雄和曹蕾从中心城市凝聚力、发展总量、发展质量和发展流量四个维度构建了基于都市圈功能特征的评价指标体系。[③] 季斌等则从成长实力、成长潜力、成长基础和成长环境四个角度构建了都市圈成长能力评价指标。[④] 高汝熹等构建了基于 AHP 模型的都市圈竞

---

① 孙久文，高宇杰．新发展格局与京津冀都市圈化发展的构想[J].北京社会科学，2021(6)：95-106.

② 陆军．都市圈协同发展的理论逻辑与路径选择[J].人民论坛，2020（27）：54-57.

③ 毛广雄，曹蕾．江苏省三大都市圈发展水平综合评价与非均衡差异研究[J].科技管理研究，2010，30（2）：230-233.

④ 季斌，张贤，孔善右．都市圈成长能力评价指标体系研究[J].现代城市研究，2007，22(6)：68-74.

争力指数，并将指数分为发育指数、绩效指数和实力指数分别进行分析。① 尹稚等构建了都市圈综合发展质量指标体系，包括都市圈发展水平、中心城市贡献度、都市圈联系强度和都市圈同城化机制四个一级指标。② 宋盛楠从空间联系一体化、产业结构协同度和商贸合作一体化三个维度对都市圈一体化发展水平进行了测度。③

本文认为，已有的对都市圈发展进行综合测度的研究存在以下几个需改进的方面。第一，研究多关注都市圈经济发展或者一体化的某一方面，在理论上缺乏统一的分析框架，实证上缺乏对都市圈综合发展能力和协同治理水平的综合测度与比较。事实上，当前京津冀协同发展迈向纵深阶段，不仅需要关注都市圈的经济综合实力，也需要关注区域社会福利水平和突发事件风险防范能力，以及区域协同网络化的发展趋势。④ 第二，已有的都市圈评价指标体系中，有关个体发展的评价指标较多，都市圈内部协同发展的评价指标较少。实证测度多使用官方宏观统计数据，数据来源较为局限，无法充分衡量都市圈内部的异质性。

为更好地打造首都圈新增长极，本文分别构建了测度评价都市圈综合发展能力和协同治理水平的理论分析框架，充分将宏观统计数据与大数据、微观调查数据、手工搜集整理的数据等多维数据相结合，从综合发展能力与协同治理水平两个维度，构建了测度评价指标体系，并对比分析了全国 28 个都市圈，透视首都圈的发展优势与面临的挑战，从而提出针对性的政策建议。

---

① 高汝熹，罗守贵．论都市圈的整体性、成长动力及中国都市圈的发展态势[J]．现代城市研究，2006，21（8）：5-11.

② 尹稚，等．中国都市圈发展报告 2018[M]．北京：清华大学出版社，2019：102-103.

③ 宋盛楠．都市圈一体化下区域协调发展绩效评价[J]．江淮论坛，2021（3）：61-68.

④ 陆军，毛文峰．城市网络外部性的崛起：区域经济高质量一体化发展的新机制[J]．经济学家，2020（12）：62-70；Meijers E. Polycentric urban regions and the quest for synergy：is a network of cities more than the sum of the parts？[J]. Urban studies，2005，42（4）：765-781.

二　都市圈综合发展能力和协同治理水平的测度框架与评价指标体系

（一）都市圈综合发展能力评价指标体系

本文提出的分析框架将都市圈综合发展能力划分为四个维度：资源要素集聚能力、中心城市辐射带动能力、突发事件应急能力和社会福利保障能力。其中，资源要素集聚能力为基础层，中心城市辐射带动能力为核心层，突发事件应急能力为潜在层，社会福利保障能力为结果层（见图 1）。四项能力层层递进，相互耦合，具备显著的逻辑关系。

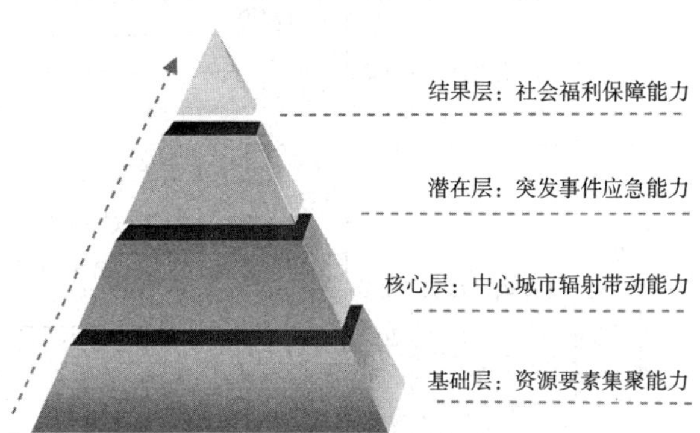

图 1　都市圈综合发展能力分析框架

具体而言，资源要素集聚能力反映都市圈对要素的吸引力。要素集聚是区域经济发展的逻辑基础，要素集聚能力是综合发展能力的物质基础。中心城市辐射带动能力反映都市圈中核心城市对都市圈内部资源的配置和优化能力。在实现要素集聚的基础上，通过核心城市对资源的优化配置能力实现都市圈内部各城市协调发展是都市圈发展的核心逻辑。因此，中心城市辐射带动能力是综合发展能力的核心表征。突发事件应急能力用来衡量都市圈预防和应对外生突发紧急事件的水平。科学先进的管理能力可以帮助都市圈预防和抵抗潜在的风险，保证都市圈具有较高的发展韧性。因此，突发事件应急能力是综合发展能力的潜在特质。社会福利保障能力用来衡量都市圈对地方居民的社会福利保障水平。都市圈发展的终极目标是保障居民享有高质量的生活，针对弱势群体的福利保障是都市圈发展水平的重要标志，因此，社会福利保障能力是综合发展能力的结果体现。综合上述分析，本文确立了都市圈综合发展能力评价指标体系（见表1）。

表1　都市圈综合发展能力评价指标体系

目标层	一级指标	权重	二级指标	权重	三级指标	权重
都市圈综合发展能力指数	资源要素集聚能力	0.3	产业发展能力	0.2	人均GDP(当年价)	0.3
					规模以上工业企业数量	0.2
					休闲娱乐门店人均拥有量	0.1
					第三产业规模	0.1
					单位GDP的二氧化硫排量	0.15
					战略性新兴产业集群数量	0.15
			人口集聚能力	0.2	人口规模	0.25
					人口增长速度	0.25
					人口密度	0.25
					人口吸引力	0.25
			科技创新能力	0.2	高新技术企业数量	0.125
					独角兽企业数量	0.15
					新建企业数量	0.125
					国家级科技企业孵化器数量	0.125
					国家级实验室数量	0.1
					发明专利授权数量	0.125
					数字经济发展水平	0.1
					数字技术发展潜力指数	0.15
			资本承载能力	0.2	新增风险投资企业数量	0.25
					上市企业数量	0.15
					新增外来法人投资笔数	0.25
					金融开放程度	0.15
					金融生态环境	0.2
			生态支撑能力	0.2	人均水资源占有量	0.4
					城市建成区绿化覆盖率	0.3
					城市绿地区位熵	0.3
	中心城市辐射带动能力	0.3	中心城市资源配置能力	0.5	中心城市经济首位度	0.3
					中心城市制造业区位熵	0.2
					中心城市外向功能量	0.2
					中心城市金融发展水平	0.3
			中心城市与外围城市联系能力	0.5	高铁班次密度指数	0.2
					时空距离指数	0.2
					经济联系指数	0.2
					资金互投指数	0.2
					城市流强度指数	0.2

续表

目标层	一级指标	权重	二级指标	权重	三级指标	权重
都市圈综合发展能力指数	突发事件应急能力	0.15	事前准备能力	0.45	医院床位合成指数	0.33
					应急企业平均数量	0.33
					全国综合减灾示范社区平均数量	0.33
			事中处置能力	0.35	信息公开程度	0.5
					是否建立都市圈应急联动机制	0.5
			事后恢复能力	0.2	都市圈应急交通影响指数	1
	社会福利保障能力	0.25	社会保障能力	0.5	失业保险参保人数占比	0.33
					养老保险参保人数占比	0.33
					医疗保险参保人数占比	0.33
			公共服务能力	0.3	教育服务能力	0.5
					医疗服务能力	0.5
			社会福利能力	0.2	房价调控能力	1

（二）都市圈协同治理水平评价指标体系

基于都市圈协同发展的内涵、理论依据和核心动力机制，本文提出了都市圈协同治理的理论分析框架，包括都市圈协同治理的“三生”空间、“四元”概念、“八大”支撑领域，以此奠定都市圈协同治理水平评价的理论基础（见图 2）。都市圈作为一个跨边界、多尺度的空间地理区域，统筹“三生”空间的融合互促发展关系，实现区域内生产空间、生活空间和生态空间的动态调节匹配，是区域空间优化和协同发展的重要保障。同时，都市圈的协同治理必须以连通性为基础、互补性为动力，政府统筹与政策引导作用（介入性）为保障，区域整体福利（福利性）为目标。在此基础上，重点关注交通设施、统一市场、产业分工、协同创新、公共服务、城乡融合、生态环境和统筹发展八个核心支撑领域。

结合都市圈协同治理的相关研究、历史和现状及理论分析框架，遵循科学性和可操作性相结合、前瞻性和现实性相结合、国际性与地方性相结合的原则，本文建立了都市圈协同治理水平评价指标体系（见表 2），涵盖 8 个一级指标、21 个二级指标、28 个三级指标。

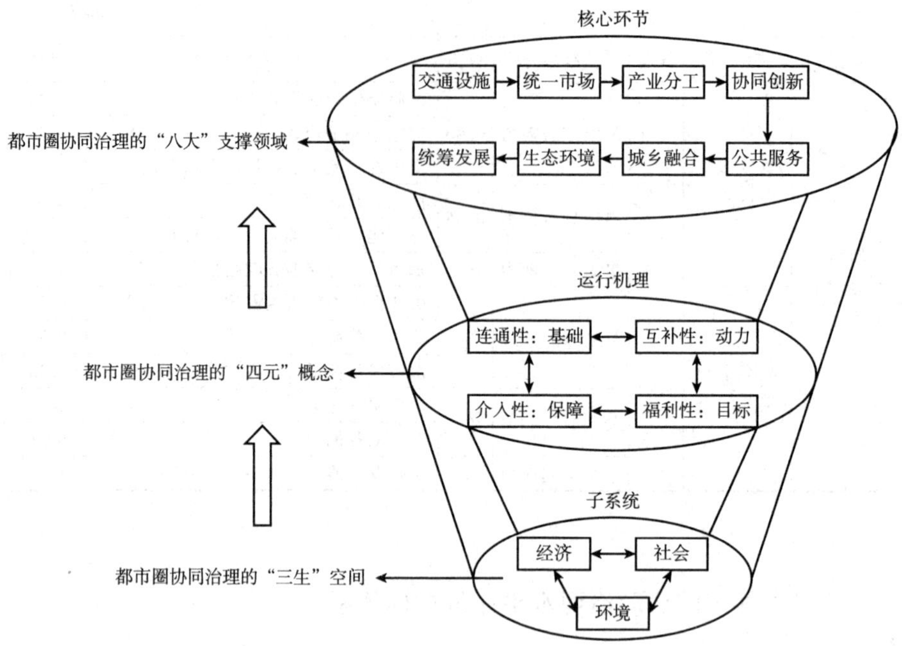

图 2　都市圈协同治理的理论分析框架

表 2　都市圈协同治理水平评价指标体系

目标层	一级指标	权重	二级指标	权重	三级指标	权重
中国都市圈协同治理水平指数	交通设施协同	0.15	道路交通协同	0.4	公路密度	0.5
					高速公路密度	0.5
			区域公共交通协同	0.6	是否通用“交通联合”公交一卡通	0.33
					城际高铁互通系数（已有高铁互通的城市组合数量/都市圈内所有城市组合数量）	0.33
					城际高铁班次密度（都市圈内城市组合间开行的高铁总对数/已有高铁互通的城市组合数量）	0.34
	统一市场建设	0.15	市场一体化程度	0.5	市场一体化指数	1
			要素跨区流动规模	0.25	人口跨区流动规模	1
			统一市场标准	0.25	是否初步建立企业统一认定标准和管理互认机制	1

续表

目标层	一级指标	权重	二级指标	权重	三级指标	权重
中国都市圈协同治理水平指数	产业分工协作	0.2	产业空间协同	0.66	都市圈投资联系协同度	0.5
					空间基尼系数	0.5
			产业结构协同	0.34	产业结构协同度	1
	协同创新合作	0.15	协同创新基础	0.2	高新技术企业数量	1
			协同创新政策	0.3	科技创新券政策是否实现通兑通用	1
			协同创新产出	0.5	城市间合作发明专利数量	1
	公共服务协同	0.1	教育均等化指数	0.3	幼儿园均等化得分	0.33
					小学均等化得分	0.33
					中学均等化得分	0.34
			医疗均等化指数	0.3	综合医院均等化得分	0.67
					诊所均等化得分	0.33
			社会保障均等化指数	0.4	生活服务设施均等化得分	1
	城乡融合协同	0.075	产业发展融合	0.52	各类产品市场一体化的方差	1
			劳动市场融合	0.48	城乡收入方差	1
	生态环境协同	0.075	资源消耗协同	0.35	经济发展代价指数的方差	1
			环境质量协同	0.4	城市建成区绿化覆盖率的方差	1
			跨域治理协调	0.25	(污水处理率+垃圾处理率+固体废弃物处理率)的方差	1
	统筹发展	0.1	协商合作机制	0.4	是否制订都市圈相关发展规划	1
			政策协同性	0.3	都市圈核心与外围人均公共支出落差	1
			规划协调程度	0.3	都市圈是否出台相应的交通协同政策或机制	1

本文构建的都市圈综合发展能力评价指标体系和协同治理水平评价指标体系中的权重经多位行业领域专家打分（之后又对每个指标的参数进行归纳整理），并对各指标的相对重要性进行反复评估确认后计算所得。为消除量纲便于比较，首先对每个指标进行标准化处理，然后对各个指标进行加权平均得到分项指数，并结合权重合成都市圈综合发展能力指数和协同治理水平指数。

三　首都圈综合发展能力与协同治理水平测度与比较分析

（一）首都圈的范围界定

本文基于移动通信手机信令、高德地图等数据来源和工具，对都市圈中心城市的规模等级进行区分，然后基于通勤时间圈域来划定外围区域城市，对都市圈的区域范围进行界定。以华夏幸福产业研究院数据为基础，本文识别了全国 28 个都市圈中心城市。其中，核心圈层人口大于 1000 万人的有 8 个（将其定义为Ⅰ型城市），500 万~1000 万人的有 13 个（将其定义为Ⅱ型城市），300 万~500 万人的有 7 个（将其定义为Ⅲ型城市）。在确定 28 个中心城市的基础上，依据都市圈通勤时间圈域来确定外围区域城市。运用高德地图及移动通信手机信令等的数据，对都市圈的核心圈（主城区）、城市圈（1 小时通勤圈）和辐射圈（2 小时通勤圈）的范围做进一步细分。考虑到数据的可得性和可操作性，以 2 小时通勤圈为基本标准，将地级市主城区辐射范围内的下属区、县等均统一纳入都市圈的空间范围，最终识别出每个都市圈所包含的主要地级市。中国首都圈的中心城市北京属于Ⅰ型城市，外围城市主要包括张家口市、廊坊市、保定市、天津市等。

（二）首都圈综合发展能力测度与比较分析

总体而言，中国都市圈的资源要素集聚能力呈现显著差异，整体上表现为由东向西逐步衰减的梯度格局。从资源要素集聚能力来看，首都圈、广州都市圈、深圳都市圈、上海都市圈的得分均在 60 分以上，属于第一梯队。第一梯队都市圈的表征包括中心城市规模等级高、辐射范围广、城市体系相对完善、投资规模与政策支撑力度大等。但从全国 28 个都市圈的测度结果来看，一级指标中心城市辐射带动能力和二级指标中心城市资源配置能力得分的内部分化非常明显，有 20 个都市圈的这两项得分均低于全国平均水平，说明中心城市辐射带动能力和中心城市资源配置能力制约着都市圈综合发展能力的提升。作为由中心城市引领带动的地域空间组织形式，都市圈必须实现中心城市在产业、创新、交通、市场等方面与外围城市的融合发展，形成专业化的分工模式和一体化的市场运行机制。

具体从各子维度分别测度首都圈综合发展能力得到以下四点发现。

第一，从首都圈的产业发展能力分项指标来看，首都圈人均 GDP 与规模以上工业企业数量得分较低。原因在于，一方面，首都圈内部的产业发展差距较大，协同程度不高；另一方面，都市圈外围城市在北京市疏解非首都功能的大背景下，无法有效承接资源，造成都市圈的工业企业外流，限制了首都圈的协同发展。对全国都市圈人均 GDP 进行计算后发现，都市圈的产业发展能力与经济表现基本相符。但值得注意的是，首都圈人均 GDP 仅排第 9 位，与北京市的产业发展实力不符，根本原因在于，首都圈内部地区间的产业发展差距过大，外围城市无法顺利地承接核心城市的相关产业转移，从而拉低了首都圈的整体人均 GDP。

第二，在人口集聚能力方面，首都圈具有显著优势。石家庄、天津等大都市均依托北京吸引了一定规模的人口。在科技创新能力方面，首都圈的科技创新能力得分为 75.08 分。首都圈不仅在创新企业主体、国家级科技企业孵化器、国家级实验室等方面具有明显优势，在发明专利、数字经济和数字技术方面也发展较好。首都圈拥有 80 家属于头部创新企业的独角兽企业，居全国第一位。在资本承载能力上，首都圈在上市企业数量和金融开放程度指标上表现较好，但新增风险投资企业数量和新增外来法人投资笔数指标表现相对欠佳。

第三，首都圈的中心城市辐射带动能力处于第一梯队；中心城市资源配置能力得分较高，尤其是中心城市经济首位度指标得分非常高。不过，在中心城市与外围城市联系能力方面，首都圈的高铁班次密度指数、经济联系指数、城市流强度指数等均跌出第一梯队，说明首都圈目前以中心城市的要素集聚为主，中心城市与外围城市间的联系不够紧密，区域协同发展格局的形成仍有较大空间。

第四，在社会福利保障能力方面，首都圈的社会保障能力、公共服务能力和社会福利能力三个指标均处于中下游水平，这意味着首都圈综合性社会福利保障实力与综合发展实力极不匹配，区域核心与外围地区的落差过大。在突发事件应急能力上，首都圈和广州都市圈在全国 28 个都市圈中处于第一梯队，突发事件应急能力得分分别为 63. 36 分和 62. 20 分，这两个都市圈均具备较为突出的突发事件事中处置能力（首都圈和广州都市圈的事中处置能力得分分别为 86. 26 分和 94. 51 分）。

（三）首都圈协同治理水平测度与比较分析

第一，在交通设施协同方面，首都圈公路密度指标得分仅为 41 分，这是因为首都圈内部公路连通性较差，大量车流在少数干道汇集，进一步加剧了路网拥堵，降低了通行效率，路网结构亟待改善。高速公路密度指标得分仅为 40 分，公路系统的问题在高速公路系统中同样存在。此外，从城际高铁互通系数看，首都圈高铁系统在北京枢纽南北分隔，导致张家口市无法接入北京市以南的高铁网，保定与廊坊两市间也缺乏东西走向的高铁通道。

第二，在统一市场建设方面，与上海都市圈、广州都市圈、深圳都市圈相比，首都圈的统一市场建设得分最低，仅为 29 分，这是由于其分项指标市场一体化指数得分较低，说明首都圈城市间的市场分割程度较高，区域市场一体化的推进亟待重点突破。当前，多数都市圈内城市间的竞争关系大于合作关系，区域间存在不同类型的障碍，影响了要素市场流动和市场机制作用的发挥。此外，在产业分工协作方面，由于都市圈投资联系协同度和产业结构协同度两项指标排名落后，尤其是都市圈投资联系协同度得分较低，首都圈整体表现不佳。其根源可能在于，北京市与外围城市的发展差距过大，资金没有合适的流向，而适宜投向周边城市的产业又相对初级，在北京市的产业中占比较小，导致北京市与首都圈外围城市之间的产业分工联系不紧密、产业转移承接不畅。

第三，在协同创新合作方面，首都圈在全国 28 个都市圈中排名相对较高，但与上海都市圈、广州都市圈、深圳都市圈等功能外向、市场成熟的都市圈相比，总体得分仍然较低（37 分）。主要原因在于，首先，首都圈区域内城市间的科技创新机制不完善，企业、政府、科研机构、中介机构等组织之间的协同创新网络发育不成熟，造成协同创新产出较低。其次，首都圈外围城市的节点中心地位不突出，在一定程度上限制了中心城市创新策源地与周边城市共享创新资源，特别是在国家级研发中心、企业技术研究中心、中试基地等联合开展技术攻关与成果产业化方面，新型研发机构、科技创新联盟组织开展跨区合作和成果共享的机制非常不健全。

第四，在公共服务协同方面，首都圈的公共服务协同程度相对较低，从二级指标来分析，当前首都圈的教育均等化指数、医疗均等化指数和社会保障均等化指数均落后于上海都市圈、广州都市圈和深圳都市圈，绝对数值的差距相对较大，且教育均等化指数中的小学均等化得分、中学均等化得分均与上海都市圈、广州都市圈、深圳都市圈存在较大落差。在城乡融合协同方面，上海都市圈、深圳都市圈的城乡融合协同水平也高于首都圈，尤其是上海都市圈的城乡融合协同水平明显占优。在指标得分上，上海都市圈的城乡融合协同指标得分比广州、北京、深圳三大都市圈高出两倍。

第五，在生态环境协同方面，首都圈城市的相关环境数据，如张家口市的工业固体废弃物综合利用率、资源消耗比等远远落后于其他周边城市和地区。张家口工业固体废弃物综合利用率仅为57.93%，而中心城市北京的工业固体废弃物综合利用率为90%以上。在资源消耗协同方面，北京、张家口、廊坊、保定的指标值分别为1%、12%、20%、14%，这充分显示了首都圈在生态环境协同及产业优化升级过程中存在着明显的污染转移现象，并且目前缺乏跨区域协同治理的有效政策。

第六，在统筹发展方面，首都圈和深圳都市圈的统筹发展指标得分分别为85分和70分，首都圈统筹发展水平虽略低于广州都市圈和上海都市圈，但在全国28个都市圈中仍居前列。首都圈在协商合作机制、政策协同性和规划协调程度方面的水平较高，尤其是针对京津冀协同发展目标，已经有针对性的区域发展战略和实施规划，相应地也配套了城际列车互通、公交出行一卡通等跨行政区的交通出行便利政策，为提升首都圈内城市间的通勤效率提供了政策支持。

四　首都圈综合发展与协同治理中的主要问题

（一）区域核心要素分布不均

目前，制约首都圈可持续发展的突出问题之一是区域内部协同发展不足。基于前述分析结果可知，尽管首都圈在综合发展能力上处于第一梯队，但在交通设施协同、统一市场建设、产业分工协作和公共服务协同等维度上均处于较低水平。例如，首都圈城际高铁班次密度指标得分仅为35分。具体地，北京—保定方向城际功能相对发挥较好，日均高铁班次在60对左右；北京—张家口方向的京张高铁新近开通，班次仍处于培育期；而廊坊处于京沪高铁干线通道上，由于距离北京太近，城际功能受干线通道运能制约，绝大多数高铁通过不停车，日均班次仅在20对左右。此外，首都圈的职住平衡问题最为突出，根据滴滴出行数据测算，北京市的出行半径达到了31.7千米（见表3）。

表3　主要城市的出行半径

单位：千米

城市	半径	城市	半径
北京	31.7	成都	29.3
上海	30.8	杭州	28.8
深圳	30.5	东莞	28.8
佛山	30.3	天津	28.7
广州	29.8	大连	27.5

数据来源：滴滴出行与恒大研究院。

在协同创新方面，由于科研院所、高校、高科技企业大量集中于北京，北京的资源条件、技术环境与河北、天津形成了巨大的差异，首都圈的中心城市北京的高新技术企业几乎是外围城市的数百倍。且数据表明，外围城市的城市间合作发明专利数量明显较少，特别是河北省缺乏一系列承接北京功能的配套设施、人才与技术，导致在首都圈建设中北京疏解的过载经济职能难以转移至天津、河北，尤其是河北。由于创新资源高度集中在北京，北京与创新资源缺乏的津冀之间的跨区域技术合作变得困难重重，北京的创新技术转移转而流向更远的东南沿海地区的发达城市。

（二）区域产业分工落差过大

在产业分工协作方面，在全国 28 个都市圈中，中心城市与中心城市的投资联系平均而言是中心城市与外围城市投资联系的 83.4 倍。其中差距最大的就是首都圈，达到 226 倍。这充分表明都市圈投资联系协同明显不足。当然，资金的投入和使用具有规模效应，会在空间上形成集聚现象，但过度集中的投资不利于外围城市的产业结构优化升级，影响区域经济的平衡与可持续发展。究其原因，一方面，中心城市的资金在外围城市难以找到合适的投资方向和目标；另一方面，有投资能力的大型企业和投资机构主要集中在超特大型的中心城市，外围城市也极少向其他外围城市和中心城市进行投资，这就造成中心城市与外围城市之间投资联系过少的现象。即使在给定的产业结构下，过少的投资联系也将阻隔中心城市向外围城市的技术和知识溢出，从而使首都圈内的环京地区承接产业不足。

（三）区域公共服务不均等

区域公共服务不均等是首都圈发展的另一个重要挑战。在首都圈梯度辐射的三大圈层中，教育、医疗卫生、生活服务等公共资源主要集中在首都圈的核心圈层，而外围圈层中的公共服务供给数量明显不足。根据华夏幸福产业研究院的数据，首都圈 94%的三甲医院集中在核心圈层，优质医疗资源集中在核心圈层。从教育文化资源来看，首都圈分别有 36%、64%、49%的幼儿园、高等院校、图书馆布局在核心圈层，另有 40%的小学、47%的中学也分布在核心圈层。此外，社会保障的跨城市管理与社保卡通用存在障碍也是一大难点。目前，中国还有30%的地区不支持社保卡全国通用，这种公共服务的空间不匹配使人口、产业与城市功能的联系呈现“割裂”状态。

（四）城镇空间分布体系失衡

首都圈目前的核心优势在于要素集聚吸纳能力突出，尤其是集聚了大量科技创新及现代服务业等高精尖产业，且跨区统筹机制也较为完善。但是，首都圈在城镇空间分布上存在着失衡问题，这严重制约了区域内部的城市分工。数据显示，首都圈的城市功能和经济活动高度集中在核心圈层（GDP占比超过65%）。同时，相比东京都市圈和上海都市圈，首都圈缺乏重要的节点城市，尤其是外围的次节点城市和微中心明显不足（见表4），尚未形成“核心城市—节点城市—次节点城市—微中心”的网络化城镇空间分布体系。事实上，体系失衡容易造成“一城独大”的情形，不利于不同规模城市间的网络化分工合作与“规模借用效应”的发挥[①]，从而制约了首都圈的综合发展能力提升和区域高质量一体化发展。

表4　首都圈与上海都市圈、东京都市圈城镇空间分布情况

单位：万人，个

都市圈	总人口	核心城市	节点城市			次节点城市		微中心		
		≥1000万人	500万~1000万人	300万~500万人	100万~300万人	50万~100万人	20万~50万人	10万~20万人	5万~10万人	2万~5万人
北京	1505.41	1	0	0	0	2	6	10	6	12
上海	3348.09	1	0	0	4	8	12	4	8	41
东京	2808.62	1	0	0	4	1	13	27	38	45

数据来源：华夏幸福产业研究院。

① 毛广雄，曹蕾．江苏省三大都市圈发展水平综合评价与非均衡差异研究[J].科技管理研究，2010，30（2）：230-233.

五　中国首都圈未来发展的对策建议

（一）加快推进首都圈区域交通设施一体化建设

借鉴国外代表性都市圈（如东京都市圈等）的城际轨道系统建设经验，中国首都圈应加快建设更适合中短距离城际通勤的时速在 200 千米/小时以内的快速铁路系统，增加大运量、高密度的城际客运服务，同时完善其与城市公共交通系统的换乘衔接，缩短“门到门”通勤总时间。还应加强与国家铁路系统合作，争取利用既有高速铁路系统和高标准普速铁路系统，进一步挖掘其服务首都圈城际通勤的潜能。应依托现有区域快线和市郊铁路，重点推进落实京唐及京滨城际铁路建设，以及铁路客运和货运外环线建设，推进北京与张家口、廊坊市、保定市的交通线路衔接，推动环京地区的职住平衡，促进交通同城化发展，打造快捷高效的轨道交通体系。此外，应在首都圈的新建交通硬件基础设施中嵌入高技术设备，如在道路设施中覆盖 5G 网络、安装传感设备；对道路通行状况进行实时监测；运用大数据对交通基础设施的运行状况与效率进行科学研判，为提高首都圈的互联互通水平提供参考和可行建议，打造首都圈智慧交通。

（二）多渠道强化创新资源互联互通和开放共享

首都圈协同创新的关键在于促进技术、人才、信息、资金等创新要素的跨区流动和多元共享，具体可从以下四个方面推进。第一，应加快清理首都圈内各城市之间的市场壁垒，特别是要加快推进劳动力市场、技术市场和金融市场的一体化整合，加速中心城市与外围城市创新资源双向流动，积极推进国家实验室、科技创新中心、中试基地、公共技术服务平台、大型科研仪器设备等创新资源的互联互通和开放共享。第二，应搭建首都圈协同创新共同体平台，鼓励创新型企业、高校和科研机构共同建立产学研协同创新联盟，并鼓励支持各类科技创新联盟组织开展创新论坛、科技创新需求对接活动、区域创新议题设计活动等。第三，应围绕重要战略性技术创新领域，开展联合技术攻关行动。鼓励支持首都圈内各重要城市基于各自特色优势，共同承接国家重大科技专项和区域科技专项。第四，应构建首都圈的跨区域协同创新网络。推动创新要素循环流动，强化不同主体的网络联系，识别城市在首都圈网络中的位置和角色，注重通过互信互惠的正式关联和非正式关联，充分发挥现阶段首都圈中心城市与外围城市的协同作用，提升整个创新网络的运行效率。

（三）提升首都圈外围圈层产业吸收和承接能力

疏解非首都核心功能应构建多层级、立体化的产业空间载体体系。一方面，依托示范区、微中心等建设，加强保定、廊坊等节点城市的要素集聚能力。另一方面，推动创新链、产业链、资金链、供应链和价值链的协同联动，增强城市的产业配套能力。同时，应加强产业人才培养和原材料供应链建设，确保首都圈产业转移承接顺利实现。应优化合作开发机制，探索产业合作新模式。通过进一步完善地方政府之间的组织协同机构建设，建立顺畅的产业承接渠道，丰富产业承接手段。打造产业合作平台，实现产业承接的平台化、机制化和常态化，积极拓宽承接来源。

（四）大力推动核心城市公共服务向周边延伸布局

应继续深化京津冀公共服务协同一体化发展。按照“统一规划、统一政策”的原则，不断加强北京的教育、医疗等公共服务向外围城市延伸布局。一方面，基于常住人口规模配置公共服务资源，为一些人口规模较大的县、市、镇配备与其人口规模相匹配的三甲医院、养老机构、中小学等公共服务设施。另一方面，推进北京与外围城市开展远程医疗、紧密型医疗体、专科联盟等多层次的医疗合作；鼓励有条件的中小学和三级医院推进集团化办学办医，开展远程教学、远程医疗和医护人员异地交流，支持中心城市三甲医院异地设置分支机构；推动病历跨地区、跨机构互通共享；推动医学检验、检查结果跨地区、跨机构互认；推动医疗机构共建和资源开放共享。此外，应在首都圈内鼓励城市间中高职学校和人才紧缺专业实现跨区域贯通招生，从而推动产业功能与教育功能有序衔接。

（五）科学构建首都圈区域城镇网络化框架体系

当前，首都圈的城镇空间分布体系为“核心—腹地”模式，尚未向分工合理、优势互补的“枢纽—网络化”模式转变。为了更好地提升首都圈的综合发展能力与竞争能力，需要重点强化节点城市、次节点城市和微中心培育。首先，基于交通网络、产业分工与人口流动的基本规律，应持续强化金融、商贸、总部经济等高附加值产业在中心城市集聚，做大做强做优中心城市；其次，应积极探索首都圈的城镇空间分布体系规划，将节点城市、次节点城市建设上升为重点日标，布局研发型机构、轻型制造、市场营销、孵化中试等小规模高价值生产、服务环节的产业等，加快提升其枢纽地位与产业配套支撑能力；再次，应高标准、高起点推动微中心建设规划编制，在职住平衡的基础上，加大临空经济、康养服务、新区新城、特色小镇等微中心建设，重点承接教育、科研、医疗等产业功能，这也是首都北京非核心功能疏解的有效抓手。最后，应促进首都圈形成功能互补、有机联系的“中心城市—节点城市—次节点城市—微中心”城镇空间分布体系。

Measurement of Comprehensive Development Capacity and Collaborative Governance Level of Capital Metropolitan Circle in China

Lu Jun, *Mao Wenfeng*

Abstract: The capital metropolitan circle is the core benchmark of the modernization development strategy of the metropolitan region in China, which is of inimitable strategic importance to the construction of Spatial Frame of Coordinated Development of Beijing-Tianjin-Hebei Urban Aggcomeration. This paper adopts the methods of cluster analysis, spatial identification and data analysis, and constructs an evaluation index system to scientifically measure and compare the comprehensive development capacity and collaborative governance level of the capital metropolitan circle. The results show that among the 28 metropolitan circles in China, the comprehensive development capability of the capital metropolitan area is in the first echelon, but the level of collaborative governance is low. However, there are problems about uneven distribution of regional development factors, large gaps in industrial division of labor, uneven public services, and imbalances in the urban system. In the future, it is necessary to accelerate the integrated construction of capital metropolitan circle's regional transportation facilities, to strengthen the interconnection and open sharing of innovative resources, to enhance the industrial absorption and acceptance capacity in the peripheral circles of the capital metropolitan to improve the extension of public services in core cities to the surrounding areas, and build a networked regional urban system.

Keywords: capital metropolitan area; development capacity; collaborative governance; measurement of level

京津冀产业高质量协同发展中存在的问题及对策*

叶堂林**

摘　要： 当前，京津冀产业协同已取得诸多积极进展，但仍存在一些问题亟待解决：发展阶段与发展定位差异导致三地产业协作难度较大；尚未形成基于区域产业链各环节分工的协同发展格局；产业集群发展不足且缺少完备的制造业体系；产业链与创新链融合不足，制约科技成果落地转化及区域产业转型升级；政策体系不完善不衔接，制约产业链跨地区布局等。基于此，应从以下几个方面着力推进京津冀产业高质量协同发展：制定产业协同发展专项规划，完善产业链配套政策体系；研究布局区域重点产业链，推动实现强链、补链和延链；强调创新链对产业链的支撑作用，鼓励创新链与产业链深度融合；完善政府间产业协作联动机制，打造利益共同体；改善区域全产业链布局的基础环境与服务配套等。

关键词： 京津冀　产业高质量协同发展　区域全产业链　产业集群　创新链

---

* 本文已发表于《北京社会科学》2023年第6期。

** 叶堂林，首都经济贸易大学特大城市经济社会发展研究院执行副院长、特大城市经济社会发展省部协同创新中心执行副主任，教授，博士研究生导师。

一　引言

京津冀协同发展是习近平总书记亲自谋划、亲自部署、亲自推动的重大国家战略。产业协同发展作为京津冀协同发展需率先突破的三个重点领域之一，是协同发展的实体内容和关键支撑。当前，中国经济已由高速增长阶段转向高质量发展阶段，高质量发展已成为中国经济社会各领域发展的“指南针”。高质量发展是提质增效、创新驱动、绿色低碳和协调共享的发展[①]，而产业高质量协同则是区域内产业达到的一种更高水平、更有效率、更加公平、更可持续的协同发展状态，其不仅关注协同的成效，更注重协同的方式、结构和动力。产业高质量协同是“十四五”时期深入实施京津冀协同发展战略的重要任务，是“滚石上山、爬坡过坎、攻坚克难关键时期”的核心举措，也是实现区域经济高质量发展的必经之路。

二　文献述评

在京津冀产业协同发展研究领域，现有文献更多聚焦于对现实问题的探讨，主要涉及产业协同发展水平的测度、协同发展过程中存在的主要问题及对策建议等。产业协同可看作一个由多元要素构成的复杂开放系统，故学者们往往通过构建指标体系来测度产业协同水平，如魏丽华从协同空间、协同成本、协同能力、协同制度和协同创新 5 个方面选取指标构建京津冀产业协同指标体系[②]；翁钢民、李慧盈构建了包含投入水平、产出效益、发展潜力、创新能力、旅游需求 5 个方面的京津冀旅游产业协同发展评价指标体系。[③] 关于京津冀产业协同发展问题的研究，主要表现为产业同构化，特别是主导产业

---

① 王春新．中国经济转向高质量发展的内涵及目标［J］. 金融博览，2018（9）：42-43.

② 魏丽华．京津冀产业协同水平测度及分析［J］. 中国流通经济，2018，32（7）：120-128.

③ 翁钢民，李慧盈．京津冀旅游产业协同发展水平测度与整合路径研究［J］. 资源开发与市场，2017，33（3）：369-372.

趋同分布、产业协同程度不高等。① 究其原因，可概括为所处的产业周期不同、资源配置失衡、承接地能力不足等历史因素，区域合作动力不足、产业协同利益分配不均等动力因素，以及市场活力不足、政府职能错位缺位等外部驱动因素。② 因此，制约京津冀产业协同发展的因素是多方面的，且相互交织、共同发挥作用。还有部分学者从某一视角来探究京津冀产业协同发展的问题，如从利益增值与成本分担的视角③、非首都功能疏解等视角。④ 针对京津冀产业协同发展过程中存在的问题，学者们提供的政策建议主要有加强顶层设计，特别是完善体制机制，如制定产业协同发展规划、优化协调发展机制、完善利益分配机制等；建立健全市场机制；加强协同创新的支撑作用；改善外部环境，如加强金融支持、交通、生态和公共服务保障等。⑤

2023 年 2 月，习近平总书记在中共中央政治局第二次集体学习时强调，要顺应产业发展大势，推动短板产业补链、优势产业延链，传统产业升链、新兴产业建链，增强产业发展的接续性和竞争力。⑥ 考虑到区域全产业链布局有利于促进产业的分化融合和转型升级、推动京津冀产业及经济高质量发展，本文将从区域全产业链布局、产业链与创新链融合发展等方面，探讨京津冀产业高质量协同发展面临的问题，并提出相应的政策建议。

---

① 孙彦明．京津冀产业协同发展的路径及对策[J]．宏观经济管理，2017（9）：64-69；杨莉虹，宋晓华，左晓丽．京津冀协同发展背景下产业转型与升级问题探究[J]．商业经济研究，2020（11）：186-189.

② 周京奎，龚明远，张朕．京津冀产业协同发展机制创新研究[J]．长白学刊，2019（2）：95-103；张亚鹏．京津冀产业协同发展反思：一个整体框架设计[J]．区域经济评论，2018（2）：75-80.

③ 田学斌，柳源，张昕玥．基于利益增值与成本分担的京津冀产业协同：进展、问题与对策[J]．区域经济评论，2022（3）：135-143.

④ 刘艳，郑杨．非首都功能疏解背景下京津冀产业协同发展问题研究[J]．商业经济研究，2018（19）：177-180.

⑤ 刘戒骄．京津冀产业协同发展的动力来源与激励机制[J]．区域经济评论，2018（6）：22-28；马海涛，黄晓东，罗奎．京津冀城市群区域产业协同的政策格局及评价[J]．生态学报，2018，38（12）：4424-4433；初钊鹏，王铮，卞晨．京津冀产业协同发展的理论认识与实践选择[J]．东北师大学报（哲学社会科学版），2018（6）：178-184.

⑥ 习近平主持中共中央政治局第二次集体学习并发表重要讲话[EB/OL]．(2023-02-01)[2025-04-24]．https：//www.gov.cn/xinwen/2023-02/01/content_ 5739555.htm.

三 京津冀产业协同发展取得的积极成效

自2014年2月26日习近平总书记结束北京考察时召开座谈会并发表重要讲话以来，京津冀三地在推进产业协同发展方面做了大量工作，形成了较好的产业协作基础。具体来说，包括以下几个方面。

一是顶层设计日趋完善，持续探索产业对接政策。京津冀三地已建立常务副省（市）长对接机制及主管部门定期会商机制，对口部门保持常态化沟通。2015年财政部、国家税务总局发布了《京津冀协同发展产业转移对接企业税收收入分享办法》；2016年工信部编制了《京津冀产业转移指南》，提出构建“一个中心、五区五带五链、若干特色基地”的产业发展格局；2017年京津冀三地协同办发布了《关于加强京津冀产业转移承接重点平台建设的意见》，进一步明确了“2+4+46”个产业承接平台；2019年京津冀三地先后签署了《产业链引资战略合作框架协议》《进一步加强产业协同发展备忘录》；2022年工信部印发了《京津冀及周边地区工业资源综合利用产业协同转型提升计划（2020—2022年）》等。此外，北京市陆续发布更新了《北京市新增产业的禁止和限制目录》《疏解非首都功能产业的税收支持政策（试行）》。同时，京津冀三地在科技创新、产业转移协作等多领域签署了合作协议，围绕布局国家重大项目、重大创新平台、突破关键核心技术等开展部省（市）合作，在资源共享、平台共建、政策互通、联合攻关等方面开展深入合作。

二是三地产业各具优势，积极推进产业协作。京津冀三地产业各具优势，从区位熵[①]指标来看，2020年，北京市的信息传输、软件和信息技术服务业（4.4150），科学研究和技术服务业（3.0867），文化、体育和娱乐业

---

① 区位熵 $LQ_{ij}=\frac{q_{ij}/q_j}{q_i/q}$，其中，$q_{ij}$ 为 j 地区 i 产业的就业人数，q_j 为 j 地区所有产业的就业人数，q_i 为在全国范围内 i 产业的就业人数，q 为全国所有产业的就业人数。区位熵 LQ_{ij} 反映了某一产业部门的专业化程度。一般而言，$LQ_{ij}>1$，j 地区 i 产业在全国来说具有优势；$LQ_{ij}<1$，j 地区 i 产业在全国来说具有劣势。

(2.7962)，租赁和商务服务业（2.3124）等高端服务业优势明显；天津市的居民服务、修理和其他服务业（5.3812），科学研究和技术服务业（1.7515），批发和零售业（1.5752）以及金融业（1.3249）等最具有发展优势；河北的公共管理、社会保障和社会组织（1.5249），电力、热力、燃气及水生产和供应业（1.4456），采矿业（1.3901）以及教育业（1.3040）等具有一定的发展优势（见表1）。三地陆续举办了京承大数据、京津冀国际智能制造、京津冀深电子信息、京津冀康复辅助器具、京津冀应急产业等多场专题产业转移对接活动，并举办了京津冀产业链协同发展对接活动；先后组织召开了京津冀协同招商推介大会、京津冀工业园区推介会等，推动三地企业和园区加强合作与精准对接。例如，北京·沧州渤海新区生物医药产业园吸引了100余个生物医药项目落户，成为“产业承接集聚化、园区建设专业化、异地监管协同化”的范例。

表1　2020年京津冀三地各产业区位熵

序号	行业	北京	天津	河北
1	农、林、牧、渔业	0.3544	0.1973	0.9583
2	采矿业	0.2039	1.0947	1.3901
3	制造业	0.3619	1.1538	0.7848
4	电力、热力、燃气及水生产和供应业	0.5855	0.7373	1.4456
5	建筑业	0.5463	0.7497	0.5768
6	批发和零售业	1.5463	1.5752	0.8008
7	交通运输、仓储和邮政业	1.6008	1.2358	1.0096
8	住宿和餐饮业	1.9902	1.0743	0.5622
9	信息传输、软件和信息技术服务业	4.4150	0.9728	0.6606
10	金融业	1.8123	1.3249	1.2497
11	房地产业	1.9672	1.1384	0.6771
12	租赁和商务服务业	2.3124	1.3055	0.7450
13	科学研究和技术服务业	3.0867	1.7515	1.0526
14	水利、环境和公共设施管理业	1.1846	0.9034	1.1470
15	居民服务、修理和其他服务业	1.6647	5.3812	0.8555
16	教育业	0.6714	0.6697	1.3040
17	卫生和社会工作业	0.6897	0.7346	1.2810
18	文化、体育和娱乐业	2.7962	0.7756	1.0784
19	公共管理、社会保障和社会组织	0.4692	0.6019	1.5249

数据来源：作者根据2021年《中国劳动统计年鉴》计算得出。

三是产业间联系日趋密切，产业链分工态势开始显现。三地间产业联系越发紧密，以北京对津冀的投资额为例，由 2014 年的 1058.80 亿元增加至 2021 年的 3515.70 亿元，年均复合增长率为 18.70%；保定、唐山和廊坊是京津投资的热点地区，2021 年分别获京津企业投资 715.20 亿元、208.20 亿元和 147.00 亿元。[①] 同时，京津冀三地产业链分工态势开始显现，北京在营企业集中分布在租赁和商务服务业、科学研究和技术服务业，2021 年这两个产业的在营企业累计注册资本额占全行业在营企业注册资本额的比重分别为 32.75%、15.39%，处于产业链的研发设计和应用服务环节；天津在营企业主要分布在金融业、租赁和商务服务业，2021 年这两个产业的在营企业累计注册资本额占全行业在营企业注册资本额的比重分别为 22.02%、21.79%，处于产业链的市场流通和资本运作环节；河北在营企业集中分布在制造业、批发和零售业，2021 年这两个产业的在营企业累计注册资本额占全行业在营企业注册资本额的比重分别为 18.84%、13.53%，处于产业链的制造环节和市场流通环节。

四是协同创新分工格局日趋明朗，联合创新态势良好。从研发投入环节来看，北京偏重基础研究和应用研究环节。2020 年，基础研究和应用研究的 R&D 人员折合全时当量分别为 3.40 万人年、3.10 万人年，R&D 经费内部支出分别为 206.10 亿元、228.10 亿元。而津冀偏重试验发展环节，2020 年，两地试验发展 R&D 人员折合全时当量分别为 5.83 万人年、0.62 万人年；R&D 经费内部支出分别为 352.35 亿元、562.63 亿元。[②] 从研发产出环节来看，2020 年，京津冀三地发明专利授权量分别为 63266 件、5262 件和 6365 件，分别占发明专利授权总量的 38.86%、6.98% 和 6.90%[③]，表明北京创新成果侧重知识创新和原始创新，津冀更侧重应用环节的创新。同时，2013~2020 年，京津冀三地合作专利数量从 5252 件增加到 11611 件，增幅高达 121%。2018 年，三地共同签署《京津冀科技创新券合作协议》，标志着三地创新券正式开始互通互认。

① 数据均来源于龙信企业数据平台。

② 数据来源于 2021 年《北京统计年鉴》《天津统计年鉴》《河北统计年鉴》。

③ 数据来源于 2021 年《中国统计年鉴》。

四　京津冀产业高质量协同发展面临的主要问题

在肯定京津冀产业协同发展取得积极成效的同时，也应当看到，推进京津冀产业高质量协同发展仍存在诸多亟待解决的问题。

（一）发展阶段与发展定位差异导致三地产业协作难度较大

从发展阶段来看，已进入后工业时代的京津与尚处于工业化中期的河北存在着产业“断层”，过大的产业落差导致区域内部分产业关联度较低。从发展定位来看，北京在产业链中位于高端研发、总部经济、品牌营销环节，主要服务于全国，而对区域关注不足；天津是大国重器聚集区，企业主要为央企和外资企业的制造和组装环节，在产业链上对北京依赖总体不高，且外溢明显不足；河北重点发展重化工业、劳动密集型产业和资源密集型产业。发展阶段与发展定位的差异导致三地产业存在“断层”现象，即京津专注于知识技术密集型产业或传统产业的高端环节，与河北重化工业结构不匹配，进而导致三地产业协作难度较大。

（二）尚未形成基于区域产业链各环节分工的协同发展格局

一是缺乏基于主导产业及其产业链的顶层规划。《京津冀协同发展规划纲要》未就京津冀产业协同中的重点产业及空间布局进行顶层设计，不能有效解决三地在主导产业选择上存在的趋同性问题，阻碍产业协同发展进程。京津冀三地只做产业发展规划，不做基于产业链各环节的布局规划，且都将战略性新兴产业和高技术产业作为主导产业，未能形成基于主导产业的产业链分工，津冀两地之间、河北各地之间主导产业构成、数量比例与空间分布等趋同化程度较高、结构差异较小，由此导致产业竞争大于产业协作，产业同质化竞争严重，很难形成基于产业链各环节的协同发展格局。二是整合和引领区域产业链的龙头企业发展不足，导致京津冀产业链很难形成有竞争力的整体，尤其是在非首都功能疏解中缺乏龙头企业，在一定程度上影响了疏解成效及其对承接地的带动作用。三是市场力量发育不足，导致区域产业缺乏活力与弹性。京津冀地区国企、央企等比重较大，以 2020 年为例，京津冀规模以上工业企业中国有企业有 4469 家[①]，三地国有单位就业人员分别为 156 万人、61 万人和 256 万人，分别占城镇单位就业人员的 21.07%、23.89%和 45.62%[②]，民营企业和中介组织发展相对不足，导致产业链缺乏活力和弹性，很难形成产业配套。

（三）产业集群发展不足且缺少完备的制造业体系

一是产业集群发育不足，产业集中度不高。京津冀地区内产业主要集中在各类园区、开发区和高新区，园区之外产业发展严重不足。以国家高新区为例，截至 2020 年，京津冀地区共有国家高新区 7 个，年末从业人员为 352.97 万人，约占城镇单位就业人员的 22.68%，其中，北京的国家高新区年末从业人员为 290.01 万人，约占城镇单位就业人员的四成左右。[③] 而且，产业园区的发展只是实现了产业在地理空间上的集聚，园区间和企业间缺乏实质性的联系与合作，难以形成产业集群和产业链条。二是分散疏解对河北产业转型升级带动不强。非首都功能疏解的集中承接平台（“2+4+46”）总体太多，有限的产业被分散承接。以北京大红门地区市场疏解为例，其疏解对接地区包括保定白沟和容城、廊坊永清和固安、沧州高新区、石家庄长安区以及唐山、邯郸、张家口、天津西青区等地[④]，产业疏解转移多而形成协同少，产业疏解转移更多体现为物理空间上的挪移，尚未形成产业集聚、产业联动和产业协作效应。而且，河北承接的转移产业多为钢铁、家具、服装等资源密集型产业和劳动密集型产业，对其产业升级转型的引领作用有限。三是没有完备的制造业体系支撑。相较于长三角、珠三角等地区，京津

① 数据均来源于龙信企业数据平台。

② 数据来源于 2021 年《中国劳动统计年鉴》。

③ 数据来源于 2021 年《中国火炬统计年鉴》。

④ 京津冀协同发展产业疏解承接接待中心全面开放[EB/OL].（2016-12-23）[2025-04-09]. https://www.bjnews.com.cn/news/2016/12/23/428327.html.

冀地区缺少完备的制造业体系，无法对产业生态系统提供支撑，由此导致北京很多创新成果难以高效率、低成本地在区域内落地转化。四是产业发展空间有限，产业链配套能力弱。由于津冀地区的产业发展空间有限、上下游产业及配套基础薄弱，特别是区域关键零部件配套能力不足，在京企业不愿意在津冀设立分支机构，抑制了产业链在区域内的布局。对企业主导产品与关键零部件在京津冀区域配套情况进行的调查显示，仅有 23.7%的主导产品能实现 80%以上关键零部件在区域内配套，26.1%的主导产品关键零部件在京津冀地区的配套率不足 30%。

（四）产业链与创新链融合不足，制约科技成果落地及区域产业转型升级

一是创新研发能力与产业梯度的巨大落差制约了创新成果的落地转化。京津冀三地间创新能力存在巨大差距，以发明专利授权量为例，2021 年，北京发明专利授权量为 79210 件，分别为天津（7376 件）、河北（8621 件）的 10.74 倍和 9.19 倍①，这在一定程度上拉大了产业梯度和产业发展落差，导致三地在新产品研发、产品更新换代等方面参差不齐，也导致产业链各环节发展不均衡、接续难度大，制约了北京科技成果在津冀的落地转化。二是创新成果供给与需求错位制约了河北产业转型升级。北京各创新主体针对河北传统产业转型升级的研发相对不足，加之缺乏有效的创新成果转化与对接机制，导致河北需要的产业科技北京储备不足。以 2020 年为例，北京创新成果供给（新增发明专利授权量）排前三位的行业是科学研究和技术服务业（2.07 万件），制造业（1.15 万件），信息传输、软件和信息技术服务业（0.87 万件），而河北省创新需求排前三位的行业是制造业、批发和零售业、建筑业，这种研发成果的供给与需求错位制约了区域整体的产业转型升级。三是创新成果转化专业服务机构与专业人才队伍缺乏。区域内技术转移服务机构发育不足，以科技推广和应用服务业为例，2021 年京津冀地区科技推

① 数据来源于 2022 年《中国统计年鉴》。

广和应用服务业在营企业注册资本额为82059.01亿元，仅占全行业在营企业注册资本额的6.56%。[①] 加之当前主要通过技术转移专员培训培育技术转移服务人员，无论是在数量还是质量上都无法满足创新成果落地转化的需要。而且，区域内的科技中介服务机构和知识产权保护机构主要集聚在创新资源供给方（北京），较少布局在创新资源需求方（天津和河北），制约了创新成果转化和技术落地。2021年，北京科技推广与应用服务业在营企业注册资本额为65163.51亿元，分别是天津（14366.67亿元）、河北（2528.83亿元）的4.54倍和25.77倍。[②] 四是公共服务水平落差大，导致项目及人才难以在河北落地。区域优质公共服务资源多集聚在京津两地，河北与京津公共服务水平落差大，在很大程度上制约了人才在京津冀间的自由流动和合理布局，也制约了产业链在区域内的布局。

（五）政策体系不完善不衔接，制约产业链跨地区布局

一是产业配套政策体系不完善。主要表现为税收分享政策不完善，《京津冀协同发展产业转移对接企业税收收入分享办法》对税收分享范围及分享比例的划分较为简单，无法满足产业转移升级的需要；津冀在企业用房、员工住房、员工子女教育及高端和特殊人才引进等方面缺乏吸引力，制约了产业链跨地区布局及产业协同发展。二是政策体系衔接不畅。主要表现为资质标准异地互认困难、跨地区转移的企业在统计口径上衔接困难等。在资质标准异地互认上，企业如果在跨区域产业链布局中采用子公司、新设公司形式，原有缴税记录、业绩证明、专利发明、认证体系等很难获得迁入地的认可，影响其获得融资和政府补贴等方面的优惠政策；若采用分公司形式，则享受不了迁入地的优惠政策等。在跨地区转移的企业统计口径上，企业以分公司形式落地，其经济指标无法纳入属地统计，但能耗、环保等指标纳入属地统计。

---

① 数据来源于2022年《中国统计年鉴》。

② 数据来源于2022年《中国统计年鉴》。

五 未来推进京津冀产业高质量协同发展的政策建议

（一）制定产业协同发展专项规划，完善产业链配套政策体系

一是应将打造若干个世界级产业集群作为规划目标。可将产业链区域布局、产业园区共建、重点项目推进、龙头企业培育和合作交流平台搭建等作为规划的重要方面。

二是应将全产业链区域布局作为规划的重要抓手。京津冀三地的产业发展定位要尽量规划到细分产业或细化到产业链的某个环节，强调在产业链各环节上精准施策。特别需要重视区域未来拟重点发展的战略性新兴产业的产业链优化布局，北京应侧重高端研发、总部经济、品牌营销等高端环节，但应强调其对区域发展的服务和引领作用；天津应侧重成果转化和先进制造等中间环节，但要提升其与京冀产业的链接程度，加大外溢效应；河北应侧重加工制造、商贸物流等环节，做好产业链的配套，加大研发力度，提高承接北京科技成果落地转化的能力。应选择若干个资源禀赋突出、战略性强的主导产业实施全产业链布局，细化产业发展路线图、排出任务时间表，集中优势资源发展，以形成优势互补、错位发展、相融相促、配套齐全的产业链发展格局。

三是应将完善产业链的配套政策体系作为规划的重点内容。首先，完善非首都功能疏解的迁出地与承接地的政策对接。例如，确保转移企业原有的企业资质、产品认证、业绩证明、缴税记录及其他认证体系等能获得承接地的认可，能耗、环保等指标能够跟随转移企业纳入承接地环境容量，企业人才转移中的教育、医疗、社保、住房等政策能够实现相互衔接。其次，完善税收分享、GDP 分计等政绩考核机制。借鉴深汕特别合作区模式，考虑在河北适当区域，由北京输出科技创新成果、高端制造企业和高水平管理模式，由河北提供土地资源，建设特别合作区，推动北京部分产业向合作区转移，推动区域内税收分享和 GDP 分计；可探索研究按要

素投入比例分享税收和GDP。最后，加强全产业链规划、布局、建设及评估等工作，京津冀三地政府力争在产业政策上保持一致、优化营商环境并实现相关政策公开透明，让企业树立在区域内布局上下游产业链、供应链的信心。

（二）研究布局区域重点产业链，推动实现强链、补链和延链

一是应研究区域内需要布局的重点产业链。依据京津冀协同发展规划纲要，分阶段提出需重点协同发展的产业，在区域内布局产业链条，完善产业衔接。鼓励区域龙头企业和北京优势创新资源通过“走出去”的方式引领和整合区域内的产业链，或依托重点产业链布局创新链，鼓励产业园区围绕其主导产业发展方向打造重点实验室，在全国范围内征集优质园区运营公司落地，提升整个京津冀地区产业园区的活力，高水平推进产业互联网建设，积极发展产业战略咨询业，进而提高区域产业链的整体竞争力。应以北京高精尖产业和区域内战略性新兴产业为重点，围绕新一代信息技术、人工智能及智能装备制造、新能源新材料、节能环保及现代交通等重点产业在区域内布局产业链。

二是应强调重点产业链的强链、补链和延链。可依托天津滨海—中关村科技园、京冀曹妃甸协同发展示范区、新机场临空经济合作区、河北张承生态功能区等重点园区，推动产业链在区域内布局。建议沿着京保石、京津塘发展轴，近期可在新机场临空经济合作区中的河北部分扩大地域范围，京冀联手打造区域制造业聚集区，通过完善制造业体系加强对重点产业链的支撑作用；通过出台优惠政策，放宽市场准入，降低制造业企业成本，促进投资项目落地便利化，支持实体经济特别是民营经济发展，以提升重点产业链的竞争力。针对区域内重点产业链中缺失或薄弱环节，进行产业链招商引资，吸引国内外龙头企业落地，充分发挥行业龙头企业或关键企业的集聚效应，实现补链。强调重点产业链的科技含量，通过科技创新实现重点产业链两端向高附加值环节延伸，实现延链。

三是应发挥企业在产业链和创新链融合中的主体作用。充分发挥企业在

区域创新中的主体作用，采取“政府政策+龙头企业+融资担保+产业链中小企业”的模式，培育一批具有国际竞争力的世界一流企业和“专精特新”中小企业，完善产业生态系统。充分发挥区域内龙头企业在研发平台、产业链及销售渠道等方面的资源优势，鼓励京津冀龙头企业建立双创平台，并提供创新、投融资和孵化等服务，推动创新科技型企业发展，从创新链的源头增强区域科技创新供给能力。

（三）强调创新链对产业链的支撑作用，鼓励创新链与产业链深度融合

一是应鼓励北京科技资源积极向外辐射，提升河北的创新能力。支持中关村等优势科技园区面向京津冀布局，在区域内移植其成功模式和品牌；鼓励清华、北大等知名院校及中国科学院等著名科研机构和北京市龙头科技企业，紧密围绕区域内协同创新的重点产业开展技术研究，在河北省建立科技合作示范基地或科技中试中心，以提升河北省的“造血功能”和内生发展动力。

二是应充分释放北京科技研发潜力，推动津冀传统产业转型升级。首先，搭建专业化的科技成果供需对接平台，支持北京研发机构面向津冀传统产业改造需求开展关键技术研发与示范应用。可由三地科技主管部门共同搭建传统产业技术推进平台，由行业协会就需要改造升级的传统产业列出需攻关的技术清单，通过招标形式委托北京有关研发机构开展研究；通过发挥传统产业技术升级推进平台引导功能，北京企业在人工智能、工业互联网、供应链协同制造等优势领域形成集群式技术输出，为津冀传统产业赋能。其次，支持北京各类研发机构与津冀产业园区共建技术创新服务平台。鼓励北京研发机构与津冀产业园区共建产业技术研究院、研发基地、协同创新基地、实验室与技术服务中心、博士后流动站等技术创新合作平台；鼓励园区内有实力的企业与北京专业研发机构在科学研究、成果转化、人才培养等方面开展全方位战略合作，集中解决特色产业领域技术升级改造难题。最后，支持中关村科技园区在津冀地区设立特色产业领域的创新中心、孵化器等各类创新平台。由中关村搭建区域特色产业技术交流平台，引导和加强区域内

其他创新平台间的交流与合作，推进各地创新资源和产业资源充分对接。

三是应对重大装备及关键零部件采取联合攻关、共同研发。聚焦战略性新兴产业重点领域和龙头骨干企业共性需求，全面实施重点领域研发计划，布局建设一批高标准实验室、制造业创新中心、新兴产业创新中心，强化企业创新主体地位，着力突破“卡脖子”关键领域，逐渐补足短板，大幅提高区域核心关键零部件和重大装备的自给率。

四是应打造 3~5 个产业链和创新链融合的关键节点城市。补齐产业链主链向支链延伸的关键枢纽行业，对于本地能补齐的缺失行业，可依托政策优势刺激该类行业与上下游行业形成产业关联；对于本地难以发展的缺失行业，可通过强化比较优势，吸引其他区域的关联行业与本地行业形成强强联合协同效应。

（四）完善政府间产业协作联动机制，打造利益共同体

一是应建立三地政府间产业统筹和对接的工作机制。京津冀三地政府要建立定期的不同层级的工作联席会议制度，就三地产业协同发展的重大事项定期进行共同研究、统筹安排，各相关部门应有针对性地就应落实的工作事项进行三地对接；政府间还应共同创造机会、打造各种平台，引导行业协会间、产业园区间、企业间进行不同形式、不同内容的对接。

二是应建立京津冀三地产业发展的共建共享运作机制，打造利益共同体。京津冀三地政府应在基础设施建设、产业园区建设和管理、新兴产业发展方面开展深入合作；可考虑在新兴产业的项目中发挥各自资源优势，合资组建并共同培育新的领军企业，以领军企业为龙头实现新兴产业的合理布局，带动三地产业发展；加强三地现有国有企业的资本合作、产业合作，盘活存量资产，以提高整体效益。

三是应探索建立京津冀重点产业链链长制，实行京津冀三地产业主管部门责任人轮值机制。结合十大高精尖产业，探索推行产业链链长制，可围绕特定区域产业链的缺链、断链、弱链等问题列出责任清单，以责任清单实施进度作为链长的考核指标。

（五）改善区域全产业链布局的基础环境与服务配套

一是应培育区域技术转移能力。首先，出台京津冀技术转移条例，构建科技成果转化政策体系。探索建立知识产权保护实验室、存证固证系统，探索建立新兴领域和业态知识产权保护制度；以立法保障技术转移工作，通过建立有效的技术转移保障机制、激励机制、规范和惩罚机制，营造有利于自主知识产权产生和转移的法治环境。其次，加强区域内（特别是承接地）各类科技服务企业的培育力度，提高创新成果转化能力。推动国有制及集体制的技术转移服务机构实行自主经营、自负盈亏，提高市场活力；加大对技术转移服务机构的支持力度，提升技术转移服务机构的技术能力；制定高层次技术转移人才评价标准，加强技术转移高层次人才培养和引进。最后，依托政策优惠，建立科技中介与高技术园区内企业间的对接渠道，充分发挥科技行业协会等中介服务组织在产业链与创新链融合中的纽带作用。

二是应引导京津优质公共服务资源向河北这一非首都功能核心承载地布局，加大优质公共服务资源的共享力度。一方面，通过办分校、办分院、合作共建、委托管理等创新模式，建设跨区域的教育、医疗、养老、就业等公共服务合作载体，促进优质公共服务资源向重点承接地、产业合作区转移，缩小三地间公共服务的落差。另一方面，可考虑由京津冀三地共同出资设立社会公共服务保障基金，依据大数据统计分析，根据产业疏解转移的规模和效益配置使用该基金，以解决由产业疏解造成的承接地公共服务配套不足的问题。

三是应推动优势政策互动共享，打造区域产业政策高地。积极争取京津冀优势政策（如中关村国家自主创新示范区政策、天津和河北自贸区政策、北京市服务业扩大开放综合试点政策、雄安新区创新创业政策等）在区域内交叉覆盖、叠加发力，并通过共建产业园区将政策逐步推广至其他地区。同时，应对标国际先进标准及规则，逐步建立与国际投资和贸易规则相适应的制度体系，深入推动投资便利化、贸易自由化，打造全球企业投资首选地和最佳发展地。

Research on the Problems and Countermeasures of High-quality Industrial Synergy in Beijing-Tianjin-Hebei

Ye Tanglin

Abstract: At present, Beijing - Tianjin - Hebei has made many positive progress in industrial cooperation, but there are still some problems to be solved urgently. For example, the differences in development stages and development orientation among the three places make industrial cooperation more difficult; The coordinated development pattern based on the division of labor in each link of the regional industrial chain has not yet formed; Industrial clusters are underdeveloped and lack of complete manufacturing system support; The lack of integration between industrial chain and innovation chain restricts the transformation of scientific and technological achievements and the transformation and upgrading of regional industries; The policy system is imperfect and unconnected, which restricts the cross-regional layout of the industrial chain. Based on this, we should make efforts to improve efficiency by making special plans for industrial coordinated development, improving the linkage mechanism of intergovernmental industrial cooperation, encouraging the deep integration of key industrial chains with major innovation chain, and improving the basic environment and service facilities of the regional layout of the whole industrial chains.

Keywords: Beijing - Tianjin - Hebei; high - quality industrial synergy; regional whole industrial chain; industrial clusters; innovation chain

中国式现代化建设背景下京津冀产业协同发展路径*

李兰冰　徐瑞莲**

摘　要： 中国式现代化建设迫切需要发挥区域重大战略的引领作用，区域产业协同则是推进区域重大战略和中国式现代化建设的重要抓手。本文以厘清中国式现代化建设、区域重大战略与区域产业协同之间的逻辑关系为切入点，沿着“目标导向—支撑保障—演化机制”的脉络对区域产业协同发展进行理论解释。在此基础上提出京津冀产业协同发展路径，包括以深化产业分工催化区域产业差异化发展、以内外联动优化区域现代产业体系建设、以区域创新联动增强区域产业协同创新效能、以“产业链—人才链—创新链”融合强化协同动力、以全面深化改革推进跨区域产业协作机制建设等，致力于为使京津冀地区成为中国式现代化建设的先行区、示范区提供有益的政策启示。

关键词： 中国式现代化　京津冀产业协同发展　区域产业协同发展　区域经济

---

* 本文已发表于《北京社会科学》2023年第10期。

** 李兰冰，南开大学经济与社会发展研究院、南开大学经济行为与政策模拟实验室教授；徐瑞莲，南开大学经济学院博士研究生。

一　引言

京津冀协同发展是国家重大战略。2014 年，习近平总书记就京津冀协同发展提出了七点要求，包括要着力加快推进产业对接协作，理顺三地产业发展链条，形成区域间产业合理分布和上下游联动机制，对接产业规划，不搞同构性、同质化发展。[①] 2023 年，习近平总书记在河北考察并主持召开深入推进京津冀协同发展座谈会时强调，要坚定信心，保持定力，增强抓机遇、应挑战、化危机、育先机的能力，统筹发展和安全，以更加奋发有为的精神状态推进各项工作，推动京津冀协同发展不断迈上新台阶，努力使京津冀成为中国式现代化建设的先行区、示范区。[②] 产业协同是京津冀协同发展的有机组成部分，也是京津冀成为中国式现代化建设的先行区、示范区的重要推动力。因此，在中国式现代化建设背景下探讨京津冀产业协同发展路径具有重要意义。

现有的关于京津冀产业协同发展研究的文献主要有以下三个特点。一是侧重于京津冀产业协同发展现状的统计性描述及量化分析。刘冲等使用省内和省际投入产出表数据分析了京津冀产业协同发展的程度[③]；张杰等基于京津冀地区宏观数据对京津冀产业协同发展中面临的多重困局进行了分析并提出了相应的改革路径。[④] 二是深入产业结构内部进行精细化研究。研究主题包括京津冀三地产业结构和主导产业的同构化以及特定产业的关联效应和区

① 习近平主持召开座谈会听取京津冀协同发展工作汇报[EB/OL].（2014-02-27）［2025-4-9］. https：//www. gov. cn/guowuyuan/2014-02/27/content_2624908. htm.

② 习近平在河北考察并主持召开深入推进京津冀协同发展座谈会[EB/OL].（2023-05-12）[2025-04-09]. https：//www. news. cn/politics/2023-05/12/c_1129610708. htm.

③ 刘冲，李皓宇．基于投入产出表的京津冀产业协同发展水平测度[J]. 北京社会科学，2023（6）：37-48.

④ 张杰，郑若愚．京津冀产业协同发展中的多重困局与改革取向[J]. 中共中央党校学报，2017，21（4）：37-48.

域间协同效应[①]，京津冀“交通—产业—城市规模”耦合协同特征[②]、生产性服务业关联特征[③]、旅游业协同发展[④]等，侧重分析不同产业的协同特征对京津冀产业协同发展和经济发展的影响。三是倾向于关注微观尺度的京津冀产业空间关联性。石敏俊等针对京津冀城市群产业链空间网络不均衡、空间融合程度低的问题，提出补强产业链对京津冀城市功能协同的重要作用[⑤]；王金杰等在研究中提出通过产业转移来推进区域合作，以实现区域制造业协同发展和转型升级。[⑥] 有关京津冀产业协同发展的文献日趋丰富，这为本文研究提供了有力支撑。

本文的边际贡献主要体现在以下两个方面：一是沿着“目标导向—支撑保障—演化机制”的脉络对区域产业协同发展进行理论解释，致力于深化区域产业协同发展的理论研究，为从实践层面提出路径探索提供有效理论支撑；二是在中国式现代化建设背景下，以厘清中国式现代化建设、区域重大战略与区域产业协同的逻辑关系为切入点，提出面向高质量发展的京津冀产业协同发展路径，包括以深化产业分工催化区域产业差异化发展、以内外联动优化区域现代产业体系建设等，致力于为使京津冀地区成为中国式现代化建设的先行区、示范区提供有益的政策启示。

---

① 叶堂林．京津冀产业高质量协同发展中存在的问题及对策[J].北京社会科学，2023（6）：49-57.

② 陈梦筱．京津冀城市群“交通—产业—城市规模”耦合协同演进[J].经济地理，2022，42（9）：96-102.

③ 李宵，申玉铭，邱灵．京津冀生产性服务业关联特征分析[J].地理科学进展，2018，37（2）：299-307.

④ 厉新建．京津冀旅游业协同发展的理论框架与优化方向[J].北京社会科学，2023（7）：31-40.

⑤ 石敏俊，孙艺文，王琛，等．基于产业链空间网络的京津冀城市群功能协同分析[J].地理研究，2022，41（12）：3143-3163.

⑥ 王金杰，王庆芳，刘建国，等．协同视角下京津冀制造业转移及区域间合作[J].经济地理，2018（7）：90-99.

二　中国式现代化建设、区域重大战略与区域产业协同

中国正处于向全面建成社会主义现代化强国、实现第二个百年奋斗目标推进的关键时期，迫切需要以中国式现代化全面推进中华民族伟大复兴。现代化体现了生产力与生产关系、经济基础与上层建筑的辩证统一，是发展规律性与现实多样性的有机统一。① 党的二十大报告阐明，中国式现代化既有各国现代化的共同特征，更有基于自身国情的中国特色。中国式现代化具有人口规模巨大、全体人民共同富裕、物质文明和精神文明相协调、人与自然和谐共生、走和平发展道路等显著特征，决定了其不可能照搬西方发达国家的现代化模式。

高质量发展是全面建设社会主义现代化国家的首要任务，也是中国式现代化的本质要求之一。然而，当今世界百年未有之大变局加速演进，中国式现代化建设面临的发展环境发生了深刻变化。从国际视角看，面对全球经济风险及各种突发事件的外部冲击，各国内顾倾向明显。随着地缘政治形势越来越紧张，企业和政策制定者越来越多地考虑采用有关战略，通过将生产转移到国内或值得信赖的国家来增强供应链的韧性，外商直接投资越来越多地流向地缘政治接近的经济体。② 全球资本的重新配置及世界经济复苏坎坷对中国经济发展及产业体系建设提出了新挑战。从国内视角看，受国际形势等多种因素影响，中国经济发展面临需求收缩、供给冲击及预期转弱三重压力，发展不平衡不充分、科技创新能力不强、城乡发展及收入分配差距扩大等诸多重大问题依然亟待解决，迫切需要在深刻变化的国际格局中寻求中国经济的发展之道。

---

① 刘伟，范欣．以高质量发展实现中国式现代化推进中华民族伟大复兴不可逆转的历史进程[J]. 管理世界，2023，39（4）：1-16.

② AeBin A，Ashique H，Davide M，et al. Fragmenting foreign direct investment hits emerging economies hardest[EB/ OL]．[2025-04-09]．https：//www. imf. org/zh/Blogs/Articles/2023/04/05/fragmenting-foreign-direct-investment-hits-emerging-economies-hardest.

区域重大战略是推进中国式现代化建设的重要着力点。追根溯源，任何经济活动都离不开特定的空间，经济活动与特定空间的结合产生了区域经济，区域经济是国家财富生成过程在特定地域空间的表现，是国家经济运行系统的地域表现、空间映射与有效支撑。从总量上看，区域经济从属于国家经济，所有区域要素禀赋之和等于国家社会总资源，所有区域财富之和等于社会总财富，在一定程度上反映了国家财富的空间分配；从结构上看，区域经济反作用于国家经济，区域要素禀赋的空间格局与区域间关系影响着社会总资源的利用效率和社会总财富的生成。[①] 由此可见，区域经济在中国式现代化建设进程中的作用不容忽视，区域经济是中国式现代化建设的重要空间载体与有机组成部分，表现为单一地区影响经济总量，以及地区间关系深刻影响经济发展质量。当前，中国正在贯彻落实区域协调发展战略，积极推进京津冀协同发展、长三角一体化发展、粤港澳大湾区建设等一系列区域重大战略，着力构建优势互补、高质量发展的区域经济格局和国土空间体系。中国式现代化的独特性必将深刻影响区域经济发展与区域经济格局，迫切需要区域重大战略在中国式现代化建设中发挥引领作用。

区域产业协同发展是推进区域重大战略和推动中国式现代化建设的重要抓手。中国式现代化需要建立现代化经济体系，这是实现全体人民共同富裕、物质文明和精神文明相协调、人与自然和谐共生的迫切需求和关键支撑，而现代化产业体系恰恰是现代化经济体系的关键。现代化产业体系建设涉及产业间关系及地区间关系等多重维度，这恰好与正在推进实施的一系列区域重大战略相互交织。京津冀协同发展、长三角一体化发展、粤港澳大湾区建设等诸多区域重大战略以推进区域一体化为主线，积极践行创新、协调、绿色、开放、共享的新发展理念，聚力推动重点地区快速发展、解决特定区域问题，致力于向协同要红利、以协同促发展，以重点地区的引领示范作用促进更大空间尺度的经济发展格局优化。其中，产业是经济发展的关键

① 李兰冰，刘秉镰．“十四五”时期中国区域经济发展的重大问题展望[J]. 管理世界，2020，36（5）：36-51.

骨架，是构建区域间投入—产出关系与复杂贸易联系机制的重要载体，是立足比较优势进行区域分工合作的有效纽带，也是以地区间关系调整及协同红利促进经济发展的重要桥梁。因此，区域产业协同发展不仅是落实区域重大战略的迫切需求、中国式现代化建设的必然要求，也是以区域重大战略推进中国式现代化建设的重要路径。

三　区域产业协同发展的理论解释

（一）目标导向：以区域共赢推进现代产业体系建设

区域产业协同以区域比较优势为基础，以建立高效合理的产业分工与合作体系为主线，通过不同区域之间的产业垂直分工、水平分工及网络分工等路径，增强区域间生产经济联系、优化区域间投入—产出关系，致力于以更大空间尺度的经济专业化、共享化及规模化，提高区域产业发展质量，最终通过区域协同红利推进现代化产业体系建设。区域协同发展的核心要义在于以“协同”促“区域产业发展”，产业协同是手段、产业发展是目的，以区域共赢推进现代产业体系建设。

现代产业体系是现代化国家的物质技术基础，是决定经济规模、经济效率与经济质量的关键因素。它与传统产业体系不同，更强调现代性和新发展理念，具备结构优化、创新驱动、融合互动、协同高效等典型特征。区域产业协同发展应以建设现代产业体系为重要目标导向。区域共赢是区域产业协同发展的重要基础，这意味着既要满足产业协同发展后创造的总价值大于之前各成员区域单独创造的价值之和这一增值约束，也要满足各参与方在产业协同发展中获得的收益大于之前各自获得的收益这一参与约束，这是区域产业协同体系稳定的必要条件。以区域共赢为基础，区域产业协同发展涵盖了多个区域投入—产出关系调整、区域间技术联系变革及空间布局优化等，将会带来资源配置效率改善、区域产业结构优化、区域间技术溢出强化等积极影响，这为现代产业体系建设，寻求空间尺度视角和地区关系视角的解决方案提供了可能性。

（二）支撑保障：有为政府与有效市场

人类经济社会发展的漫长历史表明，政府与市场之间的关系不是相互对立或相互割裂的，从辩证的角度出发，二者是有机统一、互为补充与相互促进的。市场是资源要素配置的重要机制，但是市场并非无所不能，这也使政府干预具备了合理性和必然性，但政府干预应限定在恰当的范围内并采用恰当的方式。区域产业协同发展离不开政府与市场两种机制的共生互动，“有形的手”和“无形的手”共同决定着区域产业协同发展的成效。①

面对中国经济发展中地方保护与行政分割这一典型特征，在区域产业协同发展中发挥有为政府的作用尤为紧迫且重要。区域产业协同发展涉及不同地方政府主体，在传统制度具有黏性且地方政府主体往往兼具“政治人”和“经济人”双重身份的情况下，地方政府既受财政分权制度等因素影响而具备发展地方经济的热情与动力，又受政治晋升等因素影响而很可能强化地方保护与行政分割，因而形成了地方政府间复杂的博弈关系。面对既有利益格局和行政藩篱难以打破的事实，区域产业协同发展迫切需要有为政府与有效市场的有机结合，为协调区域间利益关系与分配格局、促进资源优化配置及区域间产业共赢成长提供有效支撑。

区域产业协同发展需要以有为政府与有效市场作为理论基础与实践基础。在理论层面上，从重商主义理论到古典政治经济学理论、从新古典经济学理论到凯恩斯主义理论以及从新自由主义到新凯恩斯主义的演进发展，政府与市场关系一直是经济学的经典命题。在理论认识上，二者逐渐从完全对立向融合共生演变，为各国经济发展实践中政府“有形的手”和市场“无形的手”共同作用于经济发展及资源配置提供了理论基础。在实践层面上，中国特色社会主义市场经济的实践经历了“高度集中的计划经济时期—有计划的商品经济时期—社会主义市场经济体制建设期—全面深化改革期”的过程，与西方国家的“小政府、大市场”模式不同，中国政府具有较强

① 李兰冰．中国区域协调发展的逻辑框架与理论解释［J］．经济学动态，2020（1）：69-82．

的资源获取能力与行动能力，在中央与地方政府分权模式下，地方政府间利益博弈已经成为影响社会财富创造与分配的重要因素。

政府"有形的手"是调节区域间关系和区域经济活动、促进区域分割向区域融合转变的重要机制。推进区域产业协同发展可能存在负外部性、信息不对称及社会公平问题，有为政府迫切需要通过制定并实施战略、规划、政策等解决市场失灵问题，建立协调的地方政府间关系，为实现更高水平的区域产业协同发展而达成行动一致性。发挥有为政府的作用应关注以下两点：一是应以区域协同发展体制机制创新为突破点，聚焦打破行政分割，重点解决好长期利益与短期利益、局部利益与总体利益的矛盾，为建立互惠合作均衡的地方政府间关系而共同努力，使地方政府在以协同促发展上形成偏好一致性和行为一致性，激发地方政府参与区域产业分工及协同的内生动力；二是应充分发挥政策工具的激励性引导与约束性调控功能，通过明确区域产业政策导向，引导市场主体从无序走向有序，更好地使市场主体目标与政府政策目标达成一致，更好地发挥市场在资源配置中的决定性作用，为通过市场机制加速区域产业协同发展提供有效制度保障。

市场是资源配置的重要机制，市场机制越有效，产业体系越发达。随着经济体制改革的深入，中国对市场作用的认识日益深化，逐渐从强调市场的基础性作用转变为强调市场在资源配置中起决定性作用。市场机制倾向于追求效率导向的价值目标，并通过供求、竞争、价格之间的有机联系，围绕价值规律、供求规律、竞争规律等，促进经济运行和优化资源配置。在亚当·斯密的《国富论》中，价格、供求、竞争作为"无形的手"调节着商品生产者的社会行为，促成利己性与利他性的有机融合，形成自由经济的基本内涵。[①] 在重塑区域间利益格局与多重关系时，由有为政府进行高效的制度安排，同时发挥有效市场的作用，应关注以下三点：一是通过市场机制促进区域间要素有序流动与交换，市场主体基于区域比较优势等进行区位选择，促

---

① 陈云贤．中国特色社会主义市场经济：有为政府+有效市场［J］．经济研究，2019（1）：4-19.

进区域产业结构优化及产业空间布局调整；二是通过市场竞争优化配置资源，积极破除地方保护、行政垄断，同时规范行政权力，避免过度干预市场竞争，以竞争机制激发微观主体活力，为区域产业协同汇聚内生动力；三是通过市场机制促进跨区域企业之间的分工与合作，市场与企业是分工合作的两种基本制度形式，市场通过价格规律及供求规律等促进企业乃至产业的跨区域分工及合作。

（三）区域产业协同发展的演化机制

1. 区域产业分工与合作机制：比较优势、产业分工与产业关联

区域产业分工与合作是推动区域产业协同发展的重要机制，表现为不同区域之间及各区域内部次级区域之间，受一定利益机制支配进行专业化生产的现象。区域产业分工的重要基础是比较优势①，各地区根据“两利相权取其重，两弊相权取其轻”的原则，生产并向外输出具有比较优势的产品，与此同时购买所需要的具有比较劣势的产品，这为区域之间进行贸易和合作提供了可能性。而比较优势主要体现为劳动生产率的差异，这可能与生产要素禀赋、产业链发达程度及技术水平等因素直接相关。在此基础上，区域产业分工的形成需要满足若干条件，如市场容量、交易成本及生产技术条件等。亚当·斯密认为，分工起因于交换能力，分工的程度因此总受交换能力大小的限制②，这里的“交换能力”实质是指市场容量。区域之间建立更紧密的投入—产出关系有利于推动企业或产业从本地市场向域外市场拓展，市场容量的扩大为区域产业分工深化提供了有利条件，促进形成基于区域比较优势的区域产业分工和资源配置格局。与此同时，交易成本是决定专业化生产的重要影响因素，只有交易成本足够低，区域专业化分工与生产才有可能。此外，不同产业可能因技术空间可分性不同，区域产业分工的潜力也不同，生产环节、工序的空间可分性越强，实现区域产业分工的可能性越大。

---

① 闫冰倩，田开兰．全球价值链分工下产业布局演变对中国增加值和就业的影响研究[J]．中国工业经济，2020（12）：121-139.

② 亚当．斯密．国富论[M]．北京：商务印书馆，2015：9-10.

区域产业分工与合作是推进区域产业协同发展的重要力量。具体而言，区域产业分工主要通过加强区域之间的投入—产出关系[①]构建利益共同体，即以优化区域之间投入—产出关系，加强地区间产业生产与技术关联，形成产业利益共同体，激励地区之间形成产业发展合力。随着产业分工由产业间分工、产业内分工向产品内分工不断细化，区域之间投入—产出关系的本质表现为产业链协作机制，这既包括纵向上下游产业链协作，也包括横向同环节企业的产业链协作，产业链协作更利于实现专业化分工、完善产业链构建并激发技术创新活力。企业作为微观市场主体是区域产业分工的主要参与者[②]，跨地区及本地区企业之间紧密而复杂的经济及技术联系，有利于实现区域产业分工。企业在参与区域产业分工的过程中形成产业关联、产品关联和技术关联等[③]复杂的关联方式，而这种关联又会进一步强化产业空间集聚和网络联系效应，进而推动区域产业协同发展。

2. 区域产业效率提升机制：技术供给、区域协同创新与空间溢出效应

建设现代产业体系是区域产业协同发展的目标，高效率是现代产业体系的典型特征，因此提升区域产业效率是关键。技术水平是产业效率的决定性因素之一，充足的技术供给是产业效率不断提升的关键，而创新是技术供给的主要来源，因此创新是增强区域产业核心竞争力和构建现代产业体系的重中之重。

现代信息技术及现代交通运输的快速发展，为区域间信息流通、知识交互及要素流动提供了更加便捷的技术及设施条件，区域经济由以单一城市或单一区域为主向大空间尺度的网络化空间结构转变，创新随之也向区域协同

---

① 范剑勇，刘念，刘莹莹．地理距离、投入产出关系与产业集聚[J].经济研究，2021（10）：138-154.

② 王俊豪．中国特色政府监管理论体系：需求分析、构建导向与整体框架[J].管理世界，2021，37（2）：148-164.

③ 贺灿飞，朱晟君．中国产业发展与布局的关联法则[J].地理学报，2020，75（12）：2684-2698.

创新转变。从创新到区域协同创新需要考虑技术邻近和技术关联。技术邻近[①]一般是指创新主体间的技术相似程度[②]，技术关联[③]则代表产业之间技术要素的相关程度[④]，从协同创新到区域协同创新需要进一步考虑空间层面的经济集聚、空间溢出效应和地区经济多样性。技术邻近和技术关联是实现区域协同创新的重要微观基础，空间溢出效应是实现区域协同创新的重要影响因素。在此基础上，区域协同创新的核心在于打破区域间的行政分割，共建良好的创新环境，促进创新要素有序流动，形成以提升区域创新能力为目标、以区域协同创新为支撑、以有序分工合作为动力的大尺度空间开放创新系统。[⑤] 区域协同创新需要统筹考虑创新环境孕育、创新资源共享、持续竞争压力、市场需求拉力及创新积累推动等多元因素。这需要政府机制与市场机制共同发挥作用，地方政府应致力于打破体制机制障碍，为创新资源与创新要素的自由流动、分工与合作提供有效制度保障，区域内创新主体则应追求共生共赢，“共生”即创新资源的充分共享，“共赢”则是通过资源共享实现区域创新能力共同提升。

3. 区域产业转移与承接机制：要素流动、区位选择与资源配置

在推动区域产业协同发展的进程中，区域产业转移是适应区域产业分工和促进产业结构优化升级的迫切要求，也是重塑产业空间格局和优化资源配置的必然选择。区域产业转移是特定产业内的企业将部分或全部生产经营活动从转出地转移到转入地的过程，产业在不同区域之间的转移与承接为处于不同发展阶段的地区注入经济发展活力。

要素流动与区位选择是区域产业转移的重要微观机制。一方面，区域产

---

① Jaffe A. Technologinal opportunity and spillovers of R&D：evidence from firm's patents，profits and market value[J]．American economic review，1987，76（5）：984-1001.

② 孙铁山，刘禹圻，吕爽．京津冀地区间技术邻近特征及对区域协同创新的影响[J].天津社会科学，2023（1）：129-138.

③ Rigby D L. Technological relatedness and knowledge space：entry and exit of US cities from patent classes[J]．Regional studies，2015，49（11）：1922-1937.

④ 贺灿飞，朱晟君．中国产业发展与布局的关联法则[J].地理学报，2020（12）：2684-2698.

⑤ 李兰冰，高雪莲，黄玖立．“十四五”时期中国新型城镇化发展重大问题展望[J].管理世界，2020，36（11）：7-21.

业转移是以企业为载体进行的生产要素跨区域转移。在统一开放、竞争有序的市场体系下，要素流动是要素通过市场价格和市场竞争等，以效益最大化和效率最优化为目标而进行的区位选择。要素具有追求高回报率的趋利性，通过要素流动实现价值增值是企业扩大再生产的重要基础。创造有利于要素增值的环境与体系、吸引要素跨区域流入，成为重中之重。另一方面，区域要素禀赋空间分布影响区域产业转移决策。关系经济地理学（REG）与演化经济地理学（EEG）的不断发展为分析产业转移过程提供了较为新颖的逻辑框架[①]，企业发展需求与转出地资源不匹配直接影响产业转移。对于转入地，企业进入主要关注自身生产经营活动与转入地的资源匹配程度；对于转出地，企业转出的前提也是当前生产经营活动所需的生产要素与所在地的要素禀赋存在一定程度的不匹配，这种要素不匹配使企业产生产业转移的意愿。破除要素自由流动的体制机制障碍，扩大要素市场化配置范围，健全要素市场体系，促进要素有序流动和市场化配置是关键。

优化资源配置效率是区域产业转移的目标之一。相关研究表明，资源配置扭曲导致中国全要素生产率下降[②]，消除要素市场扭曲将提高资源配置效率和全要素生产率，进而促进经济增长[③]。无论是以优化要素供给为导向，还是以扩大市场规模为导向，或是以提高市场竞争力为导向，区域产业转移本质上是在更大空间尺度上进行的产业布局调整，也是基于更大空间尺度的生产要素组合及资源配置优化。边际产业扩张理论认为，对外投资应围绕在投资国处于比较劣势、在东道国具有潜在比较优势的边际产业进行，通过投资和产业转移实现投资国与东道国的双赢。[④] 通过区域产业转移可以更好地实现基

① 赵建吉，王艳华，苗长虹．战略耦合及区位机会窗口与 GPNs 领先企业策略合作伙伴的区位重构——以富士康为例[J]. 地理学报，2023，78（4）：877-893.

② 陈诗一，陈登科．中国资源配置效率动态演化——纳入能源要素的新视角[J]. 中国社会科学，2017（4）：67-83.

③ 盖庆恩，等．要素市场扭曲、垄断势力与全要素生产率[J]. 经济研究，2015，50（5）：61-75.

④（日）小岛清．对外贸易论[M]. 周宝廉，译．李文光，审校．天津：南开大学出版社，1987：444-446.

于比较优势的区域产业分工，增强地区间经济联系，促进地区间技术溢出，有利于从技术水平改善及生产效率提升等维度提高区域资源配置能力，实现区域共赢。

四 面向高质量发展的京津冀产业协同发展路径

京津冀协同发展是中国重大战略之一，《京津冀协同发展规划纲要》提出其整体定位为建设以首都为核心的世界级城市群、区域整体协同发展改革引领区、全国创新驱动经济增长新引擎、生态修复环境改善示范区。京津冀协同发展战略实施以来，区域产业协同在发展规划、载体建设及产业转移与承接等方面取得了较为明显的进展，但是在差异化产业发展模式、协同创新能力、协同发展动力及协同体制机制等方面仍亟待完善。

京津冀协同发展战略符合中国新时代高质量发展要求，与中国式现代化建设的本质要求紧密契合。随着中国开启全面建成社会主义现代化强国新征程，京津冀被赋予了中国式现代化建设的先行区、示范区的新使命、新任务。区域产业协同作为京津冀协同发展的先行领域，迫切需要在京津冀践行中国式现代化建设先行区、示范区的进程中发挥重要作用。在新发展阶段与新发展格局下，京津冀产业协同发展需要积极应对区域政策焦点从“效率—公平”到“效率—公平—安全”、区域要素禀赋从传统要素到新兴要素、区域生产组织从全球价值链到国内价值链、区域空间结构从单点结构到网络化结构、区域生态条件从软性约束到硬性约束等一系列区域经济发展变革①，积极探索区域协同发展新路径，以期为以区域重大战略推进中国式现代化建设提供有益启示。

（一）以深化产业分工催化区域产业差异化发展

立足比较优势是进行区域产业分工的重要基点。从京津冀三地比较优势

① 李兰冰，商圆月．新发展格局下京津冀高质量发展路径探索［J］. 天津社会科学，2023（1）：122-128.

来看，北京是国家政治中心、文化中心、国际交往中心及科技创新中心，是京津冀地区创新资源及开放水平最高的地区，后工业化阶段特征明显；天津市拥有中国北方最大的综合性外贸大港及雄厚的先进制造业基础，总体处于工业化后期阶段；河北省则拥有资源优势，发展空间充足，但仍处于工业化中期阶段。基于充分发挥比较优势和形成优势互补发展格局的视角，京津冀应合理进行产业分工，尤其是制造业领域的分工，高新技术产业及现代服务业是北京产业发展的重点，天津市应继续推进“制造业立市”、着力打造先进制造研发基地和北方国际航运核心区，河北省应重点发展商贸物流并促进产业转型升级，三地应在更大空间尺度下形成产业上下游联动机制，推进产业结构升级和空间布局优化。

京津冀三地应基于资源禀赋及产业基础等条件，以区域产业分工催化区域产业差异化发展，而因地制宜探索区域产业差异化发展模式也将有利于进一步强化区域产业分工。以天津为例，其在京津冀世界级城市群建设中的独特优势之一是拥有北方最大的综合性港口。充分发挥港口优势、促进港产城融合发展，是天津推动现代产业体系建设及促进京津冀协同发展的必然选择与可行路径。在区域产业协同发展的视角下，天津以港产城融合促产业发展事关多空间尺度的复杂问题，主要应做到以下三个方面：一是在区域协同层级，港口应深度服务区域腹地产业发展，通过建设高水平开放平台，促进国内国际双循环的有效衔接；二是在天津城市层级，应以“港口资源—港口经济—口岸经济—城市经济”为主线，不断优化城市功能与产业体系；三是滨海新区主要面临高端港航服务业集聚及临港产业发展等问题，是以港兴产、以港兴城的重要基点。

（二）以内外联动优化区域现代产业体系建设

京津冀产业发展面临经济下行压力加大和内生发展动力不足的问题，迫切需要以区域内外联动为切入点促进协同红利释放。虽然近年来逆全球化思潮兴起，但经济全球化的趋势不可逆转。在高度开放的条件下，京津冀产业协同发展不仅应关注域内产业间关系，而且要关注域内与域外乃至与全球产业的关系。尤其是在中国加快构建以国内大循环为主、国内国际双循环相互促进的新发展格局背景下，应以国内价值链与国际价值链互促为导向，积极推进现代产业体系建设。

随着产业链呈现由全球化布局向区域化布局转变的明显趋势，各国产业发展内顾倾向显著增强，中国超大国内市场规模为国内价值链重塑提供了重要基础条件。京津冀推进产业协同发展应紧紧把握国内价值链重塑的机遇，通过产业协同发展更好地契合并引领国内市场需求，培育一批具有自主创新能力、在产业链中占据优势地位、对产业链资源配置具有较强影响力的链主企业或引擎企业，推进京津冀产业发展深度嵌入国内价值链。通过释放有利的成本利润效应、前向溢出效应、后向溢出效应及资源配置效应等，在国内价值链分工体系中占据有利地位，从而更好地依托超大规模国内市场促进现代产业体系建设。

国内价值链与国际价值链并不相悖，随着对外开放的扩大与对内改革的深化，二者迫切需要融合对接与互促发展。京津冀地区应充分发挥国际空港海港等枢纽作用，积极利用自贸试验区、保税港区及综合保税区等开放平台在要素流通、交通物流及贸易模式等方面的便利性，增强对全球资源的吸引能力及配置能力，推动国内与国际市场的沟通联系，从而在国内价值链重塑中打破低端锁定、实现全球价值链攀升。全球价值链攀升也将倒逼国内价值链重塑，这就要求京津冀产业协同发展应统筹把握和利用国内国际两个市场，综合考虑产业特性、产业基础、产业潜力等因素，分别面向国内价值链和国际价值链实现产业分类发展，促进现代产业体系建设路径优化。

（三）以区域创新联动增强区域产业协同创新效能

创新驱动与高水平自立自强紧密契合新发展格局的本质特征，已经成为促进产业升级、释放国内需求及塑造国际优势的重要技术支撑，是促进区域产业协同发展、服务经济建设的核心动力。面向高质量发展的区域产业协同应该以区域创新协同为基础，充分发挥技术创新的引领性作用，为区域产业协同注入新动力、新动能。

北京作为全国科技创新中心，是全国创新要素和创新成果最密集的地区之一，创新成果转化潜力巨大。津冀两地临近北京，如何将地理邻近优势转化为创新协同优势是亟待解决的难题。从微观视角来看，创新技术转化为现实生产力，不仅会影响该技术所在的生产环节，而且会通过产业关联作用于产业链其他生产环节，对企业协同乃至产业协同产生影响。技术创新对区域产业协同发展的影响不应局限于技术创新本身，还需要关注区域产业协同创新能力及技术创新转化效率等问题。

京津冀产业协同创新应围绕北京这一创新高地，充分释放北京在京津冀创新共同体建设中的引擎作用及辐射效应，实现区域之间创新成果高效转化与技术空间溢出，以强劲有力的区域创新共同体建设为区域产业发展提供技术源泉，强化区域产业协同发展的创新驱动能力。首先，应积极构建跨区域的创新要素链和创新合作网，以深化改革为支撑，促进创新要素在区域间合理流动与集聚，促进区域间创新要素互联互通及创新资源跨区域整合，加强不同区域间创新网络关联，提升技术邻近和技术关联，通过创新网络发展赋能区域产业协同发展。其次，应增强津冀两地与北京优质创新资源的对接能力，构建集交易、转让、融资、孵化等功能于一体的“线上+线下”综合性技术交易服务平台，更好地实现跨区域技术成果与技术需求的快速精准匹配。最后，应打造专业化创新服务体系，培育壮大科技服务市场主体，为京津冀地区技术创新、技术合作、技术转移及技术转化等提供全链条、高效率的配套服务，为京津冀区域产业协同发展的高质量技术供给提供有效支撑。

（四）以“产业链—人才链—创新链”融合强化协同动力

创新资源和人力资源是产业发展的重要要素，产业链发展离不开创新链与人才链的支撑。高质量的区域产业协同发展迫切需要解决产业链、人才链、创新链断裂的问题，产业链、人才链、创新链融合有利于改善资源错配，解决技术供给及人力资源供给等一系列问题，从而为区域产业协同发展提供更强的驱动力。

一方面，应注重现代产业体系建设与创新能力培育的协同发展。尤其是津冀两地应着力建设更具包容性、更具活力的创新创业环境，以创新作为现代产业体系建设与结构优化升级的原动力。与此同时，应注重创新体系与现代产业体系之间的协同关系，避免二者衔接不畅，尽快畅通“原始技术创新—创新链网络化—创新成果产业化—产业链升级扩容”路径，促进技术创新高效转化，提升实际生产力，以技术创新推动区域协同发展及现代产业体系建设。应积极把握现代科技发展前沿趋势，引导科研机构、高校院所及企业等开展联合创新，结合产业基础及技术突变的可能性，以科技创新驱动生物医药、智能科技等未来产业发展与布局。

另一方面，以产业链和创新链加快重塑人才链，重点解决区域间人才落差过大、人才吸引力不均衡等问题，关键在于把握人才流动规律。既要充分关注城市便利性、高质量城市生活对人力资本集聚特别是高技术人才和创新人才集聚的重要性，也要积极探索创新型人才引进、综合服务及激励考核机制，打造多层次的人才引育平台。

（五）以全面深化改革推进跨区域产业协作机制建设

跨区域产业协作机制是推动京津冀产业协同发展的重要保障，其核心在于打破行政分割与地方保护，实现共建共享、协作配套、统筹互助，形成有利于区域产业协同发展的激励与约束机制。一方面，以政府“有形的手”，打破原有城市体系与空间关系中的行政藩篱，调整要素分布、重塑利益格局；另一方面，以市场“无形的手”在区域产业分工与合作、区域产业效率提升、区域产业转移与承接等演进机制中形成内生动力，营造良好的外部环境①。

面对区域产业协同发展由产业间协同转向产业链及产品间协同，政府更加迫切地需要立足制度共享和利益共享，建立有效的跨区域产业协作机制，深化京津冀产业间联系的深度与广度。在制度共享层面，通过构建政府联盟，形成制度化的组织协调机制，消除体制机制层面的障碍，建立区域间政

① 高全喜．斯密的国民财富论以及“看不见的手”［J］．江南大学学报（人文社会科学版），2022，21（3）：5-16.

策冲突与矛盾的沟通与解决机制；通过合理调整政绩考核标准，改变政府行为导向，实现地方政府对区域产业协作的行动一致性；还可以通过制定大空间尺度的区域产业协同规划，对跨地区产业协作、区域间产业合理布局及区域产业转移等进行统筹安排和合理引导。在利益共享方面，充分发挥财政税收政策对区域产业协同的推动作用，通过产业转移过程中的财税分成与利益共享，稳定产业转出地的财政收入，降低其对产业转移的地方保护行为，以利益杠杆促进产业有序转移和衔接，也可以通过政府间共同投资的方式，合作共建产业园区，实现区域产业发展互利共赢。与此同时，政府应充分利用大数据分析、云计算、移动互联网等新一代信息技术，着力打破“数据孤岛”，推进跨行业、跨区域、跨部门的数据融合，以智慧化提升政府治理能力，为更好地进行政策设计、预测、模拟与评估提供数据基础与分析技术，缩小区域产业协同发展政策目标与实施效果之间的偏差，促使政府以精准化政策设计推进区域产业协同发展。

五　结语

中国正处于“两个一百年”奋斗目标的历史交汇期，恰逢百年未有之大变局，京津冀协同发展作为国家重大战略，迫切需要发挥引领带动作用，不断取得新进展和新突破，为中国式现代化建设提供有力支撑。在不平衡与不充分发展相互交织的现实条件下，京津冀协同发展既要填补区域发展落差，也要谋求区域经济增长，产业协同发展正是填补落差与实现增长的重要切入点。本文聚焦区域产业协同这一核心问题，以理论研究为基础、以实践对策为支撑，致力于从产业视角深化阐释京津冀协同发展。具体来看，首先厘清了中国式现代化建设、区域重大战略与区域产业协同之间的逻辑关系，其次对区域产业协同发展进行理论解释，最后提出京津冀产业协同发展路径，主要包括以深化产业分工催化区域产业差异化发展、以内外联动优化区域现代产业体系建设、以区域创新联动增强区域产业协同创新效能、以“产业链—人才链—创新链”融合强化协同动力、以全面深化改革推进跨区域产业协作机制建设等方面，以期为中国式现代化建设背景下京津冀高质量发展提供参考。

Research on the Path of the Coordinated Industrial Development in Beijing-Tianjin-Hebei Region in the Context of Chinese Path to Modernization

Li Lanbing, *Xu Ruilian*

Abstract: Regional major strategies urgently need to play a leading role in Chinese path to modernization, and the coordinated industrial development is vital to regional major strategies and Chinese path to modernization. This paper clarifies the logical relationship between Chinese path to modernization, regional major strategies and coordinated industrial development. It devotes to provide the theoretical explanation for the coordinated industrial development in Beijing-Tianjin-Hebei regional, based on the goal orientation, support system and evolution mechanism. Furthermore, it proposes the paths for the coordinated industrial development in Beijing-Tianjin-Hebei region, including deepening industrial division to form differentiated regional industrial developments, accelerating regional industrial system construction through internal and external linkage, enhancing the innovation efficiency through regional collaborative innovation, boosting the vitality through the integration of industrial chains, talent chains and innovation chains, and optimizing industrial cooperation mechanisms by deepening reform, which devote to providing beneficial policy implication for Beijing-Tianjin-Hebei region to construct a pilot and demonstration area for Chinese path to modernization.

Keywords: Chinese path to modernization; coordinated industrial development in Beijing-Tianjin-Hebei region; coordinated development of regional industries; regional economy

人口疏解与民生改善

京津冀城市群双核心结构下的城市最优人口分布*

童玉芬　刘志丽**

摘　要： 本文以京津冀城市群人口的空间分布优化为研究目标，计算了京津冀城市群各城市的最优人口规模，并与实际人口规模进行了对比。结果显示，首位城市北京市的最优人口规模低于实际人口规模，但需疏解人口占实际人口规模之比不到5%，可疏解的人口有限；第二核心城市天津市最优人口规模高于实际人口规模，属于轻度集聚不足，可进一步吸引人口；石家庄、唐山、保定与秦皇岛属于重度集聚不足，需加强人口的空间集聚；邯郸、张家口、邢台、沧州、廊坊、衡水和承德为极度集聚不足，需大力吸引人口。总体看来，京津冀城市群目前人口规模分布整体处于集聚不足状态，今后应以加强各中小城市的人口集聚为政策主要着力方向。

关键词： 京津冀　城市群　双核心　人口规模分布　优化

---

* 本文已发表于《北京社会科学》2023年第2期。

** 童玉芬，首都经济贸易大学劳动经济学院人口经济研究所教授；刘志丽，首都经济贸易大学劳动经济学院博士研究生。

一　引言

党的二十大报告明确指出要以城市群、都市圈为依托构建大中小城市协调发展格局。国家发改委发布的《“十四五”新型城镇化实施方案》也进一步指出，要分类推动城市群发展，优化城镇化空间布局和形态。众多城市群发展规划纲要也结合自身特点着重强调了空间布局问题，未来要形成疏密有致、分工协作、功能完善的城镇化空间格局。京津冀城市群作为我国经济发展最为活跃、创新能力最强、开放程度最高的城市群之一，在国家现代化建设和全球分工合作与竞争领域具有十分重要的战略地位。

人口作为构成城镇布局的关键要素，在城市群的形成与发展中扮演着十分重要的角色。合理的人口规模及空间分布形态是区域经济发展的基本要求。探索京津冀城市群内部各城市的人口规模及合理分布，是京津冀城市群实现一体化协同发展的重要任务，对未来实现区域经济社会高质量发展具有重要指导意义。2015 年出台的《京津冀协同发展规划纲要》提出要疏解北京非首都功能，调整经济结构和空间结构，以实现京津冀区域整体协同发展，同年 7 月北京通过贯彻《京津冀协同发展规划纲要》的意见，提出了北京市在 2020 年的人口规划目标。经过几年的实践和探索，京津冀城市群的人口无论是规模还是空间分布均发生了很大的变化，突出表现为北京市人口快速增长的势头得到遏制，代之以高素质人才集聚，而其他城市人口在疏解北京非首都功能的背景下也发生了很大的改善。但目前京津冀城市群的人口分布还存在一些问题，人口主要集中在北京和天津两大城市的总体态势尚未发生根本性转变，人口与资源环境在空间上依然不协调，人口的空间分布还需要继续优化调整。然而，京津冀城市群各城市人口规模及空间格局上的优化目标是什么？各城市之间存在什么样的关系？这些问题还没有得到很好的解决，学术界对此的研究还存在空白。

二　研究述评

关于城市群最优人口规模及空间合理性的研究属于比较新的研究课题，

但目前已经产生了一些有价值的研究成果，大致可分为以下三类。一是资源环境可持续发展约束下城市群内部人口规模的优化研究。此类研究主要从城市群所在区域本身的资源环境约束出发，判断城市群当前的人口规模或密度是否符合可持续发展要求，并进行合理性评价，在此基础上定出优化目标，提出优化方案与对策。学者主要基于单项指标测算，如土地资源、水资源承载力，或构建经济、资源、交通和公共服务子系统综合承载力模型得出所研究区域内各城市人口合理容量。① 也有学者侧重要素视角，从协调性角度出发，通过构建不一致指数、标准差指数、变异系数等方法来描述人口与资源环境经济社会等要素的协调度水平，以此来判断当前城市人口规模是否合理。② 二是侧重于人口分布的地理空间视角，通过描述城市群人口空间分布特征进而提出问题，依据地理学空间意义的标准对人口规模分布进行合理性评价，提出优化策略。学者主要采用传统地理学中的不均衡指数③、集中指数④、ROXY 指数⑤、齐普夫指数⑥、位序钟和等级钟⑦、分形维数⑧、人口

① 彭文英，刘念北．首都圈人口空间分布优化策略——基于土地资源承载力估测[J]．地理科学，2015（5）：558 - 564；刘钢，王雪艳，方舟，等．长江经济带水足迹字典序优化配置研究——基于“人口-城乡-就业”视角[J]．河海大学学报（哲学社会科学版），2019，21（1）：61-70 + 106-107；孙健夫，阎东彬．京津冀城市群综合承载力系统耦合机理及其动力机制[J]．河北大学学报（哲学社会科学版），2016，41（5）：72-78.

② 游珍，雷淮邻，封志明，等．京津冀、长三角、珠三角人口分布的社会经济协调性及区域差异对比研究[J]．现代城市研究，2017（3）：78-84+89.

③ 肖金成，洪晗．城市群人口空间分布与城镇化演变态势及发展趋势预测[J]．经济纵横，2021（1）：19-30.

④ 苏飞，张平宇．辽中南城市群人口分布的时空演变特征[J]．地理科学进展，2010，29（1）：96-102.

⑤ 毛新雅，王红霞．城市群区域人口城市化的空间路径——基于长三角和京津冀 ROXY 指数方法的分析[J]．人口与经济，2014（4）：43-50.

⑥ 周晓波，倪鹏飞．城市群体系的规模分布结构及其经济增长效应[J]．社会科学研究，2018（2）：64-71；孙斌栋，等．中国城市群空间结构的演化与影响因素——基于人口分布的形态单中心—多中心视角[J]．地理科学进展，2017，36（10）：1294-1303.

⑦ 韩剑萍，等．基于位序钟的成渝城市群城市位序——规模动态分析[J]．经济地理，2020，40（12）：48-55；王振坡，等．京津冀城市群城市规模分布演进机理研究[J]．北京联合大学学报（人文社会科学版），2016，14（2）：41-48.

⑧ 汤放华，等．基于分形理论的长株潭城市群等级规模结构研究及对策[J]．人文地理，2008，23（5）：43-46+26.

基尼系数①、区域密度函数②、核密度③等方法，也有学者结合空间技术手段，利用空间地理学的重心模型④、社会网络分析⑤、空间自相关⑥及引力模型⑦等方法来描述人口空间分布特征，在此基础上依据地理学意义上的空间标准对人口规模分布展开合理性评价。现有学者大都以城市群齐普夫指数或豪斯道夫维数等于1或者在1附近为标准。⑧ 也有学者指出，人口基尼系数在0.3~0.4为人口分布相对合理⑨，在0.6以上为分布极不平衡⑩。当二城市首位度指数接近2、四城市首位度指数和十一城市首位度指数接近1时，城市规模分布接近理想状态，学者们据此进行了验证与分析。⑪ 具体到京津冀城市群的研究，有学者运用城市首位度指数、位序—规模分析，指出京津

① 童玉芬，杨艳飞，和明杰．中国主要城市群的人口分布格局特征、问题及政策思考[J].人口学刊，2022，44（4）：1-13；范晓莉，黄凌翔．京津冀城市群城市规模分布特征[J].干旱区资源与环境，2015，29（9）：13-20.

② 刘乃全，邓敏．多中心结构模式与长三角城市群人口空间分布优化[J]．产业经济评论，2018（4）：91-103；孙铁山，李国平，卢明华．京津冀都市圈人口集聚与扩散及其影响因素——基于区域密度函数的实证研究[J]．地理学报，2009，64（8）：956-966.

③ 范晓莉，黄凌翔．京津冀城市群城市规模分布特征[J]．干旱区资源与环境，2015，29（9）：13-20.

④ 张耀军，王小玺．城市群视角下中国人口空间分布研究[J]．人口与经济，2020（3）：1-13.

⑤ 盛亦男，杨旭宇．中国三大城市群流动人口集聚的空间格局与机制[J]．人口与经济，2021（6）：88-107.

⑥ 尹德挺，史毅．人口分布、增长极与世界级城市群孵化——基于美国东北部城市群和京津冀城市群的比较[J]．人口研究，2016，40（6）：87-98.

⑦ 肖磊，黄金川，孙贵艳．京津冀都市圈城镇体系演化时空特征[J]．地理科学进展，2011，30（2）：215-223.

⑧ 姚士谋．中国城市群新论[M]．北京：科学出版社，2016：500；苏飞，张平宇．辽中南城市群人口分布的时空演变特征[J]．地理科学进展，2010，29（1）：96-102.

⑨ 曾明星，张善余．中国人口再分布的社会经济合理性及其“多中心集聚”分析[J].南方人口，2013，28（5）：71-80.

⑩ 苏飞，张平宇．辽中南城市群人口分布的时空演变特征[J]．地理科学进展，2010，29（1）：96-102.

⑪ 周一星．城市地理学[M]．北京：商务印书馆，1995：442；叶玉瑶，张虹鸥．城市规模分布模型的应用——以珠江三角洲城市群为例[J].人文地理，2008，23（3）：40-44；张豫芳，等．天山北坡城市群地域空间结构时空特征研究[J].中国沙漠，2008，28（4）：795-801.

冀城市群人口规模分布偏离齐普夫定律与帕累托分布并呈现加剧趋势。[①] 此类研究只是定性分析人口空间结构优化的演进方向并提出未来空间结构优化的建议。三是从经济效率的角度出发，衡量了当生产效率最高时城市群内各城市的最优人口规模。[②] 有学者进一步将反映人口空间结构的指标与社会经济联系起来，试图构造符合城市群经济效益内涵的地理空间指标，如利用分形维数将城市群空间结构特征与整体收益损耗联系起来，得到满足经济效率最高时的陕西省关中城市群合理人口空间结构指数。[③] 但目前尚未看到关于京津冀城市群的相关研究。

上述研究给本文提供了一定的借鉴，相关研究可以从以下几点拓展：第一，学者们目前对京津冀城市群人口分布及优化的研究，无论是从资源环境约束与可持续发展角度测量合理人口规模，还是从地理空间角度采用指标来评价人口空间分布的特征，均未考虑城市群内不同等级城市之间的人口空间关系，因此没有很好地反映城市群这一特殊区域的特征；第二，一些学者虽然采用了能够反映城市群内部结构特征的位序—规模分析、分形维数等方法来反映城市群的人口空间结构，但是未考虑京津冀城市群的双核心城市空间结构特征，而是将其作为单核心城市体系进行分析，与现实情况不符，结果也与现实相差较大；第三，在对京津冀城市群内部城市人口规模和分布进行优化时，现有研究主要根据地理学或统计学的规律来进行优化判断，缺乏相应的经济内涵支撑，也少有文献将城市群空间结构优化的标准与城市经济效益结合起来。目前的研究在不同角度各有利弊，尚未进行很好的整合，导致空间地理角度的结构优化缺乏经济学的内涵支撑，而经济学角度的最优化缺

---

① 王振坡，等．京津冀城市群城市规模分布特征研究[J].上海经济研究，2015（7）：79-88；孙雷，鲁强．新型城镇化进程中京津冀城市群规模结构实证研究[J].工业技术经济，2014（4）：124-130；李嫒．京津冀城市群“等级-规模”分布演进及协同发展研究[J].经济问题探索，2017（12）：126-131.

② 杨子江，张剑锋，冯长春．中原城市群集聚效应与最优规模演进研究[J].地域研究与开发，2015（3）：61-66+72.

③ 赵璟，党兴华．基于分形理论的城市群最优空间结构模型与应用[J].西安理工大学学报，2012，28（2）：240-246.

乏地理空间规律的检验和判断，因此针对同一个区域或城市群的优化结果差异巨大。鉴于此，本文在满足城市群城市经济效率最大化的同时，兼顾城市群人口空间结构，为只具有统计意义的地理学指标赋予经济内涵，采用经济学与空间地理相结合的研究范式进行理论推导，测算双核心城市空间结构下不同等级城市合理的人口规模（最优人口规模）及分布，以推动城市群经济效率提高与人口合理布局双赢。

三　研究背景、思路方法及数据来源

（一）京津冀城市群人口分布概况

根据《京津冀协同发展规划纲要》的规划范围，本文选择北京、天津、石家庄、邯郸、唐山、保定、秦皇岛、张家口、邢台、沧州、廊坊、衡水、承德 13 个城市作为京津冀城市群范围。同时，基于城区人口数据来分析京津冀城市群城市人口分布情况。

从人口规模特征及变化情况来看（见表 1），京津冀城市群内各城市人口规模差异极大。2020 年，北京、天津两个城市的城区人口超过 1000 万人，属于超大城市，城区人口占整个城市群的 67.37%，远超河北省各城市人口占比总和，京津冀城市群表现为典型的双核心城市空间结构特征。① 城市群内最大城市北京的人口规模是最小城市承德的 33 倍，人口规模分布呈现明显的极化现象。从人口动态变化来看，京津冀城市群的人口分布具有极化与分散并存的多元化特点。数据显示，2010 年和 2020 年京津冀城市群中北京与天津两个城市的新增人口分别为 272.40 万人、559.15 万人，而河北

① 孙斌栋，华杰媛，李琬，等．中国城市群空间结构的演化与影响因素——基于人口分布的形态单中心—多中心视角［J］．地理科学进展，2017，36（10）：1294－1303；肖磊，黄金川，孙贵艳．京津冀都市圈城镇体系演化时空特征［J］．地理科学进展，2011，30（2）：215－223；孙久文，卢怡贤．新发展格局视角下京津冀城市群发展与影响力研究［J］．城市问题，2020（11）：4－13。

省各城市加总仅新增 349.69 万人，人口规模占整个城市群的比重下降了 1.05 个百分点，人口分布进一步极化。具体来看，2010～2020 年，天津人口年均复合增长率为 6.68%，增幅较大，远超其他城市；北京人口年均复合增长率为 1.54%，不仅明显低于天津，甚至远低于河北省的石家庄、保定、邯郸、衡水、秦皇岛等城市。河北一部分城市出现了较快增长，相对于超大城市而言人口出现了一定的分散化分布，依然有个别城市增长缓慢，如唐山、承德，人口年均复合增长率不到 1%。河北各城市的吸引力落后于北京、天津的总体趋势没有发生变化。

表 1　2010 年和 2020 年京津冀城市群各城市城区人口规模及变化情况

单位：万人，%

城市	2010 年	2020 年	增长量	2010～2020 年 年均复合增长率
北京	1644.00	1916.40	272.40	1.54
天津	615.29	1174.44	559.15	6.68
石家庄	245.27	336.35	91.08	3.21
邯郸	152.35	218.68	66.33	3.68
唐山	197.08	205.74	8.66	0.43
保定	112.55	164.03	51.48	3.84
秦皇岛	90.10	134.04	43.94	4.05
张家口	85.80	99.06	13.26	1.45
邢台	63.90	80.19	16.29	2.30
沧州	58.02	68.51	10.49	1.68
廊坊	51.80	67.90	16.10	2.74
衡水	37.40	64.92	27.52	5.67
承德	53.31	57.85	4.54	0.82

资料来源：根据历年《中国城市建设统计年鉴》计算得出。

（二）研究思路及方法

本文研究涉及两个步骤，首先测算首位城市的最优人口规模，其次根据城市群人口合理空间结构测算京津冀城市群其余城市的合理人口规模及分布。

第一步，计算首位城市的合理人口规模。首先基于新经济地理学框架，在迪克西特—斯蒂格利茨模型（D-S模型）的垄断竞争框架下，参考欧振中与亨德森构建的经典理论模型建立城市群城市规模—生产效率一般均衡模型，推导出城市合理人口规模公式①；其次建立计量模型，实证测算得出城市最优人口规模公式所需的参数结果，并计算出首位城市的最优人口规模。

第二步，通过位序—规模分析中的齐普夫定律，计算其他城市的合理人口规模。齐普夫定律指出，齐普夫指数等于1或在1附近时，为理想状态下城市人口规模分布。具体公式为 $P_k=P_1 \cdot K^{-q}$，其中 P_1 为中心城市的人口规模，k 为城市按照人口规模排列的位序，q 为齐普夫指数。将第一步城市最优人口规模公式测算得出的首位城市最优人口规模作为 P_1，与齐普夫指数最优标准 $q=1$ 代入公式求得京津冀城市群其余城市的合理人口规模 P_k。

第三步，将第二步计算得出的合理人口规模与实际人口规模对比，对京津冀城市群的人口规模分布和结构进行评价。

（三）主要数据来源和口径

本文使用的数据主要来自《中国城市建设统计年鉴》《中国统计年鉴》《中国城市统计年鉴》，以及各省市统计年鉴与国民经济和社会发展统计公报。人口指标统计数据为城区口径，其余指标统计数据为市辖区口径。

四　城市群各城市最优人口规模的计算

（一）城市最优人口规模的理论推导与参数测算

根据研究思路第一步，基于新经济地理学框架，参照欧振中与亨德森构

① Au C, Henderson J. Are Chinese cities too small? [J]. The review of economic studies, 2006, 73 (3): 549-576; Dixit A K, Stiglitz J E. Monopolistic competition and optimum product diversity [J]. The American economic review, 1977, 76 (3): 297-308.

建的城市规模—经济效率的经典模型①，以人均产值最高时的人口规模作为最优人口规模，另外将产业结构纳入模型中以表示不同类型的城市，城市最优人口规模随产业结构变化而变化。

1. 理论模型

假设有 n 个城市，不同城市生产不同的最终品和中间投入品，中间投入品只能供本城市厂商使用，而最终品可在城市间售卖。代表性城市 y 厂商生产最终品需要投入三种要素，分别为资本投入 k_y、劳动投入 l_y、中间投入品 $x(i)$，中间投入品种类为 s_x，固定成本为 c_y，代表性城市 y 厂商的净产出为：

$$\tilde{y}_i = y - c_y = AL^{\varepsilon} l_y^{\alpha} k_y^{\beta} \left[\int s_x x(i)^{\rho} \mathrm{d}i\right]^{\gamma/\rho} - c_y (0 < \rho < 1, \alpha + \beta + \gamma = 1) \quad (1)$$

城市厂商获得的城市人口集聚的经济效益为 AL^{ε}，L 表示城市有效劳动力数量。在城市中，信息共享及劳动力搜寻匹配成本降低会形成规模经济。②

在垄断竞争框架下，城市厂商的产品价格为：③

$$P_{y,j} = MP \frac{1}{j\,\sigma_y} \cdot \tilde{y}^{-\frac{1}{\sigma_y}} \quad (2)$$

式（2）中，市场潜力 $MP_j = \Sigma_v \frac{E_v I_v}{\tau_{jv}^{\sigma_y - 1}}$。其中，$E_v$ 表示 v 城市消费者的总消费支出；σ_y 表示消费者对任意两种商品的替代弹性；τ_{jv} 为 j 城市产品运到 v 城市的运输成本；I_v 为价格指数，$I_v = [\Sigma_u s_{y,u} \cdot (p_{y,u}\tau_{uv})^{1-\sigma_y}]^{-1}$，在给定消费者偏好的条件下，假定各个城市厂商的生产都是一致的，价格指数中的求和是对每个城市的加总，$s_{y,u}$ 为 u 城市生产的产品种类数量，$p_{y,u}\tau_{uv}$ 为城市 v 消费的来自 u 城市的消费价格。市场潜力公式代表城市 y 的市场潜能，与总消费

---

① 赵璟，党兴华．基于分形理论的城市群最优空间结构模型与应用[J]. 西安理工大学学报，2012，28（2）：240-246.

② Duranton G，Puga D. Nursery cities：urban diversity，process innovation，and the life cycle of products [J]. The American economic review，2001，91（5）：1454-1477.

③ Overman H G，Redding S，Venables A J. The economic geography of trade，production，and income：a survey of empirics [J]. International journal of prouduction research，2001（10）：133-165.

支出 E_v、价格指数 I_v 成正比，与运输成本 τ_{jv} 成反比。

城市规模不经济主要表现为城市规模的扩张使住房成本与通勤成本增加，从而降低了劳动者的效用水平。[①] 利用通勤成本的增加使城市内部有效劳动力 L 小于总劳动力 N 的差距表示城市的拥挤效应。假设在单一中心城市中，每个人在中心商务区（CBD）工作，四周为居住区，总劳动力是 N，若以中心商务区（市中心）为中心点，人均居住面积标准化为 1，居住总面积为 N，城市是圆形结构，那么城市的半径为 $\sqrt{N/\pi}$。设距离市中心 b 的地方通勤时间为 t，通勤成本为 tb，那么居住在距离市中心 b 的地方的劳动力总通勤成本为 $\int_0^{\sqrt{N/\pi}} 2\pi b\ (tb)\ \mathrm{d}b$，其中 $2\pi b\ (tb)$ 为距离市中心 b 的环形区域。积分求得总的通勤成本为 $2/3\pi^{-1/2}tN^{3/2}$。因此，N 与 L 的关系表示为：

$$L = N - (2/3\pi^{-1/2}t)N^{3/2} \tag{3}$$

在垄断竞争框架下，假设厂商追求利润最大化，消费者追求效用最大化，厂商可自由进入使均衡利润为 0，那么城市规模经济的一般模型可以由人均净产值 VA/N 表示：

$$VA/N = \varphi_0 MP^{\frac{1}{\sigma_y}} \cdot A(\frac{K}{N})^{\alpha}(N - \alpha_0 N^{3/2})^{\varepsilon+\beta+\gamma/\rho} \cdot N^{-(1-\alpha)} \tag{4}$$

不同城市类型可由第二、第三产业产值比 MS 来界定，按照产业发展的规律，随着城市等级的上升，制造业与服务业的比逐渐下降。将第二、第三产业产值比代入模型中，表示为：

$$VA/N = \varphi_0 MP^{\frac{1}{\sigma_y}} \cdot A(\frac{K}{N})^{\alpha}(N - \alpha_0 N^{3/2})^{\varepsilon+\beta+\frac{1}{1+MS}/\rho} \cdot N^{-(1-\alpha)} \tag{5}$$

为方便测算城市最优规模 N^*，对理论模型两边同时取对数，并通过 MS 与 N 的二阶泰勒展开式构建方程来近似表达上述理论模型：

① Mills E S. An aggregative model of resource allocation in a metropolitan area [J]. The American economic review, 1967, 57 (2): 197-210.

$$\ln(VA/N) = \ln\varphi_0 + \frac{1}{\sigma_y}\ln MP_t + \ln A + \alpha\ln(\frac{K}{N}) + (\alpha_1 N - \alpha_2 N^2 - \alpha_3 N \times MS + \alpha_4 MS + \alpha_5 MS^2) \tag{6}$$

式（6）中，α_1、α_2、α_3 分别为城市规模（N）、城市规模的平方（N^2）及第二、第三产业产值比与城市规模的交乘项（$MS\times N$）的系数，MS 为城市的第二、第三产业产值比。

根据式（6），求导解得城市最优规模极值点一般公式为：

$$N^* = \frac{\alpha_1 - \alpha_3 MS}{2\alpha_2} \tag{7}$$

2. 参数测算

为得到上述最优人口规模公式（7）的参数结果，需要建立计量模型予以实证后计算得出。

本文采用控制个体固定效应和时间固定效应来体现各城市异质性特征与时间变化特征。在式（6）的基础上得到改进后的计量模型，本文将其设定为基础模型（a），采用双向固定模型进行估计：

$$\ln(VA/N) = \alpha_0 + \alpha_1 N - \alpha_2 N^2 - \alpha_3 N \times MS + \alpha_4 MS + \alpha_5 MS^2 + \alpha_6 \ln(\frac{K}{N}) + \alpha_7 \ln MP + \alpha_8 X_j + \mu_i + \lambda_t + \varepsilon_{it} \tag{8}$$

式（8）中，被解释变量是京津冀各城市人均净产出，用 ln（VA/N）表示，用地区生产总值除以城区人口度量；主要解释变量为城市规模，表示为 N，用城区人口度量；根据理论模型推导，主要控制变量包括人均资本存量（K/N）、第二、第三产业产值比（MS）、市场潜力（MP）。参考有关学者的研究①，其他控制变量 X 选取人力资本、技术水平、基础设施、对外开放水平四个变量；μ_i 为个体固定效应，λ_t 为时间固定效应，

① Romer P M. Endogenous technological change[J]. Journal of political economiy, 1990, 98 (5): 71-102; Lucas R E. On the mechanics of economic development[J]. Journal of monetary economics, 1988, 22 (1): 3-42; Sanchez-robles B. Infrastructure investment and growth: some empirical evidence[J]. Contemporary economic policy, 1998, 16 (1): 98-108。

ε_{it} 为误差项。与货币相关的地区生产总值、固定资产投资额均利用各地区价格指数进行平减，处理成以 2006 年为基期的可比数（见表 2、表 3）。

表 2　数据与主要变量描述

变量类别	变量维度	变量名称	度量
被解释变量	城市人均净产值	ln(*VA/N*)	地区生产总值除以城区人口(取对数)
主要解释变量	城市规模	*N*	城区人口
主要控制变量	人均资本存量	ln(*K/N*)	资本存量/城区人口(取对数)
	市场潜力	ln(*MP*)	参考梁婧等*
	城市层次	*MS*	第二、第三产业产值之比
其他控制变量	人力资本	*student*	普通高等学校在校生数/总人口**
	技术水平	*jishu*	每万人拥有的专利授权量
	对外开放	ln(*wz*)	人均实际利用外资额(取对数)
	基础设施	*road*	人均城市道路面积

*梁婧，张庆华，龚六堂. 城市规模与劳动生产率：中国城市规模是否过小？——基于中国城市数据的研究[J]. 经济学（季刊），2015，14（2）：1053-1072.

**Au C，Henderson J. Are Chinese cities too small?［J］. The review of economic studies，2006，73（3）：549-576；梁婧，张庆华，龚六堂. 城市规模与劳动生产率：中国城市规模是否过小？——基于中国城市数据的研究[J]. 经济学（季刊），2015，14（2）：1053-1072.

表 3　主要变量的描述性统计

变量名称	样本数	均值	标准差	最小值	最大值
ln(*VA/N*)	195	1.766	0.477	0.851	2.971
ln(*MP*)	195	11.295	0.851	9.565	13.694
ln(*K/N*)	195	2.869	0.301	2.219	3.576
N	195	290.890	462.250	36.140	1916.400
MS	195	1.033	0.512	0.189	2.225
ln(*wz*)	195	5.263	1.337	1.273	8.095
student	195	0.062	0.035	0.012	0.163
road	195	15.855	4.290	5.265	31.712
jishu	195	8.756	16.475	0.102	94.285

为克服内生性问题，进一步引入被解释变量的一期滞后项 ln（$VA/N_{i,t-1}$），并将解释变量的高阶滞后项作为工具变量，得到模型（b），采用动态面板模型中系统 GMM 与差分 GMM 的方法进行估计：

$$\ln(VA/N) = \alpha_0 + \alpha_1 N - \alpha_2 N^2 - \alpha_3 N \times MS + \alpha_4 MS + \alpha_5 MS^2 + \alpha_6 \ln(\frac{K}{N}) + \alpha_7 \ln MP + \alpha_8 X_J + \alpha_9 \ln(VA/N_{i,t-1}) + \mu_i + \lambda_t + \varepsilon_{it} \quad (9)$$

本文利用京津冀城市群 2006~2020 年地级及以上城市的面板数据，根据前文设定的计量模型，得到计量结果（见表 4）。总的来看，各模型主要解释变量的系数显著，且作用方向基本一致，说明模型稳健性较强。

从表 4 的各个模型结果来看，系统 GMM 检验通过，且估计效率相比其余模型来看较高，选择系统 GMM 的结果进行解释。从结果来看，城市规模的一次项系数显著为正，二次项系数显著为负，城市规模与城市劳动生产率之间存在着倒 U 形关系，证明了前文理论模型推导的设定条件。

根据前文设定的计量模型（b），测算得出城市最优人口规模公式中的主要参数（见表 5）。将核心城市的第二、第三产业产值比与上述参数结果代入前述理论推导得到的最优人口规模公式（7）中，即可得出在满足城市群经济效率最高时核心城市的最优人口规模。

（二）双核心城市最优人口规模的测算

由于传统齐普夫公式假设城市群是单中心城市空间结构，而京津冀城市群是双核心城市空间结构①，不适用传统单中心城市的齐普夫定律，因此需进行一定的处理。

根据最优人口规模公式，将表 5 中主要系数 α_1、α_2、α_3 及双核心城市北京和天津的第二、第三产业产值比 MS_1、MS_2 分别代入最优人口规模具体

---

① 肖磊，黄金川，孙贵艳．京津冀都市圈城镇体系演化时空特征[J]．地理科学进展，2011，30（2）：215-223；孙久文，卢怡贤．新发展格局视角下京津冀城市群发展与影响力研究[J]．城市问题，2020（11）：4-13.

公式 $N_{1,2}^{*}=\frac{\alpha_1-\alpha_3 MS_{1,2}}{2\alpha_2}$，可求得在满足城市群经济效率最高时核心城市北京与天津的最优人口规模分别为1826.94万人和1366.42万人。

表4　2006~2020年京津冀城市群城市劳动生产率与城市人口规模的非线性关系

变量名称	固定效应	差分GMM	系统GMM
N	0.00146*** (12.44)	0.00118*** (5.37)	0.00117*** (6.62)
N^2	-0.000000426*** (-9.26)	-0.000000381 (-4.89)	-0.000000281*** (-4.35)
$\ln(K/N)$	0.869*** (22.73)	0.818*** (8.58)	0.801*** (9.62)
$\ln(MP)$	0.392*** (10.24)	0.191 (1.18)	0.388*** (5.21)
MS	0.156*** (4.00)	0.0626 (1.08)	0.156*** (3.59)
$MS\times N$	-0.000698*** (-9.70)	-0.000699*** (-4.12)	-0.000759*** (-14.91)
MS^2	-0.0300** (-2.17)	0.00321 (0.18)	-0.0244 (-1.57)
$\ln(wz)$	0.00184 (0.51)	-0.00177 (-0.50)	-0.0000774 (-0.03)
road	0.00510*** (3.78)	0.00459*** (3.79)	0.00541*** (3.54)
student	0.705*** (5.12)	0.575*** (3.70)	0.659*** (3.51)
jishu	0.000781 (1.06)	0.00246 (1.41)	-0.000862 (-0.64)
$\ln(VA/N_{i,t-i})$		0.0695 (1.11)	0.0444 (0.73)
常数项	-5.719*** (-12.95)		-5.482*** (-5.57)
μ_i	YES	YES	YES
λ_i	YES	YES	YES

续表

变量名称	固定效应	差分 GMM	系统 GMM
P 值		0.024	0.179
AR(1)		0.073	0.028
AR(2)		0.757	0.636

注：括号内的数值为 t 值，$^{*}p<0.1$，$^{**}p<0.05$，$^{***}p<0.01$；差分 GMM、系统 GMM 中一阶、二阶序列相关检验 AR（1）和 AR（2）报告的是 P 值；工具变量有效性检验的 Sargon 检验报告了相应的 P 值。

表 5　京津冀城市群城市最优人口规模公式主要参数估计结果

变量名称	主要系数	结果
N	α_1	0.00117
N^2	α_2	0.000000281
$MS\times N$	α_3	0.000759

（三）城市群其余城市的最优人口规模测算

本文将海柯拉（Heikkila）多中心思想引入齐普夫公式。海柯拉多中心模型认为，多中心密度函数可采用多个单中心密度函数的算术求和形式，具体公式表示为 $D(r)=\sum_{i}^{N}a_i e^{b_i r_i}$，其中 $D(r)$ 为其余城市的人口密度；N 为中心城市数量；r_i 为其余城市到中心城市 i 的距离；a_i、b_i 为针对中心城市的参数。本文借鉴海柯拉多中心思想，将多个齐普夫公式算术求和得到一般公式 $P(r)=\sum_{i}^{N}a_i P_i K_i^{-q}$，具体公式为：

$$P(r)=a_1P_1K_1^{-q}+a_2P_2K_2^{-q}\quad(q=1,K_1=3,\cdots,13,K_2=2,\cdots,12) \tag{10}$$

式（10）中，$P(r)$ 为北京、天津以外的其余城市的最优人口规模；P_1、P_2 分别表示北京、天津两个核心城市经济效率最高时的最优人口规模 N_1^*、N_2^*；K_1、K_2 分别表示以北京、天津作为核心城市对其余城市按照人口规模排列的位序；a_1、a_2 表示北京、天津作为中心城市对其余城市的影响权重，本文假定其为等权重（$a_1=a_2=0.5$）；q 为齐普夫指数，令 $q=1$。最终结果见表 6。

表 6 2020 年京津冀城市群各城市最优人口规模与实际人口规模对比

单位：万人

城市	实际人口规模	最优人口规模	最优人口规模-实际人口规模
北京	1916.4	1826.94	-89.46
天津	1174.44	1366.42	191.98
石家庄	336.35	646.10	309.75
邯郸	218.68	456.10	237.42
唐山	205.74	353.50	147.76
保定	164.03	288.89	124.86
秦皇岛	134.04	244.36	110.32
张家口	99.06	211.79	112.73
邢台	80.19	186.90	106.71
沧州	68.51	167.26	98.75
廊坊	67.90	151.36	83.46
衡水	64.92	138.23	73.31
承德	57.85	127.20	69.35

由表 6 可以看出，京津冀城市群各城市最优人口规模与实际人口规模相比较，从绝对量来看，北京实际人口规模较最优人口规模多出 89.46 万人，京津冀城市群其余城市实际人口规模均低于最优人口规模。尤其是石家庄，实际人口规模与最优人口规模差值最大，高达 309.75 万人；天津、邯郸、唐山、保定、秦皇岛、张家口、邢台实际人口规模与最优人口规模差值均大于 100 万人；沧州、廊坊、衡水、承德这 4 个城市实际人口规模与最优人口规模差值均大于 60 万人，差值相对较小。

从相对量来看，依据最优人口规模与实际人口规模的差值占实际人口规模的比重划分合理区间，设定比重的绝对值在 0%～5%属于基本合理，在 5%～10%属于轻微集聚过度或不足，在 10%～20%属于轻度集聚过度或不足，20%～50%属于中度集聚过度或不足，50%～100%属于重度集聚过度或不足，大于 100%以上属于极度集聚过度或不足。按上述区间标准来看，第一核心城市北京的最优人口规模与实际人口规模差值虽接近 90 万人，但需疏解人口占实际人口规模之比仅为 4.67%，不足 5%，属于基本合理，疏解人口潜力有限；天津作为第二核心城市，其最优人口规模较实际人口规模差值为 191.98 万人，需集聚的人口占目前城市总人口的比重为 16.35%，处于 10%~20%，属于轻度集聚不足。而位于河北省的石家庄、唐山、保定、秦皇岛，其最优人口规模与实际人口规模差值较大，需增加的城区人口占比均超过实际人口规模的 70%，尤其是作为河北省会的石家庄，差值占实际人口规模的 92%，属于重度集聚不足，人口需进一步集聚。河北省其余城市邯郸、张家口、邢台、沧州、廊坊、承德需进一步集聚的人口远大于实际人口规模的一倍，属于极度集聚不足。

五　结论及政策启示

本文充分考虑了京津冀城市群双核心城市空间结构特征，虽然双核心或者多核心城市群的人口分布很难直接采用城市规模体系中的齐普夫定律来衡量，但经过一定处理后，城市规模—位序分析依然适用，依然可以比较好地反映双核心城市空间结构下的城市群人口分布，这为城市群人口空间研究在方法上提供了较好的借鉴。同时，本文为具有地理学内涵的齐普夫公式赋予了经济内涵，测算得出的最优人口规模也更具现实意义。通过将测算得到的京津冀城市群 13 个城市的最优人口规模与实际人口规模进行对比，得到以下基本结论及政策启示。

第一，北京作为京津冀的首要核心城市，实际人口规模高于最优人口规模，但疏解人口的总量是有限的，可见近些年北京实施疏解人口的政策颇有成效，目前及未来，北京向外疏解人口的潜力进一步缩小。未来，北京城市人口发展的主要方向应聚焦于北京内部人口结构的合理化，发挥城市群首要核心城市的辐射带动作用。

第二，天津作为直辖市之一，与北京一起作为京津冀城市群的核心城市，实际人口规模低于测算得出的最优人口规模，差值的绝对值相比北京较大，差值占实际人口规模的比重也较大。作为一线城市，近年来，天津人口一直保持强力增长的态势，在今后应继续保持城市人口增长态势，合理利用自身发展优势，优化城市环境，提升人才吸引力；积极推动实施人才引进政策，吸引人才流入。重点在于吸引城市群外人口流入，增强京津冀城市群整体的人口吸引力。

第三，相对于京津两个城市来说，河北省各城市人口集聚为严重不足，问题较为突出。一方面，从自身发展来看，应注重提升本地城镇化发展动力。河北省常住人口基数大，但城市化发展水平不高。因此，河北省内城市除吸纳北京疏解的人口，还应加快中小城市城镇建设，注重当地人口存量转化，将农村人口转化为城市人口，以提升本地城市化水平；也可以考虑加强河北省内城市间的联系，形成城市带合作发展，整合周边区域，发挥比较优势，加快省内城市化发展进程，打造城市人口蓄水池。另一方面，积极创造条件，提高京津冀城市群整体发展水平。保持高质量高标准雄安新区建设，发挥比较优势，增强人才吸引力，吸引城市群外人口向京津冀进一步集聚，辐射带动河北地区发展，形成能够有效衔接京津两城、促进京津冀协同发展的重要支撑。

需要说明的是，本文虽然对京津冀双核心城市群的城市规模体系及最优人口规模进行了研究探索，但本文除了两个核心城市的最优人口规模为经济学意义上的效益最大化目标下的最优结果，其他城市最优人口规模均是结合地理学意义上的齐普夫指数等于1为标准测算得出的，不含有经济学意义，只具有统计学和地理学意义，因此该标准的合理性还有待今后进一步深入研究。

Research on the Optimal Population Distribution of Cities under the Dual-Core Structure of the Beijing-Tianjin-Hebei Urban Agglomeration

Tong Yufen, *Liu Zhili*

Abstract: Taking the optimization of the spatial distribution of population in the Beijing – Tianjin – Hebei urban agglomeration as the research objective, the optimal population size of each city in the Beijing – Tianjin – Hebei urban agglomeration is calculated and compared with the actual population size. The study found that the optimal population of Beijing is lower than the actual population size, but it is a slight over- concentration, and the population that can be dispersed is limited; The optimal population of Tianjin is higher than the actual population size, but it is a slight agglomeration shortage, which can further attract the population; The population of Shijiazhuang , Tangshan, Baoding, and Qinhuangdao is seriously insufficient, and the spatial agglomeration of the population needs to be strengthened; The population of other cities, such as Handan, Zhangjiakou, Xingtai, Cangzhou, Langfang, Hengshui, and Chengde, is extremely insufficient and needs to be vigorously attracted. In general, the population size distribution of the Beijing–Tianjin–Hebei urban agglomeration is currently in a state of insufficient concentration. In the future, the policy should focus on strengthening the population concentration of small and medium-sized cities.

Keywords: Beijing – Tianjin – Hebei; urban agglomeration; dual-core; population distribution; optimization

非首都功能疏解下的城市通勤决策逻辑[*]

——以首钢家庭为例

刘中一[**]

摘　要： 按照北京市非首都功能疏解的战略部署，不符合首都功能定位的产业将陆续向津冀等地迁移。在各地公共服务资源不均衡的前提下，为了争取孩子高考升学等现实利益，在相关产业就业的部分家庭会做出一方随迁、一方留京的通勤决策。在现实生活中，城市家庭通勤决策不仅是当事者从个体职业发展单一层面考量的结果，国家政策规制与家庭利益权衡等也会对通勤决策产生重要影响。由此，相关部门在制定产业外迁政策时，不仅要重视微观家庭人际互动因素在通勤决策中的作用，也要关注宏观国家政策因素在通勤决策中的影响，更要关注通勤决策的复杂性、情境性和反复性。

关键词： 通勤家庭　行动逻辑　非首都功能

---

* 本文已发表于《北京社会科学》2022 年第 8 期。

** 刘中一，中国人口与发展研究中心研究员，博士。

一　引言

近年来，为了提高疏解非首都功能战略的实效，北京市尝试通过促进不符合首都功能定位的产业外迁来带动附着在这些产业上的人口及其家庭异地就业和生活，以此来减轻首都人口压力。由于我国现阶段地区间的经济社会水平差距明显，社会福利和公共资源分布具有一定的区域性特征。在现实生活中，面对不符合首都功能定位的产业必须不断外迁的战略安排和政策方向，在各层面、各维度因素的综合考量下，特别是出于对孩子高考升学、购房购车等现实利益的考虑，附着在相关产业上的人口及其家庭很可能会做出部分家庭成员随产业外迁、部分家庭成员（以老人和孩子为主）留京工作和生活的“妥协性”安排。随着采取这一行动决策的个体和家庭的增多，逐渐形成了一个数目庞大、以夫妻两地分居为主要形式的通勤家庭群体，即夫妻两人在不同地区（城市）工作和生活，其中一方以通勤的方式来维持婚姻关系和家庭生活的家庭形式。[①] 今后一个时期，北京市委、市政府会继续鼓励和倡导一部分一般制造业等产业向河北和天津等地区迁移，从而促进首都产业和人口疏解及京津冀协同发展。不难预见，通勤决策行动或通勤家庭的出现无法避免。

在我国普遍信奉“家就是一个屋檐下”“一家人就要生活在一起”等原则的社会文化中，如何理解附着在这些产业上的人口及其家庭的通勤决策行动？当事者采取通勤方式维系家庭生活的决策逻辑和决策机制具体是什么？哪些因素在其中影响着通勤决策行动的方向？对于相关职能部门和政策制定者来说，如何提高非首都功能疏解政策的实效？这些问题均需要深入思考并认真回答。本文试图通过对当事者的回溯性访谈，部分地“还原”当事者通勤决策的过程与逻辑，讨论通勤决策如何受个体前景考量、家庭利益权衡

---

① Rhodes A R. Long-distance relationships in dual-career commuter couples: a review of counseling lssues[J]. The family journal, 2002, 10 (4): 398-404.

及政策规制等因素的影响，进而反思与改进今后一个阶段非首都功能疏解相关政策路径。

二　首钢搬迁背景

2005年，国务院批准了首都钢铁集团（以下简称“首钢”）搬迁调整方案，一部分职工将被转移到河北省唐山市曹妃甸厂区就业。通勤决策几乎成为很多首钢人的集体经历和家庭记忆。据首钢总工会2019年的统计数据，截至2019年12月，首钢外迁河北等地导致有近万名职工采取城际通勤方式，定期往返于北京和曹妃甸、迁安、秦皇岛之间，仅首钢内部就先后形成了不少于6000个夫妻两地生活的通勤家庭。要理解和分析通勤决策行动逻辑，必须先探析通勤家庭形成暨通勤决策的社会背景和历史进程，并以此为参照点来理解通勤家庭形成暨通勤决策的行动逻辑。首钢作为落实疏解北京非首都功能与促进京津冀协同发展的先行者，在外迁河北曹妃甸等地的过程中留下了大量的启示性资料。为了探讨和分析通勤决策行动逻辑，有必要回顾一下首钢搬迁的历史。

首钢创办于1919年，是中国最早的民族钢铁企业之一，迄今已有百年历史。早在1963年，北京市规划部门和环保专家便提出“300万吨生产规模产生的污染还属于可控范围，超过300万吨，北京的环境可能就要亮灯了”，这很可能是关于首钢污染问题比较权威的早期论断。[①]

2001年7月13日，北京成功申办第29届奥运会，“绿色奥运”口号不仅征服了国际奥委会委员，也直接推动了首钢的搬迁。“首钢搬迁”的口号以迅猛的声势登上了大众传媒，“首钢最终要搬出去”的意见形成压倒性态势。在“要首钢还是要首都”“还首都一片蓝天”的氛围下，“绿色奥运”的承诺让北京不得不壮士断腕。

---

① 赵富忠，魏雅琼.“搬”与“不搬”的博弈：集体记忆视域下的首钢大搬迁[J].中国高新区，2017（1）：137-139.

2004 年 8 月 1 日，在北京新大都酒店的一个会议上，首钢代表提出："如果国家没有决定首钢搬迁，首钢将进一步加大环境治理力度；如果国家决定首钢搬迁，首钢接受。"[①] 这意味着，首钢第一次主动接受搬迁。2005 年 2 月 18 日，国家发改委批复了《首钢实施搬迁、结构调整和环境治理方案》，备受国内外关注的"首钢搬迁"问题终于以"涉钢系统全部迁出北京"尘埃落定。国家发改委的批复主要内容是同意首钢实施压产、搬迁、结构调整和环境治理的方案。结合首钢搬迁和唐山地区钢铁工业调整，在河北省唐山市曹妃甸建设一个具有国际先进水平的钢铁联合企业。[②] 这也意味着，我国前所未有的、规模最大的、最系统的特大型企业搬迁工程正式启动。根据当时的工作规划，首钢整体搬迁到 2010 年完成，在这个过程中，一部分首钢职工陆续转移到曹妃甸地区上班。

企业外迁对于每一个职工而言都是生命中的一件大事。"走或留""辞职或通勤"都足以改变此后的人生轨迹。为了让职工的选择更理性，也更符合企业和国家的规划和利益，《首钢实施搬迁、结构调整和环境治理方案》得到国家批复后，首钢就职工关心关注的应对危机、搬迁调整、兼并重组、集资建房等重大问题进行通报，编发班组五分钟宣讲材料，宣讲形势任务，有针对性地举办专题形势报告会，让相关职工提前做好上岗前的规划，最大限度地自由选择"自己的前途"。同时，在搬迁方案落地后不久，首钢党委就印发了《关于创建学习型企业的指导意见》，对全面提高企业和职工的综合素质做了系统部署，工人们俗称为"大提素"。首钢还同步完善通勤员工的支持制度。首钢规定，对去曹妃甸工作的通勤员工实施"户口不变，待遇不变"的制度，"工作在唐山、家在北京"。当时的政策是原在北京市参加社会保险及住房公积金的，仍然继续参加北京市社会保险及住房公积金，简称"老人老办法，新人新办法"。后来，政府还在曹妃甸成立了京冀两地人力社保中心，就近为通勤职工提供人力社保服务。为了让职工减

① 王立新. 首钢大搬迁[M]. 石家庄：河北教育出版社，2009：97.

② 韩国庆. 首钢搬迁创伟业[J]. 北京党史，2008（6）：49-51.

少外地工作的顾虑，首钢开通了北京至曹妃甸的员工班车，让曹妃甸地区工作的员工可以每周坐班车回北京。另外，为使通勤职工有舒适的生活环境，首钢大力实施“家园”工程，在厂区建设倒班宿舍，并根据形势发展，在曹妃甸团购、自建了一批职工住宅，按照不同的方式和标准“分配”给相关职工。为把越来越多离开北京的一线职工与家人的亲情紧紧连接在一起，首钢党委宣传部主办的《首钢日报》还新开办了“连心桥”栏目。[①] 在这些措施的共同支持下，首钢的搬迁工作和职工通勤决策得以有序合理开展。

三　文献述评

通勤决策在国内外的文献中有不同的名称，但是在内涵上指的都是决定是否通勤或迁移的过程或逻辑。由于通勤决策难以脱离传统决策行动分类而独立，还未有专门的研究来解释通勤决策。因此，文献回顾选择了相似的人口迁移决策。目前为止，大部分的人口迁移可分为经济性、政治性和社会性三类。经济性迁移多是为了追求更好的劳动市场或预期效应，政治性迁移则可能是因为战争或国家政策变动而导致的，社会性迁移则是基于家庭或人际情感的因素。通勤决策这种半自愿、半非自愿性的迁移较晚近才得到学者专门关注与讨论。

国外对通勤决策或迁移决策的研究包括理性选择理论、新古典联合效用理论、集体选择理论（也称新迁移经济学理论）三个理论流派。[②] 其中，理性选择理论认为，迁移是基于自身对当下和未来、对家庭和社会、对制度安排和个人成长进行整体判断后的理性选择。很多时候，这种行为选择不仅是为了获得最大化的利益，也是为了分散生活的风险，提高自身在社区中的处境和地位。新古典联合效用理论则假设家庭受总体收益限制，通勤或迁移是追求家庭联合效用最大化而采取的行动决策。因此，个体成员的利益受损或

---

① 吴晓向，王蓓．为了企业的明天[N]．工人日报，2008-01-17（1）．

② Mincer J. Family migration decisions[J]. Journal of political economy，1978，86（5）：749-773.

家庭局部的利益受损不会影响家庭最终的迁移决策。比如，当配偶中的一方面临外派时，另一方会因为不愿意中断孩子已建立好的社区与学校关系而选择通勤。① 集体选择理论则认为，通勤或迁移决策是所有家庭成员在自愿的基础上共同做出的。迁移决策不是由某个个体独立做出的，而是全体家庭成员集体决策的结果。每个人的分量与其在家庭权利义务结构中的角色地位息息相关。

国内学者关于通勤决策或迁移决策的研究成果相对较少。研究成果散见于对农民工留守家庭和农民工家庭迁移决策的研究中。这类研究大多从新迁移经济学理论视角出发，认为通勤或迁移决策是由家庭整体而非孤立的个人做出的。比如，有研究者认为，单一的家庭经济目标无法解释我国农民工家庭迁移决策与动机的复杂性，家庭中的权力关系和成员间的互动在家庭迁移决策的形成过程中更为重要。② 也有研究者认为，有无子女、子女年龄是影响家庭迁移的重要因素。与无子女家庭相比，有子女家庭中夫妻二人至少一人外出打工的概率会大大降低，且子女年龄越小，影响越大。③ 还有研究者指出，通勤决策或迁移决策行为受特定群体氛围、社会政策、意识形态、文化传统等影响。④ 回顾国内的家庭迁移决策研究，目前仍以直接统计分析或试图建立回归模型来表现其迁移决策过程为主。这些研究结果展现的迁移原因多基于经济考量与教育需求，调研过程中还存在以一人代表家庭填答，导致调研结果既缺乏背景脉络，也无法了解家庭成员在决策过程中的互动。迁移决策往往涉及连续的发展过程，可能受多种社会因素的影响，因此迁移决策行为还需进一步深入研究。

---

① Bassani C D. The Japanese tanshin funin [J]. Community work & family , 2007, 10 (1): 111-131.

② 谭深．家庭策略，还是个人自主?——农村劳动力外出决策模式的性别分析[J]．浙江学刊，2004 (5): 210-214.

③ 袁霓．家庭迁移决策分析——基于中国农村的证据[J]．人口与经济，2008 (6): 15-20+26.

④ Stark O, Taylor J E. Relative deprivation and international migration[J]. Demography , 1989 (26): 1-14.

总之，传统的通勤决策和迁移决策研究，往往过度注重人们对投入和产出收益的理性考虑，这类被通称为“推拉理论”的研究通常脱离社会现实与历史情境，用来解释区际迁移经常遭遇矛盾并且有落入过于简化之因果关系的危险，无法解释特定地区之间迁移途径的形成，更无法解释为何某一个地区的人往往只迁移到特定的另一个地区。此外，推拉理论视区际迁移为个人主义式移动，认为迁移的行动、途径、动线等是个人理性衡量的结果。对推拉理论的批评认为其过于简略，难以呈现通勤或通勤决策行动过程中复杂和丰富的人际互动信息。大部分对于通勤决策和迁移决策的研究没有把通勤决策和迁移决策与个体的生命史及社会政策相关联。在这一取向的迁移决策研究分析中，历史—结构与行动者之间没有关联，政治经济力量对大规模迁移或流动的形塑与迁移决策的行动者之间的关联似乎为真空，令人无法理解这些政治经济力量如何创发了迁移决策行动。传统研究多着眼于迁移决策的个人面向，探讨的多为个体行动决策的议题。近年来，由于一些人口学者的推动，家庭决策进入迁移研究者的视野，个人及政策因素在迁移决策中的作用开始被看到。此外，以往的研究多描述通勤者的动机，却无法解释迁移决策行动如何发动，而通勤决策和迁移决策也在这样的描述性研究中成为动机各异的特殊心理过程。在这些研究中，行动者的行动其实是惯习结构作用的结果，这些研究忽略了相关行动背后的机理，导致研究结论不够深入。

四　研究方法

本文总体上采取了结构诠释学的研究路径。从结构诠释学角度来看，个案是历史社会的具体构成物，个案研究可以揭示其中的结构性。对于本文来说，单纯个人自主性选择的观点只能反映通勤决策的结果，无法为理解通勤决策的过程和逻辑提供思路。在个体场域中，个体选择不只是自由主义认为的“自我决定”，还要考虑社会脉络对当事者的影响。由此，我们不是在研究一个行动者，而是在研究社会行动的逻辑，研究所有互动背后的规则。

本文的主要目的是分析当事者通勤决策的行动逻辑。虽然政府与社会对于通勤有各自的态度、宣称与做法，但是在具体和微观的层面上，通勤决策终究是当事者自己的选择。因此，面对通勤决策，当事者如何诠释，并试图采取哪些行动？政策的运作逻辑与个人生命史如何相互交织并影响当事者的行动？以及当事者的通勤决策嵌于什么样的社会脉络之中？这都是研究应该关注的重点。在研究架构上，本文首先介绍首钢发展史和搬迁背景，试图把个人的生命史与访谈内容放在非首都功能疏解的历史坐标系中进行理解。其次，通过访谈尽力理解当事者的诠释，进而分析和总结影响当事人通勤决策的行动逻辑。最后，根据研究发现针对疏解非首都功能过程中的通勤决策提出一些政策建议。

通过历史回溯的方式来探究当事者在做出通勤决策过程中的个人感受和个体记忆，不仅是为了还原与描述对象经验，更是为了揭露影响其行动决策的社会结构。本文在线上和线下收集相关资料，线上资源包括知网、读秀等网络数据库，线下资源包括首钢党委宣传部的内部文献、相关书籍等。通过对文献资料的整理、分析，可以从整体上把握通勤家庭的相关特征，研究者还利用个人亲属关系，深入首钢通勤家庭聚居区，对相关家庭的生活状态进行了深入观察，同时对一些当事者进行了深入访谈。访谈周期为 2017 年 3 月到 2019 年 12 月，每个访谈对象的访谈时间根据情况在几分钟、几十分钟到几个小时不等。个别不方便见面的访谈对象采取了邮件或微信的方式进行访谈。本文中所引用的访谈记录，除了特别标明出处的，均来自笔者的访谈。单独访谈用符号 F 标识，集体访谈用 OF 标识，括号内的数字为访谈日期。此外，网络贴吧、论坛及部分新闻报道中的相关资料，特别是有关通勤家庭的生存体验和生活细节的一些描述十分丰富，本文的部分引文来源于此，用 W 标识。

五　研究发现

在回溯式研究中，当被问到多年前通勤决策的行动逻辑时，一些当事者为了寻求“合理”的解释，会积极地“提取”或“构建”一些事实或说法来支持自己当时的通勤决策。这些整合了社会舆论、个人生命经验之后的访谈记录往往具有高度异质性。但是，其背后存在着一套共同的逻辑和集体记忆“限定”或“构建”了当事者的回忆，“指导”当事者叙说当时为什么、怎么做和如何做通勤决策。仔细研读相关访谈记录可以发现，个体前景、家庭利益及政策规制是当事者回忆通勤决策时出现频率最高的三个场景。

（一）个体前景层面的考量

在面临重大人生选择时，个体首先会衡量自己的利弊得失，以确定是否选择通勤。换言之，通勤者在采取实际通勤行为之前，会先衡量自己的需求、能力和心理状况，预期通勤行为所能获得的利益或回馈并进行评估。每个人都基于她/他所处的生活世界诠释信息并予以回应。一些当事人认识到，首钢的搬迁是大势所趋，如果不得不走，晚走不如早走。

在访谈中，我们发现大多数被访者以经济因素为主要考量对象。经济需求的解释符合行动者的理性。在确定自己面临通勤决策时，一些人会产生通勤的动机，同时产生支持或反对的心理，由此衡量买断工龄或自主择业等留京的成本及收益。经济因素固然是通勤决策的潜在影响变量，但是绝对不能独立存在，更不能说所有的行为都是经济的表征。

无论是基于情感因素还是经济因素，从受访者所分享的经验可以发现，多数人还是倾向于以习惯的方式来应对突如其来的“选择”，他们基于过往的经验发展出一套应对策略。不过，当事者的行动策略选择和风险评估未必是适宜的，他们基于自己特定的生活背景及需要进行的预测和评估可能是不完备的甚至是片面的。

人类行为背后的逻辑极其复杂，不是所有个体都会以理性的方式对个人生涯做出合理、适当的选择。当行动者面对不符合自己期待的建议时，也不会一味地顺从，而是积极地收集信息与多方求证。因此，对行动者而言，寻求合理的解释是一项将相关知识与自己生命经验相结合的理性行动。

别人都说那里不好，为此我还专门跑了一趟，我发现新厂区的工作环境好，生活设施完善，完全是宾馆式服务，一个标间，两张床，一个卫生间，每天有服务员专门打扫，完全免费。(F-190402)

当时我面对是不是要到曹妃甸去也是非常纠结的，已经在北京安了家，家人的反对意见更多。我爱人当时一直坚持要我辞职，最严重时都说到了要不我辞职，要不她就和我离婚。她觉得我就是从首钢辞职了，凭我会电焊的手艺，在北京随便也能找到一份养家糊口的工作，为什么偏要在这个单位待着。但是我在这里工作很多年了，首钢这个单位在朋友面前说起来，也是很有面子的，说句心里话，我舍不得离开首钢。(F-181024)

在生活中，个体必然要面对不同的人生阶段、不同情境、不同的职场做出不同的选择与决定。不同的通勤决策也反映了个体的人生意义、态度等价值观，与个人成长经历息息相关，更是个体生命过程中的自我认同与角色诠释。由此，通勤决策具备一定的时效性，个体不一定会坚持自己所做出的某个抉择。

长时间的异地居住、工作，明显地能发现，老婆对我的依赖性越来越少了。就算是平时在一起聊天，都感觉没有了以前的那种随便和亲近，总是感觉我们俩中间有距离，努力强迫自己变成原来的样子，却发现早已不可能了。我真的打心里不愿意过这样的日子，每当我走的时候，孩子拉着我不让我走……如果让我重新选择一次，也许我真的会很慎重。(F-190207)

（二）家庭利益层面的权衡

通勤决策作为一件影响小家庭甚至双方家庭的事件，当事者的选择并非完全的个人决策，在得知分流和搬迁的初步方案后，当事者与伴侣便会开始想象选择通勤生活可能发生的状况，如孩子的日常照护、家庭的经济收入及夫妻须负起什么样的家庭责任等。

来这里只是个生存的选择，对外来说，让人觉得，这人真有觉悟，这是瞎话。其实是个很自私的选择，自己心里觉得平衡了、舒坦了，就没有想家里人有什么感受。(OF-190307)

在通勤决策过程中，家庭成员的需求、态度与信念往往会直接表现出来。很多时候，通勤决策的过程是一种家庭内部的人际互动。当当事者认为自己的通勤选择会带给家人极大的负担与压力时，往往倾向于顺从家人的意见或被动接受家人的决定。相对地，家庭成员在参与当事者的通勤决策时，虽然在心态上倾向于尊重与考虑当事者的个人意见，但主要家庭成员往往在最终决策上主导了整个通勤决策过程。

不同的社会角色与期待，影响着通勤决策过程中的行动评估，进而产生不同的通勤决策。很多时候，孩子居于家庭关系序列中的首位，许多家庭的迁移决策以孩子的教育和发展为中心。

当时，记得女儿刚满3岁，两个城市的差距比较大，我们还是采取了两地分居的方式生活，虽然知道这样对夫妻感情不好，但是考虑到北京的教育水平和教育理念比较好，为了孩子，我们让孩子在北京接受教育，最起码在上初中之前我们是不会留下她一个人在北京，我肯定会一直陪着她在北京，即使这样对夫妻感情有影响。(F-180825)

在实际生活中，通勤决策往往会采用家庭成员集体表决的模式。当家庭成员感知到当事者的通勤倾向并认可该行动倾向时，便可能主动提供通勤信息，再经由相关内容说明促使当事者坚定自己的判断。但是，在通勤决策的过程中，当事者与家人对通勤的概念、期待解决的问题、考虑的因素等常有差异，有时无法依循理性的决策模式，而变成通过权力运作来做出最后的决定。因此，家庭成员之间的权力关系对通勤决策就显得格外重要。

谁不希望自己的老公有事业，有能耐。我也希望一个有事业的老公，我不需要一个一直陪在我身边的老公，说实在的，我愿意让他去闯也是这样，男女还是有别，男人的重心还是事业，你不能说不敢让他出去，以后他老了就会怪你说你年轻的时候不让我出去，现在我一事无成，会有这种心态。所以，还是支持他去曹妃甸吧！(QF-181224)

也有一些当事者不把通勤决策和通勤行动当作家庭关系的损失，反而会将焦点放在未来的关系上，并将通勤生活转变为未来良好家庭关系的源头，因此选择一方留在北京作为家庭的“根”。好像只要在北京还有家人，最后还是会回到北京，而这段家人分离的生活只是短暂的过渡。

怎么说呢，谁不愿意一家人生活在一起，如果他短时间内调不回来，那只有我到那边去找个工作上班……现在就是在等一个机会，我们公司在曹妃甸也有分公司，看看能不能找到机会把全家都搬到曹妃甸。其实呀，就是生活在曹妃甸也是有好处的，那边的房价终究要便宜得多，在北京几年之内是不可能买上房的。我觉得，我最起码不排斥去那边。(F-180701)

（三）政策规制层面的影响

通勤决策在很大程度上受政策规制影响。对于当事者来说，虽然他们选择去曹妃甸是基于个人需求所做出的决定，但个人选择的背后是国家组织和政治力量在产生影响。换句话说，国家的制度安排或政策经由通勤决策这个具体化设置呈现在当事者的生命中，形成了个体生命中的重大事件。

服从企业安排，我当时身体没毛病，还想继续工作。在家里也没什

么事儿，能干一年是一年，再说家里人也没意见。我就去了曹妃甸新厂区。（F-180701）

很多时候，通勤决策可能不是深思熟虑的结果，而是为了符合社会期待。人们总是不可避免地会去做使他人欢欣的事或是他人赞许的行为。当搬迁逐渐成为既定事实，集体记忆的再建构又将其归结为一种“舍小家为大家”的情结。

开始的时候我们家也是犹豫，毕竟这可是一件大事，弄不好家庭就散了。我们两口子不知道是不是该把全家搬到这边来，厂子都搬了，同事们也都搬了……可是看到住在一起的邻居们都不搬家，我们最后也就没有搬，毕竟人家能克服困难，咱也就能克服困难。（OF-190307）

当事者基于个人因素考虑通勤这个选择，给出种种通勤的原因，在这些原因的背后，还是可以发现政策规制的影响。换言之，当事者看似高度个体化的“选择”其实内含着政策规制对该行为的“约束”。

当初说要去曹妃甸，大家心里都舍不得，再一个大家心里也忐忑，不知道曹妃甸这儿怎么样。但是，你不去也没法，这是国家政策要求的……再一个，咱也是老工人了，拎得清。当初，首钢建设为的是发展，搬迁同样是为了发展，我们牺牲没什么。（F-190307）

首钢从国家利益大局的角度引导职工认识到实施搬迁调整是一种必然选择，是首钢实现新发展的起点和机遇。帮助每个人在企业搬迁调整中找到自己的舞台和定位，和企业一同成长。“随着企业一起成长”包含了企业发展方向、国家相关政策及个人的职业规划。所以，由“随着企业一起成长”而主动选择通勤，对当事者而言不仅仅是一种情绪性的决定，而是一项经过复杂思考所形成的行动策略。

首钢各分公司充分运用内部网络、厂报、宣传栏等阵地，积极宣传本单位的创新典型，从而在全公司上下形成了强大的创新典型宣传声势。通过口号等形式宣传政策主张，把一个个工人动员起来，创造一种使命感使他们投入到搬迁中来。(OF-190307)

首钢在搬迁过程中对前期选择通勤的职工的先进事迹进行重点宣传报道，使广大职工在潜移默化中受到影响和鼓舞，主动实现从“要我通勤”向“我要通勤”的转变。

许多首钢职工家属每次送站都是含着眼泪，用职工的话讲，这种泪是寄托着对首钢未来希望的泪……首钢是讲求奉献、报效祖国、不计牺牲、敢争第一的企业。在搬迁调整最艰难的时刻，首钢人首先想到的是国家、民族和企业，这也充分体现了首钢人的责任感。(W-080117)①

六　讨论与建议

（一）相关讨论

通过上面的研究可知，通勤决策行动嵌于多层次场景内，是个体与外在影响因素互动的结果。个体最终的通勤决策，与其拥有的禀赋资源、家庭情境及政策环境有关。也就是说，当事者的决策行动具有高度复杂性和多样性。不过，通勤决策所隐含的复杂性，也正好体现了通勤决策能动性的另一面。

首先，人类行动的复杂性与多样性应从细致的层面来理解。从通勤决策的动机来看，当事者不仅会考虑工资、福利等经济因素，还会考虑情感等因

① 吴晓向，王蓓. 为了企业的明天[N]. 工人日报，2008-01-17 (1).

素。以经济因素为主要动机的当事者对于通勤规划与通勤之后所能获得的益处有着成本效益考虑。而以情感因素为主要动机的当事者往往响应家庭的期待，多数较为缺乏成本效益的考虑。另外，当时的情境、过去的生活经验、拥有的资源及所获得的信息等也都会影响决策。这说明看似理性的行动却带有当事者积极的情感运作，如目前的职场环境能达成自我实现的目标，或是能在目前的工作中获得一定程度的成就感，抑或是目前的职场较具发展性。这样的动机虽然不会被公开地表达和重视，却体现了当事者决策的深层逻辑。

其次，对当事者的家庭情境的理解，不能仅限于勾勒当事者的家庭责任，更要重视发现当事者对于家庭文化的理解。虽然不同当事者的通勤决策表现了不同的家庭责任态度，但是几乎所有的通勤决策都嵌在一个相对固定的家庭文化脉络里，遵循一套相对来说较为具有支配性的行动逻辑。对于当事者来说，家庭文化脉络是一种强有力的想象，这个想象限定了当事者的行动选择。虽然当事者在通勤决策过程中有着许多的冲突与无奈，但并非不具备能动性。当事者对通勤决策具有高度的诠释权，却往往将自己的诠释转译成应对家庭日常生活的想象。即由当事者自己的责任义务开始，联结到其他家庭成员未来的处境。由此，最终的通勤决策行动显然成为一种“策略”，时刻响应着当事者所认知的家庭文化。

最后，从通勤决策的过程来看，当事者往往通过对所处的政策环境及自身条件的评估拟定一套通勤决策行动逻辑。在政策施行之初，政府以强势举措推行产业疏解政策，当事者个人对自身社会经济政治处境的判断贯穿通勤决策全过程，国家和社会中多股力量的碰撞是影响通勤决策的隐形力量。尤其是在行政干预等外部压力约束下不得不决策时，这些力量会被放大。比如，除了强制手段，政策还通过引导和宣传新型家庭文化来促使个人的通勤决策符合政策设计。虽然政策以一种长期客观存在的形式影响着个体的日常生活，但是其具有的忽视个体需求和意志的性质，决定了其在通勤决策过程中并不必然是和谐的存在。由此可见，从个体场域到家庭场域再到政策场域，城市家庭通勤决策具有复杂性。

（二）政策建议

2014年2月26日，习近平总书记在北京考察工作并发表促进京津冀协同发展的重要讲话，明确部署了京津冀协同发展的重大国家战略，提出了调整疏解非首都核心功能，有效控制北京人口总体规模的原则要求。① 为此，北京市落实相关指示，发挥产业疏解对人口调控的带动作用，即“人随功能走，人随产业走”，把不符合首都功能定位的产业有序转移到河北和天津等地，从而达到京津冀协同发展的战略目的。北京疏解非首都功能遇到的困难之一就是人口疏解。在疏解非首都功能的过程中，人们不愿意随着非首都功能产业向外迁移或选择通勤生活。② 首钢搬迁过程中的经验做法以及人们通勤决策的行动逻辑有助于为制定非首都功能产业向外迁移政策提供参考。

第一，在制定非首都功能产业向外迁移政策时，要重视家庭微观人际互动在决策过程中的作用。在我国社会中，家庭常常是人们决策的基本单位。通勤决策不仅受宏观家庭观念的制约，也受到家庭微观人际互动的影响。通过上面的分析可以看到，通勤决策不仅受到个人有形和无形沉没成本的制约，也受到其所处家庭结构和家庭人际互动的影响。值得注意的是，传统认知认为，不选择通勤或者选择留守是为了巩固家庭及人际关系网络。然而，从访谈中我们发现，原有关系网络也可能是一种束缚或制约，通勤反而成为一种挣脱束缚获得自由的手段。因此，如果支持通勤的公共政策设计仅聚焦于单纯支持家庭团聚，很可能造成公共政策的目标失准。

第二，制定非首都功能产业向外迁移政策时，要关注情感、信仰和奉献精神等非理性因素在通勤决策行动中的影响。不能在制定相关政策时只讲求“等价交换”等市场规则，而忽视思想政治动员工作。任何决策都是基于有限信息做出的，在多数情况下，通勤决策不是基于纯粹个人理性做出的，而

① 习近平主持召开座谈会听取京津冀协同发展工作汇报[EB/OL].（2014-02-27）[2025-4-9].https：//www.gov.cn/guowuyuan/2014-02/27/content_ 2624908.htm.

② 杨雪婷.首钢搬迁直面四大难题[N].北京现代商报，2006-03-29（2）；杨大鹏，王真臻.职工安置成首钢搬迁最大困难[N].经济参考报，2006-03-07（9）.

是个人利益、行政干预及周围环境等多重因素交互影响下做出的。尤其是受行政干预等外部压力约束而不得不决策时，通勤决策的非理性色彩和成分将会被无限放大。当事者在做通勤决策时，不仅会考虑理性的经济收入和生活成本，还会考虑非理性的情感付出和对幸福感的影响。因此，在相关政策设计上，也要充分发掘情感等非理性因素在通勤决策中的作用，并有针对性地提供社会支持和配套资源。

第三，制定非首都功能产业向外迁移政策时，要关注通勤决策的复杂性和反复性。通勤决策能否顺利地从“抽象的行为”转化为“具体的行动”，通勤家庭能否完整地从“通勤状态”转化为“迁移状态”，在很大程度上取决于产业承接地相关政策制度的完善程度和社会文化的接纳程度。如果产业承接地不具备相应的制度安排和福利水准，特别是医疗、教育、文化、交通等公共服务设施和水平与北京相比存在较明显的差距，产业外迁很可能导致附着在这些产业上的人口及其家庭的利益受损，那么人口外迁的积极性肯定会大受影响，甚至可能造成人口“回流”。与此相对应，北京的人口疏解同样表现为“化”的过程，即从个体通勤向家庭迁移转换的分阶段、分步骤过程。在此意义上，对于疏解非首都功能来说，通勤决策或通勤家庭的形成应该是相关社会政策设计的逻辑起点，而不是终点。

The Decision Logic of Commuting in Urban City in the Context of Relieving Non-capital Functions: Taking Shougang Family for Example

Liu Zhongyi

Abstract: In accordance with Beijing's policy of relieving non-capital functions, industries that do not meet the functional positioning of the capital will gradually migrate to Tianjin, Hebei and other places. Under the premise of unbalanced public service resources in various places, in order to strive for practical interests such as facilitating their children′s college entrance examination and further education, some families who are employed in related industries will make commuting decisions of one moving with them and the another staying in Beijing. In real life, urban family commuting decisions are often not only the result of a single-level consideration of the individual career development of the parties involved, but also national policy regulations and the balance of family interests will also have an important impact on commuting decisions. Therefore, when formulating industrial relocation policies, relevant departments should not only pay attention to the role of micro-family interpersonal interaction factors in commuting decision-making , but also pay attention to the impact of macro-national policy factors in commuting decision-making , and pay more attention to the complexity situation and repetition of commuting decision-making.

Keywords: commuting family; decision logic; non-capital function

京津冀地区产业结构转型对城乡居民收入差距的影响*

李玉姣　王晓洁**

摘　要： 本文基于2004~2020年京津冀地区13个城市的面板数据，实证检验了京津冀地区产业结构转型对城乡居民收入差距的作用效果。结果显示，京津冀地区产业结构转型显著影响城乡居民收入差距，即产业结构合理化会扩大城乡居民收入差距，而产业结构高度化有利于缩小城乡居民收入差距；京津冀地区产业结构高度化的空间外溢效应明显，可缩小本地和邻近地区的城乡居民收入差距；京津冀一体化会影响产业结构转型缩小城乡居民收入差距的作用效果，其中商品市场一体化的作用强于公共服务一体化。因此，京津冀地区应加快产业结构转型升级、完善区域一体化战略实施，这对于缩小城乡居民收入差距具有重要意义。

关键词： 产业结构转型　城乡居民收入差距　京津冀地区　区域一体化

---

* 本文已发表于《北京社会科学》2023年第3期。

** 李玉姣，河北经贸大学财政税务学院讲师，博士；王晓洁，河北经贸大学财政税务学院院长，教授，博士。

一　引言

自改革开放以来，中国经济持续高速增长，创造了“中国奇迹”，然而也存在发展不充分不平衡的问题，特别是经济结构变化所导致的收入不平等问题越演越烈。实际上，政府将产业结构调整作为主要政策手段，以利用要素资源在不同产业部门和不同地区间的流动与再配置，来实现经济的快速发展，这必然会引起居民收入水平的深刻变化。① 京津冀地区作为中国北部经济增长极，是中国要素资源最密集、发展动力最活跃的区域之一，但是区域内部发展不协调、城乡居民收入差距大的问题依然突出。实际上，自京津冀协同发展战略实施以来，京津冀三地不断从顶层设计和关键环节上纵深推进，以重新布局要素资源、优化产业结构来畅通循环堵点和释放社会生产力，进而解决地区间的发展矛盾，确保城乡居民收入增长与经济增长同步进行，解决社会收入分配不公平的问题。2022 年 3 月《中共中央　国务院关于加快建设全国统一大市场的意见》出台，以打造“统一大市场”的全国性视角强调要素和资源市场统一、商品和服务市场统一、制度规则统一的重要性和迫切性。这是区域一体化战略实施中更高层次的政策理念，以构建高效规范、公平竞争、充分开放的全国统一大市场，重塑大国竞争优势、构建新发展格局、提升产业链现代化水平，实现区域经济的协调发展。② 随着建设全国统一大市场政策的深入实施，京津冀三地的区域间经济联动性势必不断增强，城乡之间资源要素流动更加畅通，那么原本的区域制度差异所导致的要素分配不均是否会得到逐渐改善？当前产业结构转型能否持续缩小城乡居民收入差距？我们有必要重新审视京津冀地区产业结构转型及区域一体化的发展趋势，直接评估京津冀地区协同发展的政策效果，深

---

① 吴万宗，刘玉博，徐琳. 产业结构变迁与收入不平等——来自中国的微观证据[J]. 管理世界，2018，34（2）：22-33.

② 刘志彪，孔令池. 从分割走向整合：推进国内统一大市场建设的阻力与对策[J]. 中国工业经济，2021（8）：20-36.

入探究缩小城乡居民收入差距的路径，以便为实现共同富裕的战略目标提供参考。

二 文献述评

关于产业结构与城乡居民收入差距的研究，早期主要探讨经济增长与收入不平等的关系。[①] 鉴于产业结构转型发展趋势，一部分学者率先研究城乡居民收入差距的成因，探究产业结构变动对城乡居民收入差距的影响效应。蔡昉和杨涛认为，导致中国改革开放前后城乡收入不平等的重要原因是城市偏向的发展政策，即重工业优先发展的干预政策和城市利益集团的压力。[②] 毕先萍和简新华从经济发展结构变迁的视角研究得出，经济转型时期的所有制结构变动会带来产业结构的变动且两者存在结构性反差，由此导致城乡居民收入差距拉大。[③] 冯素杰从收入流向视角指出，产业结构调整与城乡居民收入差距之间存在累积循环效应。[④] 陈斌开和林毅夫在静态和动态框架下进一步论证了优先发展重工业战略是导致城乡居民收入差距拉大的内在原因。[⑤]

另一部分学者利用经验证据来实证考察产业结构转型对城乡居民收入差距的影响效果。刘叔申和吕凯波认为三次产业中，第一、第二产业可以缩小城乡收入差距。[⑥] 程莉从产业结构合理化和高级化的双重视角，利用1985~2011年的省级面板数据进行实证研究，发现产业结构合理化能缩小城乡居

① 林毅夫，刘明兴．中国的经济增长收敛与收入分配[J]．世界经济，2003，26（8）：3-14.

② 蔡昉，杨涛．城乡收入差距的政治经济学[J]．中国社会科学，2000（4）：11-22.

③ 毕先萍，简新华．论中国经济结构变动与收入分配差距的关系[J]．经济评论，2002（4）：59-62.

④ 冯素杰．论产业结构变动与收入分配状况的关系[J]．中央财经大学学报，2008（8）：50-56.

⑤ 陈斌开，林毅夫．重工业优先发展战略、城市化和城乡工资差距[J]．南开经济研究，2010（1）：3-18.

⑥ 刘叔申，吕凯波．财政支出结构、产业结构和城乡居民收入差距——基于1978—2006年省级面板数据的研究[J]．经济问题，2011（11）：42-45.

民收入差距，而高级化显著扩大了城乡居民收入差距。① 卢冲等研究表明，三次产业结构优化有利于缩小城乡居民收入差距，但林业、渔业、建筑业的发展不利于成都市城乡收入差距缩小。② 吴鹏和常远基于最优化理论研究发现，产业结构调整会因财政分权程度而对城乡居民收入差距产生不同影响，且财政分权存在最优区间。③ 赵立文等从长短期关系视角，构建 PVAR 模型实证考察发现，产业结构变迁缩小城乡居民收入差距的作用在长期中更为显著。④ 杨晶等重点考察了产业结构升级与财政支农对城乡居民收入差距的作用机理，产业结构升级会抑制城乡居民收入差距扩大。⑤ 张玉昌和陈保启侧重空间关联和异质性，指出产业结构合理化会拉大城乡居民收入差距，而产业结构高度化可以缩小差距。⑥ 周国富和陈菡彬认为，产业结构升级对城乡居民收入差距的影响是非线性的，因城镇化的差异而存在明显的门槛效应。⑦

综上所述，现有文献对产业结构转型升级与城乡居民收入差距的关系做了较多论证，但是主要从全国层面来分析产业结构转型升级与城乡居民收入不平等的关系，而忽视了区域差异，并且没有结合新时代背景对作用机制进行探讨。与上述文献相比较，本文可能的边际贡献在于：第一，探讨区域城乡居民收入分配问题，本文以京津冀地区 13 个城市为研究范围，探讨产业结构合理化和产业结构高度化对京津冀地区城乡居民收入差距的

---

① 程莉．产业结构的合理化、高级化会否缩小城乡收入差距——基于 1985—2011 年中国省级面板数据的经验分析[J]．现代财经（天津财经大学学报），2014，34（11）：82-92.

② 卢冲，刘媛，江培元．产业结构、农村居民收入结构与城乡收入差距[J]．中国人口·资源与环境，2014（S1）：147-150.

③ 吴鹏，常远．基于城镇化和产业结构的城乡收入差距分析[J]．商业研究，2016（2）：41-45.

④ 赵立文，郭英彤，许子琦．产业结构变迁与城乡居民收入差距[J]．财经问题研究，2018（7）：38-44.

⑤ 杨晶，邓大松，申云．产业结构升级、财政支农与城乡居民收入差距[J]．经济问题探索，2018（7）：130-137.

⑥ 张玉昌，陈保启．产业结构、空间溢出与城乡收入差距——基于空间 Durbin 模型偏微分效应分解[J]．经济问题探索，2018（9）：62-71.

⑦ 周国富，陈菡彬．产业结构升级对城乡收入差距的门槛效应分析[J]．统计研究，2021，38（2）：15-28.

影响，扩展了研究视角；第二，侧重剖析京津冀地区产业结构转型对城乡居民收入差距的影响效果和机制分析，一方面，基于空间效应论证京津冀相邻地区间的产业结构转型效果，另一方面，从商品市场一体化和公共服务一体化的视角，展开机制路径分析，丰富了产业结构转型与城乡居民收入差距的研究内容。

三　理论分析

产业结构转型是要素资源在不同产业部门和不同地区流动与再配置的过程，也是生产效率由低水平向高水平动态演进与跃迁的过程。[①] 有序的产业结构转型有利于改善要素的边际生产率，并在市场出清状态下影响要素资源的流动与配置过程，提升社会整体生产率，进而促进地区经济发展。从现实状况来看，中国长期的城乡二元经济结构及经济发展的政策偏好在一定程度上导致了城乡居民收入差距，特别是政府产业政策、制度环境、财税激励更是进一步复杂化了城乡区域间的产业布局和要素资源流动，并约束了城市与农村的产业结构配置和经济发展速度，进而使城市与农村各产业的就业市场和工资收入产生差异，导致城乡居民收入差距。从经济发展规律来看，产业结构转型主要通过经济发展中的极化效应、涓流效应和就业效应来影响城乡居民收入差距。第一，产业结构转型与城乡居民收入差距之间存在极化效应。在城乡二元经济结构下，城市以第二和第三产业为主、农村以第一产业为主。城市作为经济相对发达区域，劳动力会“用脚投票”，选择向城市流动，技术资源、政策资源等要素也向城市集聚，农村会因生产要素大量流失而发展缓慢，进而形成低端锁定的不利局面，最终形成城乡在产业结构上的“中心—外围”格局[②]，导致城乡两地的收入分配存在明显差异，进而影响

① 甘行琼，李玉姣，蒋炳蔚．财政分权、地方政府行为与产业结构转型升级[J]．改革，2020(10)：86-103.

② 马青，傅强，王庆宇．产业绿色转型能缓解城乡收入不平等吗？——基于政府规制的耦合互动分析[J]．经济问题探索，2019 (11)：94-111.

城乡居民收入水平。第二，产业结构转型与城乡居民收入差距之间存在涓流效应。当城市产业发展到一定水平时，城市产业升级和经济增长的外部经济将对农村产生影响，城市对农村剩余劳动力和剩余产品的需求逐渐改善，进而引起市场供求关系的变化。同时，政府履行推进社会公平的职能，加大技术条件、财政补贴向农村倾斜，使城市工业反哺农村农业①，让更多的要素资源逐步扩散至农村，从而调整农村产业结构带动农村经济发展，改善城乡收入差距的问题，实现经济均衡发展。第三，产业结构转型与城乡居民收入差距之间存在就业效应。传统劳动密集型产业对于劳动要素的需求较高，产业结构向高层次转变必然会引起产业间就业结构调整。实际上，第一、第二、第三产业的就业吸纳能力存在着显著差异，农业就业吸纳规模增加速度落后于工业和服务业。当经济结构转变时，高附加值产业的快速发展会吸引劳动力向技术型和服务型的转变②，提升了高附加值产业的就业吸纳能力，从而创造了更多的就业机会，使城镇居民收入水平迅速提高，进而扩大了城乡居民收入差距。

由于存在区域关联性，地区间经济活动的联系会越来越紧密，因此要素资源的跨区域流动势必会影响产业的跨区域布局。各地产业结构转型会产生一定的示范效应，引致相邻地区的模仿与跟随，甚至在要素资源配置中诱发地区间的竞争效应，争夺劳动力、技术、资本等生产要素，使本地和相邻地区的要素流动加快，形成区域间溢出效应③，由此影响本地和邻近地区的就业市场，产生区域分割问题。区域一体化政策的实行本质上是消除地区间的壁垒，以促进要素资源自由流动和生产要素最优配置，缓解地区行政边界所造成的扭曲与福利损失。在商品市场中，市场机制推动生产要素向更发达地区流转，因此相较于农村，城市的要素供应增多、原材料价格相对较低，企

---

① 蓝管秀锋，匡贤明．产业结构转型升级对城乡收入差距的影响分析——基于金融“脱实向虚”视角［J］．产经评论，2021，12（3）：104-113.

② 赵立文，郭英彤，许子琦．产业结构变迁与城乡居民收入差距［J］．财经问题研究，2018（7）：38-44.

③ 张玉昌，陈保启．产业结构、空间溢出与城乡收入差距——基于空间 Durbin 模型偏微分效应分解［J］．经济问题探索，2018（9）：62-71.

业生产经营成本下降、利润增多，由此形成城乡居民收入差距拉大的马太效应。① 为减弱马太效应，政府借助区域一体化政策引导资源有序向欠发达地区转移，利用财政补贴或信贷优惠等政策平衡地区间就业环境，从而缩小城乡居民收入差距。同时，区域一体化政策通过公共服务均等化来调整居民的获得感，进而缓解城乡居民收入差距。② 在保障劳动力资源自由流动的前提下，通过深化区域内的劳动就业、医疗共享、交通互通等领域的合作③，改善城乡健康资本、人力资本、工作环境的空间配置偏差，以充分的服务保障和统一的机制体制，创造更公平、更有效的外部环境，消除不同群体的收入分配差异。基于此，本文提出以下研究假设。

假设 1：产业结构转型会影响城乡居民收入差距。

假设 2：产业结构转型会通过空间效应影响邻近地区城乡居民收入差距，且区域一体化政策是缩小收入差距的重要渠道。

四　模型设定与变量说明

（一）模型设定

为考察京津冀地区产业结构转型对城乡居民收入差距的影响，以验证前文所提出的研究假设，本文构建以下计量模型展开实证研究。

$$Gap_{i,t} = \beta_0 + \beta_1 \times indust_{i,t} + \varphi \times Control_{i,t} + \varepsilon_{i,t} \tag{1}$$

式（1）中，i 表示京津冀地区的 13 个城市，t 表示年份。$Gap_{i,t}$ 表示城市 i 在 t 时期的城乡居民收入差距，$indust_{i,t}$ 表示 i 城市 t 时期的产业结构转型程度，分别由产业结构合理化 $indust\_r_{i,t}$ 和产业结构高度化 $indust\_h_{i,t}$ 表示。

---

① 马光荣，程小萌，杨恩艳．交通基础设施如何促进资本流动——基于高铁开通和上市公司异地投资的研究［J］．中国工业经济，2020（6）：5-23.

② 陈喜强，姚芳芳，马双．区域一体化政策、要素流动与居民获得感提升——基于政策文本的量化分析［J］．经济理论与经济管理，2022，42（6）：96-112.

③ 陆军，毛文峰．中国首都圈的综合发展能力和协同治理水平测度［J］．北京社会科学，2022（11）：34-45.

$Control_{i,t}$ 为控制变量集合，包括城镇化水平、工资水平、金融发展、投资环境、经济发展水平、人力资本、政府干预等指标，$\varepsilon_{i,t}$为随机误差项。

（二）变量说明

1. 被解释变量

本文的被解释变量为城乡居民收入差距（*Gap*）。目前，文献关于城乡居民收入差距的衡量方法主要有城乡居民收入比、基尼系数、泰尔指数等。其中，城乡居民收入比是直接采用城镇居民人均可支配收入与农村居民人均可支配收入的比来衡量，简洁直接，但忽略了城乡人口结构的影响①；基尼系数是将人口划分为不同收入阶层来衡量居民间收入差距，缺点是主要对中间收入阶层的收入变化敏感，无法确定收入处于两端的阶层的收入变化②；相较之下，泰尔指数可兼顾城乡人口结构及收入处于两端处的阶层，能更为直观地呈现城镇居民与乡村居民的收入差距。③ 因此，本文整理了京津冀地区13个城市的城乡居民人口数据，通过泰尔指数来衡量城乡居民收入差距，具体公式为：

$$Gap_{i,t} = \sum_{j=1}^{2}\left(\frac{W_{ij,t}}{W_{i,t}}\right)\ln\left[\left(\frac{W_{ij,t}}{W_{i,t}}\right)/\left(\frac{P_{ij,t}}{P_{i,t}}\right)\right] \tag{2}$$

式（2）中，$Gap_{i,t}$ 为泰尔指数，表示京津冀地区城市 i 在 t 时期的城乡居民收入差距；$W_{i,t}$ 表示京津冀地区城市 i 在 t 时期的总收入，$W_{ij,t}$（$j=1, 2$）分别表示京津冀地区城市 i 在 t 时期的城镇居民收入和农村居民收入；$P_{i,t}$ 表示京津冀地区城市 i 在 t 时期的总人口，$P_{ij,t}$（$j=1, 2$）分别表示京津冀地区

① 程莉．产业结构的合理化、高级化会否缩小城乡收入差距——基于1985—2011年中国省级面板数据的经验分析[J]．现代财经（天津财经大学学报），2014（11）：82-92；周国富，陈菡彬．产业结构升级对城乡收入差距的门槛效应分析[J]．统计研究，2021，38（2）：15-28.

② 王少平，欧阳志刚．我国城乡收入差距的度量及其对经济增长的效应[J]．经济研究，2007，42（10）：44-55.

③ 景守武，陈红蕾．FDI、产业结构升级对我国城乡居民收入差距的影响：基于省际面板数据分析[J]．世界经济研究，2017（10）：55-64+122；傅巧灵，等．京津冀地区普惠金融政策对城乡收入差距的影响研究[J]．中国软科学，2021（Z1）：148-156.

城市 i 在 t 时期的城镇居民人口和农村居民人口。泰尔指数越小，越趋近于 0，说明京津冀地区城乡居民收入差距越小；反之，则说明收入差距越大，城乡之间分配越不均衡。

2. 核心解释变量

本文核心解释变量为产业结构转型（$indust_{i,t}$），包括产业结构合理化和产业结构高度化两个维度。产业结构合理化（$indus\_r_{i,t}$）注重各产业间资源配置的协调程度，反映要素投入产出的耦合关系和偏离差距。本文借鉴干春晖等①的方法构建产业结构合理化指标，公式为：

$$indust\_r_{i,t} = -\sum_{j=1}^{3}\left(\frac{Y_{ij,t}}{Y_{i,t}}\right)\ln\left[\left(\frac{Y_{ij,t}}{Y_{i,t}}\right)/\left(\frac{L_{ij,t}}{L_{i,t}}\right)\right] \tag{3}$$

式（3）中，$indust\_r_{i,t}$ 表示京津冀地区城市 i 在 t 时期的产业结构合理化水平；$Y_{ij,t}$ 表示京津冀地区城市 i 在 t 时期第 j 产业的产值，$Y_{i,t}$ 表示京津冀地区城市 i 在 t 时期的总产值；$L_{ij,t}$ 表示京津冀地区城市 i 在 t 时期第 j 产业的从业人员数量，$L_{i,t}$ 表示京津冀地区城市 i 在 t 时期的从业人员总数。为了便于回归解释，本文对该指标进行了负向处理。该指标越小，说明各产业间要素的耦合关系越弱，产业结构越不合理。反之，该指标越大，说明产业结构越合理。

产业结构高度化（$indust\_h_{i,t}$）反映了产业结构重心的逐渐转移过程，注重整体素质和效率向更高层级演变。本文采取第三产业增加值与第二产业增加值的比来衡量。该指标越大，说明产业结构越趋于高度化。

3. 控制变量

考虑到其他因素对京津冀地区城乡居民收入差距的影响，本文添加了城镇化水平、工资水平、金融发展、投资环境、经济发展水平、人力资本、政府干预等指标作为控制变量，分析其对京津冀地区城乡居民收入差距的影响。指标设计如下：城镇化水平采取城市人口与总人口的比重表示；工资水

---

① 干春晖，郑若谷，余典范. 中国产业结构变迁对经济增长和波动的影响[J]. 经济研究，2011，46（5）：4-16+31.

平采用城市平均工资的对数表示；人力资本采用每万人大学生人数的对数表示；政府干预采用财政支出与地区生产总值的比表示；金融发展采用金融机构存贷款总额与地区生产总值的比表示；投资环境采用外商投资金额与地区生产总值的比表示；经济发展水平采用人均地区生产总值的对数表示。

（三）数据来源

本文实证研究所使用的数据为京津冀地区 13 个核心城市 2004~2020 年的面板数据。数据来自《中国城市年鉴》《北京统计年鉴》《天津统计年鉴》《河北统计年鉴》及各市国民经济和社会发展统计公报。部分缺失值采取插值法计算所得。变量的描述性统计结果见表 1。

表 1　变量描述性统计

类型	变量	样本数	均值	标准差	最小值	最大值
被解释变量	城乡居民收入差距	221	0. 101	0. 052	0. 018	0. 440
核心解释变量	产业结构合理化	221	-0. 309	0. 190	-0. 774	-0. 008
	产业结构高度化	221	1. 103	0. 821	0. 413	5. 298
控制变量	城镇化水平	221	0. 467	0. 200	0. 000	0. 875
	工资水平	221	10. 585	0. 623	9. 283	12. 128
	人力资本	221	4. 917	0. 795	2. 945	6. 324
	政府干预	221	0. 155	0. 065	0. 056	0. 402
	金融发展	221	2. 769	1. 422	1. 073	8. 722
	投资环境	221	0. 003	0. 003	0. 000	0. 017
	经济发展水平	221	10. 414	0. 651	9. 025	12. 013

五　实证分析

（一）基准回归结果与分析

为了有效研究京津冀地区产业结构转型对城乡居民收入差距的影响效

果，本文采取逐步引入控制变量的方法进行估计。基准回归结果见表 2。模型（1）和模型（2）为产业结构合理化与城乡居民收入差距的回归结果，其中模型（1）为不添加控制变量的回归结果，京津冀地区产业结构合理化指标显著为正，表明产业结构合理化不利于缩小城乡居民收入差距。模型（2）为加上控制变量之后的回归结果，京津冀地区产业结构合理化对城乡居民收入差距的影响在 5%的显著性水平上显著为正，意味着产业结构合理化会拉大城乡居民收入差距。实际上，津冀与北京市存在先天的行政等级落差，三省市在调动要素资源配置上存在“北京吃不了、天津吃不饱、河北吃不着”的局面[①]，进而导致内部产业结构和要素资源配置存在着较大差异，产业结构合理化处于滞后状态，缩小城乡居民收入差距的作用效果不明显。因此，在京津冀产业协同发展中，产业转移是促进京津冀产业空间布局优化的关键路径，以津冀承接北京非首都功能项目来调控要素资源分配。模型（3）和模型（4）为产业结构高度化与城乡居民收入差距的回归结果，其中模型（3）为不添加控制变量的回归结果，京津冀地区产业结构高度化指数显著为负，表明产业结构高度化会缩小城乡居民收入差距。模型（4）为加上控制变量之后的回归结果，京津冀产业结构高度化对城乡居民收入差距的影响在 1%的显著性水平上显著为负，意味着京津冀产业结构高度化有利于缩小城乡居民收入差距。京津冀地区的产业结构由工业化向服务业化转变，是经济结构向更高级阶段跨进，其中传统服务业与现代服务业齐头并进、快速发展，在不同工作层次、技能要求上为城乡居民提供了更多的就业机会，改善了城市低收入群体、农村低人力水平群体的生存环境，在缓解京津冀地区城乡居民收入差距上发挥了重要作用。

① 武义青，冷宣荣．京津冀协同发展八年回顾与展望[J]．经济与管理，2022，36（2）：1-7.

表 2　京津冀地区产业结构转型与城乡居民收入差距的基准回归结果

模型	(1)	(2)	(3)	(4)
变量	城乡居民收入差距			
产业结构合理化	0.061*** (4.630)	0.046** (2.083)		
产业结构高度化			-0.035***	-0.018***
城镇化水平		-0.324*** (-12.418)		-0.322*** (-12.454)
工资水平		0.092*** (4.783)		0.100*** (5.128)
人力资本		0.042*** (4.463)		0.032*** (3.216)
经济发展水平		-0.068*** (-3.357)		-0.068*** (-3.391)
金融发展		-0.003 (-0.759)		0.000 (0.079)
投资环境		1.271 (0.899)		0.062 (0.044)
政府干预		-0.199* (-1.865)		-0.217** (-2.047)
常数项	0.107*** (10.276)	-0.168** (-2.236)	0.139*** (19.776)	-0.202*** (-2.682)
拟合优度	0.061	0.533	0.086	0.540
样本量(个)	221	221	221	221

注：括号内的数值为 t 值，***、**和*分别为1%、5%和10%的显著性水平，下同。

从控制变量来看，各控制变量对京津冀地区城乡居民收入差距的作用方向和效果有所不同，具体如下。城镇化水平与城乡居民收入差距之间为显著负向关系，说明城镇化水平的提高有利于缩小城乡居民收入差距。工资水平与城乡居民收入差距之间为显著正向关系，说明工资水平高会拉大城乡居民收入差距，这与各地区收入水平差距有关，收入水平高的地区城乡之间的矛盾可能更为突出。人力资本与城乡居民收入差距之间为显著正向关系，说明人力水平高的地区城乡居民收入差距更大。经济发展水平与城乡居民收入差距之间为显著负向关系，意味着地区经济快速发展有利于缩小城乡居民收入差距。金融发展与城乡居民收入差距之间的关系不显著，说明地区金融业的发展缩小城乡居民收入差距的效果不明显，这可能与目前农村普惠金融政策的实施不足有关，应加大涉农信贷投放，改善农村居民增收环境。投资环境与城乡居民收入差距之间关系不显著，说明当前投资环境缩小城乡居民收入差距的作用并未充分发挥，农村的乡村振兴产业发展应进一步加强，从而缩小城乡居民收入差距。政府干预与城乡居民收入差距之间为显著负向关系，说明政府的财政支出行为在调整城市经济社会生活上发挥着积极作用，有利于缓解城乡矛盾。

（二）内生性检验和稳健性检验

1. 内生性检验

考虑到京津冀地区产业结构转型与城乡居民收入差距之间可能存在的内生性问题，本文采用工具变量方法进行内生性检验。工具变量需满足相关性和外生性的条件，本文采用滞后一期的产业结构合理化和产业结构高度化作为工具变量，具体结果见表3。模型（1）和模型（3）为工具变量与城乡居民收入差距的第一阶段回归结果，二者存在显著关系，由此表明二者之间存在相关关系。根据模型（2）和模型（4）的实证结果可以发现，产业结构合理化与城乡居民收入差距之间为显著正向关系，产业结构高度化与城乡居民收入差距之间为显著负向关系，与基准回归保持一致。并且弱工具变量检验的 F 统计值分别为 370.310、503.229，结果为拒绝弱工具变量，证明工具变量是有效的。基于此，内生性检验验证了基准回归的结果，表明回归结果是有效可靠的。

2. 稳健性检验

为验证京津冀地区产业结构转型与城乡居民收入差距回归结果的稳健性，本文采取更换被解释变量的方式对二者之间的关系进行再检验。稳健性检验将被解释变量城乡居民收入差距用城乡居民收入比来衡量，具体回归结果见表3。模型（5）和模型（6）为更换被解释变量的回归结果，产业结构合理化与城乡居民收入差距之间仍然为显著正向关系，产业结构高度化与城乡居民收入差距之间仍然为显著负向关系，与基准回归保持一致。由此证明了基准回归结果的稳健性。

表 3　京津冀地区产业结构转型与城乡居民收入差距的内生性检验和稳健性检验结果

模型	(1)	(2)	(3)	(4)	(5)	(6)
变量	产业结构合理化	城乡居民收入差距	产业结构高度化	城乡居民收入差距	城乡居民收入差距	城乡居民收入差距
工具变量	0.058*** (2.815)		-0.010** (-2.137)			
产业结构合理化		0.070*** (2.851)			0.394*** (2.666)	
产业结构高度化				-0.010** (-2.180)		-0.082* (-1.796)
控制变量	控制	控制	控制	控制	控制	控制
拟合优度	0.652	0.645	0.493	0.497	0.504	0.495
样本量(个)	208	208	208	208	221	221

（三）空间效应分析

京津冀地区的要素资源配置和产业布局存在着空间效应，本地的产业结构转型对相邻地区会产生一定的示范效应乃至竞争效应，京津冀地区的产业结构合理化和产业结构高度化可能存在一定的关联性，由此导致京津冀地区产业结构转型对城乡居民收入差距可能存在空间效应。为此，本文进一步引入空间因素，借助空间地理关系探讨京津冀地区产业结构转型对本地和邻近地区城乡居民收入差距的影响效果，揭示二者之间的空间关联性。

本文在构造反距离地理矩阵的基础上，采用空间杜宾模型来检验京津冀地区产业结构转型与城乡居民收入差距的空间效应。表 4 为京津冀地区产业结构转型与城乡居民收入差距的空间效应结果。模型（1）和模型（3）为空间滞后（SAR）模型的回归结果，模型（2）和模型（4）为空间杜宾（SDM）模型的回归结果。本文以SDM模型回归结果为依据，探究空间相关性，SAR模型为稳健对比结果。整体上看，空间自相关系数为正向显著，表明模型具有空间自相关性，说明京津冀地区间产业结构转型存在空间效应。实际上，自进入21世纪以来，中国区域协调发展战略不断推进，鼓励城市群协同发展来强化区域间的竞争与合作关系，特别是2014年京津冀协同发展战略实施以来，进一步强化了区域间的要素资源配置，因此京津冀地区的产业结构转型在本地和相邻地区均会产生空间效应。模型（2）为SDM模型的回归结果，结果显示，京津冀地区产业结构合理化与城乡居民收入差距之间为显著正向关系，但是在空间权重的作用下产业结构合理化与城乡居民收入差距之间的关系为不显著，由此说明本地的产业结构合理化会拉大本地的城乡居民收入差距，但对邻近地区的城乡居民收入差距并未产生影响。模型（4）为空间杜宾（SDM）模型的回归结果，显示京津冀地区产业结构高度化与城乡居民收入差距之间为显著负向关系，在空间权重的作用下产业结构高度化与城乡居民收入差距的关系也显著为负，说明本地产业结构高度化会对本地城乡居民收入差距和相邻地区城乡居民收入均有缩小的效果，存在显著的空间效应。综合结果发现，产业结构合理化和产业结构高度化在空间上存在明显差异，原因与经济资源的稀缺性有关。京津冀三地发展本质上是与周边地区竞争劳动力要素和资本要素，在"用脚投票"驱使下，资源会向生产率高的地方流动，因此北京相较于津冀两地集聚能力更强，在要素资源的竞争中优势更为突出，从而影响京津冀地区内部产业结构和要素资源配置，因此产业结构合理化无法在改善相邻地区城乡居民收入分配上发挥积极作用。

表4　京津冀地区产业结构转型与城乡居民收入差距的空间效应分析结果

模型	(1)	(2)	(3)	(4)
变量	SAR	SDM	SAR	SDM
产业结构合理化	0.040** (0.020)	0.036* (0.020)		

续表

模型	(1)	(2)	(3)	(4)
产业结构高度化			−0.017*** (0.006)	−0.019** (0.008)
W×产业结构合理化		0.087 (0.153)		
W×产业结构高度化				−0.132** (0.060)
控制变量	控制	控制	控制	控制
ρ	0.427*** (0.078)	0.282*** (0.113)	0.348*** (0.086)	0.280** (0.114)
拟合优度	0.525	0.478	0.490	0.507
极大似然值	535.733	584.475	537.955	586.393
样本量(个)	221	221	211	221

（四）机制分析

结合京津冀地区城乡居民生活环境，本文选取商品市场一体化和公共服务一体化两个视角分析京津冀地区一体化，其中商品市场一体化侧重于商品的市场保护和分割，影响居民的消费习惯，而公共服务一体化侧重于公共产品有效且均等供给，影响居民的福利水平。在衡量指标选取上，本文参考商品市场分割指数的计算方式，借鉴桂琦寒等的方法①，计算商品价格指数来衡量商品市场一体化程度，选取食品、饮料烟酒、服装鞋帽、纺织品、家用电器及音像器材、日用品、中西药品及医疗保健用品等 16 个商品的零售价格指数作为依据展开计算。对于公共服务一体化指标，本文选取京津冀地区医学影像检查结果共享机构数与总医疗机构数的比作为衡量公共服务一体化水平的代理指标。实际上，自京津冀协同发展战略实施以来，京津冀地区公共服务资源共建共享力度不断加强与范围不断扩大，其中医疗服务跨区域合

① 桂琦寒，陈敏，陆铭，等. 中国国内商品市场趋于分割还是整合：基于相对价格法的分析[J]. 世界经济，2006，29（2）：20-30.

作日益丰富，特别是双向转诊和检查结果互认等，可以借助这一政策试点的推广情况衡量三地医疗服务一体化水平。

表 5 为京津冀地区一体化下产业结构转型与城乡居民收入差距的机制分析。通过模型（1）和模型（2）的回归结果可以发现，产业结构合理化和商品市场一体化交互项对城乡居民收入差距的影响为显著正向，表明商品市场一体化加强了产业结构合理化不利于缩小城乡居民收入差距的影响效果；产业结构高度化和商品市场一体化交互项对城乡居民收入差距的影响为显著负向，表明商品市场一体化加强了产业结构高度化缩小城乡收入差距的影响效果。由此说明，京津冀地区商品市场一体化的发展，通过降低邻近地区的商品市场分割境况会增强产业结构转型对于城乡居民收入分配的作用效果，具有积极作用。通过模型（3）和模型（4）的回归结果可以发现，产业结构合理化和公共服务一体化交互项对城乡居民收入差距的影响为正向不显著，产业结构高度化和公共服务一体化交互项对城乡居民收入为正向显著，意味着公共服务一体化抑制了产业结构高度化缩小城乡居民收入差距的影响效果。产生该现象的原因是当前京津冀公共服务一体化进展滞后，特别是在户籍制度约束下，京津冀三地在自身公共服务的有效供给上存在不均衡、不充分的局面。①

表 5　京津冀地区一体化下产业结构转型与城乡居民收入差距的机制分析结果

模型	（1）	（2）	（3）	（4）
变量	城乡居民收入差距			
类型	商品市场一体化		公共服务一体化	
产业结构合理化	0.044** （2.035）		0.048** （2.342）	
产业结构高度化		-0.011* （-1.683）		-0.024** （-3.496）

① 张冀，史晓．京津冀协同发展政策效果评估——以家庭经济风险为例［J］．北京社会科学，2022（10）：41-54.

续表

模型	(1)	(2)	(3)	(4)
一体化	-0.004* (-1.866)	-0.002* (-1.707)	-0.349*** (-3.548)	-0.491*** (-3.562)
产业结构合理化×一体化	0.034*** (3.679)		0.033 (0.085)	
产业结构高度化×一体化		-0.005* (-1.730)		0.296*** (2.731)
控制变量	控制	控制	控制	控制
拟合优度	0.553	0.522	0.541	0.445
样本量(个)	221	221	221	221

六　研究结论与政策建议

产业结构调整作为经济发展的重要手段，显著影响城乡居民收入分配。在共同富裕背景下，如何缓解收入不平等是缓解区域发展不充分不平衡的关键问题。基于此，本文利用 2004~2020 年京津冀地区 13 个城市的面板数据探讨了京津冀地区产业结构转型对城乡居民收入差距的影响效果和作用机制，并得出以下结论。第一，基于产业结构合理化和产业结构高度化的产业结构转型视角，京津冀地区产业结构转型与城乡居民收入差距之间呈非对称的关系，即产业结构合理化会拉大城乡居民收入差距，而产业结构高度化会缩小城乡居民收入差距，该结果经过内生性检验和稳健性检验后依然成立。第二，结合空间因素构建空间计量模型实证分析发现，京津冀地区产业结构转型存在空间效应，其中产业结构高度化会缩小相邻地区的城乡居民收入差距。第三，对京津冀地区一体化的机制分析发现，京津冀地区一体化程度在产业结构转型与城乡居民收入差距之间发挥了调节作用，其中商品市场一体化的增强作用明显，而公共服务一体化的改善效果不足。

据此，本文提出以下政策建议。第一，应促进京津冀地区产业结构转型升级，将产业结构合理化作为主攻方向。当前京津冀地区间产业要素资源配置失衡易拉大收入差距，急需进行内部调整。因此，明确京津冀三地产业发展定位，重新布局三地的产业分布，精准细化各功能区的资源配置，是提升产业结构合理化水平的重点。北京应定位于高端产业聚集地，汇集科学研发、总部经济等要素，继续疏解非首都功能，持续推动雄安新区和北京城市副中心“两翼”发展。天津侧重制造业升级和科技成果转化，而河北应有效落实商贸物流、加工制造等配套服务。在突出各自优势资源的同时，健全区域要素分配，最终推动京津冀地区产业结构转型升级。第二，应强化京津冀地区的空间联动作用，推进区域合作缩小城乡居民收入差距。由于产业结构转型升级存在显著的空间效应，所以京津冀地区产业布局要强化区域协作来充分发挥优势，可搭建高水平的产业交流平台，在协同疏散和人才交流等领域深入合作，其中北京发挥引领作用、天津要强化对接北京高端产业、河北要注重人才培养和加强自身研发能力，以此实现区域间的良性互动，创造更多就业机会和岗位，保障各产业和各地区的市场供需关系，以此缓解收入不平等。第三，应完善京津冀地区配套政策体制，建立共建共享机制来助力城乡居民收入差距缩小。区域一体化发展战略是打破区域壁垒、发挥市场潜力的重要方式，有利于保障要素资源的自由流动和公平分配，增强风险应对能力。因此，京津冀地区一方面应积极推进商品和服务市场的高水平统一，破除地方保护和市场分割，完善非首都功能疏散中的企业认证与评估制度，探索人才共享的职称互认衔接机制，为城乡居民提供更加自由开放的市场环境；另一方面应推进公共服务一体化，持续提升京津冀公共服务共建共享水平，鼓励京津优质资源向合作区转移，缩小京津冀三地公共服务的差异，保障农村居民和落后地区居民的生存发展环境，缩小城乡居民收入分配差距。

The Impact of Industrial Structure Transformation on the Income Gap Between Urban and Rural Residents in Beijing-Tianjin-Hebei Region

Li Yujiao, Wang Xiaojie

Abstract: Based on the panel data of 13 cities in Beijing-Tianjin-Hebei region from 2004 to 2020, this Beijing-Tianjin-Hebei region. The results show that the industrial structure transformation in Beijing-Tianjin-widen the income gap between urban and rural residents, while the upgrading of industrial structure can help narrow the income gap between urban and rural residents. The spatial spillover effect of the industrial structure upgrading in Beijing-Tianjin-Hebei region is obvious, which can alleviate the income gap between urban and transformation of industrial structure and the income distribution gap between urban and rural areas, among which the strengthening effect of the integration of commodity market is stronger than the integration of public services. Therefore, it is of great significance for Beijing-Tianjin-Hebei region to accelerate the transformation and upgrading of industrial structure and improve the implementation of regional integration strategy to narrow the income gap between urban and rural residents.

Keywords: industrial structure transformation ; income gap between urban and rural residents ; Beijing-Tianjin-Hebei region; regional integration

北京市机构养老供给现状及环京布局*

赵　杨**

摘　要：　当前，北京市养老机构大多集中于中心城区，城市高质量发展要求北京市需高效利用日益稀缺的土地资源，实现中心城区存量土地资源的优化提升。北京市老年人口养老需求与资源布局之间的矛盾越来越突出。本文通过解析相关政策及对统计数据进行分析后认为，北京市未来应从规划、供给、需求、运作等方面，促进养老服务区域一体化发展，实施“养老机构空间置换”，创新“以房养老”形式等，推动城市养老资源向环京地区布局。这样既能降低养老机构的运营成本，健全服务种类，提升居住体验，吸引更多京籍老年人入住养老机构，又能促进首都低效土地资源再开发，提高城市建设用地产出率。

关键词：　机构养老　环京布局　供需结构　土地资源利用

---

* 本文已发表于《北京社会科学》2022 年第 9 期。

** 赵杨，北京交通大学经济管理学院副教授，博士。

一　引言

合理的人口规模、适宜的人口结构是特大城市持续发展的动力和要求。有序疏解非首都功能、控制人口规模是北京解决“大城市病”的关键环节。[①] 2015 年 4 月 30 日，中共中央政治局审议通过了《京津冀协同发展规划纲要》，其中特别提到要疏解北京非首都功能，主要包括一般性制造业、区域性物流基地和批发市场、部分教育医疗等公共服务功能及部分行政性、事业性服务机构。规划纲要还提出了北京人口总量控制目标。

当前，北京市人均土地面积不及全国人均水平的十分之一，人均城乡建设用地面积不及全国人均水平的二分之一，人均水资源拥有量不足全国人均水平的十分之一。可利用的自然资源匮乏，对首都集约利用自然资源及可持续发展提出了挑战。[②] 2019 年，北京市城市建设用地产出率约为 24 亿元/平方千米，排在广州、深圳、杭州之后，位列全国第四，仅为广州的 74%[③]；与东京都市圈、大伦敦、巴黎大区和纽约都市圈相比差距更大。此外，在自然资源部组织的全国 564 个城市 2017 年度区域建设用地节约集约利用综合评价中，北京市得分为 52.87，居全国第 11 位，与排在第 1 位的深圳市（82.85 分）相比有不小的差距。[④]

二　北京市老龄化现状及机构养老需求

截至 2021 年底，北京市 60 岁及以上常住人口已达 441.6 万人，占总人口的 20.18%，其中，65 岁及以上常住人口占总人口的 14.24%，这两个指

① 杜艳莉，胡燕．特大城市人口疏解过程中面临的困境及应对策略——以北京市为例[J].城市发展研究，2016，23（11）：67-70.

② 郑雪蕾．北京首次亮出国有自然资源资产家底[N].新京报，2021-11-26（A03）.

③ 数据来源于 2020 年《中国城市统计年鉴》。

④ 自然资源部通报全国城市区域建设用地节约集约利用评价情况[EB/OL].（2018-09-02）[2022-03-03].http：//www.gov.cn/xinwen/2018-09/02/content_5318591.htm.

标超过了国际通用的中度老龄化标准（60 岁及以上老年人口占比达到 20%，65 岁及以上老年人口占比达到 14%）。[①] 北京市人口老龄化快速发展，预计到“十四五”末，人口老龄化水平将达到 24%，从轻度老龄化迈入中度老龄化；到 2035 年，北京市的老年人口将接近 700 万人（其中高龄老年人口将突破 100 万人），老龄化水平将超过 30%，进入重度老龄化社会。高龄化趋势加速，社会抚养比持续提高。[②] 总之，北京市人口老龄化问题日益凸显，面临总量大、增速快、区域分布不均衡等多重挑战。[③] 这与北京作为全国政治中心、文化中心、国际交往中心、科技创新中心的功能定位不相符。[④]

严峻的老龄化形势为机构养老产业带来了机遇。未来 5~10 年，60~75 岁老年人口这个年龄段的老年人口将快速增长；同时，随着近年来财政投入增加，政府兜底人群的养老问题已逐步得到解决，养老的主要矛盾转变为养老服务无法满足老年人日益多样的养老需求。[⑤] 随着代际更替和收入水平的提升，老年人的需求结构正在从生存型向发展型转变[⑥]，关注重点由生活保障转向生活品质、精神愉悦，对宜居环境的需求急剧增长[⑦]，因而越来越多的老年人选择专业机构养老。

---

① 北京市老龄事业发展报告（2021）[R/OL].[2022-03-03]. https://wjw.beijing.gov.cn/wjwh/ztzl/lnr/lljkzc/lllnfzbg/202209/P020220928402196139821.pdf.

② 北京市老龄工作委员会关于印发《北京市“十四五”时期老龄事业发展规划》的通知[EB/OL].(2021-01-01)[2022-03-03]. https://www.beijing.gov.cn/zhengce/zhengcefagui/202111/t20211126_2545746.html.

③ 康越．东京都高龄城市建设模式对我国超大城市借鉴研究[J]. 北京行政学院学报，2017(5)：90-99.

④ 北京市老龄工作委员会办公室，北京师范大学中国公益研究院．北京市老龄事业发展和养老体系建设白皮书（2017）[M]. 北京：社会科学文献出版社，2018.

⑤ 黄石松．深化北京养老服务供给侧改革[J]. 中国国情国力，2019（2）：18-20.

⑥ 国务院关于印发“十四五”国家老龄事业发展和养老服务体系规划的通知[EB/OL].(2021-12-30)[2022-03-03]. https://www.gov.cn/gongbao/content/2022/content_5678066.htm.

⑦ 北京市老龄工作委员会办公室，北京师范大学中国公益研究院．北京市老龄事业发展和养老体系建设白皮书（2017）[M]. 北京：社会科学文献出版社，2018.

当前，机构集中养老服务仅能满足北京市 5.2%的基本需求。① 国开行研究院养老服务业课题组认为，未来 5~6 年，65~70 岁老年人口的养老需求将逐渐增加，北京市选择机构养老的老年人将呈逐年增多态势。② 据国家统计局北京调查总队的调查，60 岁及以上老年人样本中有 14%愿意选择机构养老，而 40~59 岁群体的样本中则有 18%做相同选择，远超北京市民政局等部门提出的到 2020 年 4%的老年人入住养老服务机构集中养老③的预期目标。

北京市老年人口的区域分布特征决定了机构养老的现实需求越来越强烈。北京市近三分之二的老年人口集中分布在总面积占比不足全市十分之一的中心城区。近年来，北京市通过完善法规、推动非首都功能疏解、老旧社区改造、推广养老服务驿站等一系列有针对性的措施，使中心城区的养老环境得到了一定程度的改善，但是受基础条件、服务供给规模、养老人才等多种因素的制约，仍然存在着许多困难。主要体现在两个方面：一是老旧小区无障碍环境改造困难较大，老年人生活多有不便；二是养老设施建设不到位，为老服务空间难以进一步挖掘潜力。④ 据统计，目前北京市仍然有三分之一的街道和五分之三的社区没有养老助残设施，属于居家养老与社区养老的真空地带。⑤《北京市养老服务专项规划（2021—2035 年）》（以下简称《专项规划》）指出，北京市核心区人口密度大、老龄化程度较高，用地面积紧张，配套公建尚不健全。总之，城六区的居家养老与社区养老面临着设施数量不足、空间有限、改造困难等问题，机构养老是解决这些问题的有效途径。

---

① 张静．养老服务体系建设为何要着眼于满足未满足的养老需求——访北京大学人口研究所教授乔晓春[J].中国民政，2020（12）：44-45.

② 国开行研究院养老服务业课题组．北京市养老服务业市场：成绩与困难[EB/OL].（2021-07-29）[2022-03-03]. http：//www.cb.com.cn/index/show/gx/cv/cv13524478133 8/p/s.html.

③ 关于加快养老服务机构发展的意见[EB/OL].（2008-12-24）[2022-03-03]. https：//mzj.beijing.gov.cn/art/2008/12/24/art_ 10688_ 1830.html.

④ 康越，惠永强．北京中心城区养老瓶颈及完善策略[J].城市问题，2020（9）：77-85.

⑤ 北京市居家养老相关服务设施摸底普查报告[R/OL].[2022-03-03]. https：//mzj.beijing.gov.cn/attached/file/20180516/20180516112815_ 282.pdf.

三　北京市机构养老供给现状及存在的问题

北京市在响应国家号召、支持养老事业发展的道路上走在了全国的前列。早在 2008 年，北京市就提出了“9064”（90%居家养老，6%社区养老，4%机构养老）的养老模式[①]，并在“十二五”期间大力开展养老机构的床位建设。截至 2020 年底，北京市运营的养老机构共 563 家，床位 10.9 万张，建成街道（乡镇）养老照料中心 262 家，养老服务驿站 1005 家。[②] 然而，由于我国的养老服务业起步较晚，现阶段发展还不成熟，北京市当前在机构养老方面存在一些突出问题，大多数养老机构处于亏损状态，可持续发展能力堪忧。

近年来，养老市场受到资本青睐，养老机构、养老公寓投资风潮渐起，但大多数养老企业面临“吃不饱”的境况。截至 2019 年底，北京市养老企业总体上还处于亏损状态，盈利的只占 4%，基本持平的占 32.8%，稍有亏损的占 32.6%，严重亏损的占 30.7%。只有 10%的养老机构“一床难求”，九成养老机构存在着大量空置床位，五成养老机构的入住率不到一半。按照国外经验，一个养老院入住率不到 75%就难以达到盈亏平衡。依此标准计算，目前北京市超过 60%的养老机构需要 10 年以上的时间才能收回投资。[③]

这主要是由以下两个方面的原因造成的。第一，从营收角度而言，养老机构普遍存在床位利用率不高的问题，观念与收费水平是主要障碍。[④] 当前，北京市的老年人口绝大多数都是 1960 年以前出生的人口。受国家生育

---

① 聚焦需求 增量提质 助力老人“近”享生活——2018 年北京市养老现状与需求调查报告[R/OL].（2018-10-15）[2022-03-03]. https://www.beijing.gov.cn/gongkai/shuju/sjjd/201810/t20181015_1837822.html.

② 北京市养老服务专项规划（2021 年—2035 年）[EB/OL].（2021-09-07）[2022-03-03]. https://www.beijing.gov.cn/zhengce/gfxwj/sj/202109/W020220118588954060439.pdf.

③ 国开行研究院养老服务业课题组．北京市养老服务业市场：成绩与困难[EB/OL].（2021-07-29）[2022-03-03]. http://www.cb.com.cn/index/show/gx/cv/cv13524478133 8/p/s.html.

④ 郭智洋．北京市养老机构发展现状及对策[J].合作经济与科技，2021（2）：179-181.

政策、勤俭节约消费观念的影响，这批老年人绝大多数都选择居家养老和社区养老。[①] 不论自己收入状况如何，他们都倾向于把钱储蓄起来留给子孙后代，而不愿用于享受较高质量的养老服务。此外，据国家统计局北京调查总队 2018 年的调查数据，有意愿参加机构养老的被访老年人，关心的首要问题是“收费标准”，占比约为 64%；[②] 第二位是医疗水平，占比约为 57%。86%的被访老年人承受能力在 4000 元/月以下（2019 年北京市平均退休工资为 4175 元/月）。[③] 据 60 加研究院 2021 年的调查数据，在医疗服务层面，占比约为 83%的提供医疗服务的养老机构收费价格为 5422 元/月[④]；在机构等级层面，占比约 87%的二星级及以上的养老机构收费均高于 4000 元/月[⑤]；在地理区域层面，除了石景山区，其余城五区的养老机构收费均高于 4000 元/月；在机构性质层面，只有公办养老机构（2186 元/月）低于 4000 元/月，由社会资本建设或运营的三类养老机构收费均高于 5000 元/月（民办公助为 6951 元/月；公建民营为 5569 元/月；民办为 5075 元/月）。[⑥]

第二，从成本角度而言，养老机构运营成本高，尤其是租住成本（床位费）与人工成本（护理费）。据调查，总体上，北京市养老机构的收费构成中床位费占比接近一半（而排在第二位的护理费占比为 35%~40%），而

① 国开行研究院养老服务业课题组．北京市养老服务业市场：成绩与困难[EB/OL].(2021-07-29)[2022-03-03]. http://www.cb.com.cn/index/show/gx/cv/cv13524478133 8/p/s.html.

② 聚焦需求 增量提质 助力老人“近”享生活——2018 年北京市养老现状与需求调查报告[R/OL].(2018-10-15)[2022-03-03]. https://www.beijing.gov.cn/gongkai/shuju/sjjd/201810/t20181015_1837822.html.

③ 聚焦需求 增量提质 助力老人“近”享生活——2018 年北京市养老现状与需求调查报告[R/OL].(2018-10-15)[2022-03-03]. https://www.beijing.gov.cn/gongkai/shuju/sjjd/201810/t20181015_1837822.html.

④ 北京养老机构市场研究报告 2020[EB/OL].(2020-06-29)[2022-03-03]. https://blog.csdn.net/yl60jia/article/details/107016248.

⑤ 北京养老机构市场研究报告 2020[EB/OL].(2020-06-29)[2022-03-03]. https://blog.csdn.net/yl60jia/article/details/107016248.

⑥ 国开行研究院养老服务业课题组．北京市养老服务业市场：成绩与困难[EB/OL].(2021-07-29)[2022-03-03]. http://www.cb.com.cn/index/show/gx/cv/cv13524478133 8/p/s.html；北京养老机构市场研究报告 2020[EB/OL].(2020-06-29)[2022-03-03]. https://blog.csdn.net/yl60jia/article/details/107016248.

且随着收费水平的提升，床位费所占比重随之提高，均价超 10000 元/月的养老机构，床位费所占比重高达 54.5%。[①] 据一项对 450 家养老机构的调查，房屋等建筑设施自有的占 31.6%，租用的占 44.2%，二者合计占 75.8%；剩下的为无偿提供使用及其他。[②] 城六区的床位费与护理费明显高于周边城区，而且养老机构收费基本与其到城市中心的距离呈正相关关系。[③] 其根源在于，北京市老年人口区域分布不均衡，养老机构布局缺乏科学规划。除了老年人口密集，城区交通便利、医疗资源丰富也使养老机构扎堆于中心城区，城六区拥有全市约 46%的养老机构、45%的床位及 32%的公办养老床位。[④] 然而，中心城区地价（租金）及人工成本普遍较高，导致养老机构运营成本居高不下，进而在收费上超出了相当一部分希望选择机构养老的京籍老年人的心理预期。

总之，北京市在机构养老供给层面已建立了相应的资源分配机制，但受困于土地价格和人力成本，养老资源集中程度较高，结构性矛盾突出，目前尚无法实现有效供给。[⑤]

四　问题分析及解决思路

尽管北京市政府做了很多工作，但仅依靠自身能力还难以圆满地解决养老问题。如果说北京市居民对于机构养老的观念问题可以通过代际更迭及加

① 北京养老机构市场研究报告 2020[EB/OL].（2020-06-29）[2022-03-03]. https://blog.csdn.net/yl60jia/article/details/107016248.

② 北京市居家养老相关服务设施摸底普查报告[R/OL]. https://mzj.beijing.gov.cn/attached/file/20180516/20180516112815_282.pdf.

③ 北京养老机构市场研究报告 2020[EB/OL].（2020-06-29）[2022-03-03]. https://blog.csdn.net/yl60jia/article/details/107016248.

④ 北京养老机构市场研究报告 2020[EB/OL].（2020-06-29）[2022-03-03]. https://blog.csdn.net/yl60jia/article/details/107016248；万利．养老服务体系建设应加快“产业化”政策设计——北京养老服务体系调研报告[J]. 中国经贸导刊，2021（10）：59-62.

⑤ 曹毅，张贵祥．京津冀养老资源供需矛盾和协同创新对策研究[J]. 科技智囊，2021（3）：46-51.

大宣传得到解决，那么收费门槛过高则只能通过降低养老机构的运营成本，尤其是租住成本来解决。但随着城市中心区域租金不断升高，这一思路很难实现。北京市的土地面积仅是河北的8.7%，而人口密度却是河北的3.3倍，中心城区的人口密度更是河北的62倍，土地资源价格远高于河北省，这导致养老机构的建设成本很高。[①] 养老机构过于集中在中心城区必然会形成供需错配问题：一方面，北京市老年人口对机构养老的需求逐渐增加；另一方面，床位空置率又居高不下[②]。如何有效缓解这种结构性矛盾，成为北京市应对人口老龄化的一大挑战，也是进一步提升北京市中心城区的产出率与疏解非首都功能的一项重要议题。

《北京市国民经济和社会发展第十四个五年规划和二〇三五年远景目标纲要》提出，要优化养老服务资源空间布局，在平原新城和新市镇建设一批交通便利、生活舒缓、宜居宜养、医养结合的养老设施，支持发展康养小镇，更好地承接中心城区养老功能外溢。《专项规划》则指出，北京市需要充分考虑功能疏解、减量发展的要求，逐步引导规模以上机构养老设施合理布局，原则上不再新增大型养老机构，推动与生态涵养区签署发展协议，探索利用生态涵养地块，将核心区的养老和康养需求“外扩”。在京津冀整体区域发展中，河北省的机构养老是具备比较优势的发展领域，除了具备养老产业协同共建的现实基础、更为丰富多样的自然环境，更重要的是，从产业用地平均出让价格来看，土地价格只有北京市的五分之一和天津市的三分之一；服务行业的平均工资和生活成本也远低于京津地区。[③] 上述规划及事实为北京市机构养老产业的发展指出了明确的方向，只有将北京老年人口疏解到居住成本更低的环京地区，形成京津冀协同养老的发展格局，才能提升北京市的土地产出率，疏解北京非首都功能，促进京津冀协同发展。

---

① 谷彦芳，赵怡然，王军．疏解北京非首都功能背景下的河北养老服务业发展策略[J].经济论坛，2015（2）：11-12+18.

② 黄石松．深化北京养老服务供给侧改革[J].中国国情国力，2019（2）：18-20.

③ 郝成印，郝凌霄．关于推进河北省在京津冀养老服务协同中发挥更大作用的思考[J].中国工程咨询，2021（11）：79-82.

但是，仅向环京区域外扩是不够的，还必须要实现养老机构集聚。近年来，虽然北京市大力推动机构养老床位数不断增加，但老年人没有因为床位的大幅度增加而更愿意、更有条件进入养老机构。养老服务体系建设不等价于养老机构和养老设施建设，也不等价于增加养老和护理床位。硬件设施建设只是一部分，应该围绕老年人基本公共服务需求，特别是瞄准尚未满足的医疗、文娱、社会交往等各个方面的需求系统化设计和构建养老服务体系。[①] 而只有集聚，才能形成足够的人口基数以吸引丰富的服务供给，同时有效降低服务成本，进而吸引潜在客户，实现良性循环。

五　规划指引及措施实施

北京市应优化机构养老的空间布局，即将原先集聚在中心城区的养老机构逐渐置换到北京市郊区及城市周边地区，在实现地理集聚的同时，将城区土地资源让渡给更能产生效益的其他产业，提升首都城市建设用地的单位产出和利用效率。为此，应注重顶层设计，制定相关规划进行宏观指导；从供给、需求与运营三个层面采取具体措施，以保障首都机构养老产业的可持续发展，同时实现土地资源的更充分利用。

（一）促进养老服务区域一体化发展

在规划层面，促进北京市城区与郊区及京津冀的养老服务一体化发展，构建环京养老基地并实现地理集聚。北京市曾提出，城六区以外平原地区优先发展机构养老、老年宜居住宅等行业。[②]《北京城市总体规划（2016 年—2035 年）》提出，鼓励在京健康养老服务机构输出服务品牌和管理经验，

---

① 张静．养老服务体系建设为何要着眼于满足未满足的养老需求——访北京大学人口研究所教授乔晓春[J]．中国民政，2020（12）：44-45.

② 北京市人民政府办公厅印发《关于全面放开养老服务市场进一步促进养老服务业发展的实施意见》的通知[EB/OL]．（2017-03-07）［2022-03-03］．https：//www.beijing.gov.cn/zhengce/zhengcefagui/201905/t20190522_60064.html.

提升区域健康养老服务水平。① 《专项规划》也提出，北京将推动建立城郊养老服务协作体，通过区域协作，解决核心区、中心城区空间不足的问题，满足老年人的养老服务需求；推动建立京津冀养老服务协同体，让老年人在环北京周边有更广阔的选择空间，按自身需求、喜好选择合适的养老机构，享受舒适、宁静、专业的养老服务。②

依据上述规划，未来北京市应在规划层面继续采取以下措施。建立“1+1”城郊养老服务协作框架协议，探索利用生态涵养区及多点新城地块，将中心城区的养老需求外扩。总结推广东城区利用怀柔区地块实现养老需求“外扩”的做法和经验，加强市区与郊区之间在养老方面的对接合作。支持中心城区和外围郊区之间建立“1+1”城郊养老服务协作体，推进协作养老，把需要空间资源的服务项目建设在北京的生态涵养区和多点新城区域。③ 依托北京市国资委成立的养老服务企业集团，建立市场协作机制，开展北京“1+1”城郊养老服务协作体试点，建立双向转院绿色通道，融合两方养老服务，健全养老服务供需对接机制，以提高老年人获取服务的便利性、安全性。

落实国家京津冀协同发展战略，依托现有三地协同工作机制，加强在健康养老产业方面的合作，引导北京市养老、健康等资源向津冀延伸布局及区域内养老资源互通，提升跨区域养老服务供给能力。④ 基于共享发展的理念，积极探索异地养老。以北京城市副中心建设与廊坊北三县一体规划、协同发展为契机，制定专项支持政策，推动北京养老项目向河北高碑店、廊坊、保定、秦皇岛、雄安新区，特别是廊坊北三县延伸布局，推动北京市养老机构与上述地区合作，进行空间置换或设立分支机构。进行全

① 北京城市总体规划（2016 年—2035 年）[EB/OL].（2017-09-29）[2022-03-03]. https://www.beijing.gov.cn/gongkai/guihua/wngh/cqgh/201907/t20190701_100008.html.

② 北京市养老服务专项规划（2021 年—2035 年）[EB/OL].（2021-09-07）[2022-03-03]. https://www.beijing.gov.cn/zhengce/gfxwj/sj/202109/W020220118588954060439.pdf.

③ 北京市养老服务专项规划（2021 年—2035 年）[EB/OL].（2021-09-07）[2022-03-03]. https://www.beijing.gov.cn/zhengce/gfxwj/sj/202109/W020220118588954060439.pdf.

④ 北京市老龄工作委员会关于印发《北京市“十四五”时期老龄事业发展规划》的通知[EB/OL].（2021-01-01）[2022-03-03]. https://www.beijing.gov.cn/zhengce/zhengcefagui/202111/t20211126_2545746.html.

方位的跨域政策协调，切实保障补贴、医保、优待支持和服务标准规范“四个打通”[1]，形成京津冀养老机构资质互认、标准互通、监管协同的管理模式。依托信息化手段，建立健全养老服务资源供给和养老服务需求双向交流的基础信息平台和监管机制，促进京津冀养老健康服务协同发展。

规划新建的养老基地应围绕既有环京养老资源进行布局，以地理集聚效应吸引以医疗为核心的养老服务资源。未来环京地区应建设一批功能突出、特色鲜明、辐射面广、带动力强的休闲养生、特色医疗、文化教育、科技服务养老基地。[2] 养老基地可通过养老人群的集中居住而产生较大的人口基数，这是开展内容丰富且低成本的养老服务的首要前提，尤其有助于引进养老人群最为重视的医疗资源。因此，应使环京养老基地尽量围绕已初具规模的既有养老资源展开建设，实现地理集聚，打造容量大、功能全、环境优的养老基地。同时，促进北京优质医疗资源辐射津冀地区，推动市内医院，尤其是老年病、心脑血管病等专科医院为环京养老基地开设分院及提供远程医疗指导、定期巡诊等服务，还可设立老年康复护理院、心理咨询室等。

（二）实施“养老机构空间置换”

在供给层面，通过多种方式实施“养老机构空间置换”，使环京地区顺利承接中心城区的养老功能外溢。对不同类型的养老机构实施差异化的空间置换激励措施。对公办及公建民营养老机构，可通过环京地区土地划拨的方式完成存量置换或增量引入；对使用政府指定的建设用地的机构，可给予一次性补贴用于建设。对民办及民办公助等由社会资本主导建设的非公益性养

---

① 北京市国民经济和社会发展第十四个五年规划和二〇三五年远景目标纲要［EB/OL］.（2021-03-31）［2022-03-03］. https：//www. ndrc. gov. cn/fggz/fzzlgh/dffzgh/202103/t20210331_1271321. html.

② 北京市人民政府关于加快推进养老服务业发展的意见［EB/OL］.（2013-10-16）［2022-03-03］. http：//www. beijing. gov. cn/zhengce/zfwj/zfwj/szfwj/201905/t20190523_72629. html.

老服务设施进行置换时，则可在环京地区以有偿使用方式供地，鼓励优先以租赁、先租赁后出让、作价出资或入股等方式供应，对以有偿方式供应的养老服务设施用地，出让底价可按不低于所在级别公共服务用地基准地价的70%确定。[①] 支持采取股份制、股份合作制等形式，探索以基础设施“建设—运营—移交”模式建设养老服务设施。[②] 对在养老服务领域采取政府和社会资本合作（PPP）方式的项目，可以国有建设用地使用权作价出资或入股建设。[③] 同时，还可考虑加大扶持力度，采取土地出让金减免、面积补偿、税收优惠、融资优惠及加大床位补贴等经济杠杆，调动社会资本对“养老机构空间置换”的积极性。

适度开发环京养老地产以带动养老基地建设，通过房产置换实现住所的空间置换。除了采取新城普惠养老、京郊小镇养老、环京田园养老等多样化的基地建设开发模式[④]，也要重视养老地产的带动作用。有相当一部分的老年人向往养老基地的生活环境，但又倾向于居住自有房屋，一是满足感更强，二是能为后代留下房产。因而，应因地制宜出台养老房产的用地规模、标准与布局原则。政府可考虑在环京地区以出让方式供应社会福利用地，地产开发商严格按照政府规划及标准以 BT 方式建设养老基地，建成后将其无偿交付给运营机构，以其中的养老地产（公寓）的产权销售作为项目回报。这样既能为那些试图将京内住房置换为环京养老公寓的养老人群提供经适老化改造的商品化住房；又能通过实施“以土地换投资”，盘活存量土地资产，吸引社会资本加入环京养老基地的建设。

---

① 自然资源部关于加强规划和用地保障支持养老服务发展的指导意见[EB/OL].（2019-12-05）[2022-03-03]. http://gi.mnr.gov.cn/201912/t20191205_2486648.html.

② 北京市人民政府办公厅印发《关于加快推进养老服务发展的实施方案》的通知[EB/OL].（2020-05-22）[2022-03-03]. https://www.beijing.gov.cn/zhengce/zhengcefagui/202005/t20200522_1906324.html.

③ 北京市人民政府办公厅印发《关于全面放开养老服务市场进一步促进养老服务业发展的实施意见》的通知[EB/OL].（2017-03-07）[2022-03-03]. https://www.beijing.gov.cn/zhengce/zhengcefagui/201905/t20190522_60064.html.

④ 北京市国民经济和社会发展第十四个五年规划和二〇三五年远景目标纲要[EB/OL].（2021-03-31）[2022-03-03]. https://www.ndrc.gov.cn/fggz/fzzlgh/dffzgh/202103/t20210331_1271321.html.

利用环京存量资源建设养老服务设施，鼓励利用商业、办公、工业、仓储存量房屋及社区用房等创办养老机构。[①] 发掘环京地区社会闲置资源，鼓励疏解腾退的厂房、校舍、培训疗养机构等设施优先用于养老服务。当前，可着重考虑制订北戴河地区培训疗养机构转型发展养老服务规划，建设北戴河地区培训疗养机构转型发展养老服务集中示范区。[②] 同时，考虑将闲置的公益性用地调整为养老服务用地[③]，从而降低空间置换成本，减少建设时间。此外，大力提高设施综合利用率，鼓励将养老设施与其他公共服务基础设施集中设置，分时段、分空间使用，提高服务效率和节约土地资源。

积极推动新版养老机构星级评定及智慧健康养老示范基地建设评选，增强空间置换动力。2021 年 10 月，北京市地方标准《养老机构服务质量星级划分与评定》正式实施。与旧版相比，新标准中环境、设施设备两大类评定项目所占比重更加突出，评定内容更加丰富。同时，工业和信息化部等三部委明确提出，到 2025 年，在全国范围内建立 100 个以上智慧健康养老应用示范基地，进一步强化示范引领效应。[④] 截至目前，在已被认定的四个批次共 69 个养老基地中，京津冀地区只有河北廊坊市固安县得到了认定，因此尚有很大的提升空间。北京市中心城区的大部分养老机构由于设计陈旧、空间有限，很难进行更新改造，而若在环京地区新建，则可从一开始就按照高标准建设，获得更高的星级或被认定为示范基地，形成较强的品牌效应，能更有效地吸引养老人群，从而取得更好的经营绩效，最终增强空间置换动力。

---

① 自然资源部关于加强规划和用地保障支持养老服务发展的指导意见[EB/OL].（2019-12-05）[2022-03-03].http：//gi.mnr.gov.cn/201912/t20191205_2486648.html.

② 国务院关于印发“十四五”国家老龄事业发展和养老服务体系规划的通知[EB/OL].（2021-12-30）[2022-03-03]. https：//www.gov.cn/gongbao/content/2022/content_5678066.htm.

③ 北京市人民政府关于加快推进养老服务业发展的意见[EB/OL].（2013-10-16）[2022-03-03].http：//www.beijing.gov.cn/zhengce/zfwj/zfwj/szfwj/201905/t20190523_72629.html.

④ 工业和信息化部 民政部 国家卫生健康委关于印发《智慧健康养老产业发展行动计划（2021—2025 年）》的通知[EB/OL].（2021-10-23）[2022-03-03]. https：//www.gov.cn/zhengce/zhengceku/2021-10/23/content_5644434.htm.

（三）创新“以房养老”形式

在需求层面，通过出台税费减免等优惠政策，创新“以房养老”形式，形成“住所空间置换”机制，刺激环京养老需求，优化城区住房资源配置。京籍老年人城区的自有住房往往会成为阻碍其参加机构养老的重要因素。但是，若能实施“住所空间置换”便可变阻力为动力。以出售或出租中心城区自有住房的收入，支付环京养老机构或养老地产的费用，可使京籍老年人充分利用城区与环京地区的“地价差”，享受低成本且更加适宜的居住环境。同时，又能为北京市中心城区提供大量优质房源，在一定程度上平抑房价或租金，降低城区居住成本，有利于为首都的高质量发展吸引中青年人才，焕发城市活力。为此，政府应在出台税费减免等优惠政策刺激环京基地养老需求的同时，优化城区住房资源配置。

实行住房置换纳税额抵扣。对于出售城区房屋在环京地区购买养老房产的业务，可以在扣除养老房产的购房支出后再对卖房款进行计税，具体操作可通过直接抵扣（先买新再卖旧）或退税（先卖旧再买新）完成；对于购买养老房产应缴的契税，可以抵减城区卖房款后再予计税。对于出租城区房屋在环京养老机构长期入住的，可考虑对其城区租金收益扣除养老机构床位费之后的差额计税。

实行房屋买卖安心服务及服务费优惠。鉴于房屋买卖环节众多、流程复杂，民政部门可出面通过招标方式将城区房产的卖出业务打包委托给信誉好、实力强的房产中介，以委托服务合同的方式，明确各环节的服务标准并统一实施优惠的中介服务费率。京籍养老人群可凭环京养老房产的购房合同或养老机构的入住合同，享受上述安心服务，同时进一步降低卖房成本。

（四）构建养老基地网络

在运营层面，通过实施递增级差式补贴减轻养老机构的运营压力，通过构建养老基地网络，增强环京机构养老对老年人的吸引力。应实施京津冀养老机构“同心圆”递增级差式补贴标准，吸引更多企业在环京区域布局养老机构，而不再执着于投资京内市场。长期以来，京津冀地区对养老机构的财政补贴额度一直影响着企业的落户选择。虽然“环京养老圈”吸引了不少企业，但有一部分企业迟迟不肯行动，核心原因就是在北京投建养老机构成本较高且竞争太激烈。而北京周边开发养老产业投资风险又相对较大。从2014年开始，北京市财政对社会兴办的非营利性养老机构，每新建一张养老床位给予4~5万元的一次性建设补贴；全面推行养老机构综合责任保险补贴政策，北京市财政补贴保费的80%，服务机构自行负担20%；出台养老机构运营补贴管理办法，综合考虑收住服务对象身体状况、服务质量星级评定、信用状况、医疗服务能力4个维度，对养老机构实行差异化补贴，每床每月最高达1050元；其后，又突破营利性与非营利机构壁垒，实行同等运营扶持政策。① 然而，根据河北省新政，对社会力量通过购置土地新建和利用自有房产改建的非营利性养老机构，仅给予每张床位4000元的建设奖补；对于社会力量租赁房产开办非营利性养老机构且租赁合同在五年以上的，每张床位仅给予2000元建设奖补，而且最高奖补金额不超过200万元。显然，尽管河北省已提高了补贴标准，但与北京市相比，仍有不小的差距。为此，建议对京外接收京籍老年人的机构进行较高水平的补贴，补贴标准应采取“同心圆”递增级差，即以北京市中心城区为圆心，向外根据半径长短来确定补贴金额，补贴原则为距离越远补贴额度越高。

推动养老机构连锁化（或联盟化）、特色化、标准化运营，形成环京养老基地网络。对京籍老年人来说，城市良好的生态环境与居住环境具有很大的吸引力。这意味着，为有效引导京籍老年人选择异地养老，应当在首都周边着力打造各具特色、生态宜居而又能提供标准化养老服务的养老基地。可整合特色资源发展健康养生旅游产业，旨在满足养老人群在延年益寿、强身健体、修身养性、健康医疗、修复保健、生活体验和养生文化体验等方面的多元化诉求。利用生态较好区域得天独厚的自然环境、丰富

---

① 国开行研究院养老服务业课题组．北京市养老服务业市场：成绩与困难［EB/OL］.（2021-07-29）［2022-03-03］. http：//www. cb. com. cn/index/show/gx/cv/cv13524478133 8/p/s. html.

的生态资源和历史文化交相辉映的优势，将健康养生养老的概念与文化旅游、休闲娱乐等业态进行融合，发展健康养生旅游产业，同时进一步利用气候、森林、温泉、田园、湖河、文化、医药等资源，在环京不同区域开发森林康养、田园康养、温泉康养、康复基地、中医康养、休闲康养等项目，打造具有鲜明特色的健康养老基地。鼓励养老机构连锁化或联盟化发展，形成养老基地网络并提供标准化的养老服务。入住的老年人可以根据自己的居住偏好、消费能力与季节变迁，在基地网络内进行“旅居”。一方面，可给养老人群以更多的选择，体验不同的居住环境，以提升环京养老的吸引力；另一方面，还可通过经济手段调节网络内各机构的入住率，使之相对均衡，从而实现规模经济。

六　结语

随着北京市人口老龄化程度的日益加深，基础设施不适应人口老龄化及老龄社会发展进程的矛盾越来越突出。同时，北京市的城市定位也对疏解人口、提升土地利用效率提出了更高的要求。实施北京市机构养老资源的环京空间置换与地理集聚，不仅可以推进宜居环境建设，满足京籍老年人更高的生活与精神需求，还可以进一步推进北京国际一流和谐宜居之都建设。

The Present Situation of Institutional Elderly Care Supply in Beijing and the Layout around Beijing

Zhao Yang

Abstract: At present, most of Beijing's elderly care institutions are located in the central city, the capital's high-quality development requires efficient use of increasingly scarce land resources to achieve the optimization and enhancement of the central city's land stock. The contradiction between the quality of elderly care and the layout of resources in Beijing has a tendency to become increasingly prominent. This paper, based on the analysis of relevant policies and statistical data, suggests that it is advisable to promote the distribution of Beijing's elderly care resources to the surrounding Beijing area through " spatial replacement" and "geographical clustering" in terms of planning, supply, demand and operation. This will reduce the operating costs of elderly care institutions, improve the range of services, enhance the living experience and attract more Beijing residents to choose institutional care, as well as promote the redevelopment of inefficient land resources in the capital and increase the output rate of urban construction land.

Keywords: institutional care ; layout around Beijing; supply and demand structure ; land resource utilization

北京市义务教育优质均衡发展的政策路径*

薛二勇　王红伟**

摘　要： 北京市率先在全国提出推进义务教育优质均衡发展，其基本均衡发展经验体现为：均衡发展政策先行，发挥引导作用；学校布局调整改进，发挥支撑作用；教师配置因需优化，发挥能动作用；要素建设抓实抓细，发挥基石作用。北京市义务教育优质均衡发展面临的挑战和问题体现为：学位需求大且区域布局不均衡、优质师资配置存在量和质的差距、学校建设关键基础要素需优化、优质教育资源扩散组合协同性不足。北京市义务教育优质均衡发展的首要标准在于发展“个适性”教育。为此，应多源并用、内部扩散、外部疏解，优化学校布局；主动流动、胜任先行、双向互促，优化教师交流轮岗；执行章程、以文育人、要素联动，建设品质学校；要素综合、模式多样、效果监测，推进优质教育资源扩散。

关键词： 义务教育　优质均衡　政策研究　高质量教育体系　首都

* 本文已发表于《北京社会科学》2024 年第 9 期。

** 薛二勇，北京师范大学中国教育政策研究院副院长，教授，博士研究生导师，国家重大人才工程青年学者，国家青年拔尖人才，国家民委民族研究优秀中青年专家；王红伟，北京师范大学教育学部博士研究生。

一 引言

党的二十大报告明确指出，加快义务教育优质均衡发展和城乡一体化，优化区域教育资源配置，办好人民满意的教育。国家义务教育重心已由“基本均衡”迈向“优质均衡”，这既是新时代办好公平而有质量的义务教育的行动指向，也是对人民群众“上好学”的美好愿望的有力回应。北京作为国家首都，其义务教育优质均衡直接关系到首都形象和教育现代化水平。[①] 2015年，国家教育督导检查组对北京市16个区的义务教育均衡发展情况进行了督导检查，结果显示学校基本达到了评估标准，其中的经验做法有：加大教育经费投入，从2010年的20亿元增长到2013年的364亿元；高标准实施标准化建设，重点优化农村地区和薄弱学校的办学条件；抓好关键环节，打造高素质专业化教师队伍等。[②] 同年，北京市出台《关于推进义务教育优质均衡发展的意见》（以下简称《意见》），明确指出各区县已经实现义务教育基本均衡发展的目标[③]，并在《意见》中明确提出，要以提高教育质量为核心，着力推进义务教育优质均衡发展。这标志着，北京市义务教育在实现“基本均衡”的基础上正式进入以“优质均衡”为目标的发展阶段。近年来，北京市锚定优质均衡发展这一诸多教育问题的治本之策[④]，通过统筹教育资源配置，扩大优质教育资源覆盖面等，保持和稳固了其在全国的教育领先地位。

教育均衡是指在平等原则下，教育机构、受教育者在教育活动中受到平等对待，其最基本的要求是平等地分配教育资源。[⑤] 基本均衡是初级阶段，其

---

① 尹玉玲．面向2035义务教育优质均衡发展指标体系构建——北京的探索[J]．首都师范大学学报（社会科学版），2020（1）：178-188.

② 2015年国家对北京市16个区县义务教育均衡发展督导检查反馈[EB/OL]．(2016-11-17)[2022-11-28]．https：//jw.beijing.gov.cn/jyzx/ztzl/bjjydd/ddbg/201903/t20190325_537059.html.

③ 关于推进义务教育优质均衡发展的意见[EB/OL]．(2019-05-22)[2022-11-28]．http：//www.beijing.gov.cn/zhengce/zhengcefagui/201905/t20190522_58342.html.

④ 高标准推进首都义务教育优质均衡发展[J]．北京教育（普教版），2022（1）：17-20.

⑤ 翟博．教育均衡发展：现代教育发展的新境界[J]．教育研究，2002，23（2）：8-10.

本质是教育资源的均衡，实现教育资源的合理配置和平等配额，是一种外延式的教育均衡；优质均衡是高级阶段，其本质是教育资源的优质，实现以提高教育质量为核心的教育发展，是一种内涵式的教育均衡。① 优质均衡体现为更公平的高质量教育，坚持一流品质和首善标准是北京市义务教育优质均衡发展的主线，以率先实现义务教育区域优质均衡发展为基本任务。学界已关注到深化研究北京市义务教育优质均衡的引领意义，探索构建了符合首都特点、北京特色的义务教育优质均衡指标②，并尝试从内容、方式、策略三个维度回答了义务教育高质量发展“首都何为”的时代命题③。但是，北京市义务教育基本均衡发展的经验是什么？北京市义务教育优质均衡发展面临的挑战和问题有哪些？北京市义务教育优质均衡推进的策略是什么？对于这三个基本问题，学界还欠缺系统性研究。基于此，本文综合运用政策文本、发展数据，在对北京市义务教育基本均衡发展经验研判的基础上，剖析北京市义务教育优质均衡发展的挑战和问题，提出北京市义务教育优质均衡发展的对策建议，以推进首都率先实现教育现代化，发挥首都特色现代教育的引领作用。

二　北京市义务教育基本均衡发展的经验分析

《国务院关于深入推进义务教育均衡发展的意见》中提及的基本目标和国家教育督导检查组对北京市 16 个区县义务教育均衡发展督导检查的指标内容，均聚焦于办学资源、教师资源、学校管理等维度，因此，对北京市义务教育基本均衡发展成功经验的挖掘可主要围绕政策先行、学校布局、教师配置、要素建设等维度展开。

---

① 冯建军. 优质均衡：义务教育均衡发展的新目标[J]. 教育发展研究，2011（6）：1-5.

② 尹玉玲. 面向 2035 义务教育优质均衡发展指标体系构建——北京的探索[J]. 首都师范大学学报（社会科学版），2020（1）：178-188.

③ 李奕. 基础教育高质量发展的北京行动[J]. 中小学管理，2023（11）：9-12.

（一）均衡发展政策先行，发挥引导作用

在北京市义务教育均衡发展的治理实践中，北京市委、市政府制定了一系列教育政策，以政策执行为抓手将不同治理主体集中于统一的均衡发展政策体系中，构筑了政府资源投入、资源配置、学校建设、教师均衡的多元协同治理新格局，引导了教育均衡发展理念，为教育均衡发展提供了制度保障和行动路径。一是构筑资源投入政策。加大教育经费投入，扩大优质教育资源辐射面，缩小学校之间办学条件和教育质量的差距，确保从源头上解决义务教育阶段的择校问题、乱收费问题。二是构筑资源配置政策。在全国率先提出义务教育优质均衡发展的政策目标，明确通过调整优质教育资源布局，切实缩小校际差距，加快缩小城乡差距，努力缩小区域差距，着力推进义务教育优质均衡发展，办好每一所学校，促进每一名教师专业发展，促进每一名学生健康成长和全面发展，努力办好人民满意的首都教育。[①] 对各区推进义务教育优质均衡发展工作情况进行督导评价[②]，充分发挥教育督导评价的诊断反馈功能。优质义务教育资源更加丰富均衡，区域、校际优质教育资源差距显著缩小[③]，全面构建北京市高质量教育体系。三是构筑学校建设政策。以标准促规范、强内涵、提质量[④]，不断提高义务教育学校管理标准化、科学化和精细化水平。努力办好每一所乡村学校[⑤]，加大对乡村学

① 关于推进义务教育优质均衡发展的意见[EB/OL].（2019-05-22）[2022-11-28]. http://www.beijing.gov.cn/zhengce/zhengcefagui/201905/t20190522_58342.html.

② 北京市教育委员会 北京市人民政府教育督导室关于印发《北京市推进义务教育优质均衡发展督导评价实施方案（试行）》的通知[EB/OL].（2018-02-27）[2022-11-28]. https://www.beijing.gov.cn/zhengce/zhengcefagui/201905/t20190522_60920.html.

③ 北京市“十四五”时期教育改革和发展规划（2021—2025年）[EB/OL].（2021-09-30）[2022-11-28]. http://jw.beijing.gov.cn/xxgk/zfxxgkml/zwgkjhgh/202109/t20210930_2506772.html.

④ 推进义务教育学校管理标准化建设实施方案[EB/OL].（2019-05-22）[2022-11-28]. http://www.beijing.gov.cn/zhengce/zhengcefagui/201905/t20190522_60884.html.

⑤ 北京市教育委员会 北京市人力资源和社会保障局 北京市财政局关于印发《北京市支持乡村学校发展若干意见》的通知[EB/OL].（2020-01-07）[2022-11-28]. https://jw.beijing.gov.cn/xxgk/zfxxgkml/zfgkzcwj/zwgkxzgfxwj/202001/t20200107_1562736.html.

校学科教学的指导力度，提升乡村教师教学能力和水平；健全激励机制，提升乡村教师岗位的吸引力；加大政策倾斜力度，丰富乡村学生的实际获得，以多种方式优化资源配置，切实缩小城乡差距。充分发挥优质教育品牌的辐射和带动作用，不断缩小校际、区域间、城乡间教育差距。[①] 通过集团化办学、名校办分校等方式，组建若干所义务教育公办、私立学校，向成员学校输出核心学校的先进办学理念、管理制度、优秀校长和骨干教师，发挥核心学校优质教育资源的辐射带动作用，实现集团内教育理念、管理制度、优秀师资、教育评价等统一管理，扩大优质教育资源覆盖面，缩小校际、区域间、城乡间的教育差距。完善学校办学条件，增加学位供给。2025 年，北京市新建、改扩建和接收居住区教育配套中小学 150 所左右，完成后新增学位 16 万个左右，解决中小学学位供给问题，有效保障群众“学有所教”[②]。四是构筑教师均衡政策。推进校长教师交流轮岗制度化建设[③]，推动义务教育校长教师在区域、城乡、学校间合理有序流动。加强教师统筹管理，优化师资配置[④]，以“区管校聘”形式创新中小学教师管理体制，统筹安排区内校长教师交流轮岗，实现从“学校人”向“系统人”的转变。

优质均衡是引领新时代北京市义务教育发展的目标。“优质”是对教育质量的本质诉求；“均衡”是对教育运行样态的规范性诉求。[⑤] 校长、教师、

---

① 北京市教育委员会关于推进中小学集团化办学的指导意见[EB/OL].(2020-01-07)[2022-11-29]. http://jw.beijing.gov.cn/xxgk/zfxxgkml/zfgkzcwj/zwgkxzgfxwj/202001/t20200107_1562768.html.

② 北京市教育委员会等六部门印发《关于进一步加强全市中小学学位建设的工作方案》的通知[EB/OL].(2021-01-08)[2022-11-29]. https://www.beijing.gov.cn/zhengce/zhengcefagui/202101/t20210108_2208986.html.

③ 北京市教育委员会关于印发《关于进一步推进义务教育学校校长教师交流轮岗的指导意见》的通知[EB/OL].(2020-01-07)[2022-11-29]. https://jw.beijing.gov.cn/xxgk/zfxxgkml/zfgkzcwj/zwgkxzgfxwj/202001/t20200107_1562735.html.

④ 关于推进中小学教师“区管校聘”管理改革的指导意见[EB/OL].(2020-01-07)[2022-11-29]. http://jw.beijing.gov.cn/xxgk/zfxxgkml/zfgkzcwj/zwgkxzgfxwj/202001/t20200107_1562709.html.

⑤ 杨清溪，柳海民．优质均衡：中国义务教育高质量发展的时代路向[J].东北师大学报（哲学社会科学版），2020（6）：89-96.

办学理念、管理制度、学校文化等是义务教育学校的基本元素，北京市积极利用教育政策推进以上优质教育元素的合理流动和建设。校长教师交流轮岗、教师“区管校聘”等制度是通过“输血”使优质资源要素流向缺少优质资源的地方；集团化办学、发展乡村学校、学校管理标准化等做法，是通过拓宽优质学校覆盖面使不优质的学校变为优质学校。实质是利用教育政策建好每一所义务教育学校，在推进优质均衡中形成了“缺优质的补优质，不优质的变优质”[①] 的发展路径。

（二）学校布局调整改进，发挥支撑作用

从义务教育学校数量和班级数量来看，北京市义务教育学校总量逐年递减（见表 1），班级总数逐年递增（见表 2）。北京市义务教育学校总量 2016 年为 1325 所、2017 年为 1329 所，此后开始逐年递减，2018 年减少 24 所，2019 年减少 28 所[②]，2020 年减少 8 所，2021 年减少 97 所，学校总量为 1172 所[③]。其中，小学学校数量在 2016 年、2017 年均为 984 所，此后逐年递减，截至 2021 年小学学校数量降至 837 所，比 2020 年减少 97 所；初中学校数量 2016 年达 341 所，2017 年增加 4 所达到 345 所，2018 年减少 10 所到 335 所，此后基本稳定。北京市义务教育班级数量从 2015 年的 34468 个递增至 2021 年的 40902 个，增长了 6434 个。其中，2021 年小学班级数量 29977 个、初中班级数量 10925 个，相比于 2015 年的小学、初中班级数量，分别增加了 4818 个和 1616 个。

从义务教育学校布点和学位供给来看，北京市 16 个区的学校数量呈减少趋势（见表 3），学位供给呈现扩大趋势。2015~2021 年，小学学校数量从 996 所减少到 837 所，共减少了 159 所；初中学校数量从 340 所减少到 335 所，共

① 朱德全，冯丹．和而不同：义务教育优质均衡发展的新时代要义与治理逻辑[J]．教育科学，2021，37（1）：23-30.

② 2018—2019 学年度北京教育事业发展统计概况[EB/OL].（2019-05-15）［2022-11-29］. https：//jw. beijing. gov. cn/xxgk/shujufab/tongjigaikuang/202003/t20200325_2709334. html.

③ 2020—2021 学年度北京教育事业发展统计概况[EB/OL].（2021-03-25）［2022-11-29］. https：//jw. beijing. gov. cn/xxgk/shujufab/tongjigaikuang/202103/t20210325_2709330. html.

减少了 5 所。从小学学校数量统计来看，除了顺义区、昌平区，其余 14 个区均呈减少趋势。2021 年丰台区小学学校数量较 2015 年减少 7 所、房山区减少 55 所、大兴区减少 18 所、平谷区减少 13 所、密云区减少 14 所、延庆区减少 4 所。从北京市 16 个区义务教育学位供给来看，2015~2021 年东城区、西城区共增加中小学学位 8.4 万余个，其中新建学校增加学位 1660 个，占总量的 1.96%；挖潜存量资源增加学位 8.3 万余个，占总量的 98.04%。朝阳区、海淀区、丰台区、石景山区等中心城区共增加中小学学位 131872 个，其中新建学校增加学位 61606 个，占总量的 46.7%；改扩建增加学位 21020 个，占总量的 15.9%；挖潜存量资源增加学位 49246 个，占总量的 37.3%。房山区、顺义区、昌平区、大兴区、经开区等城市发展新区共计增加中小学学位 110407 个；门头沟区、怀柔区、密云区、平谷区、延庆区等生态涵养区共计增加中小学学位 21360 个。

表 1　2015~2021 年北京市义务教育学校数量统计

单位：所

	2015 年		2016 年		2017 年		2018 年		2019 年		2020 年		2021 年	
	小学	初中	小学	初中	小学	初中	小学	初中	小学	初中	小学	初中	小学	初中
数量	996	340	984	341	984	345	970	335	941	336	934	335	837	335
总量	1336		1325		1329		1305		1277		1269		1172	

资料来源：2015~2021 年《北京教育事业发展统计概况》。

表 2　2015~2021 年北京市义务教育班级数量统计

单位：个

	2015 年		2016 年		2017 年		2018 年		2019 年		2020 年		2021 年	
	小学	初中	小学	初中	小学	初中	小学	初中	小学	初中	小学	初中	小学	初中
数量	25159	9309	25839	9227	26399	9313	27280	9565	27970	10073	29085	10534	29977	10925
总量	34468		35066		35712		36845		38043		39619		40902	

资料来源：2015~2021 年《北京教育事业发展统计概况》。

表 3　2015~2021 年北京市分区义务教育学校数量统计

单位：所

	2015 年		2016 年		2017 年		2018 年		2019 年		2020 年		2021 年	
	小学	初中	小学	初中	小学	初中	小学	初中	小学	初中	小学	初中	小学	初中
东城区	63	9	63	9	63	9	61	9	51	10	47	9	47	9
西城区	60	4	60	3	58	4	58	4	57	5	57	5	58	6
朝阳区	86	53	87	52	87	54	83	52	73	48	74	48	74	46
丰台区	77	27	77	28	77	28	75	27	75	26	74	27	70	25
石景山区	30	17	30	17	27	15	28	13	28	13	25	11	25	11
海淀区	97	15	84	15	84	16	84	16	85	16	87	17	89	19
房山区	108	32	108	36	108	36	108	37	108	37	108	37	53	37
通州区	84	27	82	27	83	25	84	26	84	27	82	27	81	29
顺义区	46	20	48	20	49	20	49	20	50	20	50	21	51	21
昌平区	91	27	92	27	92	29	89	29	93	30	93	30	91	30
大兴区	98	30	97	29	96	30	89	27	83	28	83	28	80	28
门头沟区	22	11	22	11	22	11	23	11	23	11	23	11	21	11
怀柔区	24	18	25	18	25	18	26	14	18	14	18	14	18	14
平谷区	42	15	43	14	46	14	46	14	46	14	46	14	29	14
密云区	40	18	38	18	39	19	39	19	39	20	39	20	26	20
延庆区	28	17	28	17	28	17	28	17	28	17	28	16	24	15
总计	996	340	984	341	984	345	970	335	941	336	934	335	837	335

资料来源：2015~2021 年《北京教育事业发展统计概况》。

北京市义务教育学校数量呈递减态势。学校数量递减的主要原因是北京市推进义务教育小学规范化建设、科学布局，通过强弱联合、改扩建城镇地区学校、撤并一批办学规模小和条件较差的学校①等措施进行教育资源整合。北京市义务教育需求大，带来了学位供给的增加和班级数量的增多。北京市各区通过新建、改扩建、挖潜存量等措施增加学位供给，“扩班数”“扩班额”等措施带来了义务教育班级数量的增长。

① 北京市人民政府教育督导室关于对海淀等六区县小学规范化建设工程专项督导检查报告［EB/OL］.（2012-09-11）［2022-11-29］. https：//jw. beijing. gov. cn/jyzx/ztzl/bjjydd/ddbg/201903/t20190325_537056. html.

（三）教师配置因需优化，发挥能动作用

从北京市义务教育专任教师数量来看，2015~2021 年专任教师数量呈稳步增长趋势（见表 4）。2015 年北京市小学专任教师数量为 50053 人，2016 年增加 1734 人，2017 年增加 1995 人，2018 年增加 749 人，2019 年增加 1227 人，2020 年增加 654 人，2021 年增加 2601 人，7 年间小学专任教师共增加 8960 人。2015 年北京市中学（含初中和高中）专任教师 63391 人，2016 年增加 1158 人，2017 年增加 2086 人，2018 年增加 2263 人，2019 年增加 2373 人，2020 年增加 2444 人，2021 年增加 3088 人，7 年间中学（含初中和高中）专任教师共增加 13412 人。2015~2021 年义务教育专任教师数共增加 22372 人。

表 4　2015~2021 年北京市义务教育分区专任教师数量统计

单位：人

	2015 年		2016 年		2017 年		2018 年		2019 年		2020 年		2021 年	
	小学	中学	小学	中学	小学	中学	小学	中学	小学	中学	小学	中学	小学	中学
东城区	3787	4754	4080	4745	4709	5616	4853	5630	5040	5627	5184	5832	5302	5851
西城区	4689	6325	5034	6192	5233	6094	5446	6207	5740	6280	6218	6515	6660	6739
朝阳区	6795	10190	6977	10627	7005	10754	7050	11325	7011	11873	6667	12847	6638	13303
丰台区	4214	4097	4200	4177	4271	4265	4284	4343	4418	4663	4376	4827	4415	4929
石景山区	1353	2030	1365	2055	1183	2207	1184	2225	1193	2266	1191	2297	1208	2342
海淀区	7300	10471	7411	10694	7744	11078	7772	11413	7846	11720	7895	12252	9139	13695
房山区	2961	3303	3076	3284	3137	3321	3259	3472	3333	3554	3408	3625	3514	3746
通州区	3630	3530	3704	3620	3947	3603	4066	3638	4249	3954	4292	3979	4577	4270
顺义区	2615	3569	2775	3550	3002	3705	3103	3757	3192	3850	3291	3921	3323	4007
昌平区	3156	3838	3341	4223	3366	4444	3434	4716	3568	4997	3529	4950	3677	5050
大兴区	3512	3904	3609	4036	3632	4112	3308	4623	3363	4790	3497	4907	3551	5088
门头沟区	881	907	883	931	891	934	923	934	973	942	1008	979	1010	1019
怀柔区	1080	1610	1182	1664	1230	1723	1274	1758	1319	1789	1296	1811	1309	1791
平谷区	1478	1691	1498	1575	1580	1578	1717	1625	1736	1663	1770	1679	1863	1700
密云区	1524	1708	1530	1742	1705	1795	1695	1810	1646	1873	1715	1946	1673	1996
延庆区	1078	1464	1122	1434	1147	1406	1163	1422	1131	1430	1075	1348	1154	1277
总计	50053	63391	51787	64549	53782	66635	54531	68898	55758	71271	56412	73715	59013	76803

资料来源：2015~2021 年《北京教育事业发展统计概况》；因完全中学中的高中、初中专任教师不易区分统计，故普通中学专任教师数包含普通初中和高中专任教师数。

从北京市义务教育各区专任教师布局来看，专任教师数量整体稳步增长，仅朝阳区、石景山区小学专任教师和延庆区中学专任教师数量略微减少，教师数量增长是主流趋势。从小学专任教师布局来看，2015~2021年专任教师数量增长最快的是“东西海”，东城区增长1515人，西城区增长1971人，海淀区增长1839人，而朝阳区减少157人，石景山区减少145人。从中学（含初中和高中）专任教师布局来看，2015~2021年海淀区专任教师数量增长3224人，是增长最快的区域，其次是朝阳区，专任教师数量增长3113人，位列第二，仅延庆区减少187人。

北京市义务教育学位的扩大供给，带动教师数量增长。北京市义务教育通过扩班、增加班额、新增学位等方式，扩大义务教育资源供给，随之促进了教师数量增长。对优质教育资源的强烈需求，带动了“东西海”优质学区教师数量的快速增长。东城区、西城区和海淀区是北京市教育强区，教师基数大且增长数量大、速度快。学区内推进优秀校长教师的交流轮岗、教师“区管校聘”等，统筹学区内优质教育资源，加强了优质教育资源要素流动。

（四）要素建设抓实抓细，发挥基石作用

北京市义务教育基本均衡不是平均发展，而是体现为激发要素活力、提升内涵建设、增创学校特色和扩散优质资源的高水平发展。学校文化建设是内涵要素，学校章程建设是特色要素，优质教育资源是核心要素，内涵要素、特色要素、核心要素协同共促，形成合力优势，成为保障北京市义务教育均衡发展的基石。

学校文化建设是促进义务教育学校内涵发展和质量提升的关键抓手。学校文化对外展示学校的品牌形象，通过学校文化建设提升学校声誉、知名度和影响力；对内是凝心聚力工程，激发师生团结奋斗的劲头，大大促进学校内涵发展，提升人才培养质量。北京市加强学校文化建设，

评选了500所中小学学校文化建设示范校[①]，连续三年完成全市515所中小学学校文化建设示范校创建任务。全市中小学学校文化建设水平整体提升，学校文化建设示范校辐射带动作用不断增强，推动文化育人，推进学校文化特色建设，促进学校办学品质提升和育人质量提高[②]，充分发挥了学校文化在学校教育中的导向、陶冶、约束、凝聚和社会辐射作用[③]。

学校章程上承国家法律法规，下领学校内部规章制度，是学校成为独立法人组织的必备要件，是学校依法自主办学、实施管理和履行公共职能的基本依据，是加强现代学校制度建设的载体和体现。[④] 北京市全面推进中小学学校章程建设，以贯彻落实国家依法治校、依章治校的行动要求，截至2018年底基本形成"一校一章程"格局。学校章程建设已成为强化学校内部治理的重要手段，通过邀请教育专家和学区律师为章程建设把关，提升了章程建设的专业水准，同时"一校一章程"格局也推进了学校依法办学自主权的落实。

推行学区制管理和集团化办学，促进北京市优质教育资源扩散，形成优质教育资源移植整合模式。北京市每个城区至少选3所普通学校和优质学校合并或开展集团化办学，三年内在城区新增25所优质小学或九年一贯制学校，把辖区内最薄弱的学校并入优质教育集团或与优质校深度联盟。截至2020年，北京市共有本区中小学教育集团175个，覆盖独立法人中小学643所；跨区中小学教育集团103个，覆盖独立法人中小学113所；全市共有学

① 北京市教育委员会北京市发展和改革委员会关于印发《北京市"十二五"时期教育改革和发展规划》的通知[EB/OL].（2012-05-17）[2022-11-29]. https：//jw. beijing. gov. cn/xxgk/zxxxgk/201603/t20160302_1445442. html.

② 北京市教育委员会关于认定第三批中小学学校文化建设示范校的通知[EB/OL].（2016-12-13）[2022-11-29]. https：//jw. beijing. gov. cn/xxgk/zfxxgkml/zfgkzcwj/zwgzdt/202001/t20200107_1562239. html.

③ 北京市教育委员会关于推进中小学集团化办学的指导意见[EB/OL].（2020-01-07）[2022-11-29]. http：//jw. beijing. gov. cn/xxgk/zfxxgkml/zfgkzcwj/zwgkxzgfxwj/202001/t2020 0107_1562768. html.

④ 关于推进中小学校章程建设的意见[EB/OL].（2017-09-18）[2022-11-28]. http：//jw. beijing. gov. cn/xxgk/zxxxgk/201805/t20180522_1446323. html.

区 133 个，覆盖独立法人单位 1134 个。[①] 北京市在扩容优质教育资源的同时，支持 26 所高校对口支持 56 所附中附小建设，市、区教科研部门对口支持 30 所中小学发展；实施“高参小”体育美育项目，引进 20 所高校和 7 个高水平艺术团，支持 143 所小学体育美育特色发展。[②] 对口高校充分发挥学科优势和人才优势，针对中小学思想政治、音乐、体育、美术、科学、劳动、心理健康、特殊教育等进行对口帮扶，形成高校对口支持帮扶中小学发展的新模式。2017 年，北京市 6 个城区启动支持近郊、远郊区办学，帮扶 15 所薄弱校。这些举措拓宽了优质教育资源覆盖面，加快了北京市义务教育中小学校成长为新优质校的速度。

三　北京市义务教育优质均衡发展的挑战和问题

北京市义务教育实现基本均衡后，政策目标转向了优质均衡。优质均衡是教育质量均衡，是基本均衡的高级阶段，兼具“优质”与“均衡”双重诉求，目标是办公平而有质量的教育[③]，是高质量义务教育体系的核心特征[④]。北京市义务教育基本均衡发展的经验为优质均衡发展做了铺垫。面对国家人口战略的变化、新型城镇化的持续推进、共同富裕战略的深入实施对教育提出的新要求，面对社会对区域内学校之间、区域与区域之间优质教育资源的新期待，北京市义务教育在学位布局、师资配置、关键基础要素和优质教育资源扩散等方面，既面临着外部挑战，也面临着内部教育要素优化组合的问题。

---

① 非凡十年·数说首都教育丨提升教育质量 促进持续发展［EB/OL］.（2022-10-17）［2022-11-29］. https：//www. sohu. com/a/593410307_100908.

② 杜玲玲．集团化办学及其形式对义务教育学校师资配置差异的影响分析——基于北京市 D 区的实证研究［J］. 教师教育研究，2021，33（1）：60-67.

③ 北京市教育委员会．2018～2019 学年度北京教育事业发展统计概况［EB/OL］.（2020-03-25）［2022-11-29］. http：//jw. beijing. gov. cn/xxgk/shujufab/tongjigaikuang/202003/t20200325_2709334. html.

④ 孟卫青，姚远．国际视野下义务教育优质均衡发展的中国路径［J］. 教育研究，2022，43（6）：83-98.

（一）学位需求大且区域布局不均衡

根据北京市教育事业相关统计数据、第六次和第七次全国人口普查数据，推测各学年度人口出生数据的变化与教育需求和供给情况，参考分区国土空间规划（2017~2035 年）规定的到 2035 年人口规模调控目标数据进行测算，发现学位短缺依然是北京市义务教育发展的重大问题。“十四五”时期，北京小学学位缺口在 5 万~8 万个、初中学位缺口在 5 万个左右。不同区的义务教育学位缺口差异较大。小学学位方面，东城区、朝阳区、海淀区、通州区、丰台区、大兴区、房山区、昌平区虽小学学校数量较多，但仍属于学位短缺区；西城区、顺义区、平谷区属于学位饱和区；石景山区、门头沟区、延庆区、怀柔区、密云区为学位平衡区。初中学位方面，东城区、西城区、朝阳区、海淀区、通州区、大兴区是学位短缺区，房山区、顺义区、昌平区是学位饱和区，丰台区、石景山区、门头沟区、怀柔区、密云区、延庆区、平谷区是学位平衡区。

核心区“无资源、有学生”，核心区规划教育用地已用尽，挖潜空间已达极限；偏远区“有资源、无学生”，偏远区生源明显不足。2020 年东城区扩增义务教育学位 2000 个；海淀区增加小学学位 3000 个、初中学位 3000 个①；2022 年西城区义务教育入学人数继续保持高位增长，入学人数超过 2.2 万人。相比之下，生态涵养区的乡村学校生源不足、学位供给过量，如门头沟区付家台中心小学设置了 12 个班级，学位 480 个，但 2021 年实际在校生仅有 49 人；延庆区姚家营小学学位 480 个，实际在校生仅 149 人；平谷区门楼庄中学学位 240 个，实际在校生仅 36 人，出现了明显的核心区学校“装不下”，偏远区学校“装不满”的现象。

核心区义务教育学位紧缺问题尤其突出。北京市家长看重核心区优质教育资源，更愿意让孩子留在教育强区，使核心区入学需求增大，生源持续增加，但是由于城市可规划建设土地资源受限，只能在教育系统内部持续挖

① 2021 年对区级人民政府履行教育职责情况回访督导报告[EB/OL].（2022-03-22）[2022-11-29]. http：//jw. beijing. gov. cn/jyzx/ztzl/bjjydd/ddbg/202203/t20220322_2636750. html.

潜、扩班扩容，中小学专用教室被挤占、超规模办学、超规定班额办学、借址办学等情况依然存在[①]，核心区教育承载负荷加大。

（二）优质师资配置存在量和质的差距

北京市不同区之间的教师数量配置差异明显。生师比是衡量学校办学水平和人力资源利用效率的重要指标，生师比大表示教师工作量大，负担的学生人数多；生师比小表示教师工作量小，负担的学生人数少。《北京教育事业发展统计概况》显示，2021 年北京市各区小学在校生和专任教师之比朝阳区为 24∶1；石景山区、海淀区、大兴区为 20∶1；处于生态涵养发展区的平谷区、延庆区为 11∶1，在北京市 16 个区中最低。

北京市不同区之间教师质量配置差异明显。优秀校长、特级教师、市级学科带头人和骨干教师等优质师资集中在东城区、西城区、朝阳区、海淀区和丰台区，优秀师资占比最高的区与占比最低的区相差 10 个百分点以上。偏远区优质师资本来就少，加上优质师资向城区流动，拉大了师资质量差距。集团化办学政策未能缩小薄弱学校和优质学校在优质师资配置上的差距，校际差异较大[②]。

有高质量的教师才会有高质量的教育。北京市 16 个区义务教育教师数量和教师质量配置存在显著差距，制约北京市义务教育优质均衡发展。东城区、西城区和海淀区等教育强区对优秀师范生、优质师资有着虹吸效应，优质学校能够留住人才，也能培养造就更多优秀校长和名师。偏远郊区的薄弱学校由于办学条件较差、教育理念落后、生源质量较低等，难以吸引和留住优秀人才，学校发展受限于优质人才短缺，形成了马太效应。

（三）学校建设关键基础要素需优化

学校章程执行制度不健全、保障制度不充分。学校章程是加强现代学校

---

① 杜玲玲．北京市基础教育集团化办学与学区制改革的探索与思考[J]．教育导刊，2022（3）：37-43.

② 杜玲玲．集团化办学及其形式对义务教育学校师资配置差异的影响分析——基于北京市 D 区的实证研究[J]．教师教育研究，2021，33（1）：60-67.

制度建设的载体和体现，部分义务教育学校没有真正意识到章程的重要性，还存在章程制定与执行分离的现象。章程规范修订完成后通常“束之高阁”，没有划分责任，形成清单，缺乏可实操的、健全的执行制度以保障其真正落地。北京市的一些中小学没有学生申诉处理委员会，家长委员会相关机制也不健全。[①] 学校章程要遵循法制统一、坚持社会主义办学方向的基本原则，同时各校还要加入自身特色，避免“千校一面”。但是，部分学校章程建设重形式、轻内涵，致使学校章程建设与优势特色结合不紧密，陷入章程同质化陷阱，影响章程的治理效能。学校章程是推进义务教育学校治理体系和治理能力现代化发展的重要手段。然而，学校章程涉及政府、学校等多元主体，治理权责不清晰、治理边界模糊，未形成以学校为主体的统筹治理协调机制，章程“形同虚设”，落地执行困难。

学校文化的内涵与特色不彰。北京市义务教育学校文化建设主要集中在文化硬件表征上，通过学校文化建设示范性活动发挥示范带动辐射的外延式作用，却忽视了文化建设的内涵式作用。学校文化目前主要发挥显性价值的作用，其隐性价值的作用发挥尚不够充分。学校文化是隐蔽课程，是一所学校最深沉、最持久的课程，但学校文化建设缺少对文化的深度挖掘，文化建设未真正转化为教师、学生的文化认同和行动自觉，不利于教师、学生真正了解、内化、传承、创新文化。特色是学校文化的“眼睛”，集中反映学校的文化积淀，但学校文化建设未能充分凸显特色。具体而言，学校建筑、物理环境等物化形态上的特色要素体现不够，校风、教风、学风等精神形态上的特色理念展现不足，学校管理制度、行为准则等制度形态上的特色制度固化不够，影响学校品质的可持续提升。以特色为牵引，实现差异化办学的目标尚未达成。

（四）优质教育资源扩散组合协同性不足

优质教育资源扩散中的优质教育要素融合性不够、协同性不高。优质教

① 北京：中小学基本实现一校一章程［EB/OL］.（2019－04－25）［2022－11－29］. https：//www. chinanews. com. cn/sh/2019/04-25/8819584. shtml.

育资源扩散是指高质量学校的优质教育要素通过集团化办学、名校办分校等模式，在学校理念、办学条件、优秀校长、师资队伍、课程建设等方面为薄弱学校注入优质元素，增加薄弱学校的优质教育资源，促进薄弱学校质量提升。实践中，薄弱学校在发展历史和基础设施上“先天不足”，往往是被动接受优质教育元素，欠缺在管理、人员、科研、平台等方面将优质教育元素与自身原有基础特色深度协同。优质教育资源输入后要素协同性不高，从而导致“人走茶凉”“水土不服”的问题。

以任务驱动方式促进优质教育资源扩散。优质学校与薄弱学校间在人事编制补充、经费保障支持、绩效考核激励等方面欠缺长效激励保障机制。[①] 优质教育资源仅扩散缺融合，优质教育资源扩散未能做到有的放矢，导致治标不治本。优质教育资源跨区扩散到薄弱学校的统筹机制还不健全、不畅通。核心区与薄弱区间的统筹协调机制不够健全，制约了优质教育资源的辐射扩散实效。虽然扩散作为外部驱动因素，在一定程度上扩大了优质教育资源的覆盖范围，加速了薄弱学校的成长，但是真正缩小校际差距、实现优质均衡的决定性因素是薄弱学校的自我崛起。优质教育资源扩散下薄弱学校应思考如何从“优质输血”转型为“自我造血”。

四　北京市义务教育优质均衡发展的对策建议

优质均衡的价值核心是“高质量”，内在之义为“高质量的公平”与“高公平的质量”。公平和质量是相辅相成的，没有质量的公平不是真正意义上的公平，没有公平的质量是不能持续发展的质量。北京市义务教育优质均衡是在基本均衡的基础上持续发力所实现的高质量教育公平。优质均衡是教育内涵和规模并重的均衡，是入学机会、教育过程、学习结果的综合性公平。北京市义务教育优质均衡发展的首要标准是发展“个适性”的教育，

① 杜玲玲．北京市基础教育集团化办学与学区制改革的探索与思考[J]．教育导刊，2022(3)：37-43.

即适合个体需要的多样化教育。为此，应优化体制机制、改进实践模式，建设义务教育强市。

（一）多源并用、内部扩散、外部疏解，优化学校布局

学校布局是义务教育供给的“骨骼”，学校布局是否科学合理直接关系义务教育是否可持续发展。学校布局不仅是学校的分布和格局，地理环境、人口规模、区域功能等因素都会影响学校布局，应从内部扩散和外部疏解上优化布局结构。一是多渠道增加义务教育学位供给。义务教育对象年龄偏小，优质均衡的首要之义是就近入学。政府应以三年为期限、五年为上限（学校建设周期），根据人口变化、社区建设、产业发展情况，科学预测学龄人口，准确研判各区义务教育需求，将义务教育学校布局与首都城市功能定位和建设相融合，优先保障中小学教育用地，挖掘社会闲置场地和资源，多渠道增加学位供给，让孩子在家门口“上好学”。二是支持和鼓励核心教育强区名校跨区办学，内部扩散名校优质教育资源。鉴于核心区名校密集、偏远区名校匮乏的现状，核心区名校可通过集团化办学、名校办分校等途径，跨区把先进教育理念、优质师资及科学管理模式扩散出去，扩大优质学校覆盖面，缓解核心区教育负荷，让更多区的更多孩子能在家门口“上好学”，以优质学校建设支撑区域经济社会发展。三是鼓励和引导核心教育强区名校异地办学，外部疏解北京非首都功能。推进京津冀义务教育协同发展，支持高标准、高质量建设雄安新区义务教育。鼓励首都名校到雄安新区、津冀地区开办分校、支持当地学校办学等，促进优质教育资源外溢。建立政府统筹协调的名校异地办学工作机制，打破行政藩篱和消除融合壁垒，承接非首都功能疏解，推进京津冀义务教育协同发展，服务京津冀协同发展战略实施。

（二）主动流动、胜任先行、双向互促，优化教师交流轮岗

教师是区域内校际公平发展的关键。北京大面积、大比例推动教师交流轮岗工作，教师交流轮岗应从“为什么轮”的起步阶段过渡到“轮什么”

和“怎样轮”的发展阶段。一是基于人力资本理论回答好教师交流轮岗“轮什么”的问题。教师人力资本可通过教师教育培训等支出及其接受教育的机会成本等的总和来计算，以教师教育能力的高低和可使用程度作为衡量依据。除了对轮岗对象、轮岗形式和轮岗保障进行规定，还要充分认识教师交流轮岗的实质意义。教师交流轮岗不是教师要素的形式流动，而是通过教师实现专业知识、专业技能和专业价值等的输入，产生“轮岗一个点，带动一个面，形成一个体”的效果。[①] 交流轮岗政策应变教师“被动流动”为“主动流动”，做好条件保障和意义引导，充分发挥轮岗教师的积极性，让教师愿意为轮岗贡献全部力量。二是基于教师胜任力理论回答好教师交流轮岗“怎样轮”的问题。教师胜任力是教师在不同教育教学背景下所需要的教育知识、专业知识、价值态度、综合素养的综合体现。既要鼓励优秀校长、骨干教师向薄弱学校、农村学校、一般学校流动，也应盘活退休校长和骨干教师资源，根据其意愿和健康程度，提高轮岗教师胜任力。教师从“学校人”变“系统人”，单靠单一教师要素流动无法解决系统问题，要推进诉求机制、选拔机制、供给机制、培训机制、评价机制与保障机制接续联动，摸清薄弱学校诉求，对轮岗教师进行选拔，形成供给与需求相匹配的供需机制，避免盲目性对轮岗交流效果的影响；同时，对轮岗教师进行培训、监测与评价，在教师工资、职称晋升、待遇保障等方面提供政策支持，充分发挥其作用，塑造良好的教师轮岗生态圈。三是试点双向教师交流轮岗政策，教师交流轮岗既要从优质学校向薄弱学校流动，也要从薄弱学校向优质学校流动，让薄弱学校教师有机会学习优质学校的教育理念、教学方式、教育文化等，以此催生教育教学的内生性变革。

（三）执行章程、以文育人、要素联动，建设品质学校

学校章程建设是“以共治求善治”的过程。学校章程建设的关键是通过章程实现学校的善治，也就是在章程制定、执行、调整、优化中推

---

① 李奕，赵兴龙．新时代教师交流轮岗的新发展[J]．教育研究，2022，43（9）：130-137.

进现代学校制度建设，提升学校治理能力。在学校章程中，理顺政府、学校、家庭等多元利益主体间的治理关系，明确学校利益相关者的权责关系、治理边界。政府责任主要体现为学校章程的科学规划与指导、论证审查、过程监督和效果评价，学校责任主要体现为章程制定、执行、调整和优化的全过程，家庭等社会主体责任主要体现为对学校章程的参与、知情和监督等，明确多元利益相关者间以教育优质均衡发展为核心、以培养全面发展的社会主义建设者和接班人为目标的责任共同体关系。学校根据自身发展和优势特点制定章程、执行章程，根据章程规定的调整机制适时优化章程。学校综合运用人、财、物等教育元素，形成与章程相配套的具体“清单式”责任管理制度，将抽象的学校章程转化成可落地、可实操、可评估的学校管理制度，以此解决学校章程有章不依的问题。

从找准特色、提升品质上优化学校文化建设。优质学校的优势体现在结果、能力和文化三个层次上，其中文化是最深层次的优势体现，反映了优质学校的质量和能力内化到“不言自明、理所当然”的程度，即“默许假设”的深层次。[①] 以文育人指通过学校优良文化使受教育者在特殊的文化氛围中耳濡目染地生成内在知识，从而实现自我成长。学校文化建设要从优质学校建设全局出发，深挖办学理念的精髓和实质。从学校“前世今生”的历史传统、发展大事件、优秀事例中挖掘“怎么建”的契合点；由学校对首都经济社会发展的重大贡献、对教育全局做出的卓越成效以及国家对义务教育的新举措新要求碰撞“怎么建”的交会点；从学校所处的区域位置、一草一木、校风班风学风、师生精神面貌中寻找文化建设的重要观测点。学校本身就是文化场所，学校因与文化的结合孕育了具有鲜明特色的学校文化。学校文化是学校品牌的生命、教育理念的精髓、学校形象的内核、教育品质的基础。[②] 学校要围绕为党育人、为国育才的初心使命，坚持“一校一文化”，

---

① 杨小微，杨晓莹．优质学校的现代性生长[J]．教育研究与实验，2021（4）：47-53.

② 彭彦琴，江波，詹艳．学校文化建设的思路与模式——以苏州市 A 小学学校文化建设为例[J]．教育科学研究，2009（12）：32-35.

结合学校发展的历史积淀、德智体美劳的育人要求及学校教管学的典型经验，找准特色，凝练文化。

（四）要素综合、模式多样、效果监测，推进优质教育资源扩散

优质教育资源的扩散包括中心化扩散与非中心化扩散两种方式，中心化扩散指相对线性的传递过程，非中心化扩散是非线性与多点性的传递过程。优质教育资源扩散要找准优质教育资源要素，在“扩散什么”上优化政策内容。教育者、学习者、教育内容和教育手段是基本教育要素，优质教育资源扩散以基本教育要素为基础，扩散的不仅是教育者，更是要素的综合体；不仅要单向输出，更要双向融合赋能。优质学校优秀的领导管理经验、教育教学模式、学习技能技巧、教学手段形式等都是扩散内容。提升优质教育资源扩散的可行性，要从“怎样扩散”上拓宽扩散渠道。通过传统的学区制管理、集团化办学、名校办分校、对口帮扶等方式，优化以优质义务教育学校为中心的线性扩散模式。成长速度快的薄弱学校可通过典型案例展示、经验交流等方式，推进非中心化扩散，传播成长经验，启发同伴学校。以教育数字化为依托，凝练优质教育资源要素，通过国家智慧教育服务公共平台，综合运用多种信息技术手段，打破地域时空限制，实现优质教育资源非中心化扩散。建立监测评价机制，从“扩散得怎样”上评价优质教育资源扩散效果。优质教育资源扩散既是手段也是目标，最终要缩小差距、达成优质均衡的教育效果。扩散效果要由教师、学生及管理者等来评价。政府和第三方组织协作，明确优质教育资源扩散标准，建立由教师评学、学生评教、督导和同行评价构成的长效监测评价机制，从教师教学效果、学生学习效果、学校改进效果等方面形成优质教育资源扩散评价体系，将过程监测与定期反馈相结合，提升优质教育资源扩散成效。

Study on the Policy and Path of High-quality and Balanced Development of Beijing Compulsory Education

Xue Eryong, *Wang Hongwei*

Abstract: Beijing took the lead in proposing to promote the high-quality and balanced development of compulsory education in the whole country. Its experience is reflected in the following aspects: the high-quality and balanced policies were adopted first and played a guiding role, school layout adjustment and improvement plays a supporting role, teachers allocation should be optimized on demand to play an active role, the construction of elements should be solid and fine to play a cornerstone role. The challenges and problems of the high-quality and balanced development of compulsory education in Beijing are as follows: the large demand for degrees and unbalanced regional demand, the quantity and quality gap in the allocation of high-quality teachers, the optimization of key basic elements of school construction and the lack of coordination in the diffusion combination of high-quality resources. The first good standard for the quality and balance of compulsory education in Beijing lies in the development of "individualized" education. Therefore, we should optimize the school layout by using multiple sources, spreading internally, and dredging externally. We need to focus on the active mobility and competence priority, two-way mutual promotion, optimizing teacher rotation and implementing the principles of association, educating people by culture, linkage of elements, building a quality school. We also need to concentrate on the comprehensive factors, diverse models, effect monitoring for promoting the diffusion of resources.

Keywords: compulsory education ; high quality and balance ; policy research ; high quality education system; capital

结构升级与协调发展

经济集聚、产业结构升级与绿色经济效率协调发展*

——基于京津冀与粤港澳大湾区的比较

刘照德　聂普焱**

摘　要： 本文基于经济集聚、产业结构升级和绿色经济效率相互协调的视角，构建三元系统耦合协调评价指标，以京津冀与粤港澳大湾区城市群作为研究对象，运用耦合协调模型、探索性空间数据分析（ESDA）法和空间计量模型，探究两大城市群“经济集聚—产业结构升级—绿色经济效率”耦合协调度和空间关联。研究发现，粤港澳大湾区城市群经济集聚指数高于京津冀城市群，但两者差距不断缩小；京津冀城市群产业结构升级指数高于粤港澳大湾区城市群，且两者均呈逐步提升趋势；粤港澳大湾区城市群的绿色经济效率远高于京津冀城市群。耦合协调模型结果表明，京津冀的耦合协调度呈增长趋势，但整体协调水平偏低，其耦合协调类型从濒临失调到勉强协调再到初级协调。粤港澳大湾区整体耦合协调水平较高且变动趋势明显，2005 年即为初级协调，2018 年转为中级协调。空间自相关模型结果显示，经济集聚、产业结构升级与绿色经济效率三系统耦合协调度在京津冀和粤港

* 本文已发表于《北京社会科学》2023 年第 12 期。

** 刘照德，广东财经大学经济学院副教授，经济统计系主任，硕士研究生导师；聂普焱，广东财经大学经济学院院长，教授，博士研究生导师。

澳大湾区均呈现正向的空间相关性和空间依赖特征。空间计量模型显示，对外开放程度、政府支持力度、人力资本、研发投入、经济发展水平对京津冀城市群和粤港澳大湾区城市群的三系统协调度具有影响，但各因素影响的显著程度和方向有差异。

关键词： 京津冀　粤港澳　经济集聚　产业结构升级　绿色经济效率

一　引言

京津冀和粤港澳大湾区作为中国两大世界级城市群，其经济协调发展对促进中国区域经济高质量发展起着重要作用。“十四五”规划分别提出加快推动京津冀协同发展，积极稳妥推进粤港澳大湾区建设等要求，旨在推动两大城市群经济协调发展。[①] 党的二十大报告明确指出推动经济社会发展绿色化、低碳化，坚持可持续发展。面向经济高质量发展，研究如何在城市群经济保持协调发展的同时，促进绿色低碳循环，实现城市可持续发展，是当下城市群经济协调发展的重要课题。[②] 城市群的发展需要通过科学的顶层设计和区域规划，产生集聚效应来引领生产要素资源的集聚与配置，这也是城市群协调发展的显著特征。城市群经济的集聚效应能促进产业升级和结构优化，推动区域整体产业结构升级。但是，集聚效应在促进城市群经济发展的同时，会导致废水废气排放量增加，带来环境问题，使区域绿色经济效率降低。因此，[③] 通过产业转型和升级，能够使高能耗、高污染产业提高能源利用效率，有效降低环境负担，实现城市群绿色低碳循环发展。可见，经济集

---

① 张明斗，闫昱睿．低碳战略能否增强城市经济发展与生态环境的协调性——基于低碳城市试点的准自然实验[J].广东财经大学学报，2023，38（3）：24-37.

② 张伯旭．北京高质量发展需解决的问题及关注的方面[J].北京社会科学，2022（8）：43-45.

③ 谢永乐，王红梅．京津冀及周边地区大气污染治理“协同—绩效”评估[J].北京社会科学，2022（11）：46-60.

聚效应对于城市群经济发展和产业结构升级具有积极作用，而区域绿色经济效率无疑对城市群经济发展和产业转型升级提出了更高的要求。在此背景下，本文选择对京津冀和粤港澳大湾区两大城市群的经济集聚、产业结构升级与绿色经济效率三项指标进行研究，系统分析三者的耦合协调路径，为推动两大城市群经济协调发展、促进中国城市群经济绿色高质量发展提供参考。

二　文献综述

当前，关于经济集聚、产业结构升级与绿色经济效率的文献主要集中在以下三个方面。

一是研究经济集聚对产业结构升级的影响。大多数学者认为，经济集聚能使区域内产业、劳动力和经济资源产生集聚效应。① 通过集聚同质企业，使员工增加交流与学习，促进知识溢出和技术创新②，从而形成规模经济③，推进区域经济转型④。通过规模经济和技术外溢，产业集聚能有效促进周边地区相关产业结构升级。⑤ 除了集聚效应，经济集聚还存在配置效应，即国际资本倾向于流向专业化程度更高的资本密集型产业区域，能加快地区产业技术创新，推动整体产业升级。⑥ 经济集聚使经济规模不断扩大，产业集聚

① Marshall A. Industrial organization, continued. The concentration of specialized industries in particular localities [M] // Principles of economics. London, UK: Palgrave Macmillan, 1920: 222-231.

② 祝红，任鹏．经济集聚与区域经济高质量发展[J]．中国高校社会科学，2022（6）：134-141+157.

③ Capello R. Regional economics [M]. London, UK: Routledge, 2007.

④ 韩峰，阳立高．生产性服务业集聚如何影响制造业结构升级？——一个集聚经济与熊彼特内生增长理论的综合框架[J].管理世界，2020，36（2）：72-94；张华，梁进社．产业空间集聚及其效应的研究进展[J].地理科学进展，2007，26（2）：14-24.

⑤ 祝红，任鹏．经济集聚与区域经济高质量发展[J]．中国高校社会科学，2022（6）：134-141+157.

⑥ 黄庆华，时培豪，胡江峰．产业集聚与经济高质量发展：长江经济带 107 个地级市例证[J].改革，2020（1）：87-99；Aghion P, Festré A. Schumpeterian growth theory, Schumpeter, and growth policy design[J]. Journal of evolutionary economics, 2017（27）：25-42.

带来的外部激励效应推动企业对生产设备进行改造和升级，同时使技术水平进一步提升，企业不断创新进而推动整体产业结构升级。[①] 且经济集聚有助于推动知识和技术外溢，使集聚区域内的企业较区域外的企业更具创新能力，加快产业结构升级。

二是研究经济集聚对绿色经济效率的影响。经济集聚与绿色经济效率间存在何种关系，目前学界还没有定论。一部分学者认为经济集聚会带来环境污染，对绿色经济效率产生一定的负向影响。[②] 大城市的经济集聚在推动地区经济发展的同时，也对环境造成了负担。[③] 经济集聚在促进城市经济规模扩张时，也增加了城市的资源消耗，使生态环境恶化。也有学者持相反观点[④]，他们认为经济集聚使区域能够集中处理环境污染，提高节能减排效率，进而提升绿色经济效率。[⑤] 城市规模不同减排效果也不同，中小城市比大城市更明显。[⑥] 高经济密度城市经济集聚对绿色经济效率的提升作用比低经济密度城市更强。[⑦] 经济集聚对绿色经济效率的影响是非线性的，呈倒"U"形。

三是研究产业结构升级对绿色经济效率的影响。大多学者认同产业结构

---

① Baptista R. Geographical clusters and innovation diffusion[J]. Technological forecasting and social change, 2001, 66 (1): 31-46.

② Ren W, Zhong Y, Meligrana J, et al. Urbanization, land use, and water quality in Shanghai: 1947-1996[J]. Environment international, 2003, 29 (5): 649-659.

③ Verhoef E T, Nijkamp P. Externalities in urban sustainability: environmental versus localization-type agglomeration externalities in a general spatial equilibrium model of a single-sector monocentric industrial city[J]. Ecological economics, 2002, 40 (2): 157-179; 刘满凤，谢晗进．中国省域经济集聚性与污染集聚性趋同研究[J]. 经济地理，2014，34 (4)：25-32.

④ Li Z, Zhou Y, Cai S, et al. Research on influencing factors of regional economic green growth under carbon emissions constraint[C]. 2020 IOP Conf. Ser. Earth Environ. Sci. 615 012019; 谢丽娟，丁焕峰，王露．金融集聚与区域创新：空间效应与作用机制[J].广东财经大学学报，2023，38 (2)：19-31.

⑤ 周侃，王强，樊杰．集聚对区域水污染物排放的影响及溢出效应[J].自然资源学报，2019，34 (7)：1483-1495.

⑥ 周清香，李娟娟．经济集聚对绿色发展效率的影响效应及作用机制[J].统计与决策，2023，39 (12)：138-142.

⑦ 林伯强，谭睿鹏．中国经济集聚与绿色经济效率[J].经济研究，2019，54 (2)：119-132.

升级与绿色经济效率呈正向促进关系。① 产业结构升级能够显著提升城市的节能减排效率，提高绿色经济效率②；协同创新和政府的环境目标约束能够有效推动产业结构升级，提升绿色经济效率。但也有学者认为，处理污染排放会增加企业的生产成本，降低生产效率和利润而导致企业退出，对区域产业结构产生负向影响。③ 产业结构升级对绿色经济效率的影响存在阈值，只有超过拐点值，产业结构升级才能显著提高绿色经济效率。

综上所述，目前学界大多数研究聚焦于经济集聚、产业结构升级和绿色经济效率两两间因果关系，且存在相反的结论。实际上，经济集聚、产业结构升级和绿色经济效率三者间存在内在联系和作用机制，但是将三者作为一个整体从时空耦合视角研究三者的耦合演化规律的文献较少。本文选取京津冀和粤港澳大湾区两大城市群，研究经济集聚、产业结构升级和绿色经济效率三者的耦合关系，本文可能的贡献主要为：第一，构建了将经济集聚、产业结构升级和绿色经济效率三者作为一个整体的研究框架，并探讨了其耦合协调作用机制；第二，构建了两大城市群经济集聚、产业结构升级与绿色经济效率的耦合协调模型，并分析其时空特征；第三，定量研究了两大城市群经济集聚、产业结构升级和绿色经济效率三系统耦合协调度及影响因素，为探寻两大城市群经济协调发展的差异及路径提供理论依据。本文的研究为促进中国城市群绿色协调发展提供了新思路，丰富了城市群经济集聚、产业结构升级与绿色经济效

---

① Jalil A, Feridun M. The impact of growth, energy and financial development on the environment in China: a cointegration analysis[J]. Energy economics, 2011, 33 (2): 284-291; Du K, Cheng Y, Yao X. Environmental regulation, green technology innovation, and industrial structure upgrading: the road to the green transformation of Chinese cities [J]. Energy economics, 2021 (98): 103-132.

② 石映昕，杨云霞．协同创新、产业结构升级与绿色经济效率[J].云南财经大学学报，2023，39 (1): 1-17；余泳泽，孙鹏博，宣烨．地方政府环境目标约束是否影响了产业转型升级？[J].经济研究，2020，55 (8): 57-72.

③ Millimet D L, Roy S, Sengupta A. Environmental regulations and economic activity: influence on market structure[J]. Social science electronic publishing, 2009, 1 (1): 99-118；郑小强，蒲泱竹．成渝双城经济圈产业结构升级与环境效率——基于非动态面板门槛模型[J].软科学，2021，35 (11): 58-64.

率的相关研究成果，在推动实现“双碳”目标的背景下，为城市群的绿色经济发展提供参考和借鉴。

三　研究设计

（一）耦合协调作用机制

城市群经济绿色协调发展需要多种因素协同，而经济集聚、产业结构升级与绿色经济效率是影响城市群经济绿色协调发展的重要因素。城市群经济的不断发展会带来集聚效应，吸引更多集聚区域外的经济资源，带来资本的集中流入，导致更高程度的经济集聚。同时，通过创新驱动推动城市群企业进行技术创新，为产业结构升级提供助力。经济集聚必定推动高能耗、高污染的企业转型升级，提高能源利用效率，有效降低环境负担，提升城市群的绿色经济效率。可见，经济集聚、产业结构升级和绿色经济效率三者存在交互作用。三者间相互影响，彼此联动，推动城市群经济与环境协调发展。构建三者耦合协调模型能够揭示城市群的发展规律和特征，进而推动城市群经济绿色协调发展（见图1）。

（二）变量及其测度

根据经济集聚、产业结构升级及绿色经济效率的内涵进行统计测度，具体如下。

1. 经济集聚

经济集聚在空间上表现为经济流通的中心化，通过规模经济降低生产成本，进而对周边区域产生虹吸效应。目前，学界主流使用夜间灯光数据作为地区发展规模及经济集聚效应的替代指标。因夜间灯光数据具备亮度等级与空间的双重属性且不存在信息缺失的问题，该指标被认为是综合研究区域经济发展的重要客观指标。本文选择2005～2019年整合的DMSP－OLS及

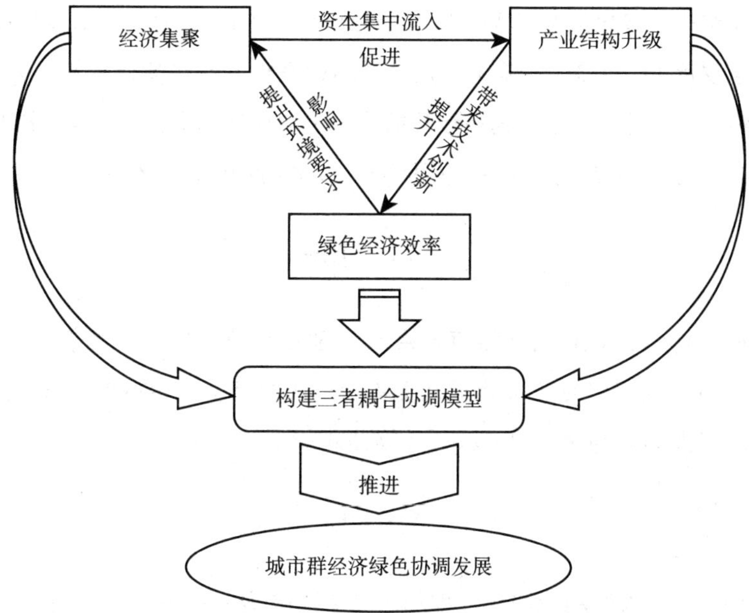

图 1　经济集聚、产业结构升级与绿色经济效率交互耦合作用机制

SNPP-VIIRS 的京津冀、粤港澳大湾区夜间灯光数据，借鉴 Wu 等①的研究以平均灯光强度表示区域经济集聚水平，计算公式如下：

$$ANI = \frac{TNI}{M} \tag{1}$$

其中，*ANI* 为平均夜间灯光强度，*TNI* 为区域总夜间灯光强度，*M* 为区域像素个数和。

2. 产业结构升级

现有研究对产业结构升级的测度主要有两种方式：② 一是从产业结构合理

---

① Wu Y, Shi K, Chen Z, et al. Developing improved time-series DMSP-OLS-like data (1992-2019) in China by integrating DMSP-OLS and SNPP-VIIRS[J]. IEEE transactions on geoscience and remote sensing, 2021 (60): 1-14.

② 干春晖，郑若谷，余典范．中国产业结构变迁对经济增长和波动的影响[J]. 经济研究，2011，46 (5)：4-16+31.

化和产业结构高级化角度来测度①；二是对第一、第二、第三产业增加值比重依次赋予权重 1、2、3 后求和来测度产业结构升级。本文综合两种方法②，选取产业结构合理化和产业结构高级化的熵值法加权指标来测度产业结构升级。

一是产业结构合理化（*Ris*），采用泰尔指数进行测度，具体如下：

$$Ris_{it} = \sum_{m=1}^{3} y_{itm} \ln\left(\frac{y_{itm}}{l_{itm}}\right), m = 1,2,3 \tag{2}$$

其中，y_{itm} 表示第 t 年 i 城市的第 m 产业增加值占地区生产总值的比重，l_{itm} 表示第 t 年 i 城市的第 m 产业从业人员数占总从业人员数的比重。

二是产业结构高级化（*Ais*），计算公式如下：

$$Ais_{it} = \sum_{m=1}^{3} m \times \ln(lp_{itm}) \tag{3}$$

其中，lp_{itm} 为劳动生产率，即第 t 年 i 城市第一、第二、第三产业增加值除以各产业从业人员数。

产业结构升级评价指标体系如表 1 所示。

表 1　产业结构升级评价指标体系

产业结构升级		
系统层	准则层	指标层
产业结构升级	产业结构合理化	第一产业从业人员（人）
		第二产业从业人员（人）
		第三产业从业人员（人）
		第一产业增加值（万元）
		第二产业增加值（万元）
		第三产业增加值（万元）

① 孙伟增，牛冬晓，万广华．交通基础设施建设与产业结构升级——以高铁建设为例的实证分析[J]. 管理世界，2022，38（3）：19-34+58+35-41.

② 李海奇，张晶．金融科技对中国产业结构优化与产业升级的影响[J]. 统计研究，2022（10）：102-118；廖正方，王丽．金融科技与京津冀地区产业结构升级[J]. 北京社会科学，2023（5）：22-32.

续表

<table>
<tr><th colspan="3">产业结构升级</th></tr>
<tr><th>系统层</th><th>准则层</th><th>指标层</th></tr>
<tr><td rowspan="3">产业结构升级</td><td rowspan="3">产业结构高级化</td><td>第一产业劳动生产率(万元/人)</td></tr>
<tr><td>第二产业劳动生产率(万元/人)</td></tr>
<tr><td>第三产业劳动生产率(万元/人)</td></tr>
</table>

3. 绿色经济效率

SBM-DEA 模型是基于数据包络分析（DEA）法的非径向 SBM 模型，是一种使用线性规划来估计多个决策（DMU）有效性的非参数方法。与传统的 DEA 法相比，其优点是考虑变量松弛问题和非期望产出因素，计算结果更加准确。因此，本文借鉴前人做法[①]，先构建绿色经济效率评价指标体系（见表 2），然后建立包含非期望产出的 SBM-DEA 模型，通过综合投入产出比对两大城市群的绿色经济效率进行测度。

表 2　绿色经济效率评价指标体系

<table>
<tr><th colspan="4">绿色经济效率</th></tr>
<tr><th>系统层</th><th colspan="2">准则层</th><th>指标层</th></tr>
<tr><td rowspan="7">绿色经济效率</td><td rowspan="3" colspan="2">投入指标</td><td>劳动投入(人)</td></tr>
<tr><td>资本投入(万元)</td></tr>
<tr><td>能源消耗总量(万吨标准煤)</td></tr>
<tr><td rowspan="4">产出指标</td><td>期望产出</td><td>实际 GDP(万元)</td></tr>
<tr><td rowspan="3">非期望产出</td><td>工业烟(粉)尘排放量(吨)</td></tr>
<tr><td>工业废水排放量(万吨)</td></tr>
<tr><td>工业二氧化硫排放量(吨)</td></tr>
</table>

① 张哲华，钟若愚．数字经济、绿色技术创新与城市低碳转型[J]. 中国流通经济，2023，37（5）：60-70；苑凯，胡彪，牛亭云．区域绿色技术创新与生态经济发展耦合协调时空演化分析——以京津冀地区为例[J]. 大连理工大学学报（社会科学版），2023，44（6）：43-52.

本文采用的投入指标有劳动投入、资本投入和能源消耗总量。劳动投入采用各地级市年末从业人员数衡量。资本投入采用资本存量表征，资本存量使用永续盘存法进行测算得到，具体测算公式如下：

$$K_t = K_{t-1} \times (1 - \delta) + \frac{I_t}{d_t} \tag{4}$$

其中，K_t 为 t 时期的资本存量，I_t 为 t 时期的固定资产投资，d_t 是固定资产投资价格指数，[①] 折旧率 δ 设为 10.96%。[②] 基期资本存量 K_0 采用 2005 年资本存量数据。

能源消耗总量以城市全社会用电量占所属省份用电量的比重为权重，根据省际能源消耗总量折算得出各城市能源消费量。

产出指标具体包括期望产出和非期望产出。期望产出利用平减指数处理得到的城市实际 GDP 来衡量。非期望产出包括工业烟（粉）尘排放量、工业废水排放量、工业二氧化硫排放量。

（三）研究方法

1. 耦合协调模型

本文借鉴前人做法[③]，构建城市群耦合协调模型分析两大城市群经济集聚、产业结构升级及绿色经济效率之间的耦合协调关系：

$$C = 3 \times \left[\frac{U_1 U_2 U_3}{(U_1 + U_2 + U_3)^3} \right]^{\frac{1}{3}} \tag{5}$$

$$T = \alpha U_1 + \beta U_2 + \gamma U_3 \tag{6}$$

---

① 单豪杰．中国资本存量 K 的再估算：1952—2006 年[J]．数量经济技术经济研究，2008，25（10）：17-31.

② 张军，吴桂英，张吉鹏．中国省际物质资本存量估算：1952—2000[J]．经济研究，2004，39（10）：35-44.

③ 余菲菲，胡文海，荣慧芳．中小城市旅游经济与交通耦合协调发展研究——以池州市为例[J]．地理科学，2015，35（9）：1116-1122；宋金昭，等．黄河流域新型城镇化、产业结构升级与绿色经济效率的时空耦合研究[J]．软科学，2022，36（10）：101-108.

$$D = (C \times T)^{\frac{1}{2}} \tag{7}$$

其中，U_1 为经济集聚指数，U_2 为产业结构升级指数，U_3 为绿色经济效率指数；α、β、γ 为各指数权重，取 $\alpha=\beta=\gamma=1/3$；C、T、D 分别为耦合度、综合得分、耦合协调度。其中，D 值区间为［0，1］，D 值越大表明系统耦合协调水平越高。将 D 值所代表的耦合协调度划分为十个等级（见表 3）。

表 3　耦合协调度等级划分标准

D 段	等级
0~0.1	极度失调
0.1~0.2	严重失调
0.2~0.3	中度失调
0.3~0.4	轻度失调
0.4~0.5	濒临失调
0.5~0.6	勉强协调
0.6~0.7	初级协调
0.7~0.8	中级协调
0.8~0.9	良好协调
0.9~1	优质协调

2. 探索性空间数据分析法

探索性空间数据分析（ESDA）法是一种将空间数据分析方法和刷新技术相结合而成的综合统计方法，在对样本数据不进行任何假设的前提下，描述和可视化数据的空间分布，识别异常值，检测城市群的经济集聚，展示数据的空间结构，揭示地理现象间的空间作用机制。其核心为解构与地理位置相关的数据间的依赖、空间关联或空间自相关关系，具体计算公式参见文献。①

① Anselin L. Local indicators of spatial association—LISA [J]. Geographical analysis, 1995, 27 (2): 93-115.

（四）数据来源

受限于数据的可获得性，本文最终选用 2005~2019 年京津冀和粤港澳大湾区相关数据，所用数据来自《香港统计年刊》《澳门统计年鉴》《香港环保工作报告》《香港渠务署可持续发展报告》《澳门环境状况报告》《中国统计年鉴》《中国电力年鉴》及北京市、天津市、广东省、河北省统计年鉴。对受价格影响的变量，均以 2005 年为基期利用价格平减指数进行处理（对于缺失数据，本文以城市所在省份的相应价格平减指数作为替代），对缺失值运用移动平均法进行补齐。

四　经济集聚、产业结构升级与绿色经济效率耦合协调度时空特征

（一）经济集聚、产业结构升级与绿色经济效率发展态势及特征

1. 经济集聚

2005~2019 年，京津冀和粤港澳大湾区两大城市群的经济集聚水平演变经历了四个阶段（见表 4、图 2）。

表 4　2005~2019 年京津冀和粤港澳大湾区经济集聚水平

城市群	2005 年	2006 年	2007 年	2008 年	2009 年	2010 年	2011 年	2012 年
京津冀	11.96	12.89	13.27	13.37	12.88	15.32	14.26	15.05
粤港澳	33.37	34.94	34.78	35.51	34.19	34.23	37.15	34.35
平均值	22.66	23.92	24.02	24.44	23.53	24.77	25.71	24.70

城市群	2013 年	2014 年	2015 年	2016 年	2017 年	2018 年	2019 年
京津冀	15.70	17.69	17.81	17.76	21.02	20.91	22.81
粤港澳	36.12	25.51	25.56	25.49	26.24	26.46	26.70
平均值	25.91	21.60	21.68	21.63	23.63	23.69	24.76

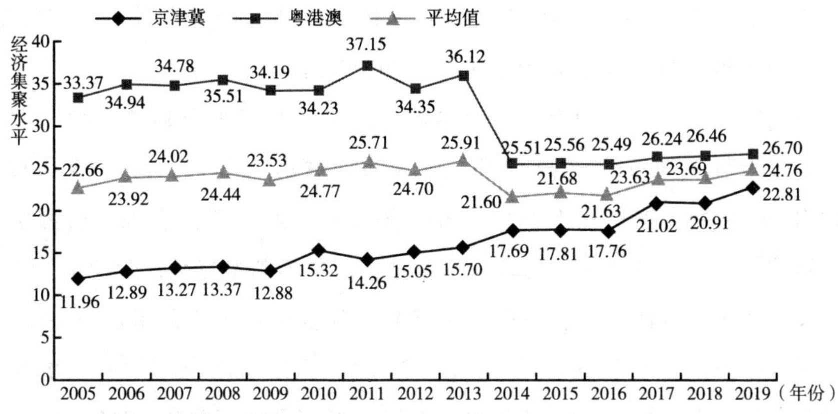

图 2　2005~2019 年京津冀和粤港澳大湾区经济集聚水平演变趋势

第一阶段为 2005~2013 年，经济集聚水平呈现波动上升趋势，经济集聚指数平均值从 2005 年的 22.66 增长至 2013 年的 25.91，增幅为 14.34%。2008 年美国次贷危机所引起的全球经济衰退也影响了中国的市场化水平，中国的城市化发展、对外贸易、固定资产投资等都受到了不同程度的影响。但 2009 年中央政府实施的 4 万亿元计划效果逐步显现，带动经济增长，为区域发展提供了动力。京津冀经济集聚指数从 2005 年的 11.96 增加至 2013 年的 15.70，增幅为 31.27%；粤港澳大湾区经济集聚指数从 33.37 增加至 36.12，增幅为 8.24%。粤港澳大湾区经济集聚水平虽然高于京津冀，但增幅远小于后者。

第二阶段为 2014 年，两大城市群经济集聚水平有所下降，经济集聚指数平均值从 2013 年的 25.91 降至 2014 年的 21.60，降幅为 16.6%。2014 年中国产业结构发生历史性变化，经济下行压力增大，国内产能过剩问题突出，严峻的市场环境与调控措施影响了国内经济。粤港澳大湾区受到较大影响，经济集聚指数由 2013 年的 36.12 降至 2014 年的 25.51。京津冀经济集聚指数虽仍低于均值，但在 2014 年呈上升趋势，由 2013 年的 15.70 增至 2014 年的 17.69。

第三阶段为 2015~2016 年，经济集聚水平停止下降，进入平稳期，经济集聚指数平均值保持稳定。在全面宽松和大规模投资的刺激下，经济逐渐平稳。粤港澳大湾区的经济集聚指数和京津冀的经济集聚指数均较稳定，且两大城市群的经济集聚水平差距明显缩小。

第四阶段为2017~2019年，经济集聚水平呈加速上升趋势，2017年的经济集聚指数平均值较2016年增长9.25%，并由2017年的23.63增长至2019年的24.76，增幅为4.78%。2017年以来的经济整体表现符合经济发展新常态下的速度变化、动力转换以及结构优化等基本特征，各项措施为经济发展提供了良好的环境和条件。2017年京津冀的经济集聚指数较2016年增长了18.36%，并由2017年的21.02增加至2019年的22.81，增幅为8.52%，发展速度快。2017年粤港澳大湾区经济集聚指数较2016年增长了2.94%，并由2017年的26.24增长至2019年的26.70，增幅为1.75%，保持平稳状态，仍处于领先地位。

总体来看，粤港澳大湾区经济集聚水平呈前高后低特征，而京津冀经济集聚水平呈上升趋势，且两者的经济集聚水平差距逐步缩小。

2. 产业结构升级

京津冀与粤港澳大湾区的产业结构升级指数总体呈逐步上升趋势（见表5），且京津冀产业结构升级指数高于粤港澳大湾区，两者差距保持在0.2左右。

京津冀产业结构升级指数逐步上升，由2005年的0.35增长到2019年的0.67，增长91.43%。粤港澳大湾区的产业结构升级指数由2005年的0.20增长到2019年的0.43，增长115%，增长幅度高于京津冀。

表5　2005~2019年京津冀和粤港澳大湾区产业结构升级指数

年份	京津冀	粤港澳大湾区
2005	0.35	0.20
2006	0.44	0.24
2007	0.46	0.25
2008	0.49	0.29
2009	0.51	0.29
2010	0.54	0.33

续表

年份	京津冀	粤港澳大湾区
2011	0.62	0.30
2012	0.56	0.35
2013	0.57	0.33
2014	0.59	0.37
2015	0.60	0.38
2016	0.61	0.40
2017	0.56	0.39
2018	0.65	0.43
2019	0.67	0.43

3. 绿色经济效率

京津冀、粤港澳大湾区的绿色经济效率指数均处于相对平稳状态，但粤港澳大湾区绿色经济效率指数远高于京津冀。粤港澳大湾区绿色经济效率指数基本保持在 0.8 以上，京津冀绿色经济效率指数保持在 0.5 左右（见表 6）。可能原因是京津冀经济增长更多地依赖高污染、高能耗产业，不能有效兼顾生态环境与经济发展，低技术、低附加值产业使环境问题日益突出，从而降低了绿色经济效率。

表 6　2005~2019 年京津冀和粤港澳大湾区绿色经济效率指数

年份	京津冀	粤港澳大湾区
2005	0.499	0.863
2006	0.496	0.847
2007	0.527	0.867
2008	0.509	0.866
2009	0.515	0.880
2010	0.500	0.822
2011	0.476	0.811

续表

年份	京津冀	粤港澳大湾区
2012	0.464	0.810
2013	0.488	0.803
2014	0.457	0.807
2015	0.458	0.808
2016	0.481	0.807
2017	0.474	0.809
2018	0.471	0.812
2019	0.486	0.807

（二）耦合协调发展

京津冀地区与粤港澳大湾区的耦合协调情况见表7。京津冀的耦合协调度从2005年的0.508上升为2019年的0.643，耦合协调度等级从2005年的勉强协调变为2019年的初级协调。粤港澳大湾区的耦合协调度明显优于京津冀，其耦合协调度从2005年的0.611上升为2019年的0.712，耦合协调度等级从2005年的初级协调变为2019年的中级协调。

表7　京津冀与粤港澳大湾区三系统耦合协调情况

年份	京津冀		粤港澳大湾区	
	耦合协调度	耦合协调度等级	耦合协调度	耦合协调度等级
2005	0.508	勉强协调	0.611	初级协调
2006	0.518	勉强协调	0.625	初级协调
2007	0.542	勉强协调	0.651	初级协调
2008	0.542	勉强协调	0.665	初级协调
2009	0.545	勉强协调	0.663	初级协调
2010	0.558	勉强协调	0.655	初级协调

续表

年份	京津冀		粤港澳大湾区	
	耦合协调度	耦合协调度等级	耦合协调度	耦合协调度等级
2011	0.537	勉强协调	0.650	初级协调
2012	0.546	勉强协调	0.658	初级协调
2013	0.563	勉强协调	0.647	初级协调
2014	0.557	勉强协调	0.668	初级协调
2015	0.560	勉强协调	0.676	初级协调
2016	0.569	勉强协调	0.677	初级协调
2017	0.591	勉强协调	0.689	初级协调
2018	0.625	初级协调	0.710	中级协调
2019	0.643	初级协调	0.712	中级协调

两大城市群各城市的耦合协调度见表 8。京津冀的耦合协调度呈上升趋势，但整体协调水平较低，其耦合协调度等级从 2005 年的勉强协调变为 2019 年的初级协调。粤港澳大湾区耦合协调度亦呈上升趋势，整体协调水平较高，从 2005 年的初级协调升级到 2019 年的中级协调，并保持至今。

北京市作为京津冀经济协调发展的核心和引领区，其耦合协调水平一直领先于京津冀整体。由 2005 年的初级协调上升到 2006 年的中级协调，到 2011 年上升为良好协调，之后除个别年份，基本保持良好协调的高水平。

广州、深圳、香港和澳门作为粤港澳大湾区的四大重点城市，对粤港澳大湾区的发展起到了重要的支柱作用。广州与香港的耦合协调度等级从 2005 年的初级协调变为 2019 年的中级协调，深圳耦合协调度等级从 2005 年的中级协调变为 2019 年的优质协调，澳门耦合协调度等级从 2005 年的初级协调变为 2019 年的良好协调。

表 8　京津冀和粤港澳大湾区各城市的耦合协调度

地区	城市	2005 年	2006 年	2007 年	2008 年	2009 年	2010 年	2011 年	2012 年
	北京市	0. 652	0. 745	0. 752	0. 757	0. 753	0. 784	0. 823	0. 789
	天津市	0. 591	0. 614	0. 634	0. 643	0. 652	0. 665	0. 631	0. 602
	石家庄市	0. 507	0. 507	0. 516	0. 524	0. 522	0. 528	0. 518	0. 520
	唐山市	0. 557	0. 560	0. 569	0. 564	0. 566	0. 572	0. 556	0. 551
	秦皇岛市	0. 510	0. 523	0. 541	0. 550	0. 553	0. 566	0. 537	0. 552
	邯郸市	0. 527	0. 536	0. 549	0. 565	0. 595	0. 615	0. 555	0. 597
京津冀	邢台市	0. 513	0. 523	0. 526	0. 531	0. 531	0. 541	0. 526	0. 539
	保定市	0. 468	0. 475	0. 489	0. 488	0. 477	0. 485	0. 468	0. 462
	张家口市	0. 346	0. 352	0. 370	0. 377	0. 384	0. 400	0. 377	0. 398
	承德市	0. 242	0. 245	0. 287	0. 301	0. 318	0. 347	0. 411	0. 454
	沧州市	0. 584	0. 565	0. 618	0. 629	0. 629	0. 656	0. 547	0. 554
	廊坊市	0. 585	0. 562	0. 558	0. 549	0. 535	0. 531	0. 495	0. 510
	衡水市	0. 523	0. 532	0. 632	0. 564	0. 575	0. 562	0. 531	0. 564
	广州市	0. 628	0. 641	0. 652	0. 664	0. 633	0. 639	0. 694	0. 641
	深圳市	0. 748	0. 765	0. 780	0. 795	0. 787	0. 802	0. 900	0. 845
	珠海市	0. 445	0. 486	0. 507	0. 509	0. 498	0. 517	0. 488	0. 526
	佛山市	0. 719	0. 711	0. 850	0. 726	0. 717	0. 712	0. 690	0. 687
	江门市	0. 455	0. 477	0. 479	0. 485	0. 474	0. 492	0. 476	0. 494
粤港澳大湾区	肇庆市	0. 268	0. 282	0. 344	0. 363	0. 353	0. 385	0. 362	0. 414
	惠州市	0. 433	0. 432	0. 446	0. 570	0. 561	0. 481	0. 460	0. 463
	东莞市	0. 922	0. 929	0. 941	0. 951	0. 947	0. 954	0. 884	0. 953
	中山市	0. 741	0. 736	0. 754	0. 778	0. 875	0. 741	0. 716	0. 732
	香港	0. 658	0. 677	0. 693	0. 723	0. 709	0. 732	0. 754	0. 749
	澳门	0. 699	0. 740	0. 711	0. 753	0. 734	0. 753	0. 723	0. 731

续表

地区	城市	2013 年	2014 年	2015 年	2016 年	2017 年	2018 年	2019 年
京津冀	北京市	0.793	0.803	0.805	0.814	0.831	0.836	0.873
	天津市	0.632	0.548	0.563	0.563	0.574	0.578	0.577
	石家庄市	0.530	0.540	0.533	0.527	0.558	0.578	0.575
	唐山市	0.559	0.585	0.588	0.586	0.603	0.623	0.630
	秦皇岛市	0.600	0.606	0.594	0.600	0.657	0.658	0.665
	邯郸市	0.546	0.558	0.556	0.570	0.625	0.677	0.715
	邢台市	0.567	0.554	0.554	0.556	0.562	0.626	0.638
	保定市	0.483	0.495	0.502	0.504	0.541	0.563	0.575
	张家口市	0.426	0.425	0.430	0.422	0.469	0.478	0.490
	承德市	0.475	0.454	0.457	0.427	0.412	0.457	0.535
	沧州市	0.588	0.587	0.590	0.639	0.640	0.711	0.708
	廊坊市	0.512	0.515	0.536	0.537	0.513	0.599	0.611
	衡水市	0.613	0.576	0.571	0.646	0.697	0.737	0.772
粤港澳大湾区	广州市	0.682	0.638	0.694	0.706	0.706	0.750	0.744
	深圳市	0.824	0.839	0.853	0.868	0.895	0.907	0.912
	珠海市	0.558	0.601	0.611	0.619	0.651	0.660	0.706
	佛山市	0.587	0.603	0.609	0.604	0.615	0.624	0.623
	江门市	0.521	0.546	0.553	0.543	0.535	0.573	0.589
	肇庆市	0.443	0.454	0.432	0.415	0.455	0.507	0.520
	惠州市	0.497	0.515	0.520	0.517	0.508	0.555	0.555
	东莞市	0.815	0.880	0.878	0.874	0.879	0.885	0.840
	中山市	0.677	0.700	0.712	0.717	0.744	0.742	0.732
	香港	0.759	0.766	0.774	0.772	0.770	0.781	0.775
	澳门	0.754	0.809	0.802	0.811	0.826	0.826	0.833

根据上述耦合协调度计算结果，借助 ArcGIS 软件将 2005 年、2012 年和 2019 年的耦合协调度等级进行空间可视化，反映京津冀城市群与粤港澳大湾区城市群耦合协调度的空间差异性。①

对比两大城市群三系统耦合协调度空间分布可知，2005 年粤港澳大湾

① 因篇幅限制，这里省略“2005 年、2012 年和 2019 年各城市群三系统耦合协调度空间分布图”。

区城市群各城市耦合协调度等级最低为中度失调，最高为优质协调，而京津冀城市群各城市耦合协调度等级最低为中度失调，最高为初级协调。2012年，粤港澳大湾区大部分城市耦合协调度等级都上升了，处于濒临失调的城市有3个，勉强协调的1个，初级协调的2个，中级协调的3个，良好协调的1个，优质协调的1个；京津冀城市群部分城市耦合协调度等级也同样上升了，但处于轻度失调的城市有1个，濒临失调的2个，勉强协调的8个，初级协调的1个，中级协调的1个。2019年，粤港澳大湾区处于勉强协调的城市有3个，初级协调的1个，中级协调的4个，良好协调的2个，优质协调的1个，说明城市之间协调等级差距逐渐缩小；京津冀城市群整体耦合协调度等级上升，处于濒临失调的有1个，勉强协调的有4个，初级协调的有4个，中级协调的有3个，良好协调的有1个，依旧没有优质协调城市。

（三）三系统耦合协调度空间自相关分析

1. 全局空间自相关分析

为研究经济集聚、产业结构升级与绿色经济效率三系统耦合协调度的空间相关性，测算三系统的全局莫兰指数（Moran's I），结果见表9。京津冀城市群与粤港澳大湾区城市群的全局莫兰指数历年均为正值且在1%水平上显著，这说明两大城市群的经济集聚、产业结构升级与绿色经济效率存在显著的空间集聚效应。

表9　2005~2019年经济集聚、产业结构升级与绿色经济效率三系统耦合协调度全局莫兰指数

	2005年	2006年	2007年	2008年	2009年	2010年	2011年	2012年
Moran's I	0.3660***	0.3605***	0.3268***	0.3869***	0.3644***	0.3077***	0.3500***	0.3449***
	2013年	2014年	2015年	2016年	2017年	2018年	2019年	
Moran's I	0.2674***	0.2418***	0.2457***	0.1966***	0.1927***	0.0951**	0.0264**	

注：**、***分别表示5%、10%的显著性水平。

2. 局部空间自相关分析

因全局莫兰指数无法反映城市群内部辐射带动作用，为剖析两大城市群内部城市空间关联，本文使用局部空间自相关识别京津冀城市群与粤港澳大湾区城市群三系统协调度的空间关联。结果显示①，2019 年，北京市属于京津冀城市群中的高低集聚城市，其对周边地区的辐射带动作用较弱。深圳市属于粤港澳大湾区城市群中的高低集聚城市，粤港澳大湾区内部城市之间的协调度差异仍然较大，北部地区协调度较低。

（四）三系统耦合协调度影响因素分析

1. 变量选取

京津冀城市群和粤港澳大湾区城市群三系统耦合协调度受多种因素影响②，本文基于已有研究以及经济集聚、产业结构升级与绿色经济效率耦合协调发展的现实情况，选取以下变量：对外开放程度（*Open*），用实际使用外资金额的自然对数作为代理变量；政府支持力度（*Gov*），采用政府财政一般预算支出与 GDP 的比值衡量；人力资本（*Hc*），采用普通高等学校在校学生人数与城市总人口的比值衡量；固定资产投入（*Inv*），采用全社会固定资产投资与 GDP 的比值来表示；研发投入（*R&D*），采用 R&D 内部经费投入与 GDP 的比值衡量；经济发展水平（*Rgdp*），采用人均 GDP 衡量。

2. 影响因素分析

因三系统耦合协调度具有溢出效应，本文采用空间计量模型。首先，通过 Hausman 检验进行判断，统计值分别为 23.17 和 184.39，均在 1%水平上显著，故选择固定效应模型。其次，进行 LR 检验和 Wald 检验，检验结果

① 因篇幅限制，这里省去“2019 年京津冀与粤港澳大湾区三系统协调度 LISA 图”。

② 钟坚，王锋波．粤港澳大湾区产业结构优化升级的实证研究——基于准自然实验分析法［J］. 经济问题探索，2022（11）：143-161；王文彬，廖恒．新型基础设施如何影响粤港澳大湾区经济一体化发展——基于空间溢出效应的视角［J］. 财经科学，2022（8）：93-105；李林威，刘帮成．区域协同发展政策能否提升城市创新水平？——基于粤港澳大湾区的准自然实验［J］. 经济问题探索，2022（10）：77-93.

分别在5%水平上显著，故选择固定效应的空间杜宾模型作为基准模型。最后，采用空间杜宾模型对京津冀和粤港澳大湾区耦合协调度的影响因素进行回归估计，结果见表10。

表10　影响因素空间计量回归

变量	京津冀	粤港澳大湾区
	(1)	(2)
	SDM	SDM
Open	0.010**	0.020***
	(2.17)	(3.87)
Gov	0.141***	0.399***
	(2.74)	(5.96)
Hc	4.593***	0.234
	(9.84)	(0.62)
Inv	-0.043***	0.003
	(-4.01)	(0.24)
R&D	0.988***	1.536***
	(3.73)	(4.64)
Rgdp	0.183***	0.039
	(10.89)	(1.53)
W×Open	0.031*	-0.020**
	(1.80)	(-2.15)
W×Gov	0.860***	-0.163
	(4.29)	(-1.32)
W×Hc	9.858***	0.461
	(6.91)	(0.67)
W×Inv	-0.006	-0.055***
	(-0.16)	(-2.68)
W×R&D	1.341	-0.711
	(1.31)	(-1.25)
W×Rgdp	0.168***	0.110***
	(3.34)	(2.61)

续表

变量	京津冀	粤港澳大湾区
	(1)	(2)
	SDM	SDM
N	195	165
R^2	0.182	0.130
Log-L	330.9171	303.7494

注：括号内的数值为 t 值；*、** 和 *** 分别表示 10%、5%和 1%的显著性水平。

根据表 10 回归结果可知，这 6 个因素均对三系统耦合协调度具有影响作用，但对不同地区的影响有所差异。

对外开放程度（*Open*）、政府支持力度（*Gov*）、人力资本（*Hc*）、研发投入（*R&D*）以及经济发展水平（*Rgdp*）对京津冀城市群三系统耦合协调度具有显著正向影响，即对外开放程度越高，政府支持力度越大，人力资本水平越高，研发投入越高，经济发展越迅速，京津冀城市群三系统耦合协调度也就越高。而固定资产投入（*Inv*）对京津冀城市群三系统耦合协调度具有显著负向作用。

粤港澳大湾区城市群三系统耦合协调度影响因素中，对外开放程度（*Open*）、政府支持力度（*Gov*）与研发投入（*R&D*）具有正向影响；人力资本（*Hc*）、固定资产投入（*Inv*）、经济发展水平（*Rgdp*）则未能通过显著性检验，对耦合协调度影响不明显。

总之，两大城市群耦合协调度均受对外开放程度、政府支持力度与研发投入的正向影响。此外，京津冀城市群受固定资产投入的负向影响，这可能是因京津冀城市群中固定资产投资主要为第二产业，其对环境的破坏较大，不利于城市群的耦合协调发展。

五　研究结论与政策建议

（一）研究结论

本文基于系统耦合视角，以京津冀城市群和粤港澳大湾区城市群为研究对象，运用耦合协调模型和探索性空间数据分析（ESDA）法，测算京津冀城市群和粤港澳大湾区城市群经济集聚、产业结构升级、绿色经济效率耦合协调度，探讨其空间发展模式和空间关联。研究结论主要有以下几点。

第一，粤港澳大湾区经济集聚指数高于京津冀，但京津冀经济集聚指数呈逐年上升趋势，两者差距不断缩小。京津冀产业结构升级指数高于粤港澳大湾区，两者均呈逐步提升趋势。2005~2019 年粤港澳大湾区的绿色经济效率指数均超过 0.8，远高于京津冀的 0.5 左右。

第二，从耦合协调度来看，粤港澳大湾区整体耦合协调水平较高，2019 年整体处于中级协调；京津冀的整体耦合协调水平相对较低，2019 年处于初级协调。两大城市群各城市的耦合协调水平存在显著差异，比如，2019 年，京津冀地区只有北京市的耦合协调度高于 0.8，最低的张家口市处于 0.5 以下，其余城市处于 0.5~0.8；粤港澳大湾区的东莞、深圳和澳门三个城市耦合协调度高于 0.8，只有江门、肇庆和惠州三个城市低于 0.6。在各因素协调作用下，京津冀与粤港澳大湾区直接的相互作用不断得到强化，系统内部协调程度逐渐提高。表明了两大城市群之间已形成相互促进的发展格局。

第三，空间自相关分析结果表明，京津冀和粤港澳大湾区耦合协调度呈现正向的空间相关性和空间依赖特征，即耦合协调度较高地区趋于集聚，较低地区同样趋于集聚，但该相关性呈逐渐减弱态势。京津冀城市群的耦合协调度局部空间集聚以北京市高低集聚为主，而粤港澳大湾区的耦合协调度局部空间集聚以深圳市高低集聚为主。

第四，三系统耦合协调度影响因素分析结果显示，对外开放程度、政府支持力度与研发投入对京津冀与粤港澳大湾区三系统耦合协调度均产生正向影响；人力资本和经济发展水平仅对京津冀三系统耦合协调度具有显著正向影响；固定资产投入对京津冀城市群三系统耦合协调度具有显著负向影响。

（二）政策建议

第一，京津冀与粤港澳大湾区两大城市群应建立更加紧密的统一大市场，应注重充分发挥市场在资源分配中的核心作用。从实证结果来看，两大城市群间不管是经济集聚、产业结构升级，还是绿色经济效率，均存在正向促进作用。习近平总书记要求推动京津冀协同发展不断迈上新台阶，努力使京津冀成为中国式现代化建设的先行区、示范区[①]，使粤港澳大湾区成为高质量发展的示范地、中国式现代化的引领地[②]。两大城市群应该在全国率先加快建立全国统一大市场，打破地方保护和市场分割，打通制约经济协调发展的关键堵点，建立统一大市场的先行区、示范区和引领地。这是提升京津冀和粤港澳大湾区两大城市群协调发展的根本保证和基础。

第二，针对不同城市群因地制宜制定三系统耦合协调度精准提升策略。京津冀应充分发挥北京的经济集聚优势，推动传统产业结构升级，改变经济发展模式，构建低碳低污染的新发展模式。同时应实施城市企业间帮扶政策，发挥北京市高低集聚区对周边地区的涓滴效应，给津冀带来先进的绿色创新产品、技术及管理经验，带动京津冀产业结构转型和推动新旧动能转换。粤港澳大湾区中，深圳市为高低集聚区，应加强深圳市与周边城市协同发展，助力周边城市提升经济与环境的协调水平。

第三，京津冀应继续提升经济集聚水平，积极发挥集聚的正外部性，促进京津冀产业结构升级和经济绿色发展，为地区经济健康可持续发展提供稳定的集聚动能。京津冀三地产业各具优势，但与粤港澳大湾区相比，产业链、供应链水平依然不高，特别是缺少具有较强国际竞争力的世界级产业集群。因此，京津冀三地需进一步推进产业转移协作，提升产业链、供应链现代化水平，积极探索培育和形成世界级产业集群的现实路径。

第四，制定统一的绿色发展规划、加强政策协同。京津冀绿色经济效率明显低于粤港澳大湾区，为了提升京津冀绿色经济效率，京津冀三地应制定统一的绿色发展规划，明确绿色发展的目标、任务和措施，确保各地在绿色

---

① 以更加奋发有为的精神状态推进各项工作 推动京津冀协同发展不断迈上新台阶[N].人民日报，2023-05-13（1）.

② 坚定不移全面深化改革扩大高水平对外开放 在推进中国式现代化建设中走在前列[N].人民日报，2023-04-14（1）.

发展上形成合力；京津冀三地应加强政策协同，出台支持绿色发展的政策措施，如财政补贴、税收优惠等，推动绿色产业在三地协调发展。

第五，鉴于固定资产投资负向影响京津冀三系统耦合协调度，在进行固定资产投资时，应设定环境准入门槛，并加大对第一、第三产业的固定资产投资。

A Study on the Coordinated Development of Economic Agglomeration, Industrial Structure Upgrading and Green Economy Efficiency: Based on the Comparison between Beijing-Tianjin-Hebei and Guangdong-Hong Kong-Macao Greater Bay Area

Liu Zhaode, Nie Puyan

Abstract: Based on the perspective of the mutual coordination of economic agglomeration, industrial structure upgrading and green economic efficiency, this paper constructs the evaluation index of the coupling coordination of the ternary system, takes the Beijing-Tianjin-Hebei and Guangdong-Hong Kong-Macao Greater Bay Area urban agglomeration as the research object, and uses the coupling coordination model, exploratory data analysis (ESDA) model and spatial econometric model to explore the coupling coordination degree and spatial correlation effect of the economic agglomeration-industrial structure upgrading-green economic efficiency system of the two urban agglomerations. The results show that: The economic agglomeration index of the Guangdong-Hong Kong-Macao Greater Bay Area is higher than that of the Beijing-Tianjin-Hebei region, but the gap between the two is narrowing; the industrial structure upgrading index of the Beijing-Tianjin-Hebei urban agglomeration is higher than that of the

Guangdong - Hong Kong - Macao region, and both of them show a gradual improvement trend; the green economic efficiency of the Guangdong - Hong Kong - Macao urban agglomeration is much higher than that of the Beijing - Tianjin - Hebei urban agglomeration. The results of the coupling coordination model show that the coupling coordination degree of the Beijing - Tianjin - Hebei region is increasing, but the overall coordination level is low, and the coupling coordination type changes from nearly incompatible to barely coordinated to primary coordination. The overall coupling coordination level of the Guangdong-Hong Kong-Macao Greater Bay Area is relatively high and the growth trend is obvious, which is primary coordination in 2005, intermediate coordination in 2007 and primary coordination in 2010. The results of the spatial autocorrelation model show that the three systems of economic agglomeration, industrial structure upgrading and green economic efficiency show positive spatial correlation and spatial dependence in the Beijing - Tianjin - Hebei urban agglomeration and the Guangdong-Hong Kong-Macao Greater Bay Area. The spatial econometric model shows that the degree of opening up, government support, human capital, R&D investment and economic development level have an impact on the three systems of the Beijing-Tianjin-Hebei urban agglomeration and the Guangdong-Hong Kong-Macao Greater Bay Area, but the degree and direction of the impact of each factor are different.

Keywords: Beijing-tianjin-hebei; Guangdong-Hong Kong-Macao; economic agglomeration; industrial structure upgrading; green economy efficiency

金融科技与京津冀地区产业结构升级*

廖正方　王　丽**

摘　要： 本文基于2011～2019年北京市、天津市和河北省地级市的面板数据，实证分析了金融科技对京津冀地区产业结构升级的影响，结果显示，金融科技的发展显著促进了京津冀地区产业结构的升级，在加入京津冀协同发展战略、金融科技滞后一期、产业结构升级滞后一期、替换被解释变量及更换回归方法之后，金融科技促进京津冀产业结构升级的效应依然稳健。机制检验发现，金融科技的发展通过促进京津冀地区财政收入提升和人力资本改善，带动了三地产业结构升级。因此，为进一步发挥金融科技对京津冀地区产业结构升级的积极影响，应着力将数字经济发展纳入京津冀协同发展战略、大力发展金融科技、提高人力资本水平等。

关键词： 金融科技　产业结构升级　财政收入　人力资本

---

* 本文已发表于《北京社会科学》2023年第5期。

** 廖正方，中南财经政法大学财政税务学院博士研究生，湖北经济学院会计学院讲师；王丽，河北经贸大学财政税务学院教授，博士。

一 引言

改革开放四十多年来，中国经济实现了快速发展，经济从高速增长进入高质量发展的新阶段。但是，目前中国正处于新旧动能转换的关键时期，新旧动能转换是否顺利关系到中国是否能够跨越中等收入陷阱，以及是否能够实现共同富裕、经济是否能够转型成功。在旧动能推动力逐步减弱、新动能还未能完全建立起来的阶段，数字经济是实现新旧动能转换的关键力量。数字经济发展方兴未艾，产业数字化和数字产业化有效带动了中国经济的转型升级，是中国跨越中等收入陷阱的重要推动力。目前，中国数字经济的发展已经逐步向服务业进军。金融业是服务业中的重要行业，与数字经济的结合日益紧密，表现为金融业逐步使用大数据、互联网、人工智能等技术实现与数字经济的融合与发展。《金融科技发展规划（2022—2025年）》进一步明确了如何发展金融科技，金融科技如何与实体经济相融合，这为未来金融科技的发展指明了方向。

中国金融科技的信息经费投入从2015年的207亿美元增长到了2019年的260亿美元，年均增长6%，年均增量达13.25亿美元。金融科技的市场规模也逐年扩大，从2016年的2104亿元增长到2019年的3753亿元。[①] 目前，大中小型银行的金融科技发展都取得了显著的成绩，但是与大型银行相比，中小型银行在金融科技发展方面还有许多不足，尤其是农商行、城商行等银行，在人才储备、组织架构等方面都急需补短板。[②] 中小型银行在中国银行业系统中居于主体地位，金融科技的发展的确有助于中小型银行数字化转型，提高数字化程度，扩大资金覆盖范围，更好地为实体经济尤其是中小

① 我国金融科技行业现状分析：市场迈入高质量发展新阶段[EB/OL].(2022-05-06)[2022-10-08]. https://www.chinabaogao.com/market/202205/593509.html.

② 中小银行金融科技发展研究报告（2021）[R/OL].（2021-11-23）[2022-10-08]. https://www.ocft.com/website/news/downloads/white-paper/177.html.

型企业的发展和转型服务。①

自改革开放以来，中国产业结构的升级表现出了持续、深刻的变化，无论是三次产业内部还是三次产业之间，产业结构持续优化升级，逐步表现出以第三产业为主导的产业结构。② 具体来说，三次产业结构由 1978 年的 27.7：47.7：24.6 转变为 2019 年的 7.1：39.0：53.9③，第三产业占比超过了第二产业占比。就产业内部结构而言，第二产业和第三产业逐步从低质量、低附加值、低技术含量、高污染向高质量、高附加值、高技术含量和低排放转变，产业结构更加有韧性。④ 中国与发达国家之间第二产业差距较小，第三产业差距较大，但是近年来中国的第三产业内部结构也逐步转型升级，是未来经济发展的方向。⑤

目前，中国产业结构结合区域协调发展战略和生态文明建设战略逐步向更高阶的协同化和生态化演进。⑥ 同中国产业结构升级路径一致，京津冀地区整体产业结构演进也表现为第三产业占比上升，第一、第二产业占比下降，最终呈现“三二一”结构。⑦ 具体来说，2021 年第二产业占比，河北省最高为 40.5%，天津次之为 37.3%，北京为 18.0%。2021 年第三产业占比，北京市最高为 81.7%，天津次之为 61.3%，河北省为 49.5%。总之，虽然京津冀地区产业结构一直在转型升级，但是未达到最优。而且，北京市

---

① 尹应凯，艾敏．金融科技、银行业结构与中小企业融资——基于新结构经济学的视角［J］．上海大学学报（社会科学版），2020，37（2）：19-32.

② 郭晓蓓．改革开放 40 年我国产业结构演进历程与新时代重大战略机遇［J］．当代经济管理，2019，41（4）：1-10.

③ 【专家观点】“十四五”时期我国产业结构变动特征及趋势展望［EB/OL］．（2021-10-21）［2022-10-08］．https：//www.ndrc.gov.cn/wsdwhfz/202110/t20211012_1299485.html?%20code=&state=123.

④ 朱民，张龙梅，彭道菊．中国产业结构转型与潜在经济增长率［J］．中国社会科学，2020（11）：149-171+208.

⑤ 刘伟，蔡志洲．新时代中国经济增长的国际比较及产业结构升级［J］．管理世界，2018，34（1）：16-24.

⑥ 刘海波，刘砾丹．中国产业政策演进与产业结构全面优化［J］．内蒙古社会科学，2022，43（3）：122-131.

⑦ 丛屹，闫苗苗．京津冀产业结构与就业结构匹配度研究［J］．工程管理科技前沿，2023，42（3）：75-81.

的产业结构转型升级整体上优于天津市和河北省。[①]

京津冀地区是中国经济发展的增长极，京津冀地区经济的高质量发展对北方地区具有重要的引领作用，因此，研究京津冀地区产业结构升级对促进该地区经济高质量发展具有重要意义。数字经济是经济高质量发展的重要支撑，而金融科技是数字经济发展的重要内容，本文从金融科技视角分析其对京津冀地区产业结构升级的影响。具体而言，本文的创新性主要表现在以下三个方面。第一，在研究内容方面，京津冀协同发展对于促进京津冀城市群的发展及地区经济协调发展具有重要的推动作用，但是自京津冀协同发展战略实施以来效果如何，以及京津冀协同发展战略的推进过程与新的经济发展形态数字经济如何联系，非常值得探究。本文从金融科技视角分析金融科技对京津冀地区产业结构升级的影响，具有重要的意义，丰富了数字经济与产业结构升级的研究内容。第二，在理论基础方面，本文提出了金融科技通过促进财政收入增加和人力资本改善推动了京津冀地区产业结构升级。对金融科技促进产业结构升级进行了机理分析，进一步拓展了其理论性和学术性。第三，金融科技促进了京津冀地区产业结构升级，对于如何将金融科技与实体经济相结合促进经济高质量发展，本文从将数字经济发展纳入京津冀协同发展战略、大力发展金融科技、提高人力资本水平三个方面提出了政策建议。

金融科技的发展有助于经济转型升级，产业结构升级又是经济转型升级的关键。京津冀地区经济的发展关乎环渤海经济圈经济的可持续发展。因此，探究金融科技对京津冀地区产业结构升级产生何种作用、如何产生作用就显得尤其具有现实意义。据此，本文使用 2011～2019 年京津冀地区城市层面的面板数据，实证分析京津冀地区金融科技的发展对其产业结构升级的影响和作用机制。研究结果显示，京津冀地区金融科技的发展促进了其产业结构升级，有助于京津冀经济协调发展并实现高质量发展。机制检验结果显

① 韩英，马立平．京津冀产业结构转型升级的效果测度[J]．首都经济贸易大学学报，2020，22（2）：45-55.

示，京津冀地区金融科技的发展促进了政府财政收入的增加，进而带动了产业结构升级；京津冀地区金融科技的发展还可以促进人力资本水平的提升，从而助推产业结构升级。

二　文献述评

金融科技可以促进经济转型升级和可持续发展。金融科技对经济转型发展的影响一般包括金融科技对创新的影响和金融科技对全要素生产率的影响。金融科技能有效促进创新能力的提升和创新水平的改善。具体来说，金融科技的发展可以有效提高地区金融资源的配置效率[①]，降低金融资源的错配和冗余程度，提升金融资金流入中小企业及急需资金用于升级的企业，使企业有更多外部资金投入创新过程，有助于企业提升创新能力和水平。因此，金融科技能够促进创新，其提升创新绩效的作用会逐年提高。[②] 就金融科技对全要素生产率的作用来说，通过科技赋能金融及金融科技的创新性产品、模式和业态，提高金融需求方和金融供给方的信息交流效率，降低信息交流成本，提升信息交流质量，进而提高企业的全要素生产率。此外，金融科技的发展可以有效带动空间相邻地区全要素生产率提升。[③] 侯层和李北伟分别从金融科技覆盖度、数字化程度和实用度三个方面分析了金融科技对全要素生产率的影响，发现金融科技的覆盖度越广，全要素生产率提升作用越明显；数字化程度对全要素生产率的提升作用要小于覆盖度，大于使用度。[④]

---

① 马凌远，李晓敏．科技金融政策促进了地区创新水平提升吗？——基于“促进科技和金融结合试点”的准自然实验[J]．中国软科学，2019（12）：30-42.

② 潘娟，张玉喜．政府、企业、金融机构科技金融投入的创新绩效[J]．科学学研究，2018，36（5）：831-838+846.

③ 唐松，赖晓冰，黄锐．金融科技创新如何影响全要素生产率：促进还是抑制？——理论分析框架与区域实践[J]．中国软科学，2019（7）：134-144.

④ 侯层，李北伟．金融科技是否提高了全要素生产率——来自北京大学数字普惠金融指数的经验证据[J]．财经科学，2020（12）：1-12.

正如胡吉亚所言，要想实现“两个一百年”奋斗目标，产业结构升级是必须坚持的发展战略。他从理论、现实发展及实证的角度分析了金融科技对产业结构升级的影响，认为金融科技可以有效助力企业全要素生产率和创新水平的提升，需要从资本市场、政府财政、科技信贷、风险资本和商业信用等方面着力，进一步发挥金融科技对产业结构升级的作用。①

金融科技可以有效促进中国产业结构的升级和优化，有助于产业结构合理化和高级化，但是对于不同城市和省份金融科技促进产业结构升级的效应存在差异性。当城市外商直接投资水平及金融发展程度较高时，金融科技促进产业结构升级的效应将被放大，此外，金融科技促进城市产业结构升级的效应在省会及以上城市中更加明显，对于其他城市，金融科技对产业结构升级并未表现出积极的推动作用。② 因此，只有进一步提高非省会城市中金融科技的发展水平以及金融科技和实体经济的融合水平，才能够充分发挥金融科技的积极作用。胡欢欢和刘传明也发现，金融科技虽然能够促进城市产业结构升级，但是对城市经济发展水平和所处地域有较强的要求。③ 具体来说，东部地区的城市经济实力更加雄厚，金融科技发展水平更高，金融科技能够更加有效地促进该地区城市产业结构升级，中西部地区金融科技受限于自身经济水平和科技实力，对城市产业结构升级并未表现出促进作用。就时间差异性而言，金融科技促进产业结构升级的效应出现在 2015 年之后，这是因为 2015 年之前虽然金融科技实现了有效发展，但是发展相对较慢，对传统金融的改造未出现根本性的变化。④

除了使用金融科技的度量方式，还有学者从金融科技的政策实施效果出发研究金融科技对产业结构升级的效应。具体来说，2011 年，中国开始推

---

① 胡吉亚．科技金融助力战略性产业高端化的逻辑、绩效与着力点[J]．北京社会科学，2021（7）：84-97.

② 邓宇轩，祁明德．金融科技对城市产业结构优化升级的空间效应[J]．财政科学，2021，66（6）：46-59.

③ 胡欢欢，刘传明．科技金融政策能否促进产业结构转型升级？[J]．国际金融研究，2021（5）：24-33.

④ 李海奇，张晶．金融科技对我国产业结构优化与产业升级的影响[J]．统计研究，2022，39（10）：102-118.

动金融和科技相结合，学者们利用这一有效的准自然实验，以双重差分方法分析金融科技政策对产业结构升级的影响，证实科技和金融的结合促进了产业结构升级。[①]

研究区域金融科技对产业结构升级影响的文献，主要是以成渝地区为例。李优树等研究发现，金融科技的发展通过资本效应、创新效应和收入差距三个机制推动了成渝地区产业结构升级，促进了该地区金融科技和实体经济的有效融合，带动了成渝地区先进制造业和服务业的发展。[②] 龙云安等着眼于金融科技的低碳环节，认为低碳金融科技促进了成渝地区产业结构升级，有助于成渝经济圈的发展壮大。[③]

总体来看，现有研究主要分析金融科技对创新水平和企业全要素生产率的影响，进而研究数字经济对经济发展的影响。还有学者将金融和科技相结合的试点工作视为准自然实验，分析金融科技相结合的政策实施效果。但学者们较少从区域协同发展的角度来分析金融科技对区域经济发展或者产业结构的影响。京津冀是我国北方重要的经济发展区域，因此，本文以京津冀地区为研究区域，分析金融科技对产业结构升级的影响，以进一步丰富金融科技对经济转型发展影响的研究。

三　理论机制

（一）直接效应

金融科技是金融与数字经济的有机结合，充分利用大数据、人工智能等技术发展而来。金融科技的发展可以有效解决资金需求企业和资金供给企业

---

① 谢文栋．科技金融政策能否提升科技人才集聚水平——基于多期 DID 的经验证据[J]．科技进步与对策，2022，39（20）：131-140.

② 李优树，郑慧，姜皓蓝．金融科技对产业结构升级的影响研究——以成渝地区 2011—2019 年经验数据为例[J]．云南财经大学学报，2022，38（7）：18-28.

③ 龙云安，孔德源，陈满．低碳金融科技促进产业升级的长效机制研究——以成渝地区双城经济圈为例[J]．科学管理研究，2022，40（3）：91-98.

之间的信息不对称问题，促进资金供需信息、企业资质信息等双向流通。一方面，降低了贷款企业的资金获取成本；另一方面，提高了资金融通效率和企业获取资金的概率，为企业转型升级提供了更为充足的资金支持。此外，金融科技的发展有效地促进了金融行业的转型升级，推动传统金融行业数字化转型，通过竞争效应进一步提高了资金的可贷性，加速了资金融通。企业通过金融科技能够更快地获取所需资金，降低自身的融资约束，激发企业动力，提高企业转型升级的可能性。金融科技的发展有助于“专精特尖”等新兴企业发展壮大，通过“专精特尖”企业的发展逐步带动制造业和服务业高级化，促进企业转型升级，进而促进地区产业结构转型升级。因此，京津冀地区金融科技的发展可以直接促进其产业结构升级。

（二）财政收入机制

金融科技的发展可以提高地方政府财政收入，进而带动地方产业结构升级。金融科技的发展可以解决企业和融资机构的信息不对称问题，同样也可以解决政府部门和企业之间的信息不对称问题，实现政府财政对企业的个性化补贴，从而提高财政补贴的有效性。这种差异化的财政补贴可以提高政府财政资金的使用效率，降低财政资金的无效投入度，还可以进一步缓解企业的外部融资约束，使企业既有自有资金，也有金融机构贷款，还有政府的财政补贴，资金来源结构更加优化。地方财政收入增多可以有效地提高政府对企业的支持程度。目前，很多地方政府密集出台产业政策，设立工业园区以及大力推行链长制等。政府财政收入的增加，为推行产业政策提供了更大的财政空间，地方政府通过产业政策等相关政策对企业进行财政补贴。政府财政收入提高了，可以有更充足的资金池实施产业政策，进一步完善地方政府发展规划的资金配套，尤其是地方政府发展规划中都会提及促进地方经济转型升级，大力发展战略性新兴产业等。地方政府财政收入提高，可以加大对战略性新兴产业的资金支持力度，进而带动产业结构升级。因此，金融科技的发展可以有效地提升地方政府的财政收入，从而带动地区产业结构升级。

（三）人力资本机制

金融科技的发展是以金融行业和大数据、5G、物联网、人工智能等技术相结合为基础的，而金融科技与数字技术相结合本身就需要大量熟练掌握数字技术的专业人才。因此，金融科技发展会带动掌握数字技术的人力资本水平提升。劳动者为了在劳动力市场竞争中获胜，就会提升自己的技术实力，通过自我学习和加强培训不断成长，最终带动人力资本水平整体提升。金融科技的发展会促进产业数字化和数字产业化，产业数字化和数字产业化需要大量较高水平的劳动者。劳动者为了匹配相应的技术岗位，必然要掌握相应的技术能力，进而带动人力资本水平提升。此外，符合金融科技的人力资本大部分需要通过大学教育获得，而新商科、新工科等的提出，大学新人才培养方案的实施以及增设新的数字经济领域的课程和知识，进一步提升了人力资本水平。

对更高人力资本水平的要求，提高了劳动力的受教育程度，一方面，通过正规的教育学习提升了人力资本水平，另一方面，通过就职后接受的教育培训持续提升人力资本水平。人力资本水平的不断提高，也会推动产业结构逐步从“一二三”向“二三一”和“三二一”转变，而且可以有效推动三次产业内部结构优化，以及促进产业内部细分行业人力资本水平整体跃升。人力资本水平提升后，人们接受新鲜事物的能力和学习新技术的能力都会随之提高，强化了“引进、消化、吸收、再创新”的模式，从而促进产业结构升级。

人力资本水平的提升，可以从整体上改善人力资本的供给。之前较高水平的人力资本大多集中于大城市，通过人力资本水平的提升，人力资本供给增多，中小城市也可以获取较高水平的人力资本。一方面，中小城市企业获得了强劲的人力资本服务，全要素生产率得到提升；另一方面，降低了中小城市企业用工成本，企业可以有更多的资金积累用于提高技术水平及改善工作环境，从而提升企业的生产效率和创新水平，提升企业竞争力，促进产业结构升级。此外，高水平人力资本供给不断增多使不同城市之间及不同区域之间人力资本的交流增多，这不仅有利于知识的传播，促进创新知识外溢，提升创新水平，进而改善产业结构，而且会通过人力资本这个纽带促进地区产业间的互补和优化，实现产业链延伸，带动落后地区产业升级。

四　研究设计

（一）变量说明

1. 被解释变量

产业结构升级（*CS*）为被解释变量。本文采用第二和第三产业产值占 GDP 的比重来衡量产业结构升级程度。

2. 核心解释变量

金融科技（*JK*）为核心解释变量。金融科技可以有效助力中国经济转型升级，促进经济高质量发展。金融科技是数字经济发展的重要方面。本文中金融科技的度量采用李春涛等①的方法，具体而言，以地级及以上城市为样本取值范围，从地级及以上城市的规划、报告及新闻会议等中提取与金融科技相关的文本信息，形成本文金融科技的变量数据。

3. 控制变量

城市经济发展水平（*GDP*），采用京津冀地区各城市 GDP 进行度量，此外还加入城市经济发展水平的平方项（GDP^2），产业结构升级可能与经济发展水平具有非线性关系，加入经济发展水平的平方项可以降低遗漏变量的影响。城市基础设施（*Inf*），鉴于数据的可得性，本文采用城市道路面积作为城市基础设施的代理变量。外商直接投资（*FDI*），采用实际使用外商直接投资金额进行度量。消费市场规模（*Sca*），采用年末实际常住人口进行度

① 李春涛，闫续文，宋敏，等．金融科技与企业创新——新三板上市公司的证据[J]．中国工业经济，2020（1）：81-98.

量。技术水平（*Tec*），采用年末教育从业人员数进行度量。就业结构（*Ems*），采用第二产业和第三产业从业人员比重进行衡量。

（二）数据来源及说明

被解释变量、解释变量及控制变量等指标的数据均来自 2012~2020 年的《中国城市统计年鉴》。其中，对衡量经济发展水平的 GDP 数据以 2011 年为基期进行平减处理。

（三）模型设定

金融科技对京津冀地区产业结构升级的影响，核心解释变量为金融科技，被解释变量为京津冀地区产业结构升级。据此，模型设定为：

$$CS_{ct} = \partial + \beta JK_{ct} + Z_{ct} + \varepsilon_{ct} \tag{1}$$

式（1）中，CS 表示产业结构升级，c 表示京津冀地区城市个体，t 表示时间；JK 表示金融科技水平；Z 为控制变量，具体包括城市经济发展水平、城市经济发展水平的平方项、城市基础设施、外商直接投资、消费市场规模、技术水平和就业结构，控制变量中包含了时间固定效应和地区固定效应；∂ 表示截距项；ε 为扰动项。

本文除了探究金融科技对京津冀地区产业结构升级的影响，还进一步探究金融科技如何影响京津冀地区产业结构升级，也就是进行机制检验。具体来说，本文采用的机制变量有两个：一是财政收入，二是人力资本。具体机制检验的模型设定为公式（2）和公式（3）：

$$CZ_{ct} = \delta + \beta JK_{ct} + Z_{ct} + \varepsilon_{ct} \tag{2}$$

$$RL_{ct} = \epsilon + \beta JK_{ct} + Z_{ct} + \varepsilon_{ct} \tag{3}$$

式（2）中，被解释变量为财政收入（CZ_{ct}）；式（3）中，被解释变量为人力资本（RL_{ct}）。δ 和 ϵ 分别为式（2）和式（3）的截距项，ε 为扰动项，其余符号含义与式（1）一致。

五 实证结果与解读

（一）基本回归结果分析

基本回归结果见表1。其中，模型一和模型三均没有控制年份固定效应和城市固定效应，模型二和模型四均控制了年份固定效应和城市固定效应；模型一和模型二没有加入控制变量，模型三和模型四均加入了控制变量；模型四是对模型一至模型三的综合回归，既加入了控制变量，又控制了年份固定效应和城市固定效应。从回归结果可知，金融科技的回归系数分别为0.0266、0.0147、0.0188和0.0155，分别在1%、1%、5%和1%水平上显著。基本回归结果表明，京津冀通过大力发展金融科技，实现了产业结构升级，促进了京津冀经济高质量发展和转型。自从2014年京津冀协同发展战略上升为国家战略以来，京津冀地区大力发展数字经济，金融科技水平显著提升，助力京津冀产业结构升级和经济高质量发展。金融科技的发展一方面促进了传统金融行业数字化，提升了数字化水平；另一方面降低了资金供需双方的资源错配程度，提升了资金的使用效率和流转速度，进一步增强了金融科技服务实体经济的能力，带动了京津冀地区产业结构升级。金融科技促进京津冀产业结构升级的作用，为进一步深化实施京津冀协同发展战略指明了方向。

表1 基本回归结果

	模型一	模型二	模型三	模型四
金融科技	0.0266*** (0.0006)	0.0147*** (0.0037)	0.0188** (0.0082)	0.0155*** (0.0026)
常数项	4.4512*** (0.0234)	4.5731*** (0.0048)	7.7531*** (1.6716)	6.9993*** (0.9261)
年份固定效应	不控制	控制	不控制	控制
城市固定效应	不控制	控制	不控制	控制
拟合优度	0.2716	0.3898	0.2702	0.4503

注：括号中的数值为聚类稳健标准误，*、**、***表示在10%、5%、1%水平上显著，标准误聚类到省级层面，下同。

（二）稳健性检验

为了进一步验证本文的基本回归结果是否具有稳健性，本部分加入京津冀协同发展战略、解释变量滞后一期和被解释变量滞后一期、替换被解释变量以及采用随机效应检验方法进行稳健性检验。稳健性检验结果表明，本文的研究结论并未受到遗漏变量、变量测量方式及实证回归方法的影响，本文的研究结论具有稳健性。也就是说，京津冀地区金融科技的发展对产业结构升级具有促进作用。

1. 京津冀协同发展战略

2014 年，京津冀协同发展战略上升为国家战略，对京津冀地区产业结构升级的影响不能忽视。为了降低遗漏变量带来的影响，本文进一步加入京津冀协同发展这一变量，回归结果见表 2。结果显示，金融科技的回归系数为 0.0141，且在 1%的显著性水平上通过检验，表明加入京津冀协同发展这一变量之后，京津冀地区金融科技的发展仍然可以促进产业结构的转型升级，基本结论可靠。在京津冀协同发展战略落实过程中，提出了京津保率先发展，因此本部分进一步加入京津保率先发展的变量，结果显示，金融科技的回归系数为 0.0149，且在 1%的显著性水平上通过检验，结果同样表明，京津冀地区金融科技的发展促进了产业结构升级。此外，雄安新区建设是京津冀协同发展战略的重大举措。因此，将雄安新区加入模型进行稳健性检验，结果显示，金融科技的回归系数为 0.0164，且在 1%的水平上显著。最后，将京津冀协同发展、京津保率先发展和雄安新区建设一起加入模型，再次回归估计，结果显示，金融科技的回归系数为 0.0123，且在 1%的显著性水平上通过检验。因此，加入京津冀协同发展、京津保率先发展和雄安新区建设等变量后，京津冀地区金融科技促进产业结构升级的回归结果仍然没有变化，结论可靠。

表 2　加入京津冀协同发展战略的稳健性检验结果

	京津冀协同发展	京津保率先发展	雄安新区建设	一起加入模型
金融科技	0.0141 *** (0.0043)	0.0149 *** (0.0013)	0.0164 *** (0.0028)	0.0123 *** (0.0039)
常数项	6.7015 ** (0.9022)	6.5456 *** (0.6490)	6.9623 ** (0.8707)	6.0279 ** (0.9438)
年份固定效应	控制	控制	控制	控制
城市固定效应	控制	控制	控制	控制
拟合优度	0.4521	0.4544	0.4531	0.4665

2. 解释变量滞后一期和被解释变量滞后一期

产业结构升级可能会受到金融科技和产业结构升级本身的影响。如果在回归过程中未考虑这二者，可能会导致回归结果出现变化甚至相反的情况。因此，为了进一步验证实证研究结果的可靠性，本文考虑将解释变量（金融科技）滞后一期、被解释变量（产业结构升级）滞后一期作为变量依次加入模型中进行回归估计（见表 3）。其中，将解释变量滞后一期加入模型中进行实证估计的结果显示，金融科技的回归系数为 0.0172，且在 5%的水平上显著，表明在加入解释变量滞后一期之后，金融科技的发展仍然促进了京津冀地区产业结构升级。加入被解释变量滞后一期进行实证估计的结果显示，金融科技的回归系数为 0.0080，且在 1%的水平上显著，表明在加入被解释变量滞后一期之后，金融科技同样促进了京津冀地区产业结构的升级。将解释变量滞后一期和被解释变量滞后一期同时加入模型中进行回归估计的结果显示，金融科技的回归系数为 0.0196，且在 1%的水平上显著。由此认为，当加入解释变量滞后一期、被解释变量滞后一期及同时加入解释变量滞后一期和被解释变量滞后一期时，基本回归结果仍然没有发现显著变化，研究结果保持稳健。

表 3 解释变量滞后一期和被解释变量滞后一期的稳健性检验结果

	解释变量滞后一期	被解释变量滞后一期	一起加入模型
金融科技	0.0172** (0.0026)	0.0080*** (0.0010)	0.0196*** (0.0007)
常数项	7.9336*** (1.6629)	7.8903*** (1.8737)	8.8932*** (1.8249)
年份固定效应	控制	控制	控制
城市固定效应	控制	控制	控制
拟合优度	0.5211	0.5591	0.5667

以上稳健性检验考虑了京津冀协同发展战略、解释变量滞后一期和被解释变量滞后一期。需要将所有的遗漏变量统一加入回归方程进行再次检验，检验结果见表 4。当加入京津冀协同发展、京津保率先发展、雄安新区建设以及解释变量滞后一期、被解释变量滞后一期时，金融科技的回归系数为 0.0165，且在 1%的水平上显著，验证了当加入以上遗漏变量时，金融科技促进京津冀产业结构升级的结果仍然可靠。

3. 替换被解释变量

本文被解释变量为产业结构升级，采用了第二产业和第三产业产值占 GDP 的比重进行衡量。产业结构升级将偏向于第三产业发展。因此为了进一步验证本文结论的稳健性，采取替换被解释变量的方法，也就是采用第三产业产值占 GDP 的比重来衡量产业结构升级，检验结果见表 4。结果显示，金融科技的回归系数为 3.3520，且在 1%的水平上显著，表明替换被解释变量之后，金融科技促进产业结构升级的结果仍然可靠。

4. 随机效应检验

不论是基本回归过程，还是增加遗漏变量或者替换被解释变量，使用的回归方法都是固定效应模型，均控制了年份固定效应和城市固定效应。因此，本文替换回归方法再次进行实证分析（见表 4）。随机效应的回归结果显示，金融科技的回归系数为 0.0046，且在 5%的水平上显著。因此，随机效应检验结果同样表明，金融科技显著地促进了京津冀地区产业结构升级。

表 4 其他稳健性检验结果

	综合遗漏变量	替换被解释变量	随机效应检验
金融科技	0.0165*** (0.0035)	3.3520*** (0.1849)	0.0046** (0.0020)
常数项	8.3464*** (1.9148)	284.3338** (137.6995)	6.5505*** (1.7388)
年份固定效应	控制	控制	控制
城市固定效应	控制	控制	控制
拟合优度	0.5843	0.8827	—

六 机制检验

（一）财政收入机制

以财政收入为机制变量进行回归的结果见表 5，结果显示，金融科技的回归系数为 0.1243，且通过了 1%的显著性水平检验。结果表明，金融科技的发展有效促进了京津冀地区财政收入的增加，京津冀地区财政收入的增加又促进了产业结构升级。

金融科技的发展可以有效促进京津冀经济发展，经济实力的增强有利于地方政府实现税收稳定增长，税收增长为地方政府灵活使用财政政策提供了较大的腾挪空间。地方政府财政收入增加，进而通过促进第二产业和第三产业发展的政策，实现财政资金对经济增长的支撑作用，促进京津冀地区产业结构升级。尤其是金融科技的发展促进了京津第三产业的发展，京津第三产业的发展壮大又会产生显著的空间外溢效应，带动河北省各城市第三产业的发展。对京津冀地区来说，河北省的第二产业产值及其在 GDP 中的占比最高，第三产业的发展壮大有助于促进第二产业发展，通过第二、第三产业的融合发展实现京津冀地区产业结构升级。因此，京津冀地区金融科技的发展通过促进地方政府财政收入增加，带动产业结构升级和经济转型发展。

（二）人力资本机制

以人力资本为机制变量进行回归的结果见表5，结果显示，金融科技的回归系数为0.5171，且通过了1%的显著性水平检验。这说明，京津冀金融科技的发展有效促进了人力资本水平提升，而人力资本水平的提升又会促进京津冀地区产业结构升级。

表5　机制检验结果

	财政收入	人力资本
金融科技	0.1243*** (0.0467)	0.5171*** (0.1715)
常数项	56.8890*** (17.3176)	-6.8614 (151.7450)
年份固定效应	控制	控制
城市固定效应	控制	控制
拟合优度	0.7510	0.2285

金融科技的发展从供需两个方面提升了人力资本水平，进而带动产业结构升级。一方面，京津冀金融科技的发展促进了地方政府对教育的投资，教育投资水平提升，可以进一步提高劳动者的受教育程度；另一方面，已经就业的人群也会根据自身职业发展的需要进行再培训。京津冀地区金融科技的发展本身也会带动产业融合，促进第二、第三产业升级，产业升级对人力资本水平的提升又有内在需求，因此，从京津冀地区金融科技本身以及金融科技所带来的产业融合来说，同样会促进人力资本水平的提升。

京津冀人力资本水平的提升，可以缓解劳动力市场的供需不平衡，促进劳动力需求和供给有机匹配，避免市场摩擦，提高劳动力市场的有效性，进而提升劳动力市场的生产效率。人力资本水平的提升还可以进一步提升京津冀地区企业的劳动生产率和全要素生产率，从而带动产业生产效率的提升，促进京津冀地区产业结构升级。

七 研究结论与政策建议

（一）研究结论

第一，京津冀地区金融科技的发展显著地促进了该地区产业结构升级，有利于京津冀地区各城市经济转型升级和高质量发展。

第二，在稳健性检验中加入京津冀协同发展、京津保率先发展和雄安新区建设、金融科技滞后一期、产业结构升级滞后一期以及替换被解释变量度量方法、使用随机效应的回归分析方法，均发现金融科技显著地促进了京津冀地区产业结构升级，该结论具有较强的稳健性。

第三，京津冀地区金融科技的发展提高了财政收入水平和人力资本水平，进而促进京津冀地区产业结构升级。

（二）政策建议

第一，应将数字经济发展纳入京津冀协同发展战略。随着数字经济的发展壮大，数字经济对经济发展的正面影响逐渐凸显。因此，京津冀协同发展战略要与时俱进，进一步布局数字经济在京津冀的发展定位和路径，尤其是要充分利用北京市和天津市在数字经济发展方面的优势，充分利用京津冀协同发展战略，带动河北省金融科技的发展。在推动京津冀协同发展的过程中，京津冀三地要优先落实事关数字经济发展的5G、物联网等技术基础设施的互联互通，对三地数字经济的发展进行统一部署和规划，以进一步提升数字经济促进产业结构升级的效率。

第二，应大力发展金融科技，促进京津冀金融科技的均衡发展。本文研究发现，不论是第二和第三产业产值占GDP的比重，还是第三产业产值占GDP的比重，都表明金融科技促进了京津冀产业结构升级。而河北省更多以第二产业为主，因此要实现区域金融科技的均衡发展，尤其要提升河北省各城市金融科技的发展水平，带动河北省第二产业的改造升级，河北省产业结构升级有利于京津冀产业结构整体升级。

第三，应提高人力资本水平，尤其是培养具有数字经济技能的人才。金融科技是数字经济的重要方面，金融科技可以有效提升人力资本水平并带动产业结构升级。因此，京津冀各地政府要加大力度培育具有数字经济技能的人才，进一步匹配金融科技的发展，从而发挥金融科技对人力资本的促进作用，带动京津冀产业结构升级。河北省虽然高校众多，但是高校在人才培养方面，尤其是数字经济人才培养上相对欠缺。为此，可借助京津冀协同发展战略实行高等教育对口支援，以促进河北省高等教育高质量发展，更多、更好地培养数字经济专业人才。

Fintech and Industrial Structure Upgrading of Beijing-Tianjin-Hebei Region

Liao Zhengfang, *Wang Li*

Abstract: In order to explore the impact of fintech on the industrial structure of Beijing-Tianjin-Hebei, this paper uses panel data from Beijing, Tianjin and prefecture level cities in Hebei Province to conduct empirical analysis. The study finds that the development of fintech in Beijing, Tianjin and Hebei has significantly improved the industrial structure of Beijing - Tianjin - Hebei region. After adding such variables as the coordinated development of Beijing, Tianjin and Hebei, fintech lags one stage, the industrial structure lags one stage, replacing the explained variables, and replacing the regression method, and the effect of fintech on promoting the upgrading of the industrial structure is still stable. In addition, this paper also examined the implementation mechanism, and finds that fintech in Beijing, Tianjin and Hebei promotes the improvement of financial revenue and human capital level in Beijing-Tianjin-d Hebei region, and promoted the upgrading of the industrial structure. Therefore, we should put the development of digital economy into the coordinated development strategy of

Beijing - Tianjin - Hebei, vigorously develop fintech, and improve the level of human capital of digital economy skills, in order to further play the influences of fintech on the upgrading of industrial structure in the Beijing - Tianjin - Hebei region.

Keywords: fintech; industrial upgrading; financial revenue; human capital

协同学视角下京津冀公共法律服务协同机制研究*

雷　刚**

摘　要： 公共法律服务协同发展是落实京津冀协同发展战略的重要保障，也关系到区域法治一体化建设的水平。故此，建立京津冀公共法律服务协同机制尤为重要。协同学与京津冀公共法律服务协同机制具有契合性，可为理解京津冀公共法律服务协同机制奠定分析框架。在协同学视角下，京津冀公共法律服务协同机制表现出理念同步效应、主体互补效应及行动统一效应。运用协同学的参量原理，可以识别支配协同机制运行的序参量是行政管辖权，而引导协同机制运行的控制参量是区域合作协议。在行政管辖权和区域合作协议的共同作用下，应构建关系协同、政策协同及行为协同的京津冀公共法律服务协同机制。

关键词： 京津冀　公共法律服务协同机制　协同学　参量识别

---

* 本文已发表于《北京社会科学》2023年第1期。

** 雷刚，贵州大学法学院讲师，博士。

一　引言

京津冀协同发展是新时代党中央做出的一项重大决策部署，是区域协调发展战略的历史性任务，其目标是建立“一核双翼成整体”的区域发展新格局。其中，公共法律服务协同发展是京津冀协同发展的一项重要内容，是推进京津冀区域法治一体化建设的基础支撑。公共法律服务是行政一体化和具有扩张性的公共事务，涉及京津冀区域内多个行政机关的协同合作，仅靠某一机关的单独行动难以回应差异性、复杂性和多元性的服务需求，也无法适应区域公共事务跨域型和外向型的治理要求，[①] 因此需要建立有效的区域公共法律服务协同机制。对此，《京津冀协同发展规划纲要》（以下简称《规划纲要》）指出，京津冀协同发展需要形成公共服务共建共享、优势互补、互利共赢的整体格局；《全国公共法律服务体系建设规划（2021—2025年）》（以下简称《建设规划》）则进一步指出，围绕京津冀协同发展国家重大发展战略，整合三地公共法律服务资源，强化要素融通，推动公共法律服务便利共享。为推动京津冀公共法律服务协同机制建设，三地司法行政机关共同签署了《司法行政工作服务京津冀协同发展框架协议》（以下简称《协同发展框架协议》），着重强调京津冀公共法律服务一体化建设应当以协作交流的方式推进，在法律援助、律师工作、司法鉴定等方面建立健全协同机制。

然而，在京津冀协同发展进程中，三地公共法律服务一体化建设仍然存在诸多不足，例如，在跨区域的法律援助平等获得、法治文化宣传交流、司法鉴定管理评查、公证行业合作互助等方面，三地协同发展尚不完善。[②] 究其原因，京津冀三地的行政地位不同、经济发展失衡、服务资源不均、服务

① 周伟．跨域公共问题协同治理：理论预期、实践难题与路径选择[J]．甘肃社会科学，2015（2）：171-174.

② 齐蕴博，杨永志．新时代京津冀司法行政工作协同与社会治理现代化探析[J]．中国司法，2020（8）：22-25.

需求复杂、法治环境存在明显差异等，是制约公共法律服务协同发展的障碍。如何建立健全京津冀公共法律服务协同机制，已成为消除制约京津冀公共法律服务共建共享障碍的关键议题，亟须探寻适合的理论指导机制构建。鉴于此，可以利用协同学为京津冀公共法律服务协同机制的构建注入理论力量。基于协同学建立京津冀公共法律服务协同机制，通过区域主体间的联动融合、高效协作，建立“平等尊重、有序协商”的共治模式，实现公共法律服务供给的跨域治理，形成“区域联动、部门协作”[①] 的制度安排。

二　京津冀公共法律服务协同机制的学理阐释

构建京津冀公共法律服务协同机制，其实质是跨区域公共法律服务体系从无序到有序的演变过程，而协同表现为跨区域政府内部各要素或子系统之间实现差异互补和协同合作，达到差异与协同的辩证统一。[②] 可见，这与协同学高度契合，以此为遵循可以探知京津冀公共法律服务协同机制的效应发挥。

（一）协同学与京津冀公共法律服务协同机制的契合

协同学是协调合作之学[③]，研究子系统是通过怎样的合作才在宏观尺度上产生空间、时间或功能结构的，并寻找与子系统性质无关的支配自组织过程的一般原理[④]。也就是说，协同学探索系统如何从无序走向有序，并解释不同子系统相互协作进行自组织和形成新秩序的规律，揭示合作效应引起的系统的自组织作用[⑤]。其中，协同学称主导系统有序结构形成的要素为序参

① 毛文璐．市域社会治理现代化的体系建构与推进路径[J]．北京社会科学，2022（6）：120-128.

② 骆毅．走向协同——互联网时代社会治理的抉择[M]．武汉：华中科技大学出版社，2017：27.

③ （德）赫尔曼·哈肯．协同学——大自然构成的奥秘[M]．凌复华，译．上海：上海译文出版社，2013：2.

④ （德）赫尔曼·哈肯．高等协同学[M]．郭治安，译．北京：科学出版社，1989：1.

⑤ 张立荣，冷向明．协同学语境下的公共危机管理模式创新探讨[J]．中国行政管理，2007（10）：100-104.

量，序参量支配子系统的行为活动，称主导子系统协同行为的要素为控制参量。在有序结构形成过程中，控制参量通过不断的外部作用使子系统之间的关联性逐渐增强，同时序参量影响内部合作的程度，反馈控制子系统的协同行为，继而支配系统的协同性相变。最终，子系统在外部要素影响下进行持续的调适与优化，相互之间形成竞争与协作的整体作用力，从而维持系统整体的动态平衡，使个体与整体形成协同发展。

从协同学视角出发，京津冀公共法律服务协同机制是一个非线性、非均衡的系统，区域内不同的公共法律服务供给系统之间存在耦合和协作关系，在彼此依赖、信任及互惠的情形下采取集体行动与决策行为①，产生整体协同效应。由此可知，构建京津冀公共法律服务协同机制，需要关注不同服务供给主体之间的多元性、平等性、协商性和有序性，即建立有序协同机制的动力源自主体间常态化的横纵联动和共建共享。协同学对于构建京津冀公共法律服务协同机制具有独特的理论意义，主要体现在两个方面：一是为打造京津冀公共法律服务共同体提供了具有可操作性的方法论，关注公共法律服务供给系统之间的协同性及整体发展的动态性；二是能够与京津冀公共法律服务协同发展的价值理念、目标定位、体制机制等进行有机结合，并能根据三地公共法律服务供给情况进行自适应调整，以形成优势同筑、合作共赢的模式，提高协同机制应对复杂问题的能力。

综上所述，京津冀公共法律服务协同机制具有契合协同学的特征。一是强调主体间的共同目标。在序参量和控制参量的合力下，京津冀公共法律服务协同机制充分考虑伙伴关系中的差异利益、互惠利益及整体利益，继而建立具有广泛性的共同目标，促使三地公共法律服务体系向整体协同的有序结构转变。二是关注主体间的非线性关系。基于整体性、过程性和关联性的协同理念，多元主体在区域治理中形成非线性关系，构建全业务、全时空、全覆盖的跨区域公共法律服务供给体系，为公众提供“从分散走向集合、从

① Ostrom E. A behavioral approach to the rational choice theory of collective action: presidential address[J]. American political science review, 1998, 92 (1): 1-22.

碎片走向整体、从孤立走向合作”的公共法律服务。三是重视公共法律服务共同体的动态性。京津冀三地主体之间是平等、独立、协作的关系，遵循共同的发展目标及行动规则，并根据现实情况动态调整协同机制，确保内部主体与外部环境的持续联系，从而获取建立公共法律服务共同体所需的信息、知识和资源。四是注重公共法律服务共同体的自组织性。京津冀公共法律服务协同机制通过自组织的方式形成具有协调性的共同体，在这一过程中，各方主体积极推动服务供给的均等与融合[①]，促使跨区域组织结构、利益关系、政策目标、行为方式等自主协同，从而产生整体协同效应。

（二）京津冀公共法律服务协同机制的效应发挥

京津冀公共法律服务协同机制在区域开放的基础上，重视理念同步。长期以来，我国公共法律服务供给遵循地域管辖模式，这意味着某一区域内的地方政府基于地方利益和地方需求明确本地公共法律服务的项目清单、实施标准和供给方式等，这是一种具有地方性的公共服务，但也催生了“行政区行政”[②] 的现象。地方性公共法律服务体系具有封闭性特征，并且缺乏合作发展的理念，导致在京津冀公共法律服务协同发展过程中，地方政府容易产生“搭便车”的倾向。久而久之，京津冀公共法律服务共建共享陷入集体行动困境。基于协同学的京津冀公共法律服务协同机制，破除了“行政区行政”的囹圄，强调公共法律服务协同发展应当在区域范围内具有开放性。一方面，京津冀公共法律服务共同体是由三地服务供给主体构成的，表明共同体内的各方主体之间存在物质流、知识流、信息流和人才流的持续交换，区域间法律服务协作与交流始终处于开放状态，即开放共治。另一方面，公共法律服务共建共享的过程实质上是价值链形成过程[③]，价值理念内

---

① 陆军，毛文峰．中国首都圈的综合发展能力和协同治理水平测度[J].北京社会科学，2022（11）：34-45.

② 陈瑞莲．论区域公共管理的制度创新[J].中山大学学报（社会科学版），2005（5）：61-67.

③ 李春成．价值观与公共政策：政策分析的新领域[J].复旦公共行政评论，2007（1）：167-180.

在地嵌入服务的需求、转化、供给和反馈等环节，区域间不同价值理念的协同性将直接影响共建共享的成效。京津冀公共法律服务共同体是京津冀共同体的延伸发展，各方主体在服务功能联合的情形下达成理念同步，塑造共同愿景，坚持“一盘棋”思维，树立一体化发展的协同理念，以平等对话、协商沟通、汇聚共识的方式来解决跨区域公共法律服务供给问题。

京津冀公共法律服务协同机制在目标一致的基础上，重视主体互补。跨区域公共法律服务协同发展是一个牵动全局的系统性任务，需要通过组织各方主体共同行动以形成共治格局，继而在实践中探索和建立多主体协同联动的运行机制。在“形成覆盖城乡、便捷高效、均等普惠的现代公共法律服务体系”和“形成与法治国家、法治政府、法治社会基本建成目标相适应的公共法律服务体系”的一致目标指引下，跨区域公共法律服务的协调联动是区域内行政机关、经济组织、社会组织、自治组织、公民个人等多元主体在合作治理关系基础上做出的公共行动，应避免服务配置、提供、反馈及管理等环节出现衔接不畅的情况。故此，公共法律服务协同机制应激活各方优势、避免单一缺陷，推动多元主体基于一致目标形成互补效应，即由单一主体的“独白性话语”转向多元主体的“共识性话语”[①]，以充分调动多元主体拥有的资源与力量参与治理过程，发挥它们在复杂公共事务中的协同治理作用[②]，从而形成主体力量优势互补，降低合作成本，提高协同合力。

京津冀公共法律服务协同机制基于区域整体，重视行动统一。几个地方行政区为了一个共同目的而采取联合行动就有一个步调一致问题。[③]“步调一致”是指区域内主体间的联合行动应当是同频共振的，关键是消解行政壁垒的刚性约束导致的内向型行政困境。随着区域一体化发展的深入推进，

---

① 吕童．网格化治理结构优化路径探讨——以结构功能主义为视角［J］．北京社会科学，2021（4）：106-115.

② 熊光清，熊健坤．多中心协同治理模式：一种具备操作性的治理方案［J］．中国人民大学学报，2018，32（3）：145-152.

③（法）让·里韦罗，让·瓦利纳．法国行政法［M］．鲁仁，译．北京：商务印书馆，2008：129.

领域范围和地理范围均得到一定程度的扩张，也就导致公共法律服务突破行政壁垒阻隔而外溢成为跨区域的公共事务。京津冀公共法律服务协同发展涉及区域间法律服务的同步供给，需要基于区域整体建立统筹多元主体服务联动的供给导向型、需求导向型和权利导向型①行动规则，并开展稳定有序的联合行动，消除地域、体制上的行政壁垒，以实现跨域公共法律服务的行动统一。从规则层面明确联合行动的制度安排，需要在承认区域差异的基础上推动“多中心、多主体、多角度、多层次”② 的协同起步、协同行动和协同跨越来消除各自为政的痼疾，以弥补公共法律服务协同发展的行动真空。实现区域整体的行动统一，还需要消除传统科层制中法律服务供给可能隐含的部门主义、本位主义等“碎片化”元素③，形成跨区域法律服务异地协作的统一规则，即对异地协作涉及的条件认定、服务对接、程序简化、信息共享等进行合理规定，以保障协作行为的一致性。

三　京津冀公共法律服务协同机制的参量识别

从协同学出发，京津冀公共法律服务协同发展的序参量的存在和协作使产生更多的同类型分子成为可能④，从而对协同行动起到支配作用；同时，控制参量构成稳步推动公共法律服务协同发展的外部力量，为协同行动设定目标导向。将行政管辖权作为支配京津冀公共法律服务协同机制有序运作的序参量，区域合作协议作为干预和引导协同发展的控制参量。

（一）序参量：行政管辖权

京津冀公共法律服务协同发展是三地区域性集体行动，而集体行动的协

---

① 蒋银华．政府角色型塑与公共法律服务体系构建——从“统治行政”到“服务行政”［J］．法学评论，2016，34（3）：19-25.

② 孙迎春．发达国家整体政府跨部门协同机制研究［M］．北京：国家行政学院出版社，2014：6.

③ 黄小勇．中国行政体制改革研究［M］．北京：中共中央党校出版社，2013：225.

④ （德）赫尔曼·哈肯．协同学——大自然构成的奥秘［M］．凌复华，译．上海：上海译文出版社，2013：59.

同性和有序性源自主体间行政管辖权的整合与协调。跨域公共法律服务超出了单一行政区域管辖的地域范围和权力范围[①]，协同机制是区域政府间行政管辖权让渡、共享和协调过程的集中体现，即通过调整政府间的利益关系与权力结构来实现公共法律服务协同发展。行政管辖权让渡、共享和协调过程首先涉及政府间的利益关系，利益关系影响着京津冀公共法律服务共建共享能否有序推进。当政府间的利益关系能够实现激励相容，权力结构由此发生协同转变，行政管辖权的再配置促成了特定的京津冀公共法律服务协同组织形态。因此，从利益关系和权力结构两个方面去具体地论述作为序参量的行政管辖权的支配作用，对于构建京津冀公共法律服务协同机制确属必要。

明确激励相容的交叉利益是推动京津冀公共法律服务协同发展的前提。在政府合作过程中，持续的双方合作改变了双方的收益，使双方合作比以前更有价值[②]，即利益关系是政府间最根本、最实质的关系[③]，区域政府合作因此是行政管辖权弹性变化的利益动态变化过程。但是，主导和决定地方政府参与跨区域法律服务共建共享的关键因素不是区域利益，而是区域利益与地方利益的交叉部分。这是因为，区域政府协同共治的动力是在地方政府追求自身利益与实现区域利益的反复博弈中形成的。[④] 交叉利益成为跨区域行政管辖权弹性发展的基础支撑，具有激励作用和相容作用，激励作用是指打破区域管辖壁垒，激励跨区域公共法律服务供给形成合力，而相容作用是指地方性公共法律服务体系建设应当服务于京津冀整体协同发展，且是相互包容与相互吸纳的。遵循交叉利益的激励作用和相容作用，京津冀三地司法行政机关通过召开司法行政协同发展会议，紧扣“普惠均等、便捷高效、智

---

① 于文豪．区域协同治理的宪法路径[J].法商研究，2022，39（2）：49-63.

② （美）罗伯特·阿克塞尔罗德．合作的进化（修订版）［M].吴坚忠，译．上海：上海人民出版社，2007：59.

③ 谢庆奎．中国政府的府际关系研究[J].北京大学学报（哲学社会科学版），2000，37（1）：26-34.

④ 丁煌，汪霞．地方政府政策执行力的动力机制及其模型构建——以协同学理论为视角[J].中国行政管理，2014（3）：95-99.

能精准”[①] 的公共法律服务全局观，共商共议以提升跨区域公共法律服务的公益性、协同性、普惠性及高效性等。但与此同时，需要在京津冀一体化发展中找准公共法律服务区域利益与地方利益的交叉部分。在此基础上，进一步明确京津冀公共法律服务共同体的交叉利益，才能推动区域间公共法律服务体系的共建与共享，一体推进京津冀区域法治建设，并立足于交叉利益发展的协调性，在不同区域内建设各具特色又相互关联的高端法律服务集聚区、法治化营商环境示范区、公共法律服务普惠区等，从而营造地方发展与区域发展目标同向、互利共赢的利益格局。

行政管辖权的再配置是形成京津冀公共法律服务协同组织形态的关键。一般认为，当履行某种职责必须几个地方行政区协作配合时，法律允许其中一个行政区或者它们中的一个团体，出面组织安排它们的共同行动[②]，而行政管辖权的再配置是指参与合作的各地方政府或地方政府部门将一种或几种权力、某种权力的某一运行环节（决策、执行、监督等）交由某一区域性的管理机构行使，从而形成一种或几种区域管辖权的过程[③]。所以，激励相容的交叉利益为京津冀公共法律服务共同体建设塑造了集体意愿、提供了协同动力，这一过程的实现需要对区域政府间的行政管辖权予以适应性再配置。行政管辖权再配置重新框定了京津冀三地主体在提供跨区域公共法律服务时的职责范围和行为方式，推动区域协同组织体系的建设。在行政管辖权解构与重塑的过程中，其实蕴含着谈判的“意味”，一方面，谈判既包含制衡，又包含认同[④]，地方政府在谈判的基础上建立权力共享，逐渐形成区域性权力结构；另一方面，谈判涉及权威的转化，区域性权力结构在不断协同

---

① 习近平出席中央政法工作会议并发表重要讲话[EB/OL].(2019-01-16) [2025-04-24]. https://www.gov.cn/xinwen/2019-01/16/content_5358414.htm.

② （法）让·里韦罗，让·瓦利纳．法国行政法[M].鲁仁，译．北京：商务印书馆，2008：129.

③ 杨龙，彭彦强．理解中国地方政府合作——行政管辖权让渡的视角[J].政治学研究，2009（4）：61-66.

④ （美）A. 爱伦·斯密德．财产、权力和公共选择：对法和经济学的进一步思考[M].黄祖辉，等，译．上海：上海三联书店，2006：16.

发展的事实上形成协同组织形态，成为跨区域法律服务供给的组织载体。有鉴于此，京津冀公共法律服务协同机制应当建立解决权责冲突和引导协同发展的区域协调机构。[①] 一是形成常态化的京津冀公共法律服务协同发展联席会议制度，通过审签助力公共法律服务协同发展的规范性文件，协调解决公共法律服务协同发展中面临的争议问题，加强区域公共法律服务供给主体之间的协作，以增强协同发展的针对性和实效性。二是建立京津冀司法行政协同发展工作协调领导小组，即一种超越地方管辖权空间界限和跨越行政区划设定的府际合作组织形态。作为跨区域和跨部门的议事协调机构，协调领导小组打破行政管辖权的区域性阻隔，将关于公共法律服务一体化建设的相关职能予以整合，相互关系因此从区域公共法律服务主体间的“浅层合作”转变成同一机构内部的“深度协作”，能够有效协调和统筹跨区域公共法律服务的人力、物力和财力资源。

（二）控制参量：区域合作协议

京津冀公共法律服务协同机制是一个开放的系统，其有序变化离不开控制参量的外部引导。在区域协同发展过程中，控制参量的外部干预影响着区域主体间的协同行动，即设定主体间的集体行动逻辑，以引导区域协同发展有序进行。可见，区域公共法律服务协同应当是一种制度化和规范化的协同[②]，有必要形成促进协同行动的制度环境。在实践中，区域合作协议是引导跨区域公共事务协同共治的重要举措，是区域合作治理的政府整体性计划[③]，保障协同行动的连续性和有序性。因此，区域合作协议成为引导京津冀公共法律服务协同发展的控制参量。

区域合作协议能够增强政府间的行动协同。在现实中，区域政府集体行

① 朱最新，刘云甫．法治视角下区域府际合作治理跨区域管辖组织化问题研究[J].广东社会科学，2019（5）：224-234.

② 叶必丰．我国区域经济一体化背景下的行政协议[J].法学研究，2006，28（2）：57-69.

③ Wilkins P. Accountability and joined-up government[J]. Australian journal of public administration，2002，61（1）：114-119.

动难免会出现利己主义和利他主义失调的零和博弈，集体行动的不协调容易导致跨区域公共事务治理产生“公地悲剧”。而技术手段无法有效解决行动失调的问题，相反，需要寻求制度上的解决办法，即通过合理设计制度抑制集体行动中利己主义的负面效应，放大利他主义的正面效应。[①] 当然，利己主义与利他主义不是绝对对立的，合理的制度设计能够建立起区域间的互惠互利关系，保证集体行动的协同和稳定，即区域合作应当获得利益回报。在实践中，制度设计表现为区域合作协议，通过区域合作协议引导集体行动有序开展，增强政府间的行动协同。区域合作协议是协调区域一体化发展中政府关系的规范文件，以调整区域间公共资源共建共享、有序交换及合理配置等为核心内容，旨在减少地方政府追逐自利的独立行动，增加寻求实现整体利益的协同行动。在京津冀公共法律服务协同发展过程中，三地司法行政机关签订了协同发展框架协议，作为跨区域公共法律服务协同共治的基础依据，要求立足于公共法律服务一体化发展，通过一系列协同行动来实现区域间公共法律服务的共建共享，协同打造公共法律服务共同体。随着协同发展的不断深化，三地司法部门签署《坚持和发展“枫桥经验”筑牢环首都“护城河”工程行动方案》，针对跨区域的法律文书送达、情况调查核实、法律援助承办等方面，设定了联合行动与联合服务的基本规则，形成引导政府间行动协同、措施一体的制度环境。

约束力是影响区域合作协议引导作用发挥的关键因素。跨区域公共法律服务事项涵盖内容繁多、涉及主体众多，因此区域合作离不开软法治理。[②] 其中，软法意味着区域合作协议不是传统行政法意义上的硬法。然而，若只依赖软法的说服性效力，则会出现政府间“强合作意愿”下的“弱联合”[③]，也就说明缺乏约束力的区域合作协议难以形成稳定、持续和深入的

---

① 王友云，赵圣文．区域合作背景下政府间协议的一个分析框架：集体行动中的博弈[J].北京理工大学学报（社会科学版），2016，18（3）：68-74.

② 石佑启．论区域合作与软法治理[J].学术研究，2011（6）：30-37.

③ 汪建昌．区域行政协议：概念、类型及其性质定位[J].华东经济管理，2012，26（6）：127-130.

协同共治。因此，在协同发展的新形势下，区域合作协议应当具有一定的约束力，以形成政府间“强合作意愿”下的“强协同”。关于区域合作协议的约束力是如何形成的有两种观点：一种观点认为，区域合作协议如同民事合同一样，是在平等互利的基础上缔结的，因相对性而对缔约机关具有约束力[①]；另一种观点认为，区域合作协议对缔结方具有约束力的原因在于政府对诚实守信原则的遵守。[②] 无论是从契约性出发还是从诚信原则出发，京津冀公共法律服务区域合作协议对缔结方当然具有公法上的约束力，但是，对区域内的非缔约机关是否具有约束力则是协同机制能否实质形成的关键。需要说明的是，《规划纲要》为推动京津冀公共法律服务协同发展做出了顶层设计，而一系列公共法律服务区域合作协议则是对《规划纲要》任务要求的细化和落实，即依区域发展规划而缔结。[③] 一般而言，缔结方是不同行政区域、同级且互不隶属的司法行政职能部门，属于横向层面的协同。在纵向层级上，上级机关对下级机关具有指导监督的权力，那么，上级机关缔结的区域合作协议对下级机关理应具有法律效力，也就形成纵向层面的协同。横纵关系的交错形成网格化、扁平化和动态化的协同共治新格局。简言之，约束力是区域合作协议有效执行的关键，正是约束力使区域合作协议成为调整和规范区域协同行为的基本准则。各类主体在区域合作协议约束力的外在引导下协同推进三地公共法律服务均衡发展、资源共享，形成“目标同步、措施同力、制度同建、体系同构”的区域协同机制。

四　京津冀公共法律服务协同机制的构建进路

推动区域公共法律服务共建共享是京津冀一体化建设的题中应有之义。在序参量和控制参量的支配和引导下，京津冀公共法律服务共同体得以逐步

---

① 何渊．区域性行政协议研究[M].北京：法律出版社，2009：84.

② 叶必丰．区域合作协议的法律效力[J].法学家，2014（6）：1-11.

③ 陈光．区域合作协议：一种新的公法治理规范[J].哈尔滨工业大学学报（社会科学版），2017（2）：45-51.

形成，积极建立健全跨区域法律服务协同机制，形成一定的自组织结构，以实现更深层次、更广领域的优势互补、合作共赢。

（一）优化内外治理结构，建立京津冀公共法律服务的关系协同

从内部行政法律关系来看，京津冀公共法律服务协同共治是区域行政机关的内部协同关系。这一层面的关系协同产生于京津冀公共法律服务共同体中横向和纵向的联合行动。《规划纲要》的制定与实施展现了横纵交错的行政法律关系，既有中央政府与京津冀三地政府之间的纵向行政法律关系，也有京津冀区域内成员政府之间的横向行政法律关系。横纵交错的行政法律关系是京津冀公共法律服务协同发展的基础，其本身就是一种新型政府关系，即以合作发展和利益共享为目标的协同关系。基于此，京津冀公共法律服务协同机制期许各方主体自主形成的关系协同既包括中央政府和地方政府就建设现代化公共法律服务体系而形成的协同关系，又包括区域间行政机关联合推进一体化建设而产生的协同关系。竞争与冲突、协调与合作是协同关系的主要内容；同时，协同关系的实践过程应当重视团队精神，也就是说区域利益的实现必须基于区域行政机关相互沟通、协调，并就职务之履行提供必要的协助①。这种行政机关内部的协同关系要以合作方式和利益协调来推进，如定期举行联络会商等。京津冀公共法律服务协同发展是以利益关系为基础的，然而利益冲突无处不在。基于特定的合作方式来协调利益关系继而形成区域主体间的关系协同，也就成为协同机制的自组织结构。具体至实践中，前述提及的联席会议为各方主体协调利益关系提供了沟通平台，各方主体就公共法律服务的统一规划、标准建设、普惠发展等问题交换意见，在实现区域利益的前提下，在合理范围内均衡满足各方主体的利益诉求，从而维持区域利益的适度弹性以容纳冲突与矛盾，由此形成的协同关系具有求同存异的结构与内容。

从外部行政法律关系来看，京津冀公共法律服务协同共治包括了政治结

---

① 翁岳生．行政法：上册［M］．北京：中国法制出版社，2002：20.

构之外的利益相关者参与治理的外部协同关系。区域一体化发展突破传统行政主体与行政相对人的线性关系，强调政府、公众、社会等主体之间的网格化、非线性的复杂关系。由此可见，京津冀公共法律服务协同共治的关系结构不仅包括行政机关内部的横纵层面的协同关系，而且包括不同利益主体之间形成的协同关系。也就是说，协同关系是一种开放的关系，通过多边合作实现区域内政府、企业、社会组织、公众等的协同治理，最大限度地整合区域公共法律服务资源，激励多元主体有序进行跨区域法律服务的组织与供给，借助协同关系保障跨区域法律服务优质供给，形成聚合效应和叠加效应。具体来说，一是建立京津冀公共法律服务行业联盟。通过行业联盟，多元主体联合行动，形成不同的协同关系。基于不同的协同关系可以建立京津冀公益法律服务律所联盟、京津冀公共法律服务志愿者联盟、京津冀法律行业党建联盟等。二是建立京津冀公共法律服务智能联盟。智能联盟是多元主体基于数字平台的协同行动，既强调协同开发京津冀标准统一、数据联通、服务融通的公共法律服务平台，实现公共法律服务事项跨平台、跨层级、跨区域办理，即治理层级、治理功能的整合；又强调形成"意见—反馈"型服务在线评价模式，公众以主体身份积极参与跨区域公共法律服务的组织与分配，通过评价反馈来实现跨区域公共法律服务协同供给的过程正当与结果正义，即治理互动的创新。

（二）统一区域合作规则，形成京津冀公共法律服务的政策协同

协同学将任何系统均视作有机的整体，政策系统的运行因此是子系统之间的自组织过程，即子系统可以因地制宜和创造性地补充协同规则。[①] 从协同学出发，京津冀公共法律服务政策协同是不同区域法律服务政策之间目标、价值、内容等的协同，以应对法律服务供给中的跨界问题。这种政策协同通过学习机制推动相互独立却又相互关联的政策体系开展沟通与交流，在

① （德）赫尔曼·哈肯．协同学——大自然构成的奥秘[M]．凌复华，译．上海：上海译文出版社，2013：154.

解决区域公共法律服务问题的过程中形成知识积累和经验转化，并突破组织间的区划边界和权限边界，实现地方性政策与区域性政策的行为认同、价值认同和规范认同，以统一和协调京津冀公共法律服务共同体行为、程序、责任等方面的规则。由此可知，京津冀公共法律服务政策协同的第一层含义即地方性政策协同。基于常态化的司法行政协同发展座谈会、研讨会，三地公共法律服务政策实现多向度的学习，相互汲取与相互借鉴，政策间的协同程度从“顺应”到“认同”再到“内化”，意味着地方性政策围绕京津冀协同发展战略布局，主动吸纳公共法律服务协同共治的价值取向并内化为自己的行动准则。例如，《天津市公共法律服务体系建设规划（2021—2025年）》将一体化协同发展作为理念引领，指出应当积极探索跨领域、跨区域的综合性服务模式，加强京津冀公共法律服务工作的协作交流。

京津冀公共法律服务政策协同的第二层含义是区域性政策协同。不同于地方性政策协同，区域性政策协同是三地司法行政机关立足整体视角，协商制定京津冀公共法律服务共同体的集体行动规则。这一层面的政策协同需要关注三个维度：一是横向协同，是指区域内公共法律服务政策之间的相互支持；二是纵向协同，是指区域性公共法律服务政策应当与行动者的利益诉求相互平衡；三是时间协同，是指区域性公共法律服务政策应当对法律服务共同体现在及未来的建设发挥持续作用。同时，区域性政策协同还需要多种措施予以保障，包括结构性协同机制和程序性协同机制①，前者是指为保障区域性政策协同的有效执行而进行的结构设计，如三地司法厅（局）联合成立京津冀司法行政协同发展工作协调领导小组，并下设办公室作为常设工作机构；后者则强调区域性政策协同实施过程中的程序性安排和技术性手段，包括三地法律服务协作流程、疑难问题会商程序及信息共享平台等。基于此，在京津冀公共法律服务一体化建设过程中，区域性政策协同涉及目标与机制之间的理性安排，是一个涵盖宏观、中观和微观的自组织过程。首先，

① 周志忍，蒋敏娟．整体政府下的政策协同：理论与发达国家的当代实践[J]．国家行政学院学报，2010（6）：28-33.

宏观层面的区域性政策协同关注的是京津冀公共法律服务协同发展的整体战略与国家战略之间的一致性。《协同发展框架协议》与《规划纲要》中关于公共服务均等化的目标要求保持高度一致，是京津冀公共法律服务协同发展的整体战略，发挥着统筹和引导作用。其次，中观层面的区域性政策协同关注的是特定合作领域的具体政策方案。例如，在人民调解领域，《京津冀人民调解合作联调机制框架协议》指出，应当打造三地人民调解合作平台，推动跨区域重大矛盾纠纷联合调解、突发群体性事件协同处置等。最后，微观层面的区域性政策协同关注的是特定事项的统一工作程序和工作方式。例如，在公证文书格式适用上，京津冀联合规范公证文书格式适用合作备忘录，明确了三地统一的公证文书格式，全方位提升协同规则的精细度。总而言之，为保障京津冀公共法律服务协同发展的稳步推进，应当建立地方性政策与区域性政策的协同机制，以引导政策系统的有序运作。

（三）明确协同行为类型，实现京津冀公共法律服务的行为协同

政策协同通过区域间政策的一致性、兼容性、持续性来形成京津冀公共法律服务共同体的规范意识，以消除“政策打架”的现象。政策协同与行为协同密不可分，一方面，实现京津冀公共法律服务规划共创、政策共谋、平台共建、资源共用、成果共享，需要行为协同；另一方面，关系理顺的协同行为是确保区域间政策衔接与执行的基础保障。也就是说，协同不仅是一种组织结构，而且是一种行为。[①] 无论是原子、分子、细胞，还是动物、人类，都是由其集体行为通过竞争和协作间接地决定着自身的命运。[②] 京津冀三地司法行政机关基于利益协同和管辖共享积极创新协同行为，推动跨区域公共法律服务协同治理；同时，京津冀公共法律服务协同机制中的协同行为类型化，形成区域间主体理性集体行动的关键内容。故此，应当形成区域协同行为的“光谱”，即协同机制的行为模式。

---

① 叶必丰．区域协同的行政行为理论资源及其挑战[J].法学杂志，2017，38（3）：79-89.

② （德）赫尔曼·哈肯．协同学——大自然构成的奥秘[M].凌复华，译．上海：上海译文出版社，2013：9.

区域协同行为具有治理层面的价值意义，是基于区域公共事务治理的必要性而形成的区域共同行为或区域协助行为。因此，京津冀公共法律服务共同体的协同行为包括区域共同行为和区域协助行为。[①] 区域共同行为是指多个主体对特定区域性公共事务采取的集体行动，需要在特定法律依据和事实联结点的共同作用下形成。在特定区域性公共事务方面，鉴于京津冀公共法律服务涉及众多服务事项，有必要基于现实情况来分析区域间某一服务事项共同治理以强化服务协同的必要性。就目前而言，京津冀三地司法行政机关在法律援助、司法鉴定、人民调解等法律服务事项上已经建立了联合联动的行为机制。在特定法律依据方面，法规政策中的协同条款及区域合作协议共同构成区域共同行为的依据。《关于加快推进公共法律服务体系建设的意见》提出，应当建立职能部门间的协同机制，《建设规划》要求构建跨区域服务供给的协同机制。这两条协同条款从宏观层面赋予了区域公共法律服务共同行为的合法性和正当性。然而，在微观层面，京津冀三地司法行政机关签订的区域合作协议和行动方案弥补了意见和规划对政府横向关系规定的不足，明确了区域共同行为的领域、内容、标准、方式、程序及责任等，因此成为实施区域法律服务共同行为的支撑依据。例如，在“北京市法律援助中心对河北省易某某被侵权提供法律援助案”中，《京津冀一体化法律援助协同发展实施协议》对跨区域法律援助异地协同作业进行了详尽的架构设计和细则制定。事实联结点则是指地理性联结点和任务性联结点，即因地理上毗邻而联结若干行政区域和因同一行政任务而联结不同区域的行政机关。可见，基于缔结的区域合作协议，京津冀公共法律服务共同体符合上述事实联结点的定义，可以协同管辖跨域公共法律服务事项，实施法律服务共同行为。例如，天津市武清区司法局与河北省霸州市司法局联合签署的《武清区司法局与霸州市司法局社会矛盾纠纷联调化解合作协议》指出，应当建立毗邻地区人民调解组织，以增强联合排查、联合调解的能力水平。

区域协助行为则是请求协助方和提供协助方为完成协助任务而同步作业

① 叶必丰．区域协同的行政行为理论资源及其挑战[J]．法学杂志，2017，38（3）：79-89.

的行为。区域协助行为与区域共同行为存在着差异，前者是基于区域性公共事务成本收益的差异性而实施行动上的互助，后者则是将某一区域性公共事务涉及的事权范围予以统一安排和统一规划。区域性公共法律服务难免会涉及“成本—收益”的问题，存在一方利益增进而另一方利益克减的可能性。例如，在跨区域公证核实服务中，核实成本计算、核实责任承担等成为制约因素，《中华人民共和国公证法》第29条也仅规定了协助义务，京津冀公证服务协同发展目前更多的是落实到“行业合作互助”上。因此，为妥善协调某一类区域性公共法律服务协助行为中的权、责、利关系，进一步深化协同发展，需要建立成本共担、利益共享机制。一方面，通过成本共担可以在一定程度上降低协助方的利益损失和责任风险；另一方面，通过利益共享可以让利益克减的协助方分享发展红利以激活其积极协助的内生动力。

五　结语

京津冀公共法律服务协同发展是一种“以公民需求为面向”① 的体系同构、标准共建、资源互通及优势互补，主张利用“联合的”或“整体的”②的方式来解决区域间法律服务不均衡、不互动、不互联等问题。京津冀一体化建设促使原本属于某一行政区域内部的公共法律服务事务外部化和无界化，政府间的依赖性和合作性日益增强，一种基于平等、尊重、协商、共建、共享并强调一体发展、合作共赢的公共法律服务协同机制应运而生。基于协同学的京津冀公共法律服务协同机制，通过行政管辖权的支配作用和区域合作协议的引导作用，形成关系协同、政策协同和行为协同的有序结构，最大限度地统筹三地服务资源、凝聚三地服务力量，推动区域公共法律服务体系整体发展、联动供给，为京津冀法治一体化建设保驾护航。

---

① Perri 6, Leat D, Seltzer K, et al. Towards holistic governance: the new reform agenda [M]. London, UK: Palgrave Macmillan, 2002: 29.

② （瑞典）埃里克·阿姆纳，斯蒂格·蒙丁．趋向地方自治的新理念？——比较视角下的新近地方政府立法[M].杨立华，等，译．北京：北京大学出版社，2005：130.

Research on the Public Legal Service Synergy Mechanism of Beijing-Tianjin-Hebei Region from the Perspective of Synergetics

Lei Gang

Abstract: The coordinated development of public legal services is an important guarantee for the implementation of the Coordinated Development Strategy of Beijing-Tianjin-Hebei Region, and is related to the level of regional legal integration. Therefore, it is particularly important to establish a public legal service synergy mechanism of Beijing-Tianjin-Hebei Region. Synergetics is consistent with the public legal service public legal service synergy mechanism of Beijing-Tianjin-Hebei Region. From the perspective of Synergetics, it can be recognized that the order parameter governing the operation of the synergy mechanism is the administrative jurisdiction, while the control parameter guiding the operation of the synergy mechanism is the regional cooperation agreement. Under the joint action of administrative jurisdiction and regional cooperation agreements, the public legal service synergy mechanism of Beijing-Tianjin-Hebei Region is constructed, which includes relationship coordination, policy coordination and behavior coordination.

Keywords: Beijing-Tianjin-Hebei Region; public legal service synergy mechanism of Beijing-Tianjin- Hebei Region; synergetics; parameter identification

京津冀旅游业协同发展的理论框架与优化方向*

厉新建**

摘　要： 旅游业协同发展是京津冀协同发展的重要抓手。本文从发展要素、旅游系统和主体关系视角出发，提出了京津冀旅游业协同发展的理论框架，认为应从客源市场系统、出行系统、目的地系统和支持系统四个方面构建旅游系统，依据合作互动、帮扶互助、生态补偿及一体化市场建设等协同方式来构建京津冀旅游业的多层次主体关系。当前，京津冀旅游业协同发展中存在差异化定位尚不明确、旅游产品开发不平衡、交通一体化机制尚不完善等问题。需要加快推动旅游产品协同发展、全面提升旅游公共服务质量、持续推进旅游市场一体化发展、积极推动重点区域建设、建立健全旅游协同发展保障机制，从而纵深推进京津冀旅游业协同高质量发展。

关键词： 京津冀　旅游业　协同发展　一体化

* 本文已发表于《北京社会科学》2023年第7期。

** 厉新建，北京第二外国语学院旅游科学学院教授，博士研究生导师。

一 引言

实施区域协调发展战略是新时代国家重大战略之一，是准确把握新发展阶段、深入贯彻新发展理念、加快构建新发展格局的重要组成部分。京津冀城市群是我国北方经济体量最大、最具发展潜力与活力的城市群，同时也是我国城市群布局中最特殊的一环，要加快构建以北京、天津和石家庄都市圈为基本单元的高标准市场体系和三大都市圈之间生产要素与商品服务流通的高效网络连接通道。[①] 旅游业不仅是促进经济社会发展的重要行业，也因其跨区域流动、城乡间流动的特点成为推动区域协调发展的重要力量。因此，京津冀旅游业协同发展成为助力京津冀协同发展的重要抓手。

由于行政区划、历史遗存、资源禀赋、产业基础等差异，以及相关产业资源整合难度大、旅游资源互补性差、互利机制不足等因素，京津冀旅游业一直存在发展不均衡等问题。[②] 高速铁路的开通使京津冀区域旅游重心发生转向并带来了扩散效应，从旅游空间的规模、等级和形态变化等方面看，京津冀旅游空间格局从双核心逐渐转为多核心，旅游经济增长载体逐渐向区域中心城市和部分节点城市拓展，京津冀旅游协同发展初见成效，但京津冀文化旅游竞争力的差异化和两极化现象较为严重，区域发展不平衡及复杂的治理体系对京津冀旅游业的协同发展也产生了深刻影响。[③] 已有研究认为，京津冀各地区应该构建“环京津特色旅游轴线”，围绕京沪线和京

---

① 翁钢民，唐亦博，潘越，等．京津冀旅游—生态—城镇化耦合协调的时空演进与空间差异[J]．经济地理，2021，41（12）：196-204；孙久文，高宇杰．新发展格局与京津冀都市圈化发展的构想[J]．北京社会科学，2021（6）：95-106.

② 唐承财，孙孟瑶，万紫微．京津冀城市群高等级景区分布特征及影响因素[J]．经济地理，2019，39（10）：204-213；李平生．京津冀区域旅游发展寻求突破[J]．北京社会科学，2007（2）：71-77.

③ 殷平，杨寒胭，张同颢．高速铁路网与京津冀旅游：空间作用与结构演化[J]．旅游学刊，2019，34（3）：102-112；崔丹，李沅曦，吴殿廷．京津冀地区旅游经济增长的时空演化及影响因素[J]．地理学报，2022，77（6）：1391-1410；李刚．京津冀城市群区域文化旅游竞争力评价及对策[J]．社会科学家，2022（4）：68-74.

九线等纵向交通构建“四纵旅游轴线”来推动空间结构优化，通过法治环境等外部整合与旅游营销等内部整合推动协同发展，将鼓励旅游企业跨行政区合作、建立常设性旅游管理机构等作为未来发展的重点。① 以北京为中心的核心旅游圈，带动以承德、石家庄、秦皇岛为重点的二级旅游圈以及以廊坊、天津为重点的三级旅游圈发展。② 只有建立多中心治理模式，依托自身旅游资源，强化旅游产品创新，优化区域内旅游业空间布局，才能在一定程度上缓解地区之间旅游发展的不平衡，实现旅游效益最大化。③

已有文献对京津冀旅游协同发展的资源互补性、空间格局优化、协同发展成效等方面进行了较为深入的研究，对于提升京津冀旅游协同发展水平具有重要的启示意义，但在构建京津冀旅游业协同发展系统并结合新时代发展背景分析存在的主要问题和重点优化方向等方面，还有进一步深化探索的空间。要持续深入地推动京津冀旅游业协同发展，就必须构建系统性思维和逻辑性框架。为此，本文将从多个维度构建探讨京津冀旅游业协同发展的理论框架，结合京津冀旅游业协同发展的现状及存在的问题，探索京津冀旅游业高质量协同发展的优化方向，为促进京津冀协同发展战略深入实施做出贡献。

二　京津冀旅游业协同发展理论框架

旅游业协同发展具有诸多维度。在发展要素层面，旅游业协同发展

---

① 陆相林，马凌波，孙中伟，等．基于能级提升的京津冀城市群旅游空间结构优化[J].地域研究与开发，2018，37（4）：98-103；翁钢民，李慧盈．京津冀旅游产业协同发展水平测度与整合路径研究[J].资源开发与市场，2017，33（3）：369-372；戴斌，黄璜．区域旅游一体化的理论建构与战略设计——以京津冀为例[J].人文地理，2016，31（3）：128-135.

② 徐程瑾，钟章奇，王铮．基于GIS的京津冀核心旅游圈构建研究[J].地域研究与开发，2015（2）：103-107+130.

③ 白长虹，妥艳媜．京津冀旅游一体化中的理论与实践问题——多中心治理理论的视角[J].旅游学刊，2014，29（11）：16-19；刘思敏．京津冀一体化旅游发展的问题与对策[J].旅游学刊，2014，29（10）：16-18.

包括旅游资源、信息、产品、市场、形象、交通、资金、科技、政策和人才等；在旅游系统层面，旅游业协同发展包括客源市场系统、出行系统、目的地系统和支持系统四个方面；在主体关系层面，旅游业协同发展存在合作互动、帮扶互助、生态补偿、一体化市场建设等协调方式，涉及政府部门、企业、高校、科研机构、中介机构等众多利益主体。基于此，可以构建京津冀旅游业协同发展的理论框架（见图 1），为分析京津冀旅游业协同发展提供理论指导。

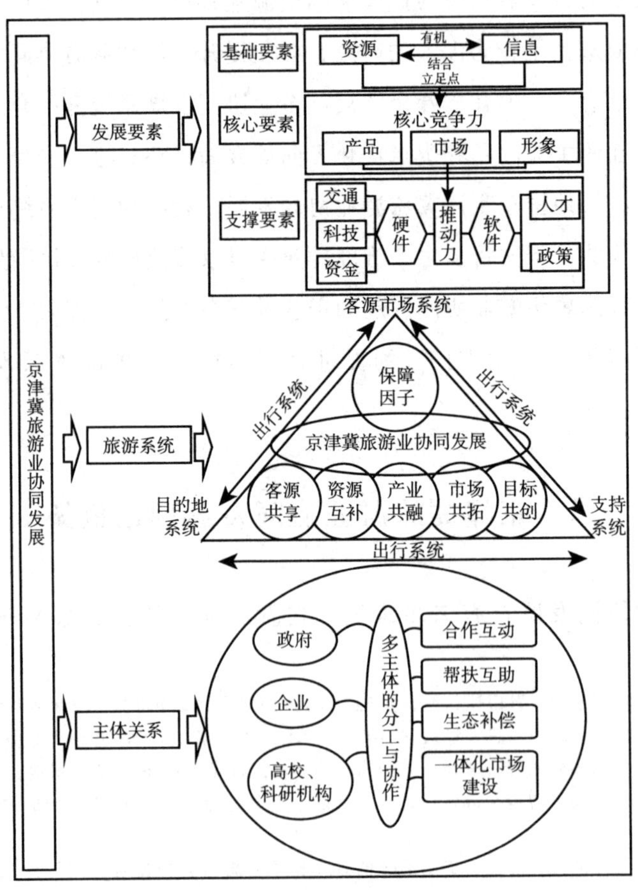

图 1　京津冀旅游业协同发展的理论框架

（一）发展要素层面的京津冀旅游业协同发展

旅游业具有较强的关联性、渗透性和包容性，更容易在空间上实现集聚，尤其是旅游资源、信息、产品、市场、资金、人才、科技等各种要素资源通过多个方面的融合、协同与合作，可实现区域旅游业多方合作，推动旅游业的知识溢出和技术扩散，提高要素资源的使用效率。① 因此，旅游要素的合理流动和有效配置就成了实现旅游业价值链延伸和多元融合发展的基础，以及达到旅游业区域协同发展目的的重要手段。

从发展要素层面看，旅游业协同发展主要包括基础要素、核心要素和支撑要素三个方面。② 第一，基础要素是京津冀旅游业协同发展的立足点，主要包括资源与信息两大要素。其中，资源要素具有决定性作用。实现资源共享、资源优势整合，利用优势资源地区带动其他地区发展，明确区域资源的差异化特色是实现京津冀旅游业协同发展的重要前提。信息要素则是实现协同发展的载体。要想确保京津冀区域旅游业协同发展，三地信息要素的充分流动及互相沟通机制的构建就变得至关重要。只有实现了信息流的有效贯通，才有可能实现有效协同。第二，核心要素是京津冀旅游业协同发展的关键，主要包括产品、市场和形象等旅游要素。没有旅游产品的地方特色，没有市场定位的差异化，没有形象定位的互补性，没有营销的区域性，就很容易导致同质化竞争，各干各的，不具有区域协同性，三地旅游业协同高质量发展就成了一句空话。第三，支撑要素是京津冀旅游业协同发展的推动力，主要包括硬件支撑和软件支撑。硬件支撑主要是指交通、资金和科技等要素。交通和资金要素是旅游业实现协同发展的基础和动力，没有交通一体化就不可能实现旅游者在三地间便利快捷、畅通无阻地自由流动，没有资金自由流动就不可能有项目建设上的因势而行、因势而动。科技赋能则是实现旅

① 宋昌耀，郅倩，厉新建．京津冀旅游用地市场演变特征、问题识别及成因分析［J］．燕山大学学报（哲学社会科学版），2022，23（5）：70-78.

② 王斌，陈慧英．鄂西生态文化旅游圈旅游全要素协同发展体系研究［J］．经济地理，2011，31（12）：2128-2131+2143.

游业创新发展的翅膀，也是缩小三地旅游业发展差距的重要力量。数字化、网络化、智能化以及在此基础上衍生出来的虚拟旅游、元宇宙，均将在一定程度上突破传统旅游资源对旅游业发展的制约，从而弥合由资源差异而导致的三地间旅游业发展水平的差距。软件支撑要素主要是指人才、政策要素，人才是决定旅游业发展水平最重要的因素之一，没有相适应的人才队伍，就不可能在文化的创造性转化和创新性发展上有突破，就不可能在旅游资源向旅游产品转化的过程中产生足够的创意；政策要素则决定着京津冀三地间的后发地区能否通过优惠政策来实现追赶，以及三地能否实现有效的发展联动，例如，如果在144小时过境免签政策方面不能实行多点进出的话，那么北京作为入境旅游枢纽的作用就无法覆盖天津、河北两地，如果没有在旅游标识三地互设方面的政策协同，那么旅游营销和消费引导就没有真正落地。

（二）旅游系统层面的京津冀旅游业协同发展

京津冀旅游业协同发展需要从旅游系统层面来审视。旅游系统是一个开放的复杂系统，它的演进是区域旅游系统内部子系统之间以及各要素之间综合复杂的竞争协同作用所产生的“自组织”过程。[①]

旅游系统包括客源市场系统、出行系统、目的地系统和支持系统四个方面。[②] 客源共享、资源互补、产业共融、市场共拓、目标共创是实现旅游业协同发展的重要路径。从旅游系统层面看，京津冀旅游业协同发展，重点要处理好三个方面的问题。一是要注重中心与外围的融合。要解决京津冀旅游业发展区域不均衡的问题，就要立足资源、面向市场，优化公共服务，增强作为中心枢纽的北京的向外辐射能力及作为两翼的天津、河北的吸纳承接能力，从而有效推进旅游业协同发展。主要体现为中心与外围地区在旅游资源整合、旅游市场营销、旅游公共服务提供、旅游形象打造及旅游发展空间拓展等方面的统筹，尤其是发展不同的旅游业态需要不同的土地等资源。在这

① 赵磊，吴文智．基于自组织理论的区域旅游系统发展机理研究：一个理论分析框架[J]．北京第二外国语学院学报，2010，32（9）：8-20.

② 吴必虎．旅游系统：对旅游活动与旅游科学的一种解释[J]．旅游学刊，1998（1）：20-24.

方面，河北具有较大的承接能力，京津也有较大的诉求，供求适配内生了协同动力。二是要注重整体与局部的关联。这主要体现在旅游相关政策要打破三地各自为政的行政分割，需要在京津冀三地各自旅游系统差异化、多元化、互补化发展的基础上，充分关注旅游公共服务、旅游消费政策等方面的有效衔接以及均等化、协同化发展。三是要注重新兴与传统的融合。要加快创新性发展和创造性转化，要加强新兴和传统创意性融合，以此适应和解决协同发展中出现的新现象、新问题，促进京津冀旅游系统的优化，形成开放发展、优势互补、互利共赢的协同发展新格局。

（三）主体关系层面的京津冀旅游业协同发展

京津冀区域发展治理体系复杂，涉及的行政主体类型多元、层级多样，错综复杂的央地关系、府际关系对城市群现代化治理能力要求极高。在这种情况下，要实现京津冀旅游业协同发展，就需要从主体关系层面探索三地旅游业合作互动、帮扶互助、生态补偿、一体化市场建设等协调方式。

京津冀旅游业协同发展涉及政府部门、企业、高校、科研机构、中介机构等众多利益主体，需要充分发挥不同主体的主动性与积极性，形成“政产学研”合力，通过区域各主体间的有序协同，来促进区域旅游业高质量发展。从主体关系层面看，京津冀旅游业协同发展主要体现在以下四个方面。一是京津冀旅游业的合作互动。例如，三地旅游企业组建跨地区产业、科技、创新、人才的合作平台和网络，加强客流、物流、要素流等跨地区流动，促进有特色、有内容、有吸引力的旅游产品互相推介和共同推荐等，加强房车自驾等具有线性特征的产品的协同组织与开发，持续深化北京产权交易所旅游资源交易平台服务京津冀旅游业协同发展的作用。二是京津冀旅游业的帮扶互助。以京津为龙头，推动京津冀三地旅游人才培训、乡村旅游帮扶等，充分利用区域间对口帮扶机制，带动河北省经济发展相对落后地区的旅游业发展。三是京津冀旅游业的生态补偿。要保证京津冀生态涵养区能够通过碳汇交易、生态旅游及其他生态产品价值转化机制获得公平的生态价值补偿。保定、张家口、承德等地的部分地区，既是生态涵养区，也是需要着力避免返贫的重点区域。因此，在实施生态补偿政策时，要通过生态旅游等方式加大探索生态产品的价值转化力度，增强当地借助旅游发展提升生态造血的能力。四是京津冀旅游业的一体化市场建设。探索通过规划制度统一、发展模式共推、治理目标协同、区域市场联动等路径来构建区域旅游市场一体化发展的新机制，形成市场环境协同、市场分工有序、市场流动便利、市场消费活跃的一体化旅游市场。

三　京津冀旅游业协同发展的主要问题

通过多年的发展，京津冀旅游协同发展取得了丰硕成果，基本建成了京北生态（冰雪）旅游圈等五大旅游示范区，“通武廊”旅游合作联盟取得了积极成果，京津冀旅游直通车开通、京津冀一卡通大量发行，旅游市场一体化监管机制、投诉受理协调机制等初步建立。不过，在京津冀旅游业协同水平明显提升、市场一体化持续推进、公共服务协同水平全面提升、区域协调机制不断完善的同时，要看到影响三地旅游业协同发展的问题依然存在。①

（一）差异化定位尚不明确

在互联网、新媒体赋能的背景下，推出与游客日益增长的多元化旅游消费需求相适配的产品，采取符合潮流、方式多样的营销策略对有效整合区域旅游资源、重塑区域旅游形象至关重要。京津冀地区地缘相近、历史文化相通、自然资源和历史人文资源相似，很容易造成旅游项目同质化开发，进而导致三地间不良竞争。② 尽管三地间有条件在文化创意、滨海、科

① 白长虹，妥艳媜．京津冀旅游一体化中的理论与实践问题——多中心治理理论的视角[J]．旅游学刊，2014，29（11）：16-19.

② 刘思敏．京津冀一体化旅游发展的问题与对策[J]．旅游学刊，2014，29（10）：16-18；孙振杰．京津冀旅游共生关系的协调演化[J]．企业经济，2018（8）：167-174；陈怡宁，唐元，范梦余．京津冀文化旅游协同发展探索[J]．前线，2018（9）：68-70.

技等方面形成多元化、差异化的现代旅游产品，但实际上由于欠缺基于自身资源优势的旅游业协同发展方案，京津冀三地在旅游产品打造、旅游目的地形象树立、对外宣传营销推广上尚未有明确的定位和分工，同质化现象较为突出。总体上看，京津冀三地在深入推进旅游产品的联合打造、旅游品牌的联动塑造①和城市旅游形象的联通建构等方面成效不足，在抓住旅游消费热点、深挖旅游资源、创新推进营销宣传等方面还缺乏敏锐度和协同性，国际化营销工作亟待提升，亟须构建具有国际视野的区域旅游营销体系。

（二）旅游产品开发不平衡

京津冀三地的吸引力具有明显差异，北京相对于天津与河北存在资源和市场的明显优势，具有显著的极化效应，天津与河北在吸纳区域外客源及出京旅游消费方面还缺乏足够特色化和高质量的产品与业态，河北的腹地空间还没有得到很好的挖掘利用，三地间区域旅游供给协同性弱、高等级景区景点和旅游新业态时空分布失衡的问题突出。② 近些年，北京通过微旅行产品、线路和品牌的持续打造，博物馆之城建设和中轴线申遗工作的推进，老旧厂房系统性利用和政策性创新，不断释放新的吸引力，形成强者恒强的局面。尽管京津冀三地之间有旅游专列产品，但无论是自驾、徒步等在地域空间上具有贯穿性的旅游产品开发，还是具有强大市场号召力的综合体类旅游产品开发，都存在明显不足。京津冀三地有消费潜力的一方想内部消化、有发展空间的一方缺爆款产品，跨区域联合开发还有待实质性突破。

---

① 白长虹，妥艳媜．京津冀旅游一体化中的理论与实践问题——多中心治理理论的视角［J］．旅游学刊，2014，29（11）：16-19.

② 李刚．京津冀城市群区域文化旅游竞争力评价及对策［J］．社会科学家，2022（4）：68-74；陶静．基于区域旅游系统空间结构的京津冀旅游协同发展研究［J］．商业经济研究，2019（2）：171-173；杨丽花，刘娜，白翠玲．京津冀雄旅游经济空间结构研究［J］．地理科学，2018，38（3）：394-401；陈永昶，王玉成．智慧旅游驱动京津冀区域旅游协同发展机理与路径［J］．河北大学学报（哲学社会科学版），2018，43（5）：62-70；宁泽群，李享，吴泰岳，等．京津冀地区的旅游联动发展：模式、对象与路径［J］．北京联合大学学报（人文社会科学版），2013，11（1）：106-116.

（三）交通一体化机制尚不完善

区域旅游协同发展的前提是空间流动性，空间流动性的前提是交通一体化。因此，交通一体化是深化京津冀区域旅游业协同发展的关键所在。京津冀在交通一体化方面已实现明显突破，但在协同管理体制机制、交通服务体系、交通网络布局等方面仍存在不少问题，现有管理机构与各主体间协同性不够，协同运行机制的社会开放性不足，已建立的有关机制的效用也有待有效释放，这些都制约了京津冀旅游业协同创新。[①] 京津冀尚未形成乘客“零距离”换乘体系，干线铁路、城际铁路、市域（郊）铁路和城市轨道交通“四网融合”及与机场间的高效衔接仍需进一步推进。区域内交通通达性和便捷性不足，仍存在“断头路”和“瓶颈路”，极大地制约了京津冀区域旅游协同发展。

（四）利益分配等深层次问题尚未解决

在利益分配方面，京津冀三地因财政体制不同、区域发展不平衡等原因导致税收差距和利益分配等问题，关键的成本分担和利益分配问题缺乏体制机制的科学指引，区域财税共享机制有待优化。[②] 在产业协同方面，顶层设计不足，缺乏深化产业链对接协作的体制机制，需求链、供应链、服务链、价值链等的协同发展和有序衔接不足，三地间旅游产业链的竞争力差异明显。[③] 在公共服务方面，京津冀旅游公共服务供给水平存在较大差异，在政策、标准、监管等多个方面也存在差距，导致区域公共服务对接协同能力较弱，与共建共享还有较大距离。北京有“云游京城”智慧旅游平台，河北打造了“一部手机游河北”（乐游冀）数字

---

① 王超，郭婷．京津冀交通一体化体制机制建设的国际经验及对策研究[J]．交通运输部管理干部学院学报，2021（4）：29-33.

② 孙振杰，张心怡．新形势下京津冀旅游深度协同的路径转向与机制优化[J]．全国流通经济，2021（28）：126-128.

③ 王晓丽，王露．京津冀协同发展背景下河北省休闲旅游产业链优化研究[J]．燕山大学学报（哲学社会科学版），2023，24（2）：90-96.

文旅平台，京津冀智慧旅游服务平台也未实现协同建设，缺乏统一的智慧文旅品牌。

四　京津冀旅游业协同发展的优化方向

基于前文提出的京津冀旅游业协同发展的理论框架及京津冀旅游业协同发展的现状特征和主要问题，本文提出以下优化发展方向。

（一）加快推动京津冀旅游产品协同发展

应持续优化旅游产品供给，积极开发京津冀旅游新产品，深度发挥旅游要素价值。开发覆盖 1 小时交通网和经济圈的旅游产品，加快建设京津冀世界级旅游景区和度假区，发挥大型旅游项目的区域辐射带动作用。促进以北京为核心的三日游产品落地，推动三地客源互送，提升市场联动发展水平，增强区域内部旅游市场相互转化。推动天津建设同北京和冀北（崇礼）相匹配的高品质国际文化旅游区，培养国际化的旅游度假龙头。河北要重视环京津休闲度假带建设，持续丰富环京津休闲度假产品体系。

联合开发建设以长城国家文化公园和大运河国家文化公园为主的京津冀旅游产品，不断提升文化挖掘、整理、阐释的能力，推出全国知名的长城、大运河主题旅游产品和休闲线路，充分展示长城、大运河的文化价值和魅力，将京津冀地区打造成为“有概念、有实体、有边界、有政策、有突破、有成效、有示范”的长城、大运河国家文化公园建设示范区。积极推动北运河游船沿线文化挖掘、旅游演艺与夜间消费的协同创新，加强北运河游船与其他旅游休闲业态的组合创新，做强做优做亮“北运河游船”和“海河游船”这两个水上旅游产品品牌。持续围绕“长城+”“+长城”做文章，以长城为主轴向两侧纵深推进，尤其要加强以长城为核心吸引物的文体旅融合，在标准、标识、活动、赛事、品牌、解说等方面加强系统谋划和协作推进，通过在户外徒步、专业赛事、趣味运动、特色住宿等方面的拓展，推动长城沿线博物馆“破圈强链”发展，共推“长城人家”“长城露营”“长城探索”“长城徒步”“长城研学”“长城国家风景道”等产品业态，以及长城文化创意产业基地、长城文化研学旅游基地、长城旅游演艺联盟、长城文化产业发展大会、长城文化旅游论坛等建设，掀开京津冀文化和旅游协同发展的新篇章。

遵循“相对集中、主题各异、总体丰富”的原则，打造以山海关中国长城文化博物馆等为标志性工程的长城国家文化公园博物馆体系，深入挖掘长城、大运河在文化和景观方面的价值，建设标志性工程。做好博物馆“上云”工作，提升长城沿线博物馆的远程解说能力，更好、更有效、更持久地传播好长城文化，传承长城精神，叫响长城品牌。用开放包容的思想、创新求变的行动，大力推动博物馆文创品牌打造、系列产品研发，以整体联动形成整体形象，以整体形象推动整体发展，形成品牌影响力。

另外，应发展旅游新兴业态。推动数字经济、共享经济、绿色经济赋能旅游业发展。充分挖掘旅游资源优势，联手建设多节点、多功能、多主题的自驾驿站与自驾营地，共同培育旅游演艺、数字藏品、生态养老、户外运动和研学体验等旅游新业态。围绕体育赛事挖掘观众需求，以系列品牌体育运动赛事为吸引，做实“赛事+”文章，整合世园景区、沿线乡村等资源，做好观众客群的消费潜力挖掘；围绕赛事设施和场地及北京冬奥会的市场影响力，推动体验性体育活动创新，突出低门槛、非专业、非竞技类的体育活动和产品的供给，吸引大众旅游客群前来娱乐和度假，有效构建文体旅产业生态共生、京张区域互动发展互促的基本格局，将京张体育文化旅游带建设成为全民健身引领地。充分用好北京 2022 年冬奥会效应和京张对口支援机制，以延庆和崇礼为先行区、试验区、创新区，联合创建世界级旅游度假区，以冰雪运动、冰雪文化、冰雪旅游为特色，突出空间聚焦、项目聚焦和点线面相结合，促进京张体育文化旅游带“点”的提质升级、“线”的便捷通畅、“面”的辐射带动，着重做好文旅用地创新、标准规范统领、营销宣传联动等工作，推动产业链延伸、做好季节性协同、增强世界影响力、实现高质量发展，将京张体育文化旅游带建设成为创新示范带、融合发展带、民生促进带、区域协同带。

（二）全面提升京津冀旅游公共服务质量

公共服务是京津冀旅游业协同发展的重要一环。一是应加强京津冀农村地区、欠发达地区旅游基础设施和公共服务体系建设，支持旅游基本公共服务向特殊群体倾斜，推动旅游公共服务与其他社会公共服务融合互通、共建共享。二是应联合打造京津冀数字文旅平台，推动旅游数字化服务功能全覆盖，提升旅游消费便利化水平。以京津冀大数据综合试验区建设为抓手，探索京津冀旅游数据整合、数据开放共享及统筹应用。三是应建立便捷直通的京津冀区域旅游交通网络，丰富三地旅游直通车线路，联合编制三地旅游电子地图和线路指南。建立健全京津冀自驾车旅游服务体系，完善旅游专列运行体系，串联有代表性的旅游景点，以独具京津冀特色的设计优化专列乘车环境。四是应完善京津冀旅游咨询服务网络，优化区域旅游咨询服务中心的空间布局。以京津冀文化和旅游试点示范区为重点，推进咨询中心智慧化、数字化建设，创新咨询中心服务模式。五是应优化京津冀过境免签政策，探索建立入境旅游友好计划示范基地和入境旅游无障碍试验区或示范区。鼓励三地企业联合开发过境免签旅游产品，实现联动宣传与协同开放。推动延长过境免签时长、扩大京津冀过境免签政策的覆盖区域。六是应推动公共服务产品数字化。博物馆、美术馆等公共服务设施所拥有的文物文化资源数字化之后，要完成权属规范，明晰所有权、使用权、收益权，促进文物文化资源数据要素的市场发展，破除垄断独占，用社会力量、市场方式提升文化保护传承弘扬的效能，丰富文化产业业态，壮大文化产业规模。

（三）持续推进京津冀旅游市场一体化发展

京津冀旅游业协同发展离不开市场一体化。具体而言，一是应加快完善旅游信息服务平台。健全京津冀旅游信息收集、联络和对接机制，建设京津冀旅游服务综合信息库，加强对旅游发展的动态化监测和智慧化监管。二是应精准塑造旅游品牌形象。坚持错位协同发展的原则，充分发挥京津冀各自旅游资源优势，推动形成优势互补的联动发展格局。在此基础上，塑造京津冀旅游通用标识和统一品牌，打造三地旅游特色品牌体系。三是应联合开展文化和旅游市场营销。精准把握旅游消费者在京津冀的消费规律，建立健全营销联盟等跨区域支持模式和相互营销的便利化机制。四是应联合举办旅游大型活动。借助北京冬奥会、世园会等重大活动的影响力，共同打造国内外赛事及会议集聚区、群众文化建设引领地。联合举办房车巡游、赛事活动、红色旅游联合推广等主题活动，宣传推广京津冀旅游品牌。五是应推动实现旅游同城待遇。推动京津冀旅游公共服务的共建、共治、共享，联合推出多种形式的旅游惠民措施，完善旅游联票工作机制，创新京津冀联动的优质旅游产品联合发布机制，共同激活京津冀内部旅游消费市场。六是应推进京津冀旅游地方标准体系的衔接与统一，优先推进冰雪旅游、自驾车房车游服务标准和高速公路服务区品牌标准体系的一体化，以及其他跨区域线路产品标准、乡村旅游尤其是民宿标准的研发和批复执行，及时协同新业态标准研发及服务规范制定。

（四）积极推动京津冀旅游业协同发展重点区域建设

京津冀旅游业协同发展要依托区域重大战略布局，深度聚焦重大战略性举措，推进建设京津冀旅游业协同发展重点协作区、试点示范区。具体而言，一是应加强大运河、长城等文化资源的发掘保护和传承利用，注重丰富业态、创新产品、提高品质、优化体验、衍生发展，协同打造长城、大运河国家文化公园建设示范区。二是应建立健全京张体育文化旅游带跨地区、跨部门的协调机制，创新和深化奥运文化、长城文化、乡村文化等的呈现方式和体验质量，着重做好北京冬奥会遗产利用、生态价值转化、体旅融合发展、品牌共建共享等工作。三是应以拒马河主水系和房山世界地质公园为轴线，衔接房山和保定文化与旅游资源，构建生态水岸廊道和山地户外休闲廊道，形成十渡、青龙湖、白石山、易水湖、白洋淀等休闲度假板块组团发展的山水休闲旅游协同发展空间格局。四是应以北京疏解非首都功能为契机，强化天津市国家级会展中心、雄安商务服务中心的运营能力，提高京津冀在商务、会展等方面的协作水平，打造具有国际水准的商务会展旅游协作区。五是应整合平谷、宝坻、遵化等地文化和旅游资源，基于两山理念探索旅游发展路径，建设两山理念创新实践基地和国家休闲旅游示范区。六是应依托京津冀滨海文化和旅游资源，充分发挥港口城市的区位优势，大力发展海洋经济，鼓励天津、唐山、沧州重点发展邮轮、游艇、游艺设施等文化和旅游装备制造业，提高产业附加值。七是应增强“通武廊”文化和旅游协同发展，处理好北运河的形与体、河与岸、航道与城镇、物化与非物化、运河文化与文化运河之间的关系。以北运河文化为核心，以区域联动发展为手段，共建大运河文化带，讲好大运河文化故事，传递大运河文化声音，构建大运河文化标识，创新大运河文化业态，丰富大运河旅游产品，提升大运河赛事组织，优化大运河体验模式，不断提高沿途地区旅游市场的活力，充分利用大运河廊道空间，着力打造文化长廊、生态长廊、旅游长廊、赛事长廊，促进“通武廊”地区文化和旅游要素流动、资源共享、优势互补，实现旅游业协同发展。

此外，应重点推进琉璃河国家考古遗址公园建设，努力建成全国文化中心的一张“金名片”，打造具有国际影响力的标志性文化遗产；加强琉璃河国家考古遗址公园、周口店北京人遗址、云居寺等旅游资源之间的协同，共同打造以北京源文化为核心的“北京记忆”品牌，打造独一无二的京西南精品国际旅游线路。重点发挥燕山、太行山等自然山系资源在京西南协同发展中的作用，以京西古道、太行八陉等古道徒步资源为切入点，逐步构建燕山、太行山国家步道系统，以太行山旅游高速公路（接 109 国道北京段）为重要支撑，加强道路两侧资源的利用及高速公路服务区和主题驿站的休闲化改造，利用沉淀的文化和历史资源进行主题化业态配套创新，逐步构建北京西南部与河北之间的自驾廊道系统。加强风景道两侧纵深资源的梳理和衔接，从“大动脉式”游客流动转向“毛细血管式”游客流动，形成自驾道、骑行道、徒步道等交错衔接的风景道“生态结构”，构建北京西南部与河北之间贯穿性产品的体系化基础。

（五）建立健全京津冀旅游协同发展保障机制

京津冀协同发展涉及众多利益主体，旅游业协同发展需要坚实保障。具体而言，一是加强组织领导，建立省市领导、部门协调、市场主导、社会参与的工作机制，形成合力推进京津冀旅游业协同发展。二是完善协同机制，全面落实旅游领域的京津冀协同发展统筹机制，建立京津冀文化和旅游主管省（市）长之间重大事项沟通机制、文化和旅游厅（局）长定期沟通机制，持续优化年度协同发展论坛研讨机制，建立京津冀旅游发展大会与区域协同发展论坛轮流套开机制，进一步完善旅游对口支援机制、区际利益补偿机制等。三是强化人才支撑，鼓励京津冀政产学研各方合作共建旅游人才培养基地，建立京津冀旅游院校联盟和新型旅游智库。四是强化政策保障，围绕链化发展形成链主培育机制和链长负责机制，确定区域内文化和旅游发展的重点担当与主体领域，围绕需求链推动服务链、供应链、价值链、利润链的构建，有针对性地配套金融财政支持，以链长推动链主，链主带动周边，实现共生共富。

五　结语

由于旅游所具有的空间流动性及产业综合带动作用，京津冀旅游业协同发展已经成为推动京津冀协同发展战略的重要一环。2014 年京津冀协同发展战略上升为国家战略以来，京津冀文化和旅游的区域协同发展快速推进，从资源开发、市场营销、公共服务、市场监管等方面开展深度合作，政府间文化和旅游合作等体制机制不断完善。但是，受限于资源重合性、线性产品缺乏、经济发展制约性等，三地之间在产品协同开发、市场联动营销、区域水平分工等方面还存在不少问题。只有在系统性协同发展框架的基础上，着重围绕重点毗邻地区、重点项目、重点产品和重点领域加强率先协同突破，京津冀旅游协同发展才能取得实质性成果。

同时，在文旅融合的大背景下，京津冀旅游协同发展还需要加强文化基因解码工程建设，率先探索景区文化评价制度，推动文化解说系统性变革，让厚重的文化和历史通过时尚的方式更好地表达和传播；积极实施文化"双创工程"，以文化创意产业与旅游消费升级推动中华优秀传统文化资源的创造性转化，让古老的文化焕发新的生机；以数字化、网络化、智能化以及算法迭代、科技融合推动文化创新性发展，让新的文化形式丰富旧的文化图景；从客源结构、创新能力、传播影响、服务水平、管理能力、品质保障、信号机制等多个维度，共同探索世界级旅游景区和度假区建设的路径；深入挖掘地域文化特色，将文化内容、文化符号、文化故事融入旅游休闲产品和业态，有效改善旅游城市的文化氛围、引导旅游城市的文化认知、凝练旅游城市的文化形象、提升旅游城市的文化价值，更好地促进国际消费中心的建设和发展。

（感谢宋昌耀、刘怡君在本文写作中给予的帮助和贡献。）

The Theoretical Framework and Optimization Direction of the Coordinated Development of Tourism in Beijing-Tianjin-Hebei

Li Xinjian

Abstract: The coordinated development of tourism is an important part of the coordinated development of Beijing-Tianjin-Hebei. This paper summarizes the theoretical framework of the coordinated development of stakeholder relationship. A tourism system should be constructed from four aspects: source market system, travel system, destination system, and support system. However, there are still some problems in the coordinated development of Beijing-Tianjin-Hebei, such as unclear differentiation positioning, unbalanced development of tourism products, incomplete transportation integration mechanism. In the future, we need to optimize the supply of tourism products, to establish a convenient and direct regional tourism transportation network and a three-dimensional public service network of tourism consulting, to optimize inbound tourism and transit visa free services, focusing on promoting the coordinated development in key areas such as the Great Wall National Cultural Park and Grand Canal National Cultural Park, so as to promote the coordinated high-quality development of tourism in Beijing-Tianjin-Hebei.

Keywords: Beijing-Tianjin-Hebei; tourism industry; coordinated development; integration

京津冀协同发展对产业结构升级的影响效应及作用机制*

申珍妮　李小平**

摘　要： 本文基于2005~2021年京津冀地区城市的面板数据，采用双重差分模型检验了京津冀协同发展战略的实施对京津冀地区产业结构升级的影响效果、作用机制及异质性表现。结果显示，京津冀协同发展战略的实施通过提升该地区城市融资水平和人力资本水平促进了京津冀地区城市产业结构的升级，且替换被解释变量、替换对照组、改变窗宽和添加遗漏变量等稳健性检验显示该结论可靠。拓展性分析发现，京津冀协同发展战略促进了河北省和天津市产业结构升级，对北京市产业结构升级的效果不显著。就河北省而言，京津冀协同发展战略促进了河北省中部、南部地区产业结构升级，但不利于东部地区产业结构升级。京津冀协同发展战略的实施同时促进了京津冀地区产业结构的整体升级和产业结构的高级化。随着创新水平的提升和数字经济实力的增强，京津冀协同发展战略对产业结构升级的促进作用会更加显著。

关键词： 京津冀协同发展　产业结构升级　融资水平　人力资源　数字经济

---

* 本文已发表于《北京社会科学》2024年第10期。

** 申珍妮，中南财经政法大学马克思主义学院讲师，中南财经政法大学经济学院在站博士后；李小平，中南财经政法大学经济学院教授，博士研究生导师。

一 引言

中国经济已经迈入高质量发展阶段，在贯彻落实新发展理念的过程中，经济高质量发展要求做到创新、协调、绿色、开放、共享，以此引领经济发展新格局。产业结构升级对经济高质量发展起着非常重要的作用，产业结构升级有助于经济高质量发展，促进产业结构升级是经济高质量发展的重要途径。①

从宏观层面来说，经济高质量发展表现为经济波动减缓，经济相对平稳增长。产业结构升级可以有效平抑经济波动，且产业结构升级本身还要求人工智能、互联网等技术的应用，有助于促进企业生产能力提升和管理水平改善，有助于经济平稳运行。② 全要素生产率提高是经济高质量发展的主要表现，而产业结构升级，尤其是产业间和产业内结构的升级可以有效提升全要素生产率。③ 面对外部冲击，产业结构升级可以有效抵御外部冲击，提升区域经济韧性。④ 从微观层面来讲，产业结构升级可以优化人力资本配置⑤，增加发展中国家对熟练劳动力的需求，进而带动发展中国家人力资本水平的提升⑥。就居民个人而言，产业结构升级有利于提升农村居民收入，缩小城乡居民收入差距，进而实现共同富裕。⑦

① 向秋兰，蔡绍洪，张再杰．产业结构演进与中国经济高质量转型发展[J].贵州财经大学学报，2023（1）：91-98.

② 吕一清，邓翔．产业结构升级如何“熨平”了中国宏观经济波动——基于产业结构内生化的DSGE模型的分析[J].财贸研究，2018，29（2）：1-10.

③ 叶祥松，殷红．产业结构变迁、产业互动与全要素生产率增长——基于动态结构的视角[J].经济学动态，2023（6）：44-62.

④ 高志刚，丁煜莹．产业结构升级、环境规制对区域韧性的影响——基于全国30个省份面板数据的实证分析[J].河南师范大学学报（哲学社会科学版），2023，50（4）：35-41.

⑤ 马茹．产业结构调整与人力资本行业错配：缓解还是加剧？[J].商业研究，2023（4）：19-28.

⑥ 廖俊敏，王韡，徐朝阳．产业结构变迁过程中的人力资本效应[J].经济学（季刊），2023，23（4）：1356-1372.

⑦ 徐鹏杰，张文康，曹圣洁．产业结构升级、构建现代产业体系与农民农村共同富裕[J].经济学家，2023（5）：78-88.

由此可见，产业结构升级是中国经济转型升级，实现高质量发展的重中之重。目前，中国产业政策众多，包括经济特区、开发区、出口加工区、保税区和负面清单等，还有一些环境管制政策，这些政策的实施对产业结构升级产生了显著的影响，一方面提升了中国经济实力，促进实体经济做大做强，另一方面促进了中国企业转型，提升了企业的环保水平和能力，促进中国产业结构绿色化。但是，中国作为世界上最大的发展中国家，经济发展的一个显著特征是地区经济发展不平衡，而中国政府出台了一系列协调区域经济发展不平衡的政策措施，区域协同发展是其中极为重要的一环，作为国家重大战略之一的京津冀协同发展战略对产业结构会产生何种影响值得深入研究。京津冀协同发展战略在 2014 年提出，是中国区域经济一体化的重要一环，是中国探索缓解“大城市病”、促进区域协调发展的重要政策措施。因此，本文基于京津冀城市面板数据，采用双重差分模型实证考察京津冀协同发展战略的实施对产业结构升级的影响效应及作用机制，以期对京津冀协同发展战略的实施效果展开客观评估，从而为进一步推进京津冀协同发展战略的实施提供一定的政策启示和借鉴。

本文的边际贡献如下。第一，已有研究文献分析了产业结构升级的影响因素，但是较少分析地区经济一体化对产业结构升级的影响。少数分析区域经济一体化产业结构升级的文献也是基于长三角和珠三角两大地区，较少基于京津冀地区。尽管已有不少研究探讨分析了京津冀地区产业结构升级的状况，却未能从京津冀协同发展战略这一角度评估该政策的实施对产业结构升级的影响效果。因此，本文主要从政策评估视角分析京津冀协同发展战略对产业结构升级的影响，拓宽了京津冀产业结构升级以及京津冀协同发展战略对产业结构升级影响的相关研究。第二，本文着重分析了京津冀协同发展战略推动产业结构升级的理论基础，一方面丰富了相关理论研究，另一方面为京津冀协同发展战略的实施夯实了理论基础和提供了理论指导。第三，本文提出了促进京津冀协同发展战略进一步深化以及推动京津冀产业结构升级的相关政策建议，为京津冀协同发展战略的深入实施提供了可靠的借鉴。

二　文献述评与研究假设

（一）文献述评

1.“一带一路”建设与产业结构升级

本文从推进“一带一路”建设的带动效应视角切入，以长三角城市群、粤港澳大湾区城市群和成渝城市群为例，分析区域经济一体化对产业结构升级的影响，进而阐述京津冀协同发展战略推动产业结构升级的效应。

“一带一路”建设是中国积极主动融入世界发展的重要举措。到目前为止，“一带一路”建设取得了极大的成就[①]，带动了“一带一路”沿线国家的经济发展，增强了其人民幸福感。以中欧班列为代表的“一带一路”沿线国家交通基础设施联通水平逐步提高，“一带一路”沿线国家贸易网络的形成降低了各国生产成本，促进了其国内需求增加，带动了“一带一路”沿线国家贸易总量的提升。[②] 中国企业积极参与“一带一路”沿线国家的国际直接投资，带动了投资项目数量和金额的增加。[③] 通过“一带一路”建设，沿线国家经济发展取得了长足进步。

“一带一路”建设不仅促进了“一带一路”沿线国家经济发展和居民生活水平提升，还促进了我国经济发展和产业结构升级。“一带一路”建设有力地促进了中国和“一带一路”沿线国家之间产业融合，产业融合深度和质量持续提升。[④] 通过积极参与“一带一路”建设，我国城市不仅拓宽了本地的出口和投

---

① 吕越，马明会，李杨．共建“一带一路”取得的重大成就与经验[J].管理世界，2022，38（10）：44-55+95.

② 张辉，闫强明，李宁静．“一带一路”倡议推动国际贸易的共享效应分析[J].经济研究，2023，58（5）：4-22.

③ 吕越，陆毅，吴嵩博，等．“一带一路”倡议的对外投资促进效应——基于2005—2016年中国企业绿地投资的双重差分检验[J].经济研究，2019，54（9）：187-202.

④ 姚星，蒲岳，吴钢，等．中国在“一带一路”沿线的产业融合程度及地位：行业比较、地区差异及关联因素[J].经济研究，2019，54（9）：172-186.

资，而且加强了与“一带一路”沿线国家的文化交流与合作，进而促进了我国城市技术能力的提高、产业专业化和第三产业的积极发展，带动了我国产业结构升级，而且还进一步带动了产业层次提升和产业结构高级化。其中，中欧班列和中外友好城市关系的建立也起到了相应的积极作用。①

2. 国内经济一体化与产业结构升级

区域经济一体化有助于弥补经济发展差距，缓解经济发展不平衡。

中国通过城市群建设推进区域经济协调发展。到目前为止，中国城市群建设取得了积极成效，除了京津冀、长三角、粤港澳大湾区等城市群，还发展了成渝城市群、长江中游城市群、中原城市群等中西部地区重要的城市群。城市群的建设是中国破除经济发展不平衡，实现区域经济协调发展的重要途径。城市群建设通过促进城市群内各城市技术进步及产业分工，推动了城市群产业结构升级和合理化，而且进一步带动了产业结构向高级化迈进。② 但是，城市群“中心—外围”效应较为明显，中心城市与外围城市在产业结构发展质量方面的差距需要进一步缩小。

长三角城市群是区域一体化发展的代表。长三角城市群经历了2010年和2013年的扩容，区域一体化发展取得了显著成效。就长三角的产业结构升级状况而言，长三角产业层次逐步提升，产业结构不断合理化和高级化。就区域差异而言，上海市、江苏省和浙江省的产业结构要优于安徽省。③ 在长三角城市群中，不同城市产业分工不同，有效地实现了优势互补，长三角一体化发展显著地促进了城市间有差异的专业化分工，进而带动了各城市产业结构

① 方慧，赵胜立．“一带一路”倡议促进了中国产业结构升级吗？——基于285个城市的双重差分检验[J]. 产业经济研究，2021（1）：29-42.

② 柯蕴颖，王光辉，刘勇．城市群一体化促进区域产业结构升级了吗[J]. 经济学家，2022（7）：62-75.

③ 孙攀，陈晓峰．长江三角洲地区产业结构升级时空动态评价体系的构建与应用[J]. 南通大学学报（社会科学版），2021，37（2）：43-53；赵海峰，张颖．区域一体化对产业结构升级的影响——来自长三角扩容的经验证据[J]. 软科学，2020，34（12）：81-86+103；郑军，郭宇欣，唐亮．区域一体化合作能否助推产业结构升级？——基于长三角城市经济协调会的准自然实验[J]. 中国软科学，2021（8）：75-85.

升级。[①] 此外，长三角一体化发展也促进了劳动力的合理流动，带动了产业结构升级。[②] 长三角一体化发展对行政等级较高和金融资产较为集聚的城市产业结构升级的推动作用更为明显[③]，对于新进城市作用不明显[④]。随着长三角城市群产业结构升级，长江经济带发展战略逐步提上日程，长江经济带发展战略成为国家战略。通过对长江经济带的研究分析，张鹏飞和谢识予发现，长江经济带发展战略的实施对长江经济带上游地区的产业结构升级有积极影响。[⑤]

就粤港澳大湾区城市群而言，粤港澳大湾区内产业结构升级不断加快。具体来说，香港和澳门的产业结构合理化和高级化水平领先于珠三角地区城市，整体上粤港澳大湾区的产业结构呈现服务业比重逐步提高的趋势。就制造业产业结构升级而言，技术密集型行业较资本和劳动密集型行业产业升级进程更快。就粤港澳大湾区内部各城市而言，佛山、东莞和江门相较于粤港澳大湾区其他地方的产业结构升级进程较慢，产业升级主要集中于劳动密集型行业和中低端的生产性服务业。[⑥] 粤港澳大湾区建设促进了粤港澳地区的一体化进程，并且显著提升了粤港澳大湾区城市的技术水平，改善了人力资本结构，带动了该地区产业结构合理化和高级化，该改善效果具有可持续性。[⑦]

相对于京津冀城市群、长三角城市群和粤港澳大湾区城市群而言，成渝

---

① 赵海峰，张颖．区域一体化对产业结构升级的影响——来自长三角扩容的经验证据[J]. 软科学，2020，34（12）：81-86+103.

② 郑军，郭宇欣，唐亮．区域一体化合作能否助推产业结构升级？——基于长三角城市经济协调会的准自然实验[J]. 中国软科学，2021（8）：75-85.

③ 郑军，郭宇欣，唐亮．区域一体化合作能否助推产业结构升级？——基于长三角城市经济协调会的准自然实验[J]. 中国软科学，2021（8）：75-85.

④ 赵海峰，张颖．区域一体化对产业结构升级的影响——来自长三角扩容的经验证据[J]. 软科学，2020，34（12）：81-86+103.

⑤ 张鹏飞，谢识予．长江经济带一体化发展促进了产业结构转型升级吗？[J]. 经济体制改革，2020（6）：178-184.

⑥ 覃成林，潘丹丹．粤港澳大湾区产业结构升级及经济绩效分析[J]. 经济与管理评论，2020，36（1）：137-147.

⑦ 钟坚，王锋波．粤港澳大湾区产业结构优化升级的实证研究——基于准自然实验分析法[J]. 经济问题探索，2022（11）：143-161.

城市群的城市化水平较低，但提升速度较快，与京津冀、长三角和粤港澳大湾区城市化水平之间的差距逐步缩小。随着成渝城市群一体化发展，成渝城市群的产业结构合理化水平和高级化水平均有显著提升[①]，产城融合水平也显著提升[②]。

3. 改革试验区与产业结构升级

改革试验区对产业结构的影响也极其重要。2010 年，国家实行了服务业综合改革政策试点，目的是推动中国服务业的综合改革和健康发展，优化服务业的营商环境，促进服务业对外贸易发展。蔡曦和闫晨以中国服务业综合改革试点为政策试验，采用双重差分法证明了中国服务业综合改革试点通过促进产业发展和创新水平的提升促进了试验区产业结构的合理化和高级化，促进了产业结构升级。[③] 我国区域间经济发展水平差异较大，相较于中西部地区，东部地区经济发展水平高，经济发展阶段领先。为了进一步促进东部地区产业结构升级和中西部地区经济发展，从 2010 年开始，中国在中西部地区建立了国家级产业转移示范区，在一定程度上促进了中西部地区产业结构升级，尤其是促进了中西部地区产业结构合理化，但是对于中西部地区产业结构高级化的促进作用暂未显现。就东部地区对中西部地区产业转移促进产业结构升级的效果而言，中部地区的产业结构升级效应明显高于西部地区。并且，承接的转移产业与地方比较优势相契合，效果更显著。[④]

制约产业结构升级的因素之一是融资约束或资金短缺问题。邓向荣等以金融改革试验区为准自然实验，采用多期双重差分法实证分析了金融改革试

---

① 王卓，王璇．川渝城市群城市化对产业结构转型的影响研究——基于京津冀、长三角、珠三角三大城市群的比较[J]．西北人口，2021，42（3）：1-11.

② 熊兴，余兴厚，汪亚美．成渝地区双城经济圈新型城镇化与产业结构升级互动关系研究[J]．经济体制改革，2022（2）：42-49.

③ 蔡曦，闫晨．国家服务业综合改革试点促进了产业结构优化吗[J]．现代经济探讨，2022（7）：112-120.

④ 陈凡，周民良．国家级承接产业转移示范区是否推动了产业结构转型升级？[J]．云南社会科学，2020（1）：104-110.

验区的设立对产业结构的影响。研究发现，金融改革试验区显著地促进了改革地区产业结构的升级，同样促进了改革地区产业结构的合理化和高级化，其中信贷效果的提升和产业集聚发挥了重要的作用。但是，金融改革试验区对东部地区的促进作用明显大于中西部地区。①

绿水青山就是金山银山。产业结构升级过程中还包含着生态环境向好发展以及污染水平逐步降低，因此，产业结构生态化也是产业结构升级的重要表现形式。中国于2017年开始实施绿色金融改革试点，斯丽娟和姚小强研究发现，绿色金融改革实验促进了产业结构的生态化水平提升和产业结构升级。绿色金融的发展一方面缓解了信贷资源约束，另一方面通过整合资源、提升资源配置效率促进了产业结构升级和产业结构绿色化。②

就京津冀产业结构发展水平而言，京津冀产业结构优化进程呈波动上升趋势。③ 京津冀三地的产业结构转型升级还未完成，整体而言，京津冀地区内部产业结构差异较大，北京市的产业结构优于天津市和河北省。④ 产业结构升级也表征着就业结构水平，俞伯阳和丛屹研究发现，京津冀产业结构水平与就业结构水平存在较高的融合程度。⑤

（二）影响机制与研究假设

1. 融资水平效应

产业结构升级势必需要充足的资金作为支撑，不论是用于产业发展的直接资金，还是用于创新提升进而带动产业结构升级的间接资金。因此，区域

---

① 邓向荣，冯学良，李宝伟．金融改革与地区产业结构升级——来自金融改革试验区设立的准自然实验[J].经济学家，2021（2）：71-80.

② 斯丽娟，姚小强．绿色金融改革创新与区域产业结构生态化——来自绿色金融改革创新试验区的准自然实验[J].学习与探索，2022（4）：129-138.

③ 刘冲，李皓宇．基于投入产出表的京津冀产业协同发展水平测度[J].北京社会科学，2023（6）：37-48.

④ 韩英，马立平．京津冀产业结构转型升级的效果测度[J].首都经济贸易大学学报，2020，22（2）：45-55.

⑤ 俞伯阳，丛屹．京津冀协同发展视阈下产业结构与就业结构互动机制研究[J].当代经济管理，2020，42（5）：59-65.

一体化发展战略要促进产业结构升级，首先需要破除融资约束这一瓶颈。一方面，京津冀协同发展战略的实施，实现了京津冀地区金融自由化水平的提升，进而促进了北京市资金向天津市和河北省的正向溢出，缓解了天津市和河北省融资约束，进而促进了京津冀研发创新水平的提升和京津冀企业生产效率的提高，并提升了企业产品附加值。另一方面，京津冀协同发展战略的实施提高了融资水平，提升了京津冀资金配置效率，进而有助于京津冀产业结构升级。因此，京津冀协同发展战略的实施可以有效促进北京市、天津市和河北省资金配置，尤其是弥补天津市和河北省资金的不足。通过提高京津冀地区的资金配置效率，整体上可以降低京津冀地区的信息沟通成本、交易成本，从而实现资金供给与需求的高效匹配，最终促进京津冀产业结构升级。因此，京津冀协同发展战略通过提升融资水平能够促进京津冀地区的产业结构升级。

2. 人力资本效应

中国经济转向高质量发展阶段，经济高质量发展需要以创新驱动为牵引，而创新来自人力资本水平的提升。京津冀协同发展战略的实施可以有效促进京津冀地区人力资本水平的提升，进而带动产业结构升级。一方面，京津冀协同发展战略的实施促进了京津冀地区人力资本水平的提升。另一方面，京津冀协同发展战略的实施，通过将在京高校迁到雄安新区，以及北京市和天津市高校与河北省高校合作，促进了京津冀地区人力资本的优化配置，带动了河北省人力资本水平提升，从而助力京津冀地区人力资本的均衡发展，为京津冀地区产业结构协同升级提供了人力资本支持。因此，京津冀协同发展战略的实施带动了京津冀地区人力资本水平的提升，促进了京津冀地区行业逐步从劳动密集型、资本密集型向技术和知识密集型升级。京津冀协同发展战略不仅通过人力资本水平提升促进了产业之间的结构升级，还通过提高京津冀人力资本水平促进了产业内部的结构升级；将劳动密集型行业和资本密集型行业与丰富的人力资本相结合，促进了产业内部技术升级。因此，京津冀协同发展战略的实施通过促进人力资本水平的提升，促进了京津冀地区产业结构升级。

据此，本文提出以下 3 个研究假设。

研究假设 1：京津冀协同发展战略的实施对三地产业结构升级具有积极影响。

研究假设 2：京津冀协同发展战略的实施通过提升融资水平促进三地产业结构升级。

研究假设 3：京津冀协同发展战略的实施通过提升人力资本水平促进三地产业结构升级。

三 变量选取、模型设定与数据来源

（一）变量选取

1. 解释变量

本文的核心解释变量为京津冀协同发展战略（*RI*）。京津冀协同发展战略从 2014 年提出到目前为止，已经进入深入实施阶段，其对京津冀协同发展以及北方地区经济发展发挥了积极的作用。京津冀协同发展战略是统筹北京市、天津市和河北省经济、社会、生态协调发展的国家战略。因此，本文的解释变量为京津冀协同发展战略。由于使用双重差分模型进行实证检验，本文的解释变量是通过两个虚拟变量交互所得。具体而言，先设定年份虚拟变量（*Year*），2014 年之前取值为 0，2014 年及之后取值为 1；再设定城市虚拟变量（*City*），位于京津冀地区的地级及以上城市，或者说属于京津冀协同发展战略影响的地区，取值为 1，京津冀地区以外的城市则取值为 0（对照组分别为“辽宁省、内蒙古自治区、山西省、河南省和山东省的地级市”）。京津冀协同发展战略由年份虚拟变量和城市虚拟变量相乘得到。通过年份虚拟变量和城市虚拟变量交乘，可以更为准确地识别京津冀协同发展战略的实施对京津冀地区城市产业结构升级的影响。

2. 被解释变量

本文的被解释变量为产业结构升级（*CYJG*）。产业结构越合理，越有利于经济可持续增长，中国经济已进入高质量发展阶段，逐步向服务化迈进，在此过程中产业结构升级至关重要，但目前区域经济发展不平衡和不协调问题仍然存在。京津冀协同发展战略是缓解中国经济发展不平衡、不协调的重要方式，也是促进产业结构升级的重要途径。因此，针对中国经济迈向服务化阶段，本文采用第三产业增加值占 GDP 的比重来衡量产业结构升级水平。

3. 控制变量

为了缓解遗漏变量带来的内生性问题，本文选取以下控制变量：一是经济发展水平（*GDP*），使用京津冀三地各城市人均 GDP 进行度量；二是人口密度（*Peop*），采用全市范围内每平方千米的人口数量表示；三是固定资产投资（*FA*），采用全市固定资产投资额作为固定资产投资的度量；四是居民消费水平（*Sale*），采用全市社会消费品零售总额表示居民消费水平；五是外商直接投资（*FDI*），采用当年实际使用外商直接投资额来度量；六是政府能力（*FR*），采用市辖区一般公共预算支出来表示。

（二）模型设定

本文重点分析京津冀协同发展战略对京津冀地区各城市产业结构升级的影响，主要采用双重差分模型进行实证回归分析。具体回归模型设定为：

$$CYJG_{iy} = \alpha + \beta RI_{iy} + \delta X_{iy} + \gamma_y + \eta_i + \varepsilon_{iy} \tag{1}$$

其中，i 表示城市，y 表示年份；*CYJG* 为产业结构升级，采用第三产业增加值占 GDP 的比重表示；*RI* 表示京津冀协同发展战略，用以识别京津冀协同发展战略对京津冀产业结构升级的影响效应；X 为控制变量，包括经济发展水平、人口密度、固定资产投资、居民消费水平、外商直接投资和政府能力；γ 为年份固定效应，η 为城市固定效应，ε 为随机误差项。

（三）数据来源与处理

本文选取 2005~2021 年京津冀三地城市行政区（实验组）和其他城市

行政区（对照组）的面板数据进行检验。本文所使用的数据主要来自《中国城市统计年鉴》、《中国统计年鉴》和中经网、Wind 数据库，以及北京市、天津市、河北省等地方统计年鉴。此外，对具有价格影响的变量，本文均对其以 2005 年为基期的价格指数予以平减。

四　实证结果分析

（一）基本回归结果分析

本文重点考察京津冀协同发展战略对京津冀各城市产业结构升级产生的影响，回归结果见表 1，模型一为既不加入固定城市效应和年份固定效应也不加入控制变量的回归结果，模型二为加入城市固定效应的回归结果，模型三为加入城市固定效应和年份固定效应的回归结果，模型四为加入城市固定效应、年份固定效应和所有控制变量的回归结果。模型一至模型四核心解释变量的回归系数分别为 0. 0175、0. 0180、0. 0180、0. 0191，除了模型一没有通过显著性检验，其他模型均在 1%的显著性水平上通过检验。表 1 的回归结果表明，京津冀协同发展战略的实施显著促进了京津冀地区各城市产业结构升级，也就是第三产业增加值占 GDP 的比重均在其影响下有显著提高。这意味着，京津冀协同发展战略的实施取得了显著成效，进一步深入实施京津冀协同发展战略对促进京津冀协同发展，甚至带动北方经济发展具有非常重要的作用。本文的研究假设 1 得到验证。

表 1　京津冀协同发展战略对产业结构升级影响的基本回归结果

	模型一	模型二	模型三	模型四
核心解释变量	0. 0175 (0. 012)	0. 0180*** (0. 005)	0. 0180*** (0. 005)	0. 0191*** (0. 005)
城市固定效应	不控制	控制	控制	控制
年份固定效应	不控制	不控制	控制	控制
控制变量	不控制	不控制	不控制	控制

续表

	模型一	模型二	模型三	模型四
观测值(个)	4782	4782	4782	4782
时长(年)	17	17	17	17
拟合优度	0.0104	0.8096	0.8096	0.8120

注：*、**、*** 分别表示在 10%、5%、1%的水平上显著，下同。

（二）时间趋势检验

平行趋势检验是双重差分法使用的基本前提，本文采用 2010 年为基准进行平行趋势和时间趋势检验，结果显示，2011~2013 年回归系数均不显著（见表 2），表明在京津冀协同发展战略实施之前，京津冀地区各城市和对照组的产业结构满足平行趋势。从时间趋势来看，京津冀协同发展战略对产业结构升级的影响具有一定的滞后性（3 年滞后期），从 2018 年开始，京津冀协同发展战略对京津冀地区产业结构升级产生了积极影响，2018~2020 年的回归系数分别为 0.0275、0.0301、0.0378，各回归系数均通过显著性检验，并且作用效果逐步增大。

表 2　平行趋势和时间趋势检验结果

年份	回归系数
2011	0.0073 (0.006)
2012	0.0056 (0.006)
2013	0.0083 (0.007)
2014	0.0039 (0.009)
2015	0.0063 (0.010)
2016	-0.0041 (0.011)

续表

年份	回归系数
2017	0.0051 (0.011)
2018	0.0275** (0.013)
2019	0.0301* (0.015)
2020	0.0378** (0.017)
观测值(个)	4782
拟合优度	0.0166

（三）稳健性检验

1. 替换被解释变量

本文被解释变量为第三产业增加值占 GDP 的比重，在稳健性检验中，分别采用工业总产值占 GDP 的比重、市辖区第三产业从业人员占总从业人员的比重和全市第三产业从业人员占总从业人员的比重重新衡量产业结构水平，并进行回归估计，回归结果中加入了控制变量，并控制了城市固定效应和年份固定效应（见表 3）。被解释变量为工业总产值占 GDP 的比重，其回归系数为 0.0600，且在 10% 的水平上显著；被解释变量为市辖区第三产业从业人员占总从业人员的比重，其回归系数为 0.0182，且在 5% 的水平上显著；被解释变量为全市第三产业从业人员占总从业人员的比重，其回归系数为 0.0259，且在 5% 的水平上显著。表 3 的回归结果表明，使用不同的被解释变量度量，京津冀协同发展战略显著地促进了京津冀各城市产业结构升级这一结果均得到了验证。

表 3　替换被解释变量的稳健性检验结果

	工业总产值 占 GDP 的比重	市辖区第三产业从业 人员占总从业人员 的比重	全市第三产业从业 人员占总从业人员 的比重
核心解释变量	0.0600* (0.031)	0.0182** (0.009)	0.0259** (0.010)
城市固定效应	控制	控制	控制
年份固定效应	控制	控制	控制
控制变量	控制	控制	控制
观测值(个)	4782	4782	4782
时长(年)	17	17	17
拟合优度	0.9506	0.8002	0.7598

2. 替换对照组

本文进一步改变对照组样本重新进行回归估计。首先，选取中国经济总量排名前三的江苏省、山东省、广东省的城市作为对照组，进行回归估计(见表 4)，回归系数为 0.0101，且在 5%的水平上显著，表明京津冀协同发展战略促进了京津冀地区城市产业结构升级。然后，选取与北京市、天津市和河北省经济总量最接近的省份，分别为上海市、陕西省和黑龙江省，作为对照组二进行回归估计，结果显示京津冀协同发展战略的回归系数为 0.0253，且在 1%的水平上显著。最后，将对照组一和对照组二合并到一起作为对照组三重新回归，结果显示，核心解释变量的回归系数为 0.0199，且在 1%的水平上显著。表 4 通过变换对照组进行回归估计，再次证明京津冀协同发展战略促进了京津冀产业结构升级。

表 4　变换对照组的稳健性检验结果

	对照组一	对照组二	对照组三
核心解释变量	0.0101** (0.005)	0.0253*** (0.008)	0.0199*** (0.005)
城市固定效应	控制	控制	控制
年份固定效应	控制	控制	控制

续表

	对照组一	对照组二	对照组三
控制变量	控制	控制	控制
观测值(个)	1070	595	1444
时长(年)	17	17	17
拟合优度	0.8823	0.8850	0.8433

3. 改变窗宽

本文的回归结果使用的数据年份为2005~2021年，前后距离2014年的间隔并不一致，因此，本文进一步采用改变窗宽的做法进行再次检验，分别选取2008~2020年和2007~2021年，这样回归数据起始和终止年份与2014年间距相当。二者的回归系数分别为0.0117和0.0155，并分别在5%和1%的水平上显著（见表5）。由此表明，改变窗宽后京津冀协同发展战略显著促进京津冀各城市产业结构升级的假设仍然成立。

表5　改变窗宽的稳健性检验结果

	2008~2020年	2007~2021年
核心解释变量	0.0117** (0.006)	0.0155*** (0.006)
城市固定效应	控制	控制
年份固定效应	控制	控制
控制变量	控制	控制
观测值(个)	3676	4221
时长(年)	13	15
拟合优度	0.8544	0.8290

4. 改变窗宽加替换对照组

本文进一步将改变窗宽和改变对照组进行结合再次进行稳健性检验（见表6）。一是窗宽设定为2008~2020年，替换对照组一为江苏省、山东省和广东省，核心解释变量的回归系数为0.0159，且在1%的水平上显著。二是窗宽设定为2007~2021年，变换对照组一为江苏省、山东省和广东省，核心解释变量的回归系数为0.0144，且在1%的水平上显著。三是窗宽设定为2008~2020年，变换对照组二为上海市、陕西省和黑龙江省，核心解释变量的回归系数为0.0143，且在10%的水平上显著。四是窗宽设定为2007~2021年，变换对照组二为上海市、陕西省和黑龙江省，核心解释变量的回归系数为0.0196，且在5%的水平上显著。五是窗宽设定为2008~2020年，变换对照组三为江苏省、山东省、广东省、上海市、陕西省和黑龙江省，核心解释变量的回归系数为0.0183，且在1%的水平上显著。六是窗宽设定为2007~2021年，变换对照组三为江苏省、山东省、广东省、上海市、陕西省和黑龙江省，核心解释变量的回归系数为0.0200，且在1%的水平上显著。综上，表6为改变窗宽和替换对照组的回归结果，表明京津冀协同发展战略促进了京津冀地区产业结构升级。

表6　改变窗宽和替换对照组的稳健性检验结果

	2008~2020年对照组一	2007~2021年对照组一	2008~2020年对照组二	2007~2021年对照组二	2008~2020年对照组三	2007~2021年对照组三
核心解释变量	0.0159*** (0.005)	0.0144*** (0.005)	0.0143* (0.009)	0.0196** (0.008)	0.0183*** (0.005)	0.0200*** (0.005)
城市固定效应	控制	控制	控制	控制	控制	控制
年份固定效应	控制	控制	控制	控制	控制	控制
控制变量	控制	控制	控制	控制	控制	控制
观测值(个)	819	944	455	525	1105	1274
时长(年)	13	15	13	15	13	15
组内拟合优度	0.9009	0.8906	0.9028	0.8958	0.8791	0.8644

5. 添加遗漏变量

基本回归过程加入了影响产业结构升级的因素作为控制变量，但是产业结构升级过程也伴随着环境改善，因此，本文进一步加入污染源治理本年度投资额、工业废水达标排放率、污水处理厂集中处理率和生活垃圾无害化处理率四个环境控制变量进行检验，回归结果显示，核心解释变量的回归系数为0.0150，且在1%的水平上显著。雄安新区建设是京津冀协同发展战略深入实施的标志，因此，本文加入了雄安新区这一控制变量，核心解释变量的回归系数为0.0173，且在1%的水平上显著。北京城市副中心建设同样是京津冀协同发展战略的一环，因此本文加入北京城市副中心这一控制变量，京津冀协同发展战略的回归系数为0.0204，且在1%的水平上显著。本文进一步将雄安新区和北京城市副中心一起加入，回归系数为0.0185，且在1%的水平上显著。最后，四个环境控制变量、雄安新区和北京城市副中心一起加入模型中进行回归估计，回归系数为0.0145，且在1%的水平上显著。通过添加遗漏变量，进一步证明京津冀协同发展战略的实施促进了京津冀地区产业结构升级（见表7）。

表7　添加主要遗漏变量的稳健性检验结果

	环境控制变量	雄安新区	北京城市副中心	雄安新区和北京城市副中心	雄安新区、北京城市副中心和控制变量
核心解释变量	0.0150*** (0.005)	0.0173*** (0.006)	0.0204*** (0.006)	0.0185*** (0.006)	0.0145*** (0.006)
城市固定效应	控制	控制	控制	控制	控制
年份固定效应	控制	控制	控制	控制	控制
控制变量	控制	控制	控制	控制	控制
观测值(个)	4715	4782	4782	4782	4715
时长(年)	17	17	17	17	17
组内拟合优度	0.8173	0.8121	0.8121	0.8122	0.8175

五　拓展性分析

（一）河北省、天津市和北京市异质性表现

京津冀协同发展战略的实施促进了京津冀地区产业结构升级，但是不同

区域会存在差异吗？本文进一步将京津冀分为河北省、天津市和北京市三个组别分别进行回归（见表8）。河北省组别、天津市组别、北京市组别的核心解释变量的回归系数分别为0.0183、0.0652、-0.0114，河北省组别的检验结果在1%的水平上显著，天津市组别在1%的水平上显著，北京市组别未通过显著性检验。表8的回归结果表明，京津冀协同发展战略的实施主要促进了河北省和天津市产业结构升级。检验结果表明，京津冀协同发展战略更多地实现了北京市对河北省和天津市的溢出效应，通过溢出效应降低了北京市在京津冀发展过程中的虹吸效应，京津冀协同发展战略的实施使北京市发挥外溢效应，提升了河北省和天津市的融资水平和人力资本水平，对于真正实现京津冀协同发展具有重要的意义。

表8　河北省、天津市和北京市检验结果

	河北省	天津市	北京市
核心解释变量	0.0183*** (0.006)	0.0652*** (0.020)	-0.0114 (0.022)
城市固定效应	控制	控制	控制
年份固定效应	控制	控制	控制
控制变量	控制	控制	控制
观测值(个)	4748	4578	4578
时长(年)	17	17	17
拟合优度	0.7965	0.7993	0.8136

（二）河北省不同地区的异质性表现

表8的检验结果表明京津冀协同发展战略的实施促进了河北省产业结构升级。本文进一步将河北省分为冀东、冀北、冀中和冀南地区再次进行检验。表9为冀东、冀北、冀中、冀中（除石家庄）和冀南的回归结果，核心解释变量的回归系数分别为-0.0480、0.0094、0.0465、0.0495、0.0243，冀东、冀中和冀中（除石家庄）均在1%的水平上显著，冀南在10%的水平

上显著，冀北未通过显著性检验。表9的结果表明，京津冀协同发展战略的实施没有促使河北省所有地级市产业结构升级，只促进了冀中和冀南地区城市产业结构升级，冀东地区的产业结构反而降级，冀北地区的产业结构升级效应不显著。

表9 河北省不同地区检验结果

	冀东	冀北	冀中	冀中(除石家庄)	冀南
核心解释变量	-0.0480*** (0.013)	0.0094 (0.013)	0.0465*** (0.009)	0.0495*** (0.009)	0.0243* (0.013)
城市固定效应	控制	控制	控制	控制	控制
年份固定效应	控制	控制	控制	控制	控制
控制变量	控制	控制	控制	控制	控制
观测值(个)	4595	4595	4646	4629	4595
时长(年)	17	17	17	17	17
拟合优度	0.7997	0.7984	0.7969	0.7969	0.7983

（三）产业结构升级再检验

本文进一步对产业结构升级进行检验，采取计算产业结构整体升级水平和产业结构高级化水平两种方式。

产业结构整体升级水平=第一产业增加值×1/GDP+第二产业增加值×2/GDP+第三产业增加值×3/GDP

产业结构高级化水平使用第三产业增加值占第二产业增加值的比重表示。对产业结构整体升级水平进行回归，核心解释变量的回归系数为0.0226，且在5%的水平上显著。对产业结构高级化水平进行回归，核心解释变量的回归系数为0.0986，且在1%的水平上显著（见表10）。结果表明，京津冀协同发展战略进一步促进了京津冀产业结构整体升级和产业结构高级化。

表 10　产业结构升级再检验结果

	产业结构整体升级水平	产业结构高级化水平
核心解释变量	0.0226** (0.010)	0.0986*** (0.032)
城市固定效应	控制	控制
年份固定效应	控制	控制
控制变量	控制	控制
观测值(个)	4782	4782
时长(年)	17	17
拟合优度	0.7714	0.8014

(四)调节效应

京津冀协同发展战略的实施会随不同因素的变化而变化吗?为回答这一问题，本文进一步从创新水平和数字经济水平的角度进行实证分析。创新水平使用全市研发经费内部支出进行度量，数字经济水平使用全市互联网宽带接入用户数进行度量，分别将调节变量和京津冀协同发展战略变量相乘，使用相乘的变量进行回归。回归结果显示，创新调节效应的回归系数为 0.0015，且在 1%的水平上显著；数字经济调节效应的回归系数为 0.0033，同样在 1%的水平上显著（见表 11）。随着创新水平的提升和数字经济发展实力的增强，京津冀协同发展战略对产业结构升级的促进作用将更加显著。

表 11　调节效应检验结果

	创新调节效应	数字经济调节效应
调节效应	0.0015*** (0.000)	0.0033*** (0.001)
城市固定效应	控制	控制
年份固定效应	控制	控制
控制变量	控制	控制
观测值(个)	3982	4782
时长(年)	17	17
拟合优度	0.8237	0.8119

六　机制检验

本文通过基本回归及稳健性检验证实了京津冀协同发展战略促进了京津冀地区产业结构升级，异质性分析发现，产业结构升级水平在不同地区表现有所差别。本部分内容将进一步分析京津冀协同发展战略的实施促进产业结构升级的传导机制。借鉴李玉姣和王晓洁[①]、周亚虹等[②]、范合君等[③]的机制检验方法，本文采用类似做法对京津冀协同发展战略促进产业结构升级的传导机制进行实证检验，机制检验设定的模型为：

$$RZ_{iy} = \alpha + \beta RI_{iy} + \delta X_{iy} + \gamma_y + \eta_i + \varepsilon_{iy} \tag{2}$$

$$RL_{iy} = \alpha + \beta RI_{iy} + \delta X_{iy} + \gamma_y + \eta_i + \varepsilon_{iy} \tag{3}$$

其中，i 表示城市，y 表示年份。具体而言，RZ 表示融资水平，采用金融机构贷款金额衡量；RL 表示人力资本水平，采用在校大学生人数衡量；RI 表示京津冀协同发展战略，用以识别京津冀协同发展战略对京津冀产业结构升级的影响；X 为控制变量，具体包括经济发展水平、人口密度、固定资产投资、居民消费水平、外商直接投资和政府能力；γ 为年份固定效应，η 为城市固定效应，ε 为随机误差项。

本文在以融资水平为中介变量的检验中，控制了城市固定效应和年份固定效应，并加入了控制变量，结果显示，京津冀协同发展战略的实施促进了融资水平提升，回归系数为 0.1372，且在 1% 的水平上通过检验（见表12）。同样地，在以人力资本水平为中介变量的检验过程中也控制了城市固定效应和年份固定效应以及加入了控制变量，检验结果显示，京津冀协同发

---

① 李玉姣，王晓洁．京津冀地区产业结构转型对城乡居民收入差距的影响[J]．北京社会科学，2023（3）：45-55.

② 周亚虹，杨岚，姜帅帅．约束性碳减排与就业——基于企业和地区劳动力变化的考察[J]．经济研究，2023，58（7）：104-120.

③ 范合君，潘宁宁，吴婷．数字经济发展的碳减排效应研究——基于223个地级市的实证检验[J]．北京工商大学学报（社会科学版），2023，38（3）：25-38.

展战略的实施促进了京津冀人力资本水平提高，回归系数为 0.0708，且在5%的水平上通过了检验。表 12 的机制检验结果表明，京津冀协同发展战略的实施通过提高融资水平和人力资本水平，促进了京津冀产业结构升级。本文的研究假设 2 和研究假设 3 得到验证。

表 12 机制检验结果

	融资水平	人力资本水平
核心解释变量	0.1372*** (0.030)	0.0708** (0.028)
城市固定效应	控制	控制
年份固定效应	控制	控制
控制变量	控制	控制
观测值(个)	4782	4782
时长(年)	17	17
拟合优度	0.8036	0.8190

七 研究结论和政策启示

（一）研究结论

目前，京津冀协同发展战略已进入深入实施阶段，考察京津冀协同发展战略的实施效果具有重要的理论和实践意义。京津冀是中国重要的一体化发展战略区和经济增长极，京津冀经济高质量发展关乎中国经济高质量发展，而产业结构升级又是经济高质量发展的核心推动力。因此，本文将 2014 年京津冀协同发展战略的提出视为准自然实验，将北京市、天津市和河北省视为实验组，采用双重差分模型检验京津冀协同发展战略的实施对京津冀产业结构升级的影响，主要得出以下研究结论。

第一，京津冀协同发展战略的实施促进了京津冀地区城市产业结构升级，经过替换被解释变量、替换对照组、改变窗宽和添加遗漏变量等稳健性检验，该结论依然成立。第二，京津冀协同发展战略的实施通过提升融资水平和人力资本水平，带动了京津冀产业结构升级。第三，京津冀协同发展战略促进了河北省和天津市产业结构升级，对北京市产业结构升级的效果不显著。对河北省而言，该战略促进了河北省中部、南部地区产业结构升级，不利于东部地区产业结构升级。第四，京津冀协同发展战略的实施同时促进了该地区产业结构整体升级和产业结构高级化。第五，随着创新水平的提升和数字经济发展实力的增强，京津冀协同发展战略对产业结构升级的促进作用将更加显著。

（二）政策启示

第一，在京津冀协同发展战略实施进程中，应进一步提高资源配置效率。京津冀协同发展战略的实施虽然促进了资金、人力资本的流动，但是生产要素流动障碍仍然存在，进一步消除生产要素流动障碍将成为接下来的目标。这就需要京津冀三地加强协同合作，北京应抓住疏解非首都功能的契机，助力京津冀三地实现生产要素跨区域流动。

第二，应进一步提升人力资本水平，为京津冀创新发展提供智力支持。人力资本水平的提升，可以提升创新水平，促进技术密集型和知识密集型行业的发展。一方面，要促进北京高校转移到雄安新区；另一方面，不能一转了之，要借助在京高校转移的机会，促进在京高校与天津市、河北省高校合作，如此既能促进人力资本的流动，又能提升河北省人力资本水平。

第三，京津冀要充分利用各自比较优势①，实现产业协同。京津冀三地各自的比较优势不尽相同，河北省内部各地区的比较优势也不相同。因此，京津冀三地要充分利用自身的比较优势，实现产业分工和协同，避免产业同质化，并构建与之相匹配的区域发展新格局②，这样才能促进京津冀经济高质量发展。

第四，着力提高京津冀地区的创新水平。京津冀协同发展战略带来的产

---

① 林毅夫．比较经济系统的现状与未来：新结构经济学的视角[J]．江南大学学报（人文社会科学版），2022，21（4）：5-10.

② 覃成林，樊双涛．中国式现代化的区域维度分析[J]．齐鲁学刊，2024（2）：120-128.

业结构升级效应会随着京津冀地区创新水平的提升而出现更为显著的效果。因此，京津冀要提升自身创新水平。首先，京津冀三地要努力提升创新水平，提高研发资金的投入强度，提升人力资本水平。并且要提高创新产出的质量，因为创新质量直接制约创新水平的提升。其次，京津冀三地要实现协同创新水平的提升，三地协同创新才能发挥京津冀协同发展战略的最大能量，京津冀三地要实现创新投入和创新产出的共享。最后，京津冀三地在着力提升创新投入和创新产出的基础上，要进一步提升创新投入和创新产出的转化效率，只有提高转化效率，才能打通创新链条，实现创新水平的提升。

第五，增强数字经济发展实力。数字经济的发展进一步促进了京津冀协同发展战略的产业结构升级效应，因此京津冀三地要增强数字经济发展实力。首先，京津冀三地要努力提升数字基础设施水平，加强建设人工智能、5G、物联网等基础设施，为数字经济的发展提供支撑。其次，京津冀地区要打通数字基础设施互联互通的堵点，实现协同建设，充分发挥数字经济效能。三地要建立数字基础设施建设联席会议制度，通过共谋共建的方式，实现三地数字基础设施的相互联通。只有数字基础设施实现联通，天津市和河北省才能更好地承接北京市的产业转移。最后，京津冀地区要充分发挥自身优势，实现数字经济的差异化发展，实现三地数字经济的协同效应，为京津冀协同发展战略的产业结构升级效应赋能。

The Effect and Mechanism of Beijing-Tianjin-Hebei Coordinated Development on Industrial Structure Upgrading

Shen Zhenni, Li Xiaoping

Abstract: Based on the panel data of Beijing-Tianjin-Hebei region from 2005 to 2021, this paper uses the difference-in-differences model to test the effect, mechanism and heterogeneity of the implementation of Beijing-Tianjin-Hebei coordinated development strategy on the upgrading of industrial structure in Beijing-Tianjin-Hebei region. The results show that the implementation of Beijing-Tianjin-Hebei coordinated development strategy has promoted the upgrading of the urban industrial structure in Beijing-Tianjin-Hebei region by improving the level of urban financing and human capital, and the conclusion is still valid after the robustness tests such as changing the interpreted variables, changing the control group, changing the window width and missing variables. Expansive analysis find that the strategy of Beijing-Tianjin-Hebei coordinated development strategy promotes the upgrading of industrial structure in Hebei and Tianjin, but has no obvious effect on the upgrading of industrial structure in Beijing. As for Hebei province, it promotes the upgrading of industrial structure in the middle and south of Hebei province, which is disadvantageous to the upgrading of industrial structure in the east of Hebei province. The implementation of Beijing-Tianjin-Hebei coordinated development strategy has promoted the overall upgrading and upgrading of industrial structure in the region. With the development of innovation and digital economy, Beijing-Tianjin-Hebei coordinated development strategy will play a more significant role in the upgrading of industrial structure.

Keywords: coordinated development of Beijing-Tianjin-Hebei region; industrial structure upgrading; level of financing; human capital; digital economy

风险防范与环境治理

京津冀协同发展政策效果评估*

——以家庭经济风险为例

张 冀　史 晓**

摘　要： 本文从微观家庭经济风险视角考察了京津冀协同发展政策的效果。结果表明，京津冀协同发展能显著降低京津冀地区整体家庭经济风险并缩小区域内家庭经济风险差距，尤其是农村、中低收入和经营工商业家庭的经济风险显著下降。但京津冀协同发展政策的影响路径存在异质性，产业转移升级、交通一体化对家庭收入的提升作用显著，公共服务均等化对家庭支出具有显著降低效应，但京津冀协同发展的辐射力度不足，仅能显著降低核心功能区和京津、环京津地区的家庭经济风险。上述结论为京津冀协同发展政策未来的优化和完善提供了立论依据，未来应制定差异化政策协调机制，进一步提高产业转移和升级的质量和效率；加大金融行业的协调发展，进一步提高京津冀协同发展效率；以北京城市副中心和雄安新区为支撑点，加大河北城镇化建设力度，对接京津冀协同政策。

关键词： 京津冀协同发展　家庭经济风险　家庭经济风险差异　双重差分

---

* 本文已发表于《北京社会科学》2022 年第 10 期。

** 张冀，对外经济贸易大学保险学院教授，博士研究生导师；史晓，河北工业大学经济管理学院讲师。

一 引言

协同发展政策可以缩小城乡、区域经济差距，带动区域内的城市及乡村共同发展，是我国经济高质量发展的重要手段，因此受到党中央高度重视并将其列入“十四五”规划。作为区域协同发展战略的重要组成部分，相比其他区域，京津冀协同发展政策有其特殊性，且区域内经济和社会发展不均衡特征也较为突出。[①] 因此，政策自2014年实施以来，受到了学术界和政府的高度关注和广泛研究。然而，现有多数文献局限于京津冀协同发展政策的制度设计、发展路径的定性研究[②]，即使有部分研究聚焦于京津冀协同发展政策的效果评估，也是侧重于宏观层面[③]，缺少微观视角的评估。此外，由于北京对外围地区同时存在辐射效应和虹吸效应，两种效应孰强孰弱，北京能否带动津冀地区发展，仍存在较大争议。京津冀协同发展的核心是有序疏解北京非首都功能，通过产业转移升级、交通一体化、生态环境治理及公共服务均等化等方式调整经济结构和空间结构，促进区域协调发展，形成新的增长极，最终目的是提高区域内家庭福祉，缩小区域内家庭福祉差距，实现区域内家庭共同富裕。因此，从家庭部门的风险变化可以更直观和有效地评估京津冀协同发展的效果，为京津冀协同发展政策的进一步精准优化和实施提供立论依据。

自京津冀协同发展政策实施以来，京津冀地区家庭整体经济风险显著降低且京津冀内部的家庭经济风险差距不断缩小。本文的关注点是京津冀

---

① 孙久文，原倩．京津冀协同发展战略的比较和演进重点[J].经济社会体制比较，2014（5）：1-11；柳天恩．京津冀协同发展：困境与出路[J].中国流通经济，2015（4）：83-88.

② 赵弘．京津冀协同发展的核心和关键问题[J].中国流通经济，2014（12）：20-24；孙久文．京津冀协同发展的目标、任务与实施路径[J].经济社会体制比较，2016（3）：5-9；柳天恩，田学斌．京津冀协同发展：进展、成效与展望[J].中国流通经济，2019，33（11）：116-128；李国平．京津冀协同发展：现状、问题及方向[J].前线，2020（1）：59-62.

③ 王郁，赵一航．区域协同发展政策能否提高公共服务供给效率？——以京津冀地区为例的研究[J].中国人口·资源与环境，2020，30（8）：100-109；赵琳琳，张贵祥．京津冀生态协同发展评测与福利效应[J].中国人口·资源与环境，2020，30（10）：36-44.

地区家庭整体经济风险降低及区域内家庭经济风险差距缩小的现象是否由京津冀协同发展政策引起？京津冀协同发展政策是通过什么机制影响家庭经济风险的，这些机制对政策的辐射力度有何影响？对这些问题展开研究有重要的价值和意义。首先，从微观视角评估京津冀协同发展的实施效果，可以准确探索京津冀协同发展政策的发力点，有针对性地提出能够降低地区整体家庭经济风险和缩小区域内家庭经济风险差距的政策建议。其次，研究如何降低京津冀地区家庭经济风险，有利于提高京津冀地区家庭的抗风险能力，且其影响机制具有较强的借鉴意义，能够为其他地区降低家庭经济风险提供参考。最后，家庭间的贫富差距不仅体现在收入方面，还包括消费和财产等多个维度，本文构建的家庭经济风险涵盖了上述指标，因此，研究如何缩小京津冀内部家庭经济风险差距有利于缩小贫富差距，实现共同富裕。

二　理论基础与研究假设

（一）文献述评

相比其他区域，京津冀地区的协同政策有其特殊性，且区域内经济和社会发展不均衡特征较为突出，因此，京津冀协同发展政策受到学者的高度重视。[①] 梳理现有相关文献发现，京津冀协同发展相关研究主要聚焦于两个方面：一是多数研究侧重京津冀协同发展政策本身，如内涵、现状及发展路径[②]，但这

---

① 孙久文，原倩．京津冀协同发展战略的比较和演进重点［J］．经济社会体制比较，2014（5）：1-11；柳天恩．京津冀协同发展：困境与出路［J］．中国流通经济，2015（4）：83-88.

② 柳天恩，田学斌．京津冀协同发展：进展、成效与展望［J］．中国流通经济，2019，33（11）：116-128；李国平．京津冀协同发展：现状、问题及方向［J］．前线，2020（1）：59-62；赵弘．习近平京津冀协同发展思想的内涵和意义［J］．前线，2018（3）：13-17；肖金成，李博雅．京津冀协同：聚焦三大都市圈［J］．前线，2020（8）：59-65；刘秉镰，孙哲．京津冀区域协同的路径与雄安新区改革［J］．南开学报（哲学社会科学版），2017（4）：12-21.

些文献均局限于定性研究，缺乏定量分析；二是少数研究量化了政策效果评估，但侧重对政策本身协同度的测量[①]及协同政策与宏观层面的研究[②]。从协同度量化视角展开的研究发现，协同发展的效果存在争议。冯怡康和王雅洁[③]、张杨和王德起[④]发现京津冀地区协同发展效率提高，协同度上升。然而，马骁[⑤]、刘洁等[⑥]认为京津冀协同效应仍不明显，协同度呈下降趋势。在协同发展政策与宏观经济发展的效果评估方面，大多数研究侧重宏观层面的分析，且结论存在差异。王郁和赵一航研究发现，京津冀协同发展政策对公共服务供给效率提升的整体效果不明显，仅对非区域中心城市和非核心功能城市作用显著。[⑦] 赵琳琳和张贵祥的研究结果显示，京津冀生态协同度的提高能改善地区社会福利和经济福利，且对天津和河北的作用较大，能显著缩小三地间的发展差距。[⑧] 尽管部分文献研究了产业转移升级、基础设施建设及公共服务均等化对家庭收入、支出和保障等方面

---

① 冯怡康，王雅洁．基于 DEA 的京津冀区域协同发展动态效度评价[J]．河北大学学报（哲学社会科学版），2016，41（2）：70-74；张杨，王德起．基于复合系统协同度的京津冀协同发展定量测度[J]．经济与管理研究，2017，38（12）：33-39；马骁．基于复合系统协同度模型的京津冀区域经济协同度评价[J]．工业技术经济，2019，38（5）：121-126；刘洁，姜丰，钱春丽．京津冀协调发展的系统研究[J]．中国软科学，2020（4）：142-153.

② 王郁，赵一航．区域协同发展政策能否提高公共服务供给效率？——以京津冀地区为例的研究[J]．中国人口·资源与环境，2020，30（8）：100-109；赵琳琳，张贵祥．京津冀生态协同发展评测与福利效应[J]．中国人口·资源与环境，2020，30（10）：36-44.

③ 冯怡康，王雅洁．基于 DEA 的京津冀区域协同发展动态效度评价[J]．河北大学学报（哲学社会科学版），2016，41（2）：70-74.

④ 张杨，王德起．基于复合系统协同度的京津冀协同发展定量测度[J]．经济与管理研究，2017，38（12）：33-39.

⑤ 马骁．基于复合系统协同度模型的京津冀区域经济协同度评价[J]．工业技术经济，2019，38（5）：121-126.

⑥ 刘洁，姜丰，钱春丽．京津冀协调发展的系统研究[J]．中国软科学，2020（4）：142-153.

⑦ 王郁，赵一航．区域协同发展政策能否提高公共服务供给效率？——以京津冀地区为例的研究[J]．中国人口·资源与环境，2020，30（8）：100-109.

⑧ 赵琳琳，张贵祥．京津冀生态协同发展评测与福利效应[J]．中国人口·资源与环境，2020，30（10）：36-44.

的影响[①]，但影响效果是否由协同政策引发有待进一步考察。另外，上述研究采用的是家庭层面的宏观数据，无法刻画协同发展政策对家庭的异质性影响。

综上所述，既有文献分别从协同发展政策本身、协同发展政策的效果评估进行了研究，拓展了研究思路，但仍存在可以进一步完善的地方，如协同发展政策对区域内家庭经济风险的影响及其具体的传导机制，需要借助微观调研数据才能进一步深入研究。

（二）机制分析与假设

京津冀协同发展政策通过产业转移升级、交通一体化、公共服务均等化实现三地协同发展，本文重点从这三个路径分析京津冀协同发展政策对家庭经济风险的影响。

首先，产业转移升级。京津冀协同发展通过产业转移，将非首都功能产业转移至天津和河北，这既有利于北京产业的进一步优化，又有利于天津和河北通过承接产业转移或者直接引入新兴产业实现产业升级，从而带动三地经济协同发展，提高三地家庭的收入水平。[②] 其次，交通一体化。交通一体化有助于提高区域一体化运输服务水平，从而降低三地间的运输成本，有助于欠发达地区家庭，尤其是农村和偏远地区家庭更快脱贫致富，并且带动区

① 杨晓锋．产业升级、收入增长与城市规模——基于2002~2015年50个一二三线城市的实证分析[J]．经济体制改革，2017（3）：46-52；杨茜淋，张士运．京津冀产业转移政策模拟研究——基于多区域CGE模型[J]．中国科技论坛，2019（2）：83-89；孙浩进．“十三五”时期我国区际产业转移促进居民增收问题研究——基于中西部地区的实证分析[J]．经济管理，2016，38（1）：30-37；张毓书．京津冀交通一体化——2.0时代巨幕下那些看得见的礼献[J]．人民交通，2019（11）：19-25；张学良．中国交通基础设施促进了区域经济增长吗——兼论交通基础设施的空间溢出效应[J]．中国社会科学，2012（3）：60-77；刘生龙，胡鞍钢．交通基础设施与中国区域经济一体化[J]．经济研究，2011，46（3）：72-82；陈丽莎，孙伊凡．构建京津冀协同发展中有效衔接的公共服务供求关系[J]．河北大学学报（哲学社会科学版），2016，41（4）：101-105；田学斌，陈艺丹．京津冀基本公共服务均等化的特征分异和趋势[J]．经济与管理，2019，33（6）：7-15.

② 杨晓锋．产业升级、收入增长与城市规模——基于2002~2015年50个一二三线城市的实证分析[J]．经济体制改革，2017（3）：46-52.

域经济发展水平提升，增加家庭收入。① 最后，公共服务均等化。通过公共服务资源转移、加大本地财政投入等公共服务均等化措施可以有效降低家庭经济风险预期。综上提出假设1。

假设1：京津冀协同发展政策会通过产业转移升级、交通一体化及公共服务均等化等措施提高家庭收入和保障水平，降低家庭支出，从而降低区域内整体家庭经济风险。

协同发展政策不仅要降低区域整体家庭经济风险，更要缩小区域内家庭经济风险差距，其传导机制同样包括上述三个路径。首先，在产业转移升级方面，京津冀协同发展通过产业转移为津冀创造了大量就业机会，提高了居民的收入，从而缩小了三地的收入差距。② 其次，在交通一体化方面，交通基础设施建设增加了三地居民生活、工作及营商的便利性，同时通过促进区域经济一体化，缩小了不同地区的收入差距。③ 最后，在公共服务均等化方面，京津冀协同发展政策有利于打通三地之间医疗、教育及社会保障等方面的区域限制，使更多的津冀家庭受益。远程医疗平台、异地就医结算、支教送教、建设培训基地等措施大大降低了家庭的医疗和教育成本，社会保障共建共享提高了家庭的保障水平。据此提出假设2。

假设2：京津冀协同发展政策能通过产业转移升级、交通一体化及公共服务均等化等措施增加落后地区家庭的就业机会和提高保障水平，降低落后地区家庭成本，从而缩小京津冀内部家庭经济风险差距。

此外，协同发展政策对欠发达地区的辐射力度取决于各城市在协同发展中的政策定位和欠发达地区城市到中心城市的距离。北京、天津、保定和廊坊被定义为核心功能城市，其中，保定和廊坊定位于承接京津两大城市的产

① Jiang M, Kim E. Impact of high-speed railroad on regional income inequalities in China and Korea [J]. International journal of urban sciences, 2016 (3): 393-406.

② 孙浩进．“十三五”时期我国区际产业转移促进居民增收问题研究——基于中西部地区的实证分析[J].经济管理，2016，38（1）：30-37.

③ 张学良．中国交通基础设施促进了区域经济增长吗——兼论交通基础设施的空间溢出效应[J].中国社会科学，2012（3）：60-77；刘生龙，胡鞍钢．交通基础设施与中国区域经济一体化[J].经济研究，2011，46（3）：72-82.

业和人口转移，因此，这四个城市是京津冀协同发展政策的重点区域，有明显的政策条件优势。① 而且，京津冀协同发展主要以北京为中心，发挥其核心引领带动作用，对津冀地区的辐射力度和影响会随着距离的增加而逐渐衰减。② 与中心城市的距离越近，政府的监管就越严格，政策执行力度相对来说就越大，协同发展政策就越有效。③ 因此提出假设 3。

假设 3：京津冀协同发展政策的辐射力度受到政策定位和家庭所在地到中心城市距离的影响。

三　京津冀协同发展对家庭经济风险的影响及机制

（一）模型设定、数据来源、变量选择与指标构建

1. 模型设定

将京津冀协同发展政策作为核心解释变量，采用双重差分（DID）模型考察京津冀协同发展政策对家庭经济风险的影响，具体模型设定为：

$$HFF_{it} = \alpha_0 + \alpha_1 Policy_i \times Year_t + \alpha_2 ConVars_{it} + u_i + v_t + \varepsilon_{it} \tag{1}$$

其中，i 和 t 分别表示家庭和时间；HFF_{it} 是度量家庭经济风险的指标，包括家庭经济脆弱性指标、现金流缺口标准差和偿付能力标准差，在下文变量解释中将做详细介绍。交互项系数 α_1 是双重差分估计的京津冀协同发展政策对家庭经济风险的净效应，表示协同发展政策在京津冀地区的平均效应。2014 年，京津冀协同发展提出，因此将 2014 年定义为起始年份，选取京津冀地区作为处理组，为了满足地理区位条件和经济社会发展水平的相似性要求，选择了邻近的河南省、山东省及山西省作为对照组。$Policy_i$ 为表示

---

① 王郁，赵一航．区域协同发展政策能否提高公共服务供给效率？——以京津冀地区为例的研究[J].中国人口·资源与环境，2020，30（8）：100-109.

② 祝尔娟．北京在推进京津冀协同发展中应发挥核心引领带动作用[J].中国流通经济，2014（12）：16-19.

③ 方大春，孙明月．长江经济带核心城市影响力研究[J].经济地理，2015，35（1）：76-81.

家庭是否处于处理组的虚拟变量，当家庭所在地为京津冀区域，取值为 1，否则取值为 0。$Year_t$ 是政策实施前后的虚拟变量，政策实施前取值为 0，政策实施后取值为 1。$ConVars_{it}$ 为控制变量，包括户主特征、家庭特征和地区特征。u_i 和 v_t 分别为家庭固定效应和年份固定效应，ε_{it} 为随机误差项。考虑到微观调查数据中的家庭财务信息为前一年的数据，地区特征的控制变量取滞后一年。

为进一步考察京津冀协同发展政策是否缩小了京津冀内部的家庭经济风险差距，构建以下模型：

$$SD_{ct} = \beta_0 + \beta_1 Policy_i \times Year_t + \beta_2 ConVars_{it} + u_i + u_t + \varepsilon_{it} \tag{2}$$

其中，SD_{ct} 衡量 c 市（省、区域）在 t 年的家庭经济风险差距，主要用市（省、区域）的家庭经济风险标准差来表示，包括现金流缺口标准差和偿付能力标准差，上述指标能衡量家庭经济风险的离散程度。同样，交互项系数 β_1 是双重差分估计的京津冀协同发展政策对家庭经济风险差距的净效应。其余变量定义与式（1）相同。

京津冀协同发展政策对家庭经济风险的影响效果可能会随着时间的推移发生变化，因此，为了评估京津冀协同发展政策的动态效果，将式（1）变形为：

$$HFF_{it} = \gamma_0 + \sum \gamma_k Policy_i \times Year_t^k + \gamma_2 ConVars_{it} + u_i + u_t + \varepsilon_{it} \tag{3}$$

其中，$Year_t^k$ 是京津冀协同发展政策提出的第 k 年的虚拟变量，具体而言，以 2014 年为起始年份，在其后的第 k 年，变量 $Year_t^k$ 赋值为 1，其余年份赋值为 0。γ_k 度量了政策实施后第 k 年，对家庭经济风险的政策效应。其余变量定义与式（1）相同。

2. 数据来源

本文使用的微观数据来源于中国家庭金融调查（China household finance survey，CHFS）（2013 年、2015 年和 2017 年）。2013 年、2015 年和 2017 年有效家庭样本分别为 28141 户、37289 户和 40011 户，既包含京津冀协同发展政策前的一期数据，也包含政策实施后的两期数据，不仅能精确全面地评估协同发展政策对家庭经济风险的影响，而且能评估政策的动态效果。经过数据处理，得到京津冀样本 4773 户，河南、山东和山西样本 6006 户。后文实证中的宏观数据来源于万得数据库，均采用滞后一年的数据。

3. 变量选择与指标构建

本文的被解释变量包括家庭经济脆弱性、现金流缺口标准差和偿付能力标准差。借鉴 Ampudia 等①的研究思路，基于家庭资产负债表和现金流量表，采用现金流缺口和偿付能力构建家庭脆弱性指标来度量家庭经济风险，具体为：

$$FM_{it} = Y_{it} - LC_{it} \tag{4}$$

$$CF_{it} = (Y_{it} + LA_{it})/LC_{it} \tag{5}$$

$$HFF_{it} = \begin{cases} 0,\ FM_{it} \geqslant 0 \text{ 或 } FM_{it} < 0 \text{ 且 } 1 \leqslant CF_{it} < 1 + LA_{it}/LC_{it}, \text{无脆弱性} \\ 1,\ FM_{it} < 0 \text{ 且 } CF_{it} < 1, \text{有脆弱性} \end{cases} \tag{6}$$

式（4）中，FM_{it} 表示现金流缺口，衡量家庭短期财务压力；Y_{it} 表示家庭收入，具体包括工资收入、财产性收入、经营性收入和转移性收入，LC_{it} 表示家庭支出（包含当期负债），包括食品支出、日常生活支出、教育支出、医疗支出、交通通信支出、出租房屋支出、房贷（一年房贷）及信用卡借款。式（5）中，CF_{it} 表示家庭偿付能力，即家庭维持现有生活水平的时间，衡量家庭长期经济风险；LA_{it} 表示流动性资产，包括活期存款、现金、定期存款、股票、债券及基金。根据式（4）和式（5）构建式（6），当 $HFF_{it}=0$ 时，家庭无经济脆弱性，包括以下两种情况：一是家庭收入足够覆盖家庭支出；二是家庭收入小于支出但流动性资产可以补偿支出，家庭维持现有生活水平至少为 1 年。当 $HFF_{it}=1$ 时，家庭有经济脆弱性，此时，家庭收入与流动性资产之和不足以补偿家庭支出。

构建家庭经济风险差距指标，由于家庭经济脆弱性是一个二元离散变

① Ampudia M, van Vlokhoven H, Żochowski D. Financial fragility of euro area households[J]. Journal of financial stability, 2016 (27): 250-262.

量，无法通过脆弱性的标准差来衡量区域内家庭经济风险差距。因此，采用现金流缺口标准差和偿付能力标准差来度量。

控制变量主要选取三类：一是户主特征，即户主年龄、户口、教育水平、金融素养、健康状况、是否有保险；二是家庭特征，即家庭规模、抚养比、赡养比、家庭收入、家庭金融资产占比、家庭负债占比、家庭中劳动力人口占比；三是地区特征，即各地人均 GDP 的自然对数。

在反映产业结构升级的中介变量选取上，本文借鉴石大千等的研究，用第三产业增加值和第二产业增加值的比来表示①；选取就业率反映产业转移，用就业人数与常住人口的比表示；选取公路里程数反映交通一体化，用公路里程数与地区面积比表示；选取人均医疗教育投入反映地区医疗教育投入，用地方财政医疗卫生支出和地方财政教育支出之和与常住人口的比表示；选取人均社会保障投入反映社会保障投入，用地方财政社会保障和就业支出与常住人口的比表示。

（二）京津冀地区家庭经济风险现状

1. 京津冀地区与其他地区的比较

产业转移升级、交通一体化和公共服务均等化是京津冀协同发展的重要任务，对比京津冀地区和其他地区上述指标的变化趋势，初步判断协同发展政策在促进产业转移升级、交通一体化和公共服务均等化等方面的作用。

从宏观层面看，如图 1 至图 4 所示，京津冀（处理组）整体的产业结构不断升级，公路网密度提高，人均医疗教育投入和人均社会保障投入持续增加，尤其是协同发展政策实施后，与对照组相比，趋势更明显。具体而言，实施协同发展政策后，京津冀地区第三产业增加值与第二产业增加值的比与对照组相比大幅上升；京津冀地区公路网密度平稳提高，2014 年之后的平均增长率（1.67%）高于对照组（1.42%）；京津冀地区的人均医疗教

① 石大千，丁海，卫平，等．智慧城市建设能否降低环境污染[J]．中国工业经济，2018(6)：117-135.

育投入与对照组相比增长趋势明显；同样，京津冀地区的人均社会保障投入相比对照组增加趋势更明显。

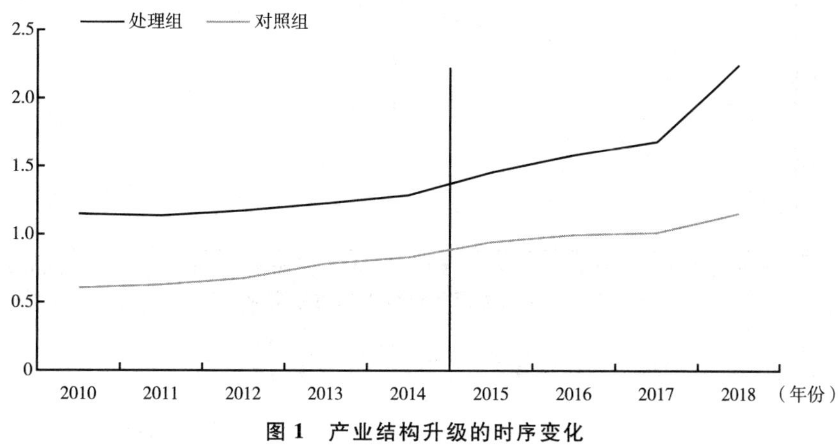

图 1　产业结构升级的时序变化

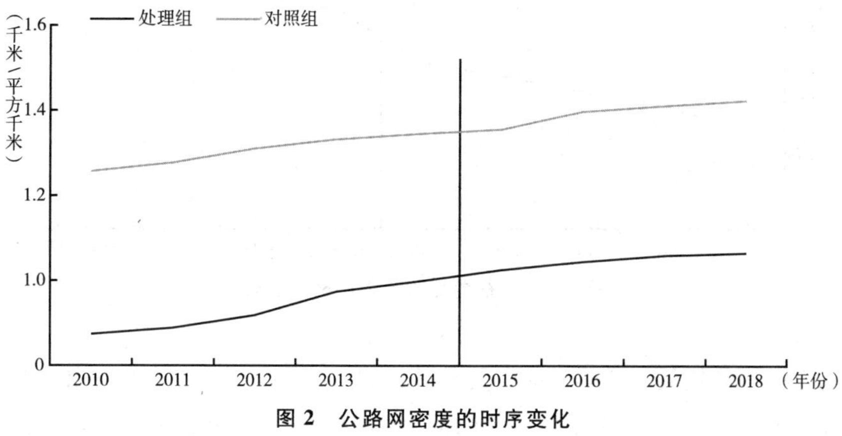

图 2　公路网密度的时序变化

从微观层面看，2013~2017 年对照组与处理组家庭经济风险基本呈上升趋势，京津冀协同发展政策实施后，与对照组相比，京津冀地区的家庭经济风险上升幅度较小（见表 1）。具体来说，从现金流缺口角度看，2013~2017 年，京津冀地区和对照组有现金流缺口的家庭占比持续提高，但 2015 年京津冀地区有现金流缺口的家庭占比增速（5.51%）远低于对照组（13.55%），而 2017 年的增速接近。总体来说，京津冀地区有现金流缺口的

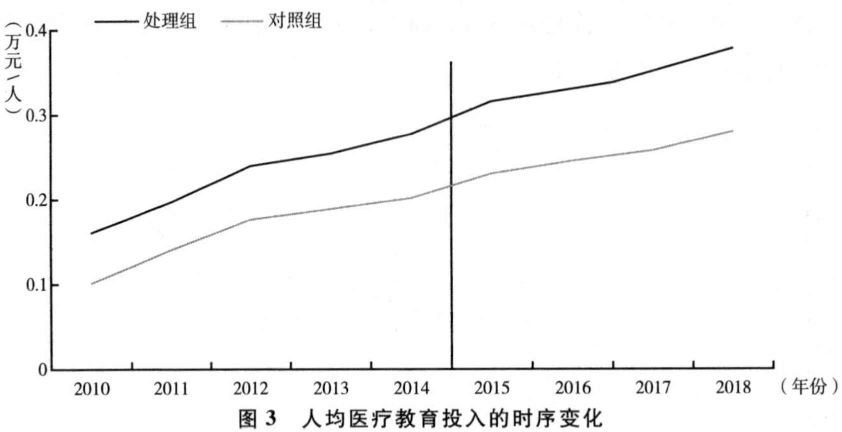

图 3　人均医疗教育投入的时序变化

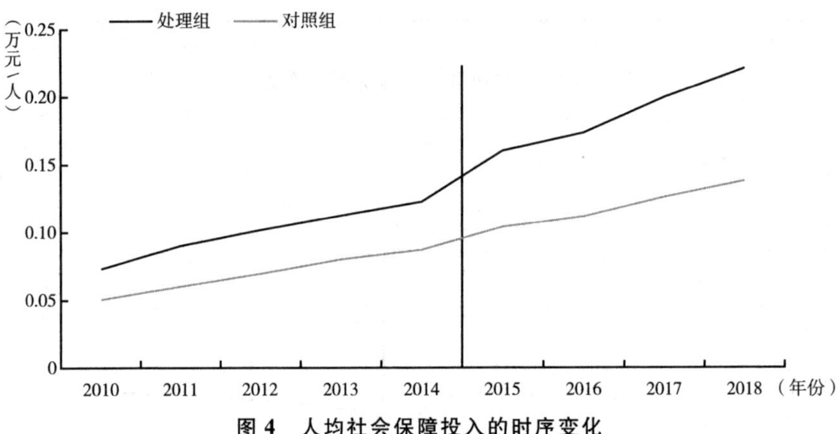

图 4　人均社会保障投入的时序变化

家庭占比增速较低。从偿付能力角度看，2013~2017 年京津冀地区和对照组家庭偿付能力均呈倒 U 形，2015 年京津冀地区家庭偿付能力增速（29.22%）是对照组增速（13.87%）的两倍多，但 2017 年两组家庭偿付能力均下降，尤其是京津冀地区。整体而言，2013~2017 年，京津冀地区家庭偿付能力的增速（12.34%）大于对照组的增速（11.76%）。从家庭经济脆弱性的角度看，2013~2017 年京津冀地区经济脆弱性家庭占比略有波动，对照组则一直在增加，且 2017 年京津冀地区经济脆弱性家庭占比增速（10.54%）小于对照组（11.78%）。综上所述，实施协同发展政策之后，京津冀地区的家庭经济风险相较于对照组呈下降趋势。

表 1　家庭经济风险相关指标的时序变化

指标	组别	2013 年	2015 年	2017 年	均值
有现金流缺口的家庭占比(%)	处理组	43.37	45.76	51.67	46.93
	对照组	48.65	55.24	62.34	55.41
家庭偿付能力(年)	处理组	3.08	3.98	3.46	3.51
	对照组	2.38	2.71	2.66	2.59
经济脆弱性家庭占比(%)	处理组	30.61	30.42	33.63	31.55
	对照组	39.81	43.26	48.35	43.81

2. 京津冀区域内家庭经济风险分析

京津冀地区与其他地区相比，在京津冀协同发展政策提出后，整体家庭经济风险增速降低，但京津冀区域内家庭经济风险存在较大差距。通过对京津冀区域内家庭经济风险的分析可以看到，河北的家庭经济风险远远高于北京和天津，但京津冀协同发展政策实施后，河北的家庭经济风险呈下降趋势，京津冀区域内家庭经济风险差距缩小（见表 2）。

表 2　京津冀区域内家庭经济风险相关指标的时序变化

指标	地区	2013 年	2015 年	2017 年	均值
有现金流缺口的家庭占比(%)	北京	36.73	39.09	43.64	39.82
	天津	38.10	34.92	44.90	39.31
	河北	53.33	59.83	64.00	59.05
	合计	43.37	45.76	51.67	46.93
家庭偿付能力(年)	北京	3.64	5.85	4.21	4.57
	天津	3.41	3.94	3.49	3.61
	河北	2.31	2.31	2.75	2.46
	合计	3.08	3.98	3.46	3.51
经济脆弱性家庭占比(%)	北京	30.33	29.17	32.33	30.61
	天津	25.40	17.91	23.36	22.22
	河北	40.50	46.67	48.00	45.06
	合计	30.61	30.42	33.63	31.55

从现金流缺口的角度看，2013~2017 年河北有现金流缺口的家庭占比均值为 59.05%，远远大于天津（39.31%）和北京（39.82%）。从 2013 年到 2017 年，北京和河北有现金流缺口的家庭占比一直在增加，天津呈 U 形变化趋势。但 2017 年河北有现金流缺口的家庭占比的增速（6.97%）远远低于北京（11.64%）和天津（28.58%），河北有现金流缺口的家庭占比增速呈下降趋势。从家庭偿付能力角度看，2013~2017 年河北家庭维持现有生活水平的平均时间（2.46 年）远低于北京（4.57 年）和天津（3.61 年）。2013~2017 年，北京和天津家庭的偿付能力先上升后下降，2015 年北京和天津的家庭偿付能力增幅较大，但到 2017 年又出现大幅下降。2013~2017 年，河北家庭的偿付能力增速（19.05%）大于北京（15.66%）和天津（2.35%）。从家庭经济脆弱性角度看，2013~2017 年河北的经济脆弱性家庭占比均值为 45.06%，大于北京（30.61%）和天津（22.22%）。2013~2017 年，北京和天津经济脆弱性家庭占比先下降后上升，呈 U 形，河北的经济脆弱性家庭占比呈上升趋势。但到 2017 年，河北经济脆弱性家庭占比的增速（2.85%）远远低于北京（10.83%）和天津（30.43%），与北京和天津相比，河北经济脆弱性家庭占比稳定。因此，三地家庭经济风险差距呈缩小趋势。

（三）京津冀协同发展政策与区域整体家庭经济脆弱性及传导机制

表 3 报告了京津冀协同发展政策对京津冀地区整体家庭经济脆弱性的双重差分估计结果。列（1）只有单个自变量 *Policy*×*Year*，并且控制了地区固定效应和年份固定效应，列（2）在列（1）的基础上加入了户主控制变量，列（3）又加入了家庭控制变量，列（4）进一步加入省份控制变量。结果显示，*Policy*×*Year* 的回归系数在统计上均显著为负，这说明相对于没有实施协同发展政策的省份而言，实施协同发展政策的省份，整体家庭经济脆弱性显著降低，即京津冀协同发展政策显著降低了京津冀地区整体家庭经济脆弱性。

表 3　京津冀协同发展政策对区域整体家庭经济脆弱性的影响

因变量:家庭经济脆弱性	(1)	(2)	(3)	(4)
Policy×Year	-0.046 *** (0.017)	-0.046 *** (0.017)	-0.054 *** (0.016)	-0.054 *** (0.016)
户主控制变量	No	Yes	Yes	Yes
家庭控制变量	No	No	Yes	Yes
省份控制变量	No	No	No	Yes
地区固定效应、年份固定效应	Yes	Yes	Yes	Yes
样本量(户)	10779	10779	10779	10779
拟合优度	0.007	0.012	0.144	0.144

注：***、**、*分别表示在1%、5%、10%的水平上显著，括号中的数值是聚类稳健标准误，下同。

根据家庭经济脆弱性指标的构建思路可以看到，影响家庭经济风险的主要因素有收入、支出和保障。因此，为更清晰地识别京津冀协同发展政策的作用机制，采用以下三次交互项的设定，分别分析产业转移升级、交通一体化、公共服务均等化通过家庭收入效应、支出效应和保障效应对家庭经济脆弱性的影响。具体模型设定为：

$$HFF_{it} = a_0 + a_1 Policy_i \times Year_t + a_2 Policy_i \times Year_t \times M_{ct} + a_3 ConVars_{it} + u_i + v_t + \varepsilon_{it} \quad (7)$$

其中，M_{ct} 为四个中介指标，即产业结构升级、公路网密度、人均医疗教育投入、人均社会保障投入，收入效应体现在产业结构升级和公路网密度增加两个方面上；支出效应体现在人均医疗教育投入上；保障效应体现在人均社会保障投入上。其余变量定义与式（1）一致。表4报告了京津冀协同发展政策三个影响机制的实证结果。结果表明，京津冀协同发展政策能够通过收入效应、支出效应和保障效应降低京津冀地区整体家庭经济脆弱性。其主要原因有以下三个方面。第一，产业结构升级重视生产要素效率的提高，有利于实现经济集约化增长，促进技术水平的提高和地区创新，推动经济持续增长，进而促进京津冀地区家庭收入水平提升，提高家庭应对风险的能力。第二，京津冀交通一体化建设不仅包含传统道路修建，还包含新型基础设施建设，如将5G、人工智能技术等运用到运输服务和智能交通上，促进交通运输数字化、智能化、高速化，提升信息流、资金流畅通程度，推动数字产业发展，给京津冀地区的经济发展注入新的重要动力。第三，人均医疗教育投入和人均社会保障投入的增加，有助于提高地区基本公共服务水平，整体上降低家庭的生活成本，提高家庭的保障程度。这验证了假设1。

表4　京津冀协同发展政策降低区域整体家庭经济脆弱性的影响机制分析

	收入效应		支出效应	保障效应
	产业结构升级	公路网密度		
Policy×*Year*	-0.042** (0.017)	-0.077** (0.017)	-0.044** (0.022)	-0.031* (0.018)
Policy×*Year*×产业结构升级	-0.022*** (0.010)			
Policy×*Year*×公路网密度		-0.332*** (0.064)		
Policy×*Year*×人均医疗教育投入			-0.309** (0.135)	
Policy×*Year*×人均社会保障投入				-0.341* (0.203)
样本量(户)	10779	10779	10779	10779

注：回归结果均控制了户主控制变量、家庭控制变量、省份控制变量、地区固定效应和时间固定效应，下同。

为检验上述实证结果的稳健性，本文分别采用安慰剂检验、PSM-DID、改变对照组和排除其他政策干扰等方法进行了稳健性检验（见表5）。其中，安慰剂法是为了完全排除其他因素在京津冀协同发展政策对家庭经济风险影响中的作用；基于PSM-DID方法的回归分析是为了解决样本选择偏误带来的内生性问题；改变对照组主要选择与京津冀三地生产总值大小及趋势类似的省份，包括四川省、安徽省及江西省；排除其他政策干扰，为了排除同时期其他政策的影响，如"精准扶贫"政策，删除了2014年京津冀和河南省、山西省、山东省的国家级贫困县样本，其中涉及河北省39个县、河南省31个县、山西省35个县及山东省30个县，剩余样本为9468户。上述方法的结果均表明了前文回归结果具有很强的稳健性。

表5 稳健性检验

	(1)	(2)	(3)	(4)
	安慰剂检验	PSM-DID	改变对照组	排除其他政策干扰
Policy×Year	0.046 (0.038)	-0.041 * (0.022)	-0.064 *** (0.023)	-0.048 *** (0.017)
样本量(户)	2442	5379	9795	9468
拟合优度	0.102	0.153	0.151	0.141

（四）京津冀协同发展政策对家庭经济风险差距的影响及传导机制

家庭经济风险差距包括现金流缺口标准差和偿付能力标准差两个指标，分别衡量了家庭短期和长期的经济风险差距。表6是采用DID估计的京津冀协同发展政策对家庭经济风险差距影响的结果。列（1）~（2）、列（3）~（4）、列（5）~（6）依次衡量了市级、省级和京津冀区域内外的家庭经济风险的离散程度。结果显示，列（1）~（2）中*Policy×Year*的系数均为正数，表明协同发展政策不能缩小京津冀各个市级行政区域内的家庭经济风险差距，反而加大了京津冀各个市级行政区域内的家庭经济风险差距。但列（3）~（6）中*Policy×Year*的系数均为负数，表明协同发展政策确实能有效缩小京津冀各个省级行政区域内及京津冀内部的家庭经济风险差距。其可能的原因是，一方面，京津冀协同发展政策会增加对部分城市的支持力度，比如特殊人才吸引政策，拉高了这些城市的家庭收入水平，加大了家庭经济风险差距；另一方面，产业迁入为这些城市提供了更多的就业机会，大量农民工返乡，而农民工工资的不稳定性使该地区家庭经济风险增加，从而拉大了该地区的家庭经济风险差距。但就整个河北省而言，京津冀协同发展政策缩小了省级行政区域内的家庭经济风险差距，主要是因为产业转移为河北省居民提供了更多的就业机会，产业园区的建设和科研成果的转化带动了河北省落后地区的经济发展水平，缩小了省内发达城市和落后城市之间的家庭收入差距；增加了对河北省落后地区公共服务的支持力度，减轻了落后地区的生活负担，从而缩小了河北省内的家庭经济风险差距。同样，协同发展政策通过带动京津冀区域内落后地区的发展，增加对落后地区公共服务的投入，缩小了京津冀内部的家庭经济风险差异。

表 6　京津冀协同发展政策对家庭经济风险差距的影响

	(1)	(2)	(3)	(4)	(5)	(6)
	市级现金流缺口标准差	市级偿付能力标准差	省级现金流缺口标准差	省级偿付能力标准差	区域内外现金流缺口标准差	区域内外偿付能力标准差
Policy×Year	17571.656*** (1965.849)	0.706*** (0.247)	-7120.769*** (1412.912)	-2.187*** (0.145)	-4494.804*** (1.618)	-2.200*** (0.015)
样本量(户)	10746	10746	10779	10779	10779	10779

本文进一步分析了京津冀协同发展政策缩小京津冀内部家庭经济风险差距的传导机制，估计结果见表 7。列（1）～（4）是协同发展政策对京津冀区域内外家庭现金流缺口标准差的回归结果，列（5）～（8）是对京津冀区域内外家庭偿付能力标准差的回归结果。列（1）、列（2）结果显示，就业率和公路网密度的三次交互项系数均显著为负，表明协同发展政策能够通过收入效应缩小京津冀区域内家庭现金流缺口差距。遵循同样的逻辑，列（3）、列（4）分别为支出效应和保障效应的结果，人均医疗教育投入、人均社会保障投入的三次项系数均显著为负，表明支出效应和保障效应也是缩小京津冀三地家庭现金流缺口差距的因素。同样，列（5）～（8）分别分析了三个效应对缩小京津冀内部家庭偿付能力差距的影响，发现收入效应和支出效应能有效缩小三地家庭偿付能力差距，保障效应没有缩小家庭偿付能力差距，这主要是因为社会保障水平投入的增加，降低了家庭的风险预期，提高了家庭投资金融资产的概率，从而增加了家庭流动性资产的持有量，提高了家庭的偿付能力；但偏远地区、贫困地区的家庭缺乏了解社会保障所含服务的途径，

没有合理利用社会保障共建共享带来的资源，因此，家庭偿付能力仍较低，从而导致家庭偿付能力差距拉大。这部分验证了假设 2。

表 7 京津冀协同发展政策缩小京津冀区域内部家庭经济风险差距的影响机制分析

	(1)	(2)	(3)	(4)	(5)	(6)	(7)	(8)
	区域内外现金流缺口标准差				区域内外偿付能力标准差			
	收入效应		支出效应	保障效应	收入效应		支出效应	保障效应
	就业率	公路网密度			就业率	公路网密度		
Policy×*Year*	-4580.222*** (6.597)	-4501.504*** (3.356)	-4623.405*** (9.464)	-4801.824*** (4.259)	-1.503*** (0.054)	-2.628*** (0.032)	-1.059*** (0.105)	-3.847*** (0.045)
Policy×*Year*×就业率	-3215.165*** (124.288)				-17.877*** (1.211)			
Policy×*Year*×公路网密度		-336.443*** (24.837)				-4.495*** (0.203)		
Policy×*Year*×人均医疗教育投入			-1498.222*** (84.877)				-15.361*** (1.030)	
Policy×*Year*×人均社会保障投入				-7346.610*** (65.938)				35.449*** (0.626)
样本量(户)	10779	10779	10779	10779	10779	10779	10779	10779

四 京津冀协同发展政策的动态效果和辐射效应评估

（一）京津冀协同发展政策的动态效果评估

京津冀协同发展政策的动态效果评估包括对全样本和分样本家庭经济风险影响的评估。表 8 的列（1）估计了京津冀协同发展政策对全样本的动态效果，$Policy \times Year_{2015}^{1}$ 为政策颁布后 1 年的效果，$Policy \times Year_{2017}^{3}$ 为政策颁布后3年的效果，可以看出，随着时间的推移，协同发展政策对京津冀家庭经济风险的影响逐渐增强，增加了3.1个百分点。

此外，京津冀协同发展政策的效果可能因家庭户籍、收入的差异及家庭是否创业而存在异质性。列（2）~（7）报告了分样本回归的实证结果。整体而言，京津冀协同发展政策短期内影响较小，但在长期中会明显降低农村、中低收入、从事工商业的家庭的经济风险。可见政策效果存在时滞，并且在京津冀协同发展过程中，产业转移发挥了较大作用，但《京津冀产业转移指南》的正式文件到2016年6月才正式实施，因此产业转移带来的相关红利直到2017年才显现效果。

本文评估了京津冀协同发展政策对不同特征家庭的动态效果。列（2）~（3）显示，京津冀协同发展政策能在长期中降低农村家庭的经济风险，但对城镇家庭没有影响。主要有以下三个方面的原因。一是京津冀产业转移承接平台一般位于郊区或农村，一方面，新区、开发区、商贸城及生产基地等的建设与规划为本地人员提供了更多的就业岗位和就业机会，增加了郊区或农村家庭的收入；另一方面，郊区对农村经济的辐射作用带动了农村经济的发展，从而增加了农村家庭收入。二是京津冀协同发展通过交通一体化，改善了交通基础设施，便于农村家庭将农产品运输到城市，增加了农村家庭的收入来源，使农村家庭收入更稳定。三是公共服务均等化能够推动京津优质医疗、教育等公共资源向周边地区甚至向农村地区辐射，帮助津冀家庭享受优质的公共资源，降低家庭生活成本，提高了社会保障。因此，京津冀协同发展政策长期来看有利于解决城乡发展不均衡问题。列（4）~（5）显示，京津冀协同发展政策在长期中能有效降低中低收入家庭的经济风险，但对高收入家庭没有影响。原因在于，京津冀协同发展政策要求各项社会保障标准向低收入群体倾斜，全力提升低收入群体的社会保障水平，补齐民生短板，使低收入群体共享发展红利。对于中等收入家庭来说，医疗和教育成本的降低及保障程度的提升都会增强家庭应对风险的能力，从而降低家庭经济风险。因此，长期来看，京津冀协同发展政策有利于缩小不同收入群体间的经济风险差距。列（6）~（7）显示，京津冀协同发展政策能在长期中降低从事工商业家庭的经济风险，原因在于，京津冀协同发展政策降低了三地间的市场壁垒，统一了要素市场，营造了较好的营商环境，而且对部分企业免租金、免物业费，大大降低了经营风险，提高了从事工商业家庭应对风险的能力，从而降低了从事工商业家庭的经济风险。

表 8　京津冀协同发展政策的动态效果评估

	(1)	(2)	(3)	(4)	(5)	(6)	(7)
	全样本	农村	城镇	中低收入	高收入	从事工商业	不从事工商业
$Policy \times Year_{2015}^{1}$	-0.038** (0.018)	-0.043 (0.027)	0.011 (0.025)	-0.028 (0.024)	-0.053* (0.030)	-0.117* (0.068)	-0.046** (0.020)
$Policy \times Year_{2017}^{3}$	-0.069*** (0.018)	-0.073*** (0.027)	-0.027 (0.027)	-0.069*** (0.023)	-0.057 (0.035)	-0.200*** (0.069)	-0.063*** (0.020)
样本量(户)	10779	6268	4511	8133	2646	1223	9556
拟合优度	0.144	0.186	0.126	0.108	0.244	0.202	0.146

（二）京津冀协同发展政策的辐射效应评估

本文分别从政策定位和家庭所在地到中心城市的距离两个角度分析了京津冀协同发展政策的辐射效应。本文从政策定位角度，根据“四区”的分类，采用 DID 方法进行了具体分析。表 9 中列（1）～（2）分别是以京津冀地区和单独的河北地区为样本分析的协同发展政策对家庭经济风险的影响。其中，列（1）将北京、天津、保定和廊坊作为处理组，河北省其他地区作为对照组，列（2）将保定和廊坊作为处理组，河北省其他地区作为对照组，结果发现，京津冀协同发展政策能降低保定、廊坊家庭的经济风险。按照相同的逻辑，依次分析列（3）～（8），发现京津冀协同发展政策对东部滨海发展区的作用不明显，但显著增加了南部功能拓展区和西北部生态涵养区家庭的经济风险。综上所述，京津冀协同发展政策仅降低了有政策定位优势地区的家庭经济风险，即保定和廊坊。从家庭所在城市到中心城市的距离角度看，北京、天津及环京津的河北省各县区为处理组，河北省其他地区为对照组，分析协同发展政策对北京、天津及与北京、天津距离较近区县的家庭经济风险。列（9）的结果显示，京津冀协同发展政策能显著降低京津、环京津地区的家庭经济风险。这主要是因为政策定位有优势的地区及距离中心城市较近的地区，政府监管相对来说较严格，更能够落实京津冀协同发展政策的相关要求，而且这些地区更易享受北京科研成果转化和落地带来的优惠。这验证了假设 3。

表 9　京津冀协同发展政策的辐射效应

	(1)	(2)	(3)	(4)	(5)	(6)	(7)	(8)	(9)
	环京津核心功能区		东部滨海发展区		南部功能拓展区		西北部生态涵养区		京津及环京津区县
	京津冀	冀	京津冀	冀	京津冀	冀	京津冀	冀	京津冀
Policy×*Year*	-0.118*** (0.027)	-0.092* (0.048)	-0.104*** (0.028)	-0.053 (0.048)	-0.016 (0.032)	0.093** (0.041)	-0.098*** (0.026)	0.771*** (0.084)	-0.099*** (0.026)
样本量(户)	4773	1800	4773	1800	4773	1800	4773	1800	4773
拟合优度	0.120	0.179	0.118	0.178	0.114	0.181	0.119	0.179	0.119

五　结论与政策建议

实证结果表明，一方面，京津冀协同发展可以有效降低京津冀区域内整体家庭经济风险，在政策实施后，相比区域外对照组，京津冀区域内家庭经济风险显著降低；另一方面，京津冀协同发展可以有效缩小区域内家庭经济风险差距，尤其是对农村、中低收入和从事工商业的家庭的经济风险降低作用最为明显。产业转移升级和交通一体化为家庭带来了较大的收入增加效应，以医疗、教育为中心的公共服务均等化的支出降低效应，均能降低家庭经济风险并缩小经济风险差距，但是社会保障对家庭的保障作用仅能降低家庭经济风险，尚未发挥缩小京津冀三地家庭经济风险差距的作用。此外，京津冀协同发展的辐射力度不足，仅能显著降低核心功能区和京津、环京津地区的家庭经济风险。

京津冀协同发展政策实施以来取得了很大成就，然而在发展过程中也存在一些不足，需要进一步完善和优化。

第一，应制定差异化政策协调机制，进一步提高产业转移和升级的质量与效率。河北作为京津冀协同发展产业转移和升级的主要接收方，还存在盲目引进、资源浪费、地区间不良竞争等问题，这需要协调三地政府，尤其是完善欠发达地区的政府间协调机制，鼓励当地政府结合地区产业基础，制定未来发展规划，有针对性地承接京津地区的转移和升级产业，这样既有效提高了产业转移的质量，又避免了产业转移过程中的恶性竞争。如唐山地区可承接汽车产业，张家口地区可承接体育和生态产业等。

第二，应加大金融行业的协调发展，进一步提高京津冀协同发展效率。北京非首都功能的疏解、产业转移和升级、公共服务均等化等政策离不开金融资源的支持。但三地金融发展差距较大，京津两地的金融业发展程度远远高于河北省，京津、津冀之间多有合作，而京津两地金融业竞争更大，三地合作不足。因此，需要协调三地政府与三地金融监管部门的合作，减少金融发展差距和行政分割导致的资金流通不畅，给津冀地区带来更多资金扶持。同时，加大对河北、天津的金融扶贫、普惠金融力度和扩大金融覆盖面的政策支持，建立三地农业生产无息贷款专项基金，缩小三地间的居民收入差距。

第三，应以北京城市副中心和雄安新区为支撑点，加大河北城镇化建设力度，对接京津冀协同发展政策。本文研究显示，京津冀协同发展政策对包括保定和廊坊的环京津核心功能区辐射效应显著，但对以秦皇岛、唐山和沧州为中心的东部滨海发展区，以石家庄、邯郸、邢台和衡水为中心的南部功能拓展区，以张家口和承德为中心的西北部生态涵养区的辐射效应还不足，这主要是因为这些地区农村人口较多、家庭收入偏低等。因此，大幅加强农村基础设施建设投入力度，增加公共服务投入，为低收入家庭降低生活成本和提高收入创造良好的外部环境，可以有效提高京津冀协同发展政策的辐射力度。

Evaluation of the Effect of the Coordinated Development Policy of Beijing-Tianjin-Hebei: Taking Household Financial Risks as an Example

Zhang Ji, *Shi Xiao*

Abstract: This paper examines the effect of the coordinated development policy of Beijing - Tianjin - Hebei from the perspective of micro-household economic risk. The results show that the coordinated development of Beijing - Tianjin - Hebei region can significantly reduce the overall economic risk of households in Beijing - Tianjin - Hebei region and narrow the differences in household economic risk within the region, especially the economic risks of rural low-and middle-income households and business families. However there is heterogeneity in the impact path of coordinated development policies: industrial transfer and upgrading and transportation integration have a significant effect on household income, and the equalization of public services has a significant reduction effect on household expenditures. However, the radiation of Beijing - Tianjin - Hebei coordinated development is insufficient. It can only significantly reduce the family economic risk in the core functional areas and the Beijing - Tianjin and Beijing - Tianjin areas. The above conclusions provide a rationale for the future optimization and improvement of the Beijing - Tianjin - Hebei coordinated development policy: formulate a differentiated policy coordination mechanism to further improve the quality and efficiency of industrial transfer and upgrading; increase the coordinated development of the financial industry and further improve the coordination of Beijing - Tianjin - Hebei development efficiency; with Beijing sub-center and Xiongan New Area as the support points, increase the urbanization construction of Hebei, and connect the Beijing-Tianjin-Hebei coordinated policy.

Keywords: coordinated development of Beijing - Tianjin - Hebei; household economic risk; difference in household economic risk; difference-in-difference method

京津冀地区房地产金融风险评估*

——基于支持向量机模型的实证分析

葛红玲　孙　迪**

摘　要： 本文围绕房地产金融活动主体，综合考量外部风险引致因素，构建了房地产金融风险评估指标体系，以支持向量机模型和粒子群优化算法为内核建立评估模型，对京津冀地区房地产金融风险变化趋势进行分析，以一年为时间窗口期，对京津冀地区房地产金融风险进行评估。结果显示，2010~2021 年京津冀地区房地产金融风险呈现风险凸显、风险缓释和风险再积聚三种阶段性演变特征；2021 年前两个季度为轻度风险状态，但存在向风险中度、重度转化的不利趋势。

关键词： 京津冀地区　房地产金融风险　风险评估

---

* 本文已发表于《北京社会科学》2022 年第 12 期。

** 葛红玲，北京工商大学国际经管学院教授，博士研究生导师；孙迪，北京工商大学博士研究生。

一 引言

坚决守住不发生系统性金融风险的底线，是当前我国金融工作的重中之重。房地产与金融高度关联，防范区域性房地产金融风险是守住不发生系统性金融风险的当务之急。[①] 京津冀地区作为首都经济圈，房地产金融风险评估和防范尤为重要。随着京津冀协同发展战略的深入实施，京津冀三地经济联系日趋紧密，经济联动性不断增强，原本相对分割的房地产市场随着三地发展定位的调整、产业战略的变化及城市功能的不断完善而愈加紧密。在京津冀协同发展的动态演进中，三地房地产金融风险呈现怎样的状态及变化趋势？区域内会不会发生风险传染和累积？三地各级政府在推进京津冀协同发展中迫切需要了解和把握这些问题，因为这不仅关系首都金融安全和京津冀地区金融风险的防范，也直接影响全国金融风险的防控与工作部署。因此，有必要构建一套针对京津冀地区房地产金融风险特点的评估指标体系和评估模型，以期对京津冀地区房地产金融风险状态做出判断及评估，并给予风险警示，提供应对之策。

二 文献述评

（一）房地产金融风险评估指标的选取

科学合理的评估指标是风险评估的基础，已有文献对房地产金融风险的理解和界定不同，因而在评估指标选择和指标体系构建上存在着一些差异。刘文辉等认为，房地产金融过程繁多，在度量金融风险时不可能对每个环节进行考察，运营是其重要方面，因此构建了包括宏观指标和经营指

① 葛红玲，聂晓曦．中国房地产业与银行共生关系——特点及效果检验[J].经济与管理研究，2015，36（5）：31-38.

标两个方面的预警指标体系，宏观指标包括政治环境指标、政策法律环境指标、社会环境指标和经济环境指标，经营指标包括土地环境指标、筹资指标、行业风险、开发时机风险等。[①] 周星提出，要围绕房地产项目的全过程对各个金融风险主体（主要包括房地产开发商、银行和消费者）进行风险指标体系的构建，例如，在投资开发阶段，房地产开发商的风险预警指标包括资产负债率、土地储备贷款风险、贷款利率、商品房价格和地价，在商品房销售阶段，银行的风险预警指标包括个人信用风险和商业欺诈风险。[②] 王靖为从房地产与国民经济关系、行业发展水平和信贷资金安全三个方面构建了重庆市房地产金融风险预警体系，其中，房地产与国民经济的协调关系指标包括房地产投资总额与社会固定资产投资总额之比、房地产投资增长率与 GDP 增长率之比、房价收入比。[③] 孙蕾从房地产增长速度、市场供求均衡状况、房地产与国民经济发展的协调性和房地产与金融发展的密切关系四个方面构建了预警指标体系，其中，反映房地产增长速度的指标包括房地产开发投资增长率、商品房销售面积增长率、商品房施工面积增长率等，反映市场供求均衡状况的指标包括房地产供销比、房地产供求比、商品房空置率和房价收入比等。[④] 王玲玲等从柳州市房地产市场运行状况和房地产金融潜在风险出发，选取房地产投资增长率、房地产开发投资总额与 GDP 之比、房地产开发贷款余额与金融机构全部贷款余额之比、房屋施工面积与竣工面积之比等 11 个预警指标建立了房地产金融风险评估模型进行研判。[⑤]

上述文献对风险评估指标的选取主要集中于普适性的通用型指标，缺少

① 刘文辉，郑智，宋高堂．我国房地产金融风险识别系统的构建思路探讨[J]．金融与经济，2007（5）：30-32.

② 周星．基于全过程的房地产金融风险预警指标分析[J]．科技创业月刊，2009，22（10）：30-31.

③ 王靖为．重庆市房地产金融风险预警的实证研究[J]．价值工程，2019，38（8）：15-19.

④ 孙蕾．山东省房地产金融市场风险状况监测预警的实证研究——基于主成分和灰色预测分析法[J]．区域金融研究，2016（12）：18-26.

⑤ 王玲玲，郑振宇，王恒．基于人工神经网络的房地产金融风险预警体系构建——以柳州市为例[J]．区域金融研究，2019（3）：60-71.

反映区域性风险差异的评估指标。事实上，不同地区房地产金融风险的成因千差万别。针对违规操作的道德风险、商业欺诈风险、开发时机风险和预售阶段未知风险等，已有文献也主要是进行了学理意义上的探讨，在替代指标选取、指标量化和数据搜集处理等方面未给出具有可操作性的研究结果。此外，已有文献也较少考虑风险评估指标的正负向属性，风险评估指标和评估目标之间的联动关系模糊不清，在建模过程中风险评估区间划分存在随意性和主观性，进而影响评估的科学性和准确度。

（二）风险评估模型选择

对于风险评估模型的构建，国内外学者已做了很多研究，也得出了较为丰富的研究结论。国外常用的金融风险预警模型主要有 FR 模型、KLR 信号预警模型、STV 模型和 VAR 模型①，而国内常用的金融风险预警模型主要有 VAR 模型、SVM 模型和 BP 神经网络模型。② Frankel 等以 100 个发展中国家在 1971~1992 年发生的货币危机为样本，使用各个国家的年度数据，建立了可以估计货币危机发生可能性的 FR 概率模型。③ Kaminsky 等提出 KLR 信号预警模型，该模型通过对可能引发危机的变量数据进行统计分析，确定与货币危机有显著

① 吴军．当代金融预警方法述评[J].世界经济文汇，2006（6）：71-83；Frankel J A，Rose A K. Currency crashes in emerging markets：an empirical treatment [J]. Journal of international economics，1996，41（3）：351-366；Kaminsky G，Lizonda S，Reinhart C M. Leading indicators of currency crises[J]. Staff Papers，1998，45（1）：1-48；Sachs J，Tornell A，Velasco A. Financial crises in emerging markets：the lessons from 1995（May 1996）[R]. 1996，NBER Working Paper 5576；Blejer M I，Schumacher L. Central bank vulnerability and the credibility of commitments：a value-at-risk approach to currency crises[J]. IMF Working Papers，1998：98/65.

② 徐文彬．基于 VAR 方法的银行业系统性风险预警模型研究[J].经济研究参考，2016（63）：45-53；李琴．基于支持向量机回归模型的重庆市房地产金融风险预警研究[J].重庆理工大学学报（社会科学），2015（11）：78-82；淳伟德，肖杨．供给侧结构性改革期间系统性金融风险的 SVM 预警研究[J].预测，2018，37（5）：36-42；李梦雨．中国金融风险预警系统的构建研究——基于 K-均值聚类算法和 BP 神经网络[J].中央财经大学学报，2012（10）：25-30.

③ Frankel J A，Rose A K. Currency crashes in emerging markets：an empirical treatment[J]. Journal of international economics，1996（3）：351-366.

联系的变量，以此作为货币危机发生的先行指标。[①] 徐文彬以中国银行、建设银行等 10 家上市银行为样本，以银行业系统性风险为预警目标，通过 VAR 模型测度了银行业金融机构的风险及其与金融市场之间的风险溢出效应。[②] 李琴选取公司偿债能力、盈利能力等传统公司评价指标作为预警指标，通过 SVM 模型建立了重庆市房地产金融风险预警模型。[③] 淳伟德等以供给侧结构性改革期间潜在的系统性风险为研究对象，运用四种核函数的 SVM 模型、Logit 回归、DDA 和 BP 神经网络模型建立了对系统性风险的预警模型，通过 F1-score 和 AUC 对 7 个预警模型预测结果进行对比，发现采用多项式核函数的 SVM 模型为最优的预警模型。[④] 李梦雨选取了关系我国金融系统稳定的 16 项经济变量，利用主成分分析法和 K-均值聚类方法进行了数据处理和风险状态分类，进而借助 BP 神经网络建立了我国系统性金融风险的预警模型。[⑤] 王玲玲等选取了房地产投资增长率等 11 项与房地产金融风险相关的指标并通过 BP 神经网络模型对柳州市房地产金融风险建立了预警模型。[⑥]

综合来看，风险评估模型研究较为丰富，但是，已有文献普遍对所选模型和现实风险的适用性缺乏分析，对风险评估的逻辑机理及指标之间的内在关联缺乏清晰的揭示，主要依赖模型技术进行评估，而对风险产生、传递的经济关联和逻辑机理研究不足，模型选择的依据模糊，评估结果缺乏参照对比，影响了结论的科学性、充分性。

---

① Kaminsky G, Lizonda S, Reinhart C M. Leading indicators of currency crises[J]. Staff papers, 1998, 45 (1): 1-48.

② 徐文彬．基于 VAR 方法的银行业系统性风险预警模型研究[J]. 经济研究参考，2016 (63): 45-53.

③ 李琴．基于支持向量机回归模型的重庆市房地产金融风险预警研究[J]. 重庆理工大学学报（社会科学），2015 (11): 78-82.

④ 淳伟德，肖杨．供给侧结构性改革期间系统性金融风险的 SVM 预警研究[J]. 预测，2018, 37 (5): 36-42.

⑤ 李梦雨．中国金融风险预警系统的构建研究——基于 K-均值聚类算法和 BP 神经网络[J]. 中央财经大学学报，2012 (10): 25-30.

⑥ 王玲玲，郑振宇，王恒．基于人工神经网络的房地产金融风险预警体系构建——以柳州市为例[J]. 区域金融研究，2019 (3): 60-71.

三　评估指标体系的构建

（一）数据来源

本文选取了北京（19 个）、天津（17 个）和河北（17 个）的房地产金融风险评估指标并收集了相关数据，时间跨度为 2010~2019 年，数据频率为季度，数据来源为各省（市）统计年鉴、前瞻数据库、中经网统计数据库和 Wind 数据库。

（二）指标选取与说明

科学合理地构建房地产金融风险评估指标体系，既是房地产金融风险评估模型建立的基础，也是评估有效性的保障。房地产金融活动的经济联系是评估指标构建的基本逻辑。银行等金融机构为房地产业从开发到消费的全过程提供融资服务，房地产金融活动的正常循环是房地产金融风险可控的前提条件。而房地产开发商、房地产消费者等主体，以及宏观经济状况、政策变化、房地产业在经济中的占比等外部因素，均可能导致房地产金融活动正常循环的中断和终止，从而引起房地产金融风险的积聚与爆发。由此，本文认为，房地产金融风险是指银行等金融机构、房地产开发商、房地产消费者及地方政府四个房地产金融活动主体在相互联系的发展过程中，自身发展失衡或在外部致险因素干扰下，导致一个或多个主体经济利益受损，进而引发银行等金融机构经济利益受损的风险，甚至可能引发风险在相关主体和区域间传递，最终形成区域性、全国性的房地产金融风险。

从以上界定出发，借鉴国内外学者选取风险评估指标的经验，基于目的性、全面性、可操作性、科学性、可比性和先兆性的评估指标选取原则，本文主要从房地产金融活动主体和外部致险因素两个角度构建京津冀地区房地产金融风险评估指标体系（见表 1）。①

表 1　京津冀地区房地产金融风险评估指标体系

一级指标	二级指标	指标类别	指标性质
房地产市场供给状况	房地产开发投资增长率	通用型指标	正向指标
	商品房销售面积增长率	通用型指标	负向指标
	商品房新开工面积增长率	通用型指标	正向指标
	商品房施工面积增长率	通用型指标	正向指标
	商品房待售面积增长率	特质型指标	正向指标
	商品房平均销售价格增长率	特质型指标	正向指标
房地产市场需求状况	商品房销售面积与商品房竣工面积之比	通用型指标	负向指标
	商品房销售面积与商品房待售面积之比	特质型指标	负向指标
	商品房销售面积与商品房新开工面积之比	特质型指标	负向指标
	商品房竣工面积与商品房施工面积之比	通用型指标	负向指标
	商品房待售面积与商品房竣工面积之比	特质型指标	正向指标
金融机构涉房业务状况	房地产开发贷款余额与金融机构各项贷款余额之比	通用型指标	正向指标
	国内贷款与房地产业资金来源合计之比	通用型指标	正向指标
地方土地市场及财政状况	土地平均溢价率	特质型指标	正向指标
	土地面积增长率	特质型指标	负向指标
	地方财政赤字率	特质型指标	正向指标
	购置土地面积增长率	特质型指标	正向指标
	地价增长率	特质型指标	正向指标

① 周星．基于全过程的房地产金融风险预警指标分析[J]．科技创业月刊，2009，22（10）：30-31；王靖为．重庆市房地产金融风险预警的实证研究[J]．价值工程，2019，38（8）：15-19；孙蕾．山东省房地产金融市场风险状况监测预警的实证研究——基于主成分和灰色预测分析法[J]．区域金融研究，2016（12）：18-26；王玲玲，郑振宇，王恒．基于人工神经网络的房地产金融风险预警体系构建——以柳州市为例[J]．区域金融研究，2019（3）：60-71；李维哲，曲波．地产泡沫预警系统研究[J]．中国房地产金融，2002（8）：18-21；鞠方，阳娟，黎小佳．基于空间异质性的中国住房空置率与房地产金融风险研究[J]．财经理论与实践，2018，39（4）：26-31；刘知博，贾甫，韦静强．银行体制、资本市场与房地产金融风险[J]．经济体制改革，2014（5）：134-138；周铭，郑智．房地产金融风险识别体系的构建[J]．统计与决策，2007（5）：59-60；张品一，杨娟妮．房地产市场系统动力学仿真模型研究——以北京市为例[J]．北京社会科学，2021（10）：87-96.

续表

一级指标	二级指标	指标类别	指标性质
房地产业与国民经济协调发展状况	房地产开发投资额与全社会固定资产投资额之比	通用型指标	正向指标
	房地产开发投资额与 GDP 之比	通用型指标	正向指标
	商品房销售额与 GDP 之比	通用型指标	正向指标
宏观经济及政策状况	GDP 增长率	通用型指标	负向指标
	M2 增长率	通用型指标	正向指标

1. 一级指标的选择逻辑

房地产金融活动中包含房地产开发商、房地产消费者、银行等金融机构及地方政府四个主体。① 本文以房地产市场供给状况反映房地产开发商从开发投资、商品房建设到商品房销售整个生产流程的风险状况；以房地产市场需求状况反映房地产消费者对商品房的需求并对比供给来说存在的风险；以金融机构的涉房业务状况反映银行等金融机构通过与房地产业的业务关联所累积的风险；以地方土地市场及财政状况反映我国现行税收体制下，地方政府通过土地市场这个前端市场平衡财政收支的同时可能向后端引致的风险积累。对于房地产金融风险外部致险因素维度的一级评估指标选取，本文以房地产业与国民经济协调发展状况反映地区房地产业在地区经济中所占比重，进而衡量房地产金融风险可能带来的冲击大小；以宏观经济及政策状况代表可能触发房地产金融风险的外部客观因素。②

2. 主体视角下二级指标的选择

房地产供给是影响房地产市场运行和风险累积的重要因素，供给过热意味着风险增加。其风险传递的路径如下：当市场过热、供给过度增加时，开发商的风险开始增加，这必将引致国家推出各种调控措施，扰动房地产开发

① 周星．基于全过程的房地产金融风险预警指标分析[J]．科技创业月刊，2009，22（10）：30-31.

② 李维哲，曲波．地产泡沫预警系统研究[J]．中国房地产金融，2002（8）：18-21.

商和金融机构的既定投融资活动安排，从而带来经济损失和风险累积。[①] 据此，本文选取房地产开发投资增长率、商品房销售面积增长率、商品房新开工面积增长率、商品房施工面积增长率、商品房待售面积增长率、商品房平均销售价格增长率六个二级指标来衡量房地产市场供应状况。[②] 其中，商品房销售面积增长率为负向指标，其余二级指标均为正向指标。

房地产需求是影响房地产市场运行和金融风险的另一重要因素。需求是房地产价值的实现端，决定着房地产金融活动能否实现闭合和良性周转。当需求不足、小于供给时，开发商的利益实现受阻，将会影响银行等金融机构借贷本金的如期归还。而一旦市场需求不足，房子卖不出去，价格下跌，房屋资产价值缩水，购房者信贷违约就会增加，从而导致开发商和购房者双重违约，增大银行等金融机构的风险。[③] 据此，本文立足市场需求端，选取商品房销售面积与商品房竣工面积之比、商品房销售面积与商品房待售面积之比、商品房销售面积与商品房新开工面积之比、商品房竣工面积与商品房施工面积之比、商品房待售面积与商品房竣工面积之比五个二级指标来重点反映房地产市场需求状况。[④] 其中，商品房待售面积与商品房竣工面积之比为正向指标，其余指标为负向指标。

引致房地产金融风险的主体很多，但风险最终暴露于开展房地产信贷活动的银行等金融机构。[⑤] 金融机构与房地产业的业务关联程度越深，风险越

---

① 周星．基于全过程的房地产金融风险预警指标分析[J].科技创业月刊，2009，22（10）：30-31.

② 王靖为．重庆市房地产金融风险预警的实证研究[J].价值工程，2019，38（8）：15-19；孙蕾．山东省房地产金融市场风险状况监测预警的实证研究——基于主成分和灰色预测分析法[J].区域金融研究，2016（12）：18-26.

③ 鞠方，阳娟，黎小佳．基于空间异质性的中国住房空置率与房地产金融风险研究[J].财经理论与实践，2018，39（4）：26-31.

④ 王靖为．重庆市房地产金融风险预警的实证研究[J].价值工程，2019，38（8）：15-19；孙蕾．山东省房地产金融市场风险状况监测预警的实证研究——基于主成分和灰色预测分析法[J].区域金融研究，2016（12）：18-26；王玲玲，郑振宇，王恒．基于人工神经网络的房地产金融风险预警体系构建——以柳州市为例[J].区域金融研究，2019（3）：60-71.

⑤ 刘知博，贾甫，韦静强．银行体制、资本市场与房地产金融风险[J].经济体制改革，2014（5）：134-138.

高，也就是说，金融机构涉房业务状况直接反映其房地产金融风险程度。本文选取房地产开发贷款余额与金融机构各项贷款余额之比、国内贷款与房地产业资金来源合计之比这两个二级指标来反映金融机构涉房业务状况。上述两个指标均为正向指标。①

对于地方土地市场及财政状况，在我国分税制背景下，地方政府为增加财政收入具有提高土地收益、干预土地市场供给的内在动机。其作用机制是，地方政府缩减土地供给，土地溢价率就会上升，地方政府就会获得较高的土地收益。而土地价格高企必将推动商品房价格上升，减少商品房需求，从而影响开发商和银行等金融机构的利益实现，导致风险累积。据此，本文选取土地平均溢价率、土地面积增长率、地方财政赤字率、购置土地面积增长率、地价增长率五个二级指标作为地方政府影响我国房地产市场金融风险的指标。② 其中，土地面积增长率为负向指标，其余指标均为正向指标。

3. 引致视角下二级指标的选取

房地产业与国民经济协调发展状况反映了房地产业在地区经济中所占比重，即地区经济对房地产业的依赖程度。在间接融资体系下，房地产业与金融机构之间具有强关联关系，房地产业在地区经济中的占比越高，越容易引发区域性房地产金融风险。本文选取房地产开发投资额与全社会固定资产投资额之比、房地产开发投资额与 GDP 之比、商品房销售额与 GDP 之比三个二级指标来反映房地产业在京津冀地区经济中的地位。这三个二级指标均为正向指标。

宏观经济及政策状况作为外部环境，是行业、个体的系统性风险因素。房地产业和金融业均为高外部敏感性行业，宏观环境的变化、政策的变化等都会对行业造成冲击，进而通过房地产市场供需、商品房市场价格等路径导致房地产金融风险。本文选取了 GDP 增长率、M2 增长率两个二级指标作为经

① 李维哲，曲波．地产泡沫预警系统研究[J].中国房地产金融，2002（8）：18-21.

② 李维哲，曲波．地产泡沫预警系统研究[J].中国房地产金融，2002（8）：18-21.

济环境和行业政策的表征。[①] GDP 增长率为负向指标，M2 增长率为正向指标。

4. 通用型二级指标和特质型二级指标选择

房地产具有物理空间固定性的特点，但地区间存在经济发展水平、经济结构及土地资源稀缺程度等差异，不同地区影响房地产金融风险的因素各有差异。本文针对京津冀三地房地产不同的风险成因特点分别选取特质型指标。北京房地产市场体量大且成熟度高，商品房待售存量对房地产市场稳定性影响较大，土地供应相对稀缺，因此选择商品房待售面积增长率、商品房销售面积与商品房待售面积之比、商品房待售面积与商品房竣工面积之比、地价增长率、土地平均溢价率及土地面积增长率作为特质型指标。天津土地供应较为稀缺，财政收入对土地依赖性强，房地产业在国民经济中占比较高，因此选择商品房销售面积与商品房新开工面积之比、商品房平均销售价格增长率、土地面积增长率、地方财政赤字率作为特质型指标。河北房地产市场受供需影响较大，财政收入对土地依赖性也非常强，产业结构层次较低，因此选择商品房平均销售价格增长率、商品房销售面积与商品房新开工面积之比、购置土地面积增长率、地方财政赤字率作为特质型指标。

（三）模型设定

利用主成分分析法确定评估模型输入向量，结合加权平均法确定评估模型输出标记值，匹配二者训练检验支持向量机模型，可得到京津冀地区房地产金融风险评估模型。

支持向量机是一种分类模型（见图 1），其基本原理是寻找一个最优的分类超平面 $\omega^T \cdot x+b=0$，其中 ω 为权值向量，x 为输入值向量，b 为偏置值。该超平面满足以下两个条件：一是该超平面能够将不同类样本完全分开；二是该超平面能够实现最大化的分类间距。样本中处于分类超平面上的样本称为支持向量。

---

① 周铭，郑智．房地产金融风险识别体系的构建[J]．统计与决策，2007（5）：59-60；张品一，杨娟妮．房地产市场系统动力学仿真模型研究——以北京市为例[J]．北京社会科学，2021（10）：87-96.

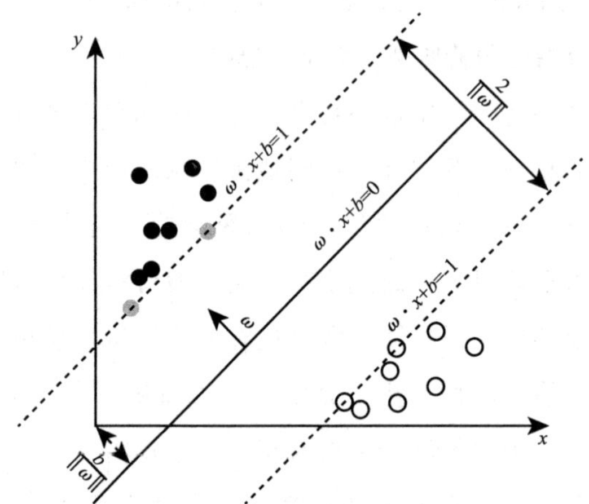

图 1　二维空间下的支持向量机分类原理

本文构建的京津冀地区房地产金融风险评估模型维度较高，而且我国房地产商业化发展周期较短、统计数据不充分。而支持向量机模型具有适用于小样本学习，少数支持向量决定了最终结果，对异常值不敏感，以模型计算的复杂性取决于支持向量的数目而不是样本空间的维度等优点，其与实际评估问题之间具有很好的契合度。当利用京津冀地区房地产金融风险评估模型进行风险评估时，支持向量机优秀的泛化能力可以提供坚实的支撑。

给定特征空间上的待分类样本 $T=\{(x_1, y_1), (x_2, y_2), (x_3, y_3), \cdots, (x_n, y_n)\}$，其中 $x_i \in R^n$，$y_i \in \{1, -1\}$，$i=1, 2, 3, \cdots, n$，以及给定分类超平面 $\omega^T \cdot x+b=0$。

当样本线性可分时，超平面满足：

$$\begin{cases} \omega^T x_i + b \geqslant 1,\ y_i = 1 \\ \omega^T x_i + b \leqslant -1,\ y_i = -1 \end{cases} \tag{1}$$

$$即\ y_i(\omega^T x_i + b) - 1 \geqslant 0,\ i = 1, 2, 3, \cdots, n \tag{2}$$

令式（2）取等号的样本向量即为支持向量，两类支持向量之间的间隔为$\frac{2}{\|\omega\|}$。此时，求解最优的分类超平面的问题转化为以下约束优化问题：

$$\begin{cases} \min \frac{1}{2}\omega^T\omega \\ y_i(\omega^T x_i + b) - 1 \geq 0,\ i = 1, 2, 3, \cdots, n \end{cases} \tag{3}$$

为求解式（3）的约束优化问题，构建拉格朗日函数：

$$L(\omega, b, \alpha) = \frac{1}{2}\omega^T\omega - \sum_{i=1}^{n} \alpha_i [y_i(\omega^T x_i + b) - 1],\ (\alpha_i \geq 0) \tag{4}$$

由于拉格朗日函数对应的极值位置的梯度必然为0，分别对 ω、b、α_i 求偏导数并使偏导数为0，上述问题就转化为以下凸二次规划对偶问题：

$$\begin{cases} \max \sum_{i=1}^{n} \alpha_i - \frac{1}{2}\sum_{i=1}^{n}\sum_{j=1}^{n} \alpha_i \alpha_j y_i y_j (x_i^T x_i) \\ \alpha_i \geq 0,\ i = 1, 2, 3, \cdots, n \\ \sum_{i=1}^{n} \alpha_i y_i = 0 \end{cases} \tag{5}$$

求解式（5）的凸二次规划对偶问题，得最优分类超平面为：

$$\sum_{i=1}^{n} \hat{\alpha}_i y_i x_i^T x_i + \hat{b} = 0 \tag{6}$$

分类的决策函数为：

$$f(x) = \text{sign}(\sum_{i=1}^{n} \hat{\alpha}_i y_i x_i^T x_i + \hat{b}) \tag{7}$$

上述分析假定待分类样本是完全线性可分的，即存在一个最优分类超平面能够将两类数据完全区分开来，但是实际中往往存在被错误分类的少数样本，因此，可以将最大化分类间隔的条件适当放宽，引入松弛变量 ε_i（$\varepsilon_i \geq 0$，$i=1$，2，3，…，n），即允许少量样本不满足式（2）。但为了使不满足式（2）的样本点尽可能少，需要在优化目标中加入惩罚参数 C。此时，式（2）变为：

$$y_i(\omega^T x_i + b) \geq 1 - \varepsilon_i,\ i = 1, 2, 3, \cdots, n \tag{8}$$

优化的目标函数变为：

$$\min \frac{1}{2}\omega^{T}\omega + C\sum_{i=1}^{n}\varepsilon_{i} \tag{9}$$

对式（9）及其约束条件构造拉格朗日函数并转化为对偶函数求解，可得最优分类超平面和决策函数分别为式（6）和式（7）。这也验证了上面的结论，即分类超平面只与支持向量有关，而与被错误分类的样本向量无关。

上述分析只涉及样本为线性的情况，实际中样本往往为非线性，因此很难通过构造简单的超平面来达到预期的分类效果。此时，可以引入核函数，将输入值向量 x_i 映射到高维空间，将线性可分样本转化为高维空间里的线性可分样本，然后在高维空间构造最优分类超平面，以达到预期的分类目标。常见的核函数有线性核函数、多项式核函数、高斯核函数及 Sigmoid 核函数。通过核函数的映射，分类决策函数变为：

$$f(x) = \operatorname{sign}\left[\sum_{i=1}^{n}\hat{\alpha}_{i}y_{i}K(x_{i}, x) + \hat{b}\right] \tag{10}$$

四　实证结果与分析

（一）评估模型输入向量的确定

由于指标较多，维度较高，不同评估指标变量之间可能存在相关性，即不同指标变量在反映京津冀各地房地产金融风险时存在信息重叠问题，利用主成分分析法可将原始指标转化为互不相干的若干主成分。为检验是否可以进行主成分分析，本文利用 SPSS 软件对京津冀三地的房地产金融风险评估指标分别进行了 KMO 和 Bartlett 检验。结果显示，京津冀三地 KMO 检验的值均大于 0.5，Bartlett 检验的值小于 0.05，这意味着指标相关性较强，可以对评估指标进行主成分分析。

在提取主成分时，通常以提取主成分方差占所有样本指标总方差的比，即方差贡献率，来代表所提取的主成分对原始指标的代表性（见表 2）。按照提取主成分特征值大于 1 的选取标准，北京和天津均可以提取 6 个互不相关的主成分来代表原始的房地产金融风险评估指标，河北按此选取标准共提取了 5 个主成分，考虑到综合京津冀三地主成分的需要，对河北提取 1 个特征值小于 1 的主成分。

根据京津冀三地成分矩阵，北京评估指标中代表房地产市场需求状况、房地产业与国民经济协调发展状况的指标对主成分 1 影响较大，可知北京房地产金融风险受市场需求和地区经济对房地产业的依赖性影响较大。天津评估指标中代表房地产业与国民经济协调发展状况、金融机构涉房业务状况、地方土地市场及财政状况、宏观经济及政策状况的指标对主成分 1 影响较大，可知天津房地产金融风险受地区经济对房地产业的依赖性、房地产业与金融机构的关联深度、土地财政状况、外部经济、货币因素影响较大。河北评估指标中代表房地产市场供给状况、房地产业与国民经济协调发展状况、地方土地市场及财政状况、宏观经济及政策状况的指标对主成分 1 影响较大，可知河北房地产金融风险受市场供给状况、地区经济对房地产业的依赖性、土地财政状况、外部经济、货币因素影响较大。

表 2　指标方差贡献率

	北京		天津		河北	
成分	特征值	方差贡献率（%）	特征值	方差贡献率（%）	特征值	方差贡献率（%）
1	5.045	26.551	4.762	28.014	6.089	35.820
2	2.772	14.588	2.610	15.355	3.084	18.140
3	2.173	11.434	2.410	14.179	2.292	13.480
4	1.568	8.250	1.695	9.970	1.591	9.361
5	1.440	7.581	1.314	7.729	1.082	6.365
6	1.224	6.443	1.032	6.069	0.657	3.864

（二）评估输出标记值的确定

根据京津冀三地的成分得分系数矩阵及经标准化后的原始评估指标数值

矩阵，可得到京津冀三地的主成分值。以京津冀三地 6 个主成分各自的方差贡献率为权重分别对其主成分值进行加权，可以构造出能代表京津冀各地房地产金融整体风险状况的综合评估指标 S。

在京津冀协同发展战略背景下，本文将京津冀三地作为一个整体看待，因此，需将京津冀三地的房地产金融风险综合评估指标 S 综合成京津冀地区房地产金融风险综合评估指标 W（见表 3）。为此，本文采用京津冀三地各自的 GDP 占京津冀 GDP 的比重为权重进行加权。对于权重的选择，参考马科维茨投资组合理论中多样本组合方差的计算思路，应选择京津冀三地各自的房地产业金融融通资金额占京津冀地区房地产业金融融通资金总额的比重作为权重，同时考虑到该指标统计数据的获得性问题，故选择了京津冀三地各自的 GDP 占京津冀 GDP 的比重作为权重。通常来说，地区经济越发达，GDP 越高，房地产金融过程越活跃，房地产业金融融通资金额越高，即 GDP 与房地产业金融融通资金额之间可以建立正相关关系，因此，可以选择京津冀三地各自的 GDP 占京津冀 GDP 的比重作为替代权重。

表 3　京津冀地区房地产金融风险综合评估指标值

时间	W	时间	W	时间	W
2010 年第一季度	1.1314	2013 年第三季度	0.0427	2017 年第一季度	-0.4094
2010 年第三季度	0.9727	2014 年第一季度	-0.3022	2017 年第三季度	-0.2500
2011 年第一季度	0.2899	2014 年第三季度	0.0174	2018 年第一季度	-0.5396
2011 年第三季度	0.1142	2015 年第一季度	-0.2402	2018 年第三季度	-0.0871
2012 年第一季度	-0.2155	2015 年第三季度	0.0502	2019 年第一季度	-0.1803
2012 年第三季度	-0.1892	2016 年第一季度	-0.0812	2019 年第三季度	-0.1447
2013 年第一季度	-0.0935	2016 年第三季度	0.1624		

通过 K-均值聚类方法对构建得出的京津冀地区房地产金融风险综合评估指标值进行区间划分，可以得到-0.39、-0.15、0.12、1.03 四个聚类中心，从而将京津冀地区房地产金融风险划分为四种状态，即基本安全状态，标记为 1；轻度风险状态，标记为 2；中度风险状态，标记为 3；重度风险状态，标记为 4。

基于K-均值聚类方法划分的京津冀地区房地产金融风险状态呈现阶段性特征。2008年国际金融危机爆发，中国经济增速回落，在出口受阻的情况下，为避免经济发展速度出现大幅下降，我国推出了4万亿元计划。扩张的货币供给很大一部分流向了以新房建设、旧城改造等为代表的房地产投资开发活动中。因此，2010~2015年，房地产业进入了以规模快速扩张为特征的粗放式发展阶段，商品房价格快速上涨，房地产业杠杆率大幅提高，京津冀地区房地产金融风险逐渐凸显。2016~2018年，我国经济进入新发展阶段，迫切需要通过供给侧结构性改革、“三去一降一补”等手段改变要素配置方向、变革经济发展方式，以提高经济发展质量，而降杠杆、去库存对于房地产业来说无疑是使其降低风险、由规模扩张变为提质增效的关键手段。因此，2016年以后，在中央政策的引导下，京津冀地区的房地产金融风险得到一定缓释。然而，自2019年至今，随着国内外政治经济形势日趋复杂和调控政策趋紧，京津冀地区房地产金融风险增加，房地产金融风险又开始受到极大的关注，房地产业融资监管的三道红线屡次被提及，京津冀地区可能将进入房地产金融风险再积累阶段。

（三）京津冀地区房地产金融风险评估模型建立

对房地产金融风险评估输入向量与评估输出标记值进行错位匹配，可建立京津冀地区房地产金融风险评估模型。由于房地产金融活动、融资工具及房地产建设过程的长期性，应将错位匹配时间窗口定为一年以上。综合考虑评估过程和评估结果的可靠性和及时性，本文最终将错位匹配时间窗口期定为一年，即评估京津冀地区房地产金融风险的时间跨度为一年。

借鉴赵丹丹等①的样本分类方法，本文将前70%的样本作为京津冀地区房地产金融风险评估模型的训练集，后30%的样本作为测试集，检测已经过训练的模型的泛化能力，通过检测的模型视为最终建立的京津冀地区房地

① 赵丹丹，丁建臣．中国银行业系统性风险预警研究——基于SVM模型的建模分析[J]．国际商务（对外经济贸易大学学报），2019（4）：100-113.

产金融风险评估模型，用于风险评估。

考虑到指标的高维度及线性不可分问题，本文采用了 RBF 核函数进行数据映射使数据线性可分。采用 RBF 核函数的支持向量机模型的参数主要包括惩罚参数 C 和核函数参数 g，这两个参数的选取会影响模型的分类精度和泛化性能。因此，本文采用常用的网格算法、遗传算法和粒子群算法进行参数寻优（见表 4）。

表 4　参数算法寻优结果

参数算法	参数寻优结果	分类准确率(%)
网格算法	$C=2, g=2$	63.64(7/11)
遗传算法	$C=2.0193, g=2.4692$	63.64(7/11)
粒子群算法	$C=1.3346, g=4.6904$	72.73(8/11)

根据评估分类准确率可知，最优的参数寻优算法为粒子群算法，最优的参数分别为惩罚因子 $C=1.3346$ 和核函数参数 $g=4.6904$。

（四）京津冀地区房地产金融风险评估

通过建立的京津冀地区房地产金融风险评估模型，结合统计数据的可得性，输入京津冀地区 2020 年第一、第二季度的主成分数据对其 2021 年第一、第二季度的房地产金融风险状态进行了评估，评估状态均为轻度风险状态（见表 5）。

表 5　房地产金融风险预警值

时间	标记值	风险状态
2021 年第一季度	2	轻度风险状态
2021 年第二季度	2	轻度风险状态

五　结论与政策建议

（一）结论

本文构建了京津冀地区房地产金融风险评估指标体系，利用主成分分析法和加权平均法确定了模型的主成分输入向量和评估输出标记值，结合支持向量机和粒子群优化算法建立了京津冀地区房地产金融风险评估模型并做出了风险预警。研究得出以下三点结论。

第一，京津冀三地房地产金融风险的主要影响因素存在差异。北京房地产金融风险受市场需求和地区经济对房地产业的依赖性影响较大；天津房地产金融风险受地区经济对房地产业的依赖性、房地产业与金融机构的关联深度、土地财政状况、外部经济、货币因素影响较大；河北房地产金融风险受市场供给状况、地区经济对房地产业的依赖性、土地财政状况、外部经济、货币因素影响较大。

第二，京津冀地区房地产金融风险演变呈现阶段性特征。2010~2015年，随着扩张性货币政策的出台，房地产业进入粗放式发展阶段，此阶段为货币政策刺激下的房地产金融风险凸显阶段；2016~2018年，随着房地产业降杠杆和去库存，实现库存释放、杠杆率下降，房地产业进入精细化发展阶段，此阶段为房地产金融风险缓释阶段；2019年以来，随着国内外政治经济形势趋于复杂和调控政策趋紧，房地产金融风险呈上升趋势，京津冀地区可能进入房地产金融风险再积累阶段。

第三，评估结果显示，京津冀地区2021年前两个季度的房地产金融风险评估状态为轻度风险状态，但结合国内外复杂的政治经济形势和调控政策趋紧的导向，京津冀地区房地产金融风险不确定性增强，需要高度警惕风险向中度、重度转化。

（二）政策建议

第一，动态调控房地产市场供需状况，促进房地产市场平稳发展。房地产市场供需状况是影响房地产市场价格乃至房地产市场金融风险的重要因素，京津冀地区作为北方重要的城市群，其内部的房地产供需状况大不相同。北京作为政治、经济、文化中心吸引了众多的人才和资源，应重点关注供给。而天津和河北作为发展相对滞后的城市，需求应该是其目前主要的关注方向。此外，供需结构匹配问题、房地产市场投机管控问题及配套政策联动问题等都考验着政府调控房地产市场的能力，这关系着京津冀三地房地产市场的平稳健康发展。

第二，转换经济增长引擎，避免过度将房地产业作为逆周期调节手段。我国步入高质量发展的新阶段，要实现经济的高质量发展，必须以创新为统领，以效率变革为关键，以产业结构转型升级为抓手，重点关注战略性新兴产业和数字经济的发展。而房地产业作为京津冀地区传统的支柱性产业之一，由于体量巨大及产业关联性强往往成为政府经济逆周期调节的手段，要素资源配置效率低下及房地产金融风险积累。因此，必须推动产业结构优化升级，转换经济增长的动力引擎，降低京津冀地区对于房地产业的依赖性。

第三，扩大房企资金来源结构中直接融资的比重，优化房企资本结构。房地产企业通过股票增发、引入财务投资和战略投资、分拆上市等方式进行权益融资，可以降低房地产企业的负债率、增加企业的经营性现金流量。在当前房地产企业面临“融资新规”的背景下，融资渠道的拓展可以帮助房地产企业优化资本结构、纾解财务风险及进行战略转型。因此，有必要进一步推动我国以直接融资为主导的融资体制形成，解决房地产企业当前过于依赖银行信贷资金的问题。

第四，发展壮大实体经济以培植税源，避免对土地财政过分依赖。地方政府过度依赖土地财政，一方面会导致实体经济边缘化，另一方面会导致社会资源利用效率下降。因此，地方政府应摆脱对土地财政的过度依赖，通过发展实体经济培植税源，把土地财政仅当作经济社会发展的一种补充。

Evaluation of Real Estate Financial Risk in Beijing-Tianjin-Hebei Region: An Empirical Analysis Based on Support Vector Machine Model

Ge Hongling, Sun Di

Abstract: Focusing on the main body of real estate financial activities , this paper comprehensively considers the external risk inducing factors, and constructs a real estate financial risk early warning indicator system. With the support vector machine model and particle swarm optimization algorithm as the core, this paper establishes an early warning model, analyzes the trend of real estate financial risk in Beijing-Tianjin-Hebei region, and takes one year as the time window to warn the real estate financial risk in Beijing-Tianjin-Hebei region. The results show that from 2010 to 2021, the real estate financial risks in Beijing-Tianjin-Hebei region showed three stages of evolution characteristics, namely, prominent risks, risk mitigation and risk re-accumulation. The first two quarters of 2021 were in mild risk status , but there was an adverse trend to moderate and severe risks.

Keywords: Beijing-Tianjin-Hebei region; real estate financial risk; risk evaluation

京津冀及周边地区大气污染治理“协同—绩效”评估*

谢永乐　王红梅**

摘　要： 本文运用耦合协同评估模型、交叉效率模型与动态窗口分析，从经济发展、社会发展与生态发展三个维度考察了2013~2018年京津冀及周边地区（2+26+3市）的大气污染治理情况。结果显示，三个系统之间具有强劲的嵌套型互动关系，但和谐程度低；各系统均存在显著的阶梯性差距，且大部分地区处于低层级，导致负外部性大于正外部性；综合治理的“三阶段”排名格局较稳定，各地区不同评估窗口的绩效有增有减，但整体呈下降态势。对此，需协调好属地发展诉求与整体协同治理目标的竞合博弈关系；基于“三线一单”，协调好“三位一体”耦合协同机制建设；完善地方政府综合绩效考核及奖惩机制改革，以完善地区全面发展效益考核体系，强化结果应用的奖惩效力。

关键词： 京津冀及周边地区　大气污染治理　耦合协同　绩效评估

---

* 本文发表于《北京社会科学》2022年第12期。

** 谢永乐，对外经济贸易大学国际发展合作学院讲师，博士；王红梅，中央财经大学政府管理学院教授，博士。

一 引言

随着传统粗放式发展引致的资源高消耗、环境污染严重和生态失衡等问题日益严峻，实现经济高质量发展与环境可持续性相统一已成为新时代经济建设和生态文明建设的重要内容。对此，我国根据自身发展实情与全球气候治理共性需求提出“双碳”目标：到2030年前实现碳达峰，到2060年前实现碳中和。“十四五”规划、党的十九届六中全会、2022年政府工作报告等均指出，要强化多污染物协同控制与区域协同治理，提高生态环境治理成效。京津冀及周边地区（2+26+3市）的大气污染物连片排放与跨域流动问题，因分散性属地治理的权责界定模糊、“搭便车”倾向等①，治理成效有限，有必要提升协同合力攻克这一难题。现阶段，在建设以地方政府为“主责者”、中央与地方双重推动的“七省区八部委”联防联控机制的同时，基于行政区划分割的属地治理模式与利用特殊任务推动的合作治理模式仍并存于治理实践，虽创造了“奥运蓝”“阅兵蓝”“APEC蓝”“两会蓝”等，但这种质量改善未能实现可持续化、长期化。为此，遵循大气环境的演化规律，从自主治理能力、协同互动机制、专职绩效考核等层面，切实提升区际精细化分工与通力协作水平，是“十四五”期间推进深化治理所面临的重要挑战。

二 文献述评

针对京津冀及周边地区（2+26+3市）大气污染协同治理效果不显著的问题，学术界已从多个维度提出相关认识。例如，魏娜和孟庆国对制度环境与资源禀赋双重约束进行“结构—过程—效果”考察，提出协同立法模糊、协同结构差异、协同过程非均衡性等导致的“被动回应型”模式，虽然可获得短暂效

① 高明，郭施宏，夏玲玲．大气污染府际间合作治理联盟的达成与稳定——基于演化博弈分析[J]．中国管理科学，2016，24（8）：62-70.

果，但运行成本巨大且存在明显的反弹效应。[①] 王红梅等受“协同多维度模型”[②] 启发，通过剖析地方利益类型，指出非对称复合型府际利益关系是难以达成稳固型合作联盟的根本原因。[③] 李牧耘等考察了联防联控机制演进过程，发现领导组织及机制不完善、地区“位势差异”、政策工具类型失衡等，使地方政府之间缺乏长效的横向沟通路径。[④] 臧雷振等从区域壁垒的视角进行分析，揭示了各地区设置的技术、经济、环境等壁垒阻碍了整体性协同治理进程。[⑤] 贺璇等从模式转型角度提出，由于自然环境承载力约束与经济社会发展实际需求的多重差异，中央与地方在协同治理过程中的财政转移支付可能违背市场规律，引发权钱交易、寻租等低效率问题。[⑥]

在我国由经济高速增长向高质量发展转型的时代背景下，根据大气污染复合性、公共性、外溢性等特征，立足区域动态空间发展战略布局，促进经济、社会及生态协调发展，妥善解决属地内部成本—收益失衡问题、提升地方政府综合绩效水平，是推动京津冀及周边地区（2+26+3 市）大气污染协同治理持续深化的关键。目前，关于多地区、多系统发展协同度评估与环境治理绩效评估的研究已取得了一定的进展。例如，Boschet 等进行的双元分析表明，建立协同伙伴关系会造成成本增加，阻碍了与远距离、差异化的潜在伙伴协作。[⑦] 基于

① 魏娜，孟庆国．大气污染跨域协同治理的机制考察与制度逻辑——基于京津冀的协同实践[J].中国软科学，2018（10）：79-92；孟庆国，魏娜，田红红．制度环境、资源禀赋与区域政府间协同——京津冀跨界大气污染区域协同的再审视[J].中国行政管理，2019（5）：109-115.

② Thomson A M, Perry J L. Collaboration processes: inside the black box[J]. Public administration review, 2006 (66): 20-32.

③ 王红梅，邢华，魏仁科．大气污染区域治理中的地方利益关系及其协调：以京津冀为例[J].华东师范大学学报（哲学社会科学版），2016，48（5）：133-139+195.

④ 李牧耘，张伟，胡溪，等．京津冀区域大气污染联防联控机制：历程、特征与路径[J].城市发展研究，2020，27（4）：97-103.

⑤ 臧雷振，翟晓荣．区域协同治理壁垒的类型学分析及其影响——以京津冀为例[J].天津行政学院学报，2018，20（5）：29-37.

⑥ 贺璇，王冰．京津冀大气污染治理模式演进：构建一种可持续合作机制[J].东北大学学报（社会科学版），2016（1）：56-62.

⑦ Boschet C, Rambonilaza T. Collaborative environmental governance and transaction costs in partnerships: evidence from a social network approach to water management in France[J]. Journal of environmental planning and management, 2017, 61 (1), 105-123.

Sieber 等的耦合评估思路，吴传清等运用熵权-TOPSIS 模型检验得出，长江经济带工业绿色发展绩效的区际差异较大，但整体协同效应强劲。[①] 张怡梦等针对城市生态脆弱性与政府绩效的耦合协同评估揭示了狭隘化的绩效法律法规、泛经济化的绩效目标、离散化的绩效主体行为、技术与制度弊端等，导致区域生态环境治理协同度较低。[②] 孙久文等采用改进的引力模型分析得出京津冀城市群的核心城市辐射力不足，非核心城市联系紧密度较低，京津冀城市群内部空间结构有待优化。[③] 赵琳琳等根据京津冀生态协同度的动态测定提出，应从整体层面的合理分工、差异定位、精准定责，建立以环境保护为目标的区域利益均衡机制，促进区域绿色高质量发展。[④] 在借鉴 Kubiszewski 和 Jorgenson 等[⑤]的生态福利测度框架，龙亮军[⑥]、李成宇等[⑦]运用超效率 DEA 模型、Super-NSBM 模型、窗口分析法等，测量发现我国省级与市级环境治理绩效水平具有空间分布非均衡性及非对称的演化特征。杨钧检验发现，户籍城镇化可提升环境治理绩效，产业城镇化则对环境治理绩效具有负向作用，而建设城镇化的正面影响不显著。[⑧] 林春等揭示了财政分权对环境治理绩效的影响具有地区异质性，即在东部地区表现为正向促进作用，

---

① 吴传清，黄磊．长江经济带工业绿色发展绩效评估及其协同效应研究[J]. 中国地质大学学报（社会科学版），2018，18（3）：46-55.

② 张怡梦，尚虎平．中国西部生态脆弱性与政府绩效协同评估——面向西部 45 个城市的实证研究[J]. 中国软科学，2018（9）：91-103.

③ 孙久文，高宇杰．新发展格局与京津冀都市圈化发展的构想[J]. 北京社会科学，2021（6）：95-106.

④ 赵琳琳，张贵祥．京津冀生态协同发展评测与福利效应分析[J]. 中国人口·资源与环境，2020，30（10）：36-44.

⑤ Kubiszewski I, Costanza R, Francoc C, et al. Beyond GDP: measuring and achieving global genuine progress[J]. Ecological economics, 2013 (93): 57-68; Jorgenson A K, Dietz T. Economic growth does not reduce the ecological intensity of human well-being[J]. Sustainability science, 2015 (10): 149-156.

⑥ 龙亮军．基于两阶段 Super-SBM 模型的城市生态福利绩效评价研究[J]. 中国人口·资源与环境，2019，29（7）：1-10.

⑦ 李成宇，张士强，张伟，等．中国省际生态福利绩效测算及影响因素研究[J]. 地理科学，2019，39（12）：1875-1883.

⑧ 杨钧．城镇化对环境治理绩效的影响——省级面板数据的实证研究[J]. 中国行政管理，2016（4）：103-109.

在中部、西部地区则具有抑制效应。① 彭珍珍等考察了环境治理联盟竞合机制，提出关系治理在波动的环境中更有效，而契约治理在竞争的环境中更有效。② 此外，目标责任制、晋升锦标赛、信息公开、社会信任、环境监管等对区域环境治理绩效的复合性影响日益受到重视。

综上可知，京津冀及周边地区（2+26+3 市）正处于大气污染深化治理阶段，随着我国“五位一体”“双碳”等战略的实施，如何逐步化解属地经济、社会快速发展与资源环境负荷过重的矛盾，破除功能定位、生态补偿等的地区利益博弈困境，持续提升区域整体的“低碳—循环—绿色”发展福利水平，已成为亟待解决的问题。为此，参照现有探讨多地区、多系统协同发展逻辑与绩效测度的相关成果，本文将基于大气污染本质属性，融合复杂系统理论、协同理论，评估京津冀及周边地区（2+26+3 市）大气污染治理攻坚期（2013~2018 年）的经济、社会、生态的耦合协同程度，并从静态和动态两个层面测定地方政府综合治理绩效水平及演化特征，以探索提升区域“协同—绩效”水平的可行路径，为政策制定与实施提供相关参考。

三 “协同—绩效”评估体系构建

（一）评估思路

本文根据大气污染无界性溢出与污染物空间流动特征，从两个维度考察京津冀及周边地区（2+26+3 市）治理的“协同—绩效”情况。第一，基于“五位一体”战略视角，考察同一地区经济、社会及生态三个系统互动关联的耦合协同度，即通过耦合度和协同度测算它们相互影响及协调的情况。其中，耦合度衡量两个及以上系统的相互依赖情况；协同度衡量系统之间相互促进的和谐程度。耦合度越高，表明系统之间相互依赖关系越强。在高耦合

① 林春，孙英杰，刘钧霆．财政分权对中国环境治理绩效的合意性研究——基于系统 GMM 及门槛效应的检验[J]．商业经济与管理，2019（2）：74-84.

② 彭珍珍，顾颖，张洁．动态环境下联盟竞合、治理机制与创新绩效的关系研究[J]．管理世界，2020，36（3）：205-220+233.

度情境下，协同度越高，说明系统和谐程度越高，地区可持续发展潜力越大。在低耦合度情境下，协同度难以说明系统和谐程度。第二，基于投入—产出效率视角，考察一定时期内地方政府的“经济—社会—生态”综合治理绩效水平。大气污染治理是一个多对象、多投入、多产出的过程。因资源禀赋、环境承载力、经济社会基础、技术条件、政策导向等差异性约束，各地区在实践中均具有相对优劣势。为此，运用以求解帕累托最优为核心的数据包络分析（DEA）法，通过投入—产出效率的静态和动态测量，对地方政府的绩效水平进行评估与比较。

（二）指标选取

目前，针对区域大气污染治理成效的指标设计主要包括三个维度：一是污染排放与处理情况，如二氧化硫（氮）排放量、工业烟（粉）尘净化率、工业固体废弃物综合处理率等；二是资源消耗与节约情况，如非化石能源占一次能源消费比重、原材料消耗强度、单位 GDP 能耗削减率等；三是绿化建设与保护情况，如森林覆盖率、人均绿地面积等。同时，根据区域多元系统交叠演化态势、政府多元职能交融承载特征、“五位一体”和谐共生战略目标，逐步融入经济增速、产业结构、贸易规模、城镇化、教育程度等考察内容，构建多层次、统筹型绩效评估指标体系。本文基于地方政府可调控原则，将经济系统、社会系统及生态系统的要素细分为经济增长、人口发展、资源利用等 11 个二级指标。通过借鉴“敏感性—弹性—压力”模型、“压力—状态—响应”模型、“投入—产出”模型等研究①，参照京津冀及周边

① Hershkovitz L. Political ecology and environmental management in the loess plateau, China[J]. Human ecology, 1993, 21 (4): 327-353；尚虎平．我国西部生态脆弱性的评估：预控研究[J]. 中国软科学，2011（9）：122-132；李春瑜．大气环境治理绩效实证分析——基于 PSR 模型的主成分分析法[J]. 中央财经大学学报，2016（3）：104-112；霍子文，王佳．基于 PSR 模型的北京市西北生态涵养区生态健康评价研究[J]. 中国土地科学，2020，34（9）：105-112；Duan L, Xiang M, Yang J et al. Eco-environmental assessment of earthquake-stricken area based on pressure-state-response (P-S-R) model[J]. International journal of design and nature and eco-dynamics, 2020 (4): 545-553；关斌．地方政府环境治理中绩效压力是把双刃剑吗？——基于公共价值冲突视角的实证分析[J]. 公共管理学报，2020，17（2）：53-69.

地区（2+26+3 市）现行的绿色发展指标体系、生态文明建设考核目标体系，共选取 100 个可行性三级指标，包括经济发展指标 29 个、社会发展指标 26 个、生态发展指标 45 个。通过相关性检验、可鉴力检验及信度检验，筛选出 46 个有效指标（见表 1）。由于区域复杂系统的各个领域变化具有相对独立性，而主观评估的偏好差异较大，故全部选用客观指标。受不可抗力因素影响，2019 年以来部分地区的数据发布时间及统计口径变动较大，可直接应用的效能相对不足。为此，本文聚焦于区域大气污染治理攻坚期（2013~2018 年）的“协同—绩效”评估，数据来源包括《中国统计年鉴》《中国环境统计年鉴》《中国城市统计年鉴》，以及各地区统计年鉴、环境质量公报、财政预决算报告、国民经济和社会发展统计公报等，少部分缺失数据采用线性插值法加以补充。

表 1 “协同—绩效”评估指标体系

一级指标	二级指标	三级指标	编码	方向	单位	CV 值	α 值	权重值
经济发展	经济增长	GDP 增长率	Y1	正	%	0.2581	0.8445	0.0174
		人均 GDP	Y2	正	万元/人	0.4590		0.1075
		经济密度	Y3	正	万元/平方米	0.9314		0.1161
	收入水平	地区人均可支配收入水平	Y4	正	%	0.3099		0.1135
		城镇居民人均可支配收入增长率	Y5	正	%	0.1708		0.0382
		农村居民人均可支配收入增长率	Y6	正	%	0.2058		0.0654
		人均可支配收入占人均 GDP 比重	Y7	正	%	0.2094		0.0843
		城镇登记失业率	X1	负	%	0.2945		0.0707
	经济结构	财政分权程度	Y8	正	%	0.3312		0.1017
		第二产业增加值占 GDP 比重	X2	负	%	0.1882		0.0579
		第三产业增加值占 GDP 比重	Y9	正	%	0.2422		0.0786
	对外开放	进出口贸易总额增长率	Y10	正	%	4.0888		0.0493
		外商直接投资额增长率	Y11	正	%	5.2046		0.0993

续表

一级指标	二级指标	三级指标	编码	方向	单位	CV 值	α 值	权重值
社会发展	人口发展	人口自然增长率	Y12	正	%	0.7217	0.8886	0.0177
		人口密度(常住)	X3	正	人/平方千米	0.4593		0.0483
		平均受教育程度	Y13	正	%	1.0824		0.0879
		人均教育支出	Y14	正	元/人	0.4388		0.0706
		教育支出占 GDP 比重	Y15	正	%	0.2539		0.0444
	城镇发展	城镇化率(常住)	Y16	正	%	0.2099		0.0545
		城镇化率(建设)	Y17	正	%	0.7447		0.0677
		万元 GDP 建设用地面积	X4	负	平方米	0.3583		0.0503
		房地产投资占固定资产投资比重	X5	正	%	0.6425		0.0786
	交通发展	民用汽车拥有量	X6	正	万辆	0.8943		0.0833
		全面公共汽(电)车客运总量	Y18	正	万人次	2.1356		0.1113
	科技进步	R&D 内部经费支出总额	Y19	正	万元	1.2981		0.0951
		R&D 从业人员折合全时当量	Y20	正	人年	2.1842		0.1105
		科学技术支出占一般预算支出比重	Y21	正	%	0.7443		0.0798
生态发展	资源利用	规模以上工业企业能源消耗总量	X7	负	万吨标准煤	0.9951	0.7941	0.0636
		万元工业增加值能源消耗量	X8	负	吨标准煤	0.8374		0.0624
		单位 GDP 能源消耗降低率	Y22	正	%	-1.0223		0.0323
		单位 GDP 电量消耗降低率	Y23	正	%	-78.6645		0.0483
		人均社会用电量	X9	负	千瓦时/人	0.7273		0.0617
		一般工业固体废物综合利用率	Y24	正	%	0.2797		0.0229

续表

一级指标	二级指标	三级指标	编码	方向	单位	CV值	α值	权重值
生态发展	环境规制	节能环保支出总额	Y25	正	万元	2.0108	0.7941	0.0714
		节能环保支出占一般预算支出比重	Y26	正	%	0.5165		0.0515
		工业二氧化硫排放量	X10	负	吨	0.8600		0.0584
		工业二氧化硫排放强度	X11	负	吨/亿元	1.0097		0.0609
		工业二氧化硫排放量削减率	Y27	正	%	-1.1938		0.0383
		工业氮氧化物排放量	X12	负	吨	0.8645		0.0589
		工业氮氧化物排放强度	X13	负	吨/亿元	0.7835		0.0562
		工业氮氧化物排放量削减率	Y28	正	%	-2.4672		0.0428
		工业烟(粉)尘排放量	X14	负	吨	1.4560		0.0672
		工业烟(粉)尘排放强度	X15	负	吨/亿元	1.1707		0.0638
		工业烟(粉)尘排放量削减率	Y29	正	%	-33.0699		0.0570
	绿化建设	建成区绿化覆盖率	Y30	正	%	0.1249		0.0341
		人均绿地面积	Y31	正	平方米/人	0.3447		0.0483

（三）模型设置

为全面和准确地考察京津冀及周边地区（2+26+3 市）大气污染协同治理成效，参考已有研究，立足区域多元系统互促共生情况与地方政府综合治理效率，构建耦合协同评估模型与政府绩效评估模型。

1. 耦合协同评估模型

借鉴容量耦合系数模型、复合系统协调度模型等思路①，构建“经济—

① Illingworth V. The penguin dictionary of physics[M]. London, UK: Penguin Book, 1996: 155-165; Ferrary M, Granovetter M. The role of venture capital firms in Silicon Valley's complex innovation network [J]. Economy and society, 2009 (2): 326-359; 张杨，王德起．基于复合系统协同度的京津冀协同发展定量测度[J]. 经济与管理研究，2017，38 (12): 33-39.

社会—生态”耦合协同评估模型。首先，以熵值法确定指标权重。一是基于标准化指标体系计算样本值比重，$P_{ij}=x'_{ij}/\sum_{i=1}^{m}x'_{ij}$。二是计算指标熵值，$E_j=-(1/\ln m)\sum_{i=1}^{m}P_{ij}\ln P_{ij}$。三是计算指标权重，$w_j=(1-E_j)/\sum_{i=1}^{m}E_j$。其次，采用功效系数法计算子系统综合序参量。一是计算序参量的功效函数。假设 X_{ij} 为第 i 个子系统第 j 个指标（序参量），α_{ij}、β_{ij} 分别为上限、下限值，X''_{ij} 为各个指标的序参量得分。若 X_{ij} 具有正功效，则 $X''_{ij}=(X_{ij}-\beta_{ij})/(\alpha_{ij}-\beta_{ij})$；若 X_{ij} 具有负功效，则 $X''_{ij}=(\alpha_{ij}-X_{ij})/(\alpha_{ij}-\beta_{ij})$。二是计算子系统综合序参量，$U_i=\sum_{j=1}^{m}w_{ij}X''_{ij}$。最后，计算系统之间的耦合度与协同度。一是计算系统耦合度，$C=3(U_1\times U_2\times U_3)^{\frac{1}{3}}/(U_1+U_2+U_3)$。$U_1$、$U_2$、$U_3$ 分别为经济系统、社会系统及生态系统的综合序参量。二是计算综合协调指数，$T=aU_1+bU_2+cU_3$。a、b、c 是反映三个子系统重要程度的待定参数，本文认为它们同等重要，取值均为 1/3。三是计算系统协同度，$D=(C\times T)^{\frac{1}{2}}$。同时，确定耦合协同程度分级标准（见表 2）。

表 2　“经济—社会—生态”耦合协同程度分级标准

耦合度 C	$C=0$	$0<C<0.3$	$0.3\leqslant C<0.5$	$0.5\leqslant C<0.8$	$0.8\leqslant C<1$	$C=1$
耦合等级	无耦合	低度耦合	颉颃耦合	磨合	高度耦合	新良性耦合
协同度 D	$D=0$	$0<D<0.1$	$0.1\leqslant D<0.2$	$0.2\leqslant D<0.3$	$0.3\leqslant D<0.4$	$0.4\leqslant D<0.5$
协同等级	完全失调	极度失调	严重失调	中度失调	轻度失调	濒临失调
协同度 D	$0.5\leqslant D<0.6$	$0.6\leqslant D<0.7$	$0.7\leqslant D<0.8$	$0.8\leqslant D<0.9$	$0.9\leqslant D<1$	$D=1$
协同等级	勉强协调	初级协调	中级协调	良好协调	优质协调	完全协调

2. 政府绩效评估模型

根据“经济—社会—生态”发展特征，政府绩效评估分为静态和动态两个层面。

在静态层面，将投入—产出效率作为政府绩效水平测定的有效依据。根据我国战略目标和实践现状，府际协同是推动京津冀及周边地区（2+26+3 市）大气污染深化治理的基础。为此，融合借鉴 CCR-DEA 模型、交叉效率模型、Super-SBM 模型等①，构建利众型策略交叉效率模型。假设有 n 个被评估的决策单元 $DUMs$，令 DMU_d 的投入向量为 $x_d=(x_{1d},\ x_{2d},\ \cdots,\ x_{md})^T$，产出向量为 $y_d=(y_{1d},\ y_{2d},\ \cdots,\ y_{sd})^T$。第一，运用经典 CCR-DEA 模型确定某一个决策单元的自评效率，$e_{dd}=\max\sum_{r=1}^{s}u_r y_{rd}$（$s.t.\ \sum_{r=1}^{s}u_r y_{rj}-\sum_{i=1}^{m}u_i x_{ij}\leqslant 0$；$\sum_{i=1}^{m}v_i x_{rd}=1$；$u_r,\ v_i\geqslant 0$）。第二，保持自评效率不变，引入利众型策略目标，确定交叉效率的权重为 $\max\sum_{j\neq d}(\sum_{r=1}^{s}v_r y_{rj}-\sum_{i=1}^{m}u_i x_{ij})$（$s.t.\ \sum_{r=1}^{s}u_r y_{rj}-\sum_{i=1}^{m}u_{id}x_{ij}\leqslant 0$；$\sum_{r=1}^{s}v_{rd}y_{rd}-e_{dd}\sum_{i=1}^{m}u_{id}x_{id}=0$；$\sum_{i=1}^{m}u_{id}x_{id}=1$；$u_{rd},\ u_{id}\geqslant 0$），令最优权重解为（$v_{rd}^*,\ u_{id}^*$），则利众型交叉效率为 $e_{dk}=\sum_{r=1}^{s}v_{rd}^* y_{rk}/\sum_{i=1}^{m}u_{id}^* x_{ik}$。第三，根据全部决策单元 DMU 的结果，得出效率矩阵 E：

$$E=\begin{bmatrix} e_{11} & e_{12} & \cdots & e_{1n} \\ e_{21} & e_{22} & \cdots & e_{2n} \\ \vdots & \vdots & \ddots & \vdots \\ e_{1n} & e_{2n} & \cdots & e_{nn} \end{bmatrix}$$

对角线元素为自评效率，非对角线元素为利众型策略的交叉效率，二者的算术平均值即为 DMU_d 的静态评估效率，即 $E_d=(\sum_{j=1}^{n}e_{dj})/n$。

在动态层面，构建交叉效率测定与窗口分析相结合的评估模型，以探寻京津冀及周边地区（2+26+3 市）大气污染协同治理绩效的时间演化规律。假定总时间长度为 T，窗口宽度为 σ，即对每个决策单元 DMU_d（$d=1,\ \cdots,\ T\cdot n$）构建 $T-\sigma+1$ 个测度窗口。基于投入向量 $x_d=(x_{1d},\ x_{2d},\ \cdots,\ x_{md})^T$ 和产出向量 $y_d=(y_{1d},\ y_{2d},\ \cdots,\ y_{sd})^T$，先按静态评估步骤计算第 t 个窗口的自评效率 e_{dd} 和交叉效率 e_{dj}，再根据效率矩阵 $E(t)$ 得出动态评估效率 $E'_d=\sum_{j=1}^{\sigma\cdot n}e_{dj}/(\sigma\cdot n)$。

① Charnes A, Cooper W W, Rhodes E. Measuring the efficiency of decision making units [J]. European journal of operational research, 1978, 2 (6): 429-444; Sexton T R, Silkman R H, Hogan A J. Data envelopment analysis: critique and extensions [J]. New directions for program evaluation, 1986 (32): 73-105; Tone K. A slacks-based measure of super-efficiency in data envelopment analysis [J]. European journal of operational research, 2002, 143 (1): 32-41.

四 “经济—社会—生态”耦合协同评估

基于京津冀及周边地区（2+26+3 市）2013～2018 年的面板数据，通过熵值法得出适配的指标权重（见表 1），并按耦合协同评估模型的操作步骤，依次测算出经济发展、社会发展、生态发展的综合序参量、耦合度及协同度（见表 3）。

表 3 “经济—社会—生态”耦合协同情况

序号	城市	经济发展综合序参量	社会发展综合序参量	生态发展综合序参量	耦合度	协同度	耦合等级与协同等级
		U_1	U_2	U_3	C	D	
1	北京	0.692491	0.790131	0.748995	0.998540	0.861851	高度耦合，良好协调
2	天津	0.615185	0.509242	0.567851	0.997021	0.749941	高度耦合，中级协调
3	石家庄	0.398180	0.279189	0.547980	0.963331	0.627274	高度耦合，初级协调
4	承德	0.367898	0.149095	0.540539	0.878011	0.556335	高度耦合，勉强协调
5	张家口	0.329766	0.180442	0.520272	0.914126	0.560354	高度耦合，勉强协调
6	秦皇岛	0.346075	0.235253	0.525152	0.948072	0.591332	高度耦合，勉强协调
7	唐山	0.480044	0.165070	0.349430	0.912571	0.550028	高度耦合，勉强协调
8	邯郸	0.293567	0.188838	0.477437	0.931449	0.545907	高度耦合，勉强协调
9	邢台	0.275235	0.179293	0.503934	0.913608	0.540265	高度耦合，勉强协调
10	保定	0.292230	0.234324	0.591670	0.921438	0.586053	高度耦合，勉强协调
11	沧州	0.386036	0.221446	0.570907	0.930364	0.604519	高度耦合，初级协调
12	廊坊	0.403164	0.264318	0.618655	0.942294	0.635589	高度耦合，初级协调
13	衡水	0.320911	0.154867	0.603584	0.863604	0.557417	高度耦合，勉强协调
14	太原	0.443793	0.366467	0.513306	0.990618	0.661097	高度耦合，初级协调
15	阳泉	0.318995	0.159187	0.434374	0.921963	0.529573	高度耦合，勉强协调
16	长治	0.288758	0.163696	0.451992	0.920392	0.526765	高度耦合，勉强协调
17	晋城	0.314087	0.174489	0.504779	0.913391	0.549946	高度耦合，勉强协调
18	济南	0.550895	0.384834	0.563687	0.985506	0.701827	高度耦合，中级协调
19	淄博	0.555299	0.217816	0.538907	0.920217	0.634388	高度耦合，初级协调
20	济宁	0.399269	0.218642	0.540145	0.935898	0.601061	高度耦合，初级协调
21	德州	0.384168	0.171656	0.586676	0.888091	0.581562	高度耦合，勉强协调
22	聊城	0.368316	0.141539	0.565547	0.861798	0.555812	高度耦合，勉强协调

续表

序号	城市	经济发展综合序参量 U_1	社会发展综合序参量 U_2	生态发展综合序参量 U_3	耦合度 C	协同度 D	耦合等级与协同等级
23	滨州	0.406848	0.147251	0.492295	0.885791	0.555844	高度耦合,勉强协调
24	菏泽	0.307805	0.182550	0.537754	0.908858	0.558094	高度耦合,勉强协调
25	郑州	0.556978	0.488782	0.577872	0.997460	0.734735	高度耦合,中级协调
26	开封	0.351310	0.186560	0.558773	0.908456	0.576267	高度耦合,勉强协调
27	安阳	0.322007	0.187976	0.476494	0.932630	0.553780	高度耦合,勉强协调
28	鹤壁	0.363830	0.165290	0.573786	0.885553	0.570579	高度耦合,勉强协调
29	新乡	0.332594	0.240381	0.562669	0.939511	0.596364	高度耦合,勉强协调
30	焦作	0.431062	0.198838	0.533179	0.922181	0.597932	高度耦合,勉强协调
31	濮阳	0.331184	0.194343	0.560486	0.912754	0.574822	高度耦合,勉强协调
32	整体	0.394451	0.243284	0.539972	0.927274	0.600881	高度耦合,初级协调

注：将指标进行正则化处理，计算数值越大，则表明耦合协同程度越高。

（一）综合序参量分析

根据功效系数测定原理，系统综合序参量值越高，表明发展水平越高。第一，经济发展综合序参量 U_1 的值域为（0.275，0.693），平均值为 0.395。其中，$U_1<0.3$ 的地区为邯郸、邢台、保定与长治；$0.3\leqslant U_1<0.4$ 的地区共有 17 个，如石家庄、承德、张家口、沧州等；$0.4\leqslant U_1<0.5$ 的地区为唐山、廊坊、太原、滨州与焦作；$0.5\leqslant U_1<0.6$ 的地区为济南、淄博与郑州；$U_1\geqslant 0.6$ 的地区为北京与天津。第二，社会发展综合序参量 U_2 的值域为（0.142，0.791），平均值为 0.243。其中，$U_2<0.2$ 的地区共有 18 个，如承德、张家口、唐山、邯郸等；$0.2\leqslant U_2<0.3$ 的地区共有 8 个，包括石家庄、保定、沧州、廊坊等；$0.3\leqslant U_2<0.4$ 的地区为太原与济南；$0.4\leqslant U_2<0.5$ 的地区为郑州；$0.5\leqslant U_2<0.6$ 的地区为天津；$U_2\geqslant 0.6$ 的地区为北京。第三，生态发展综合序参量 U_3 的值域为（0.349，0.749），平均值为 0.540。其中，$U_3<0.4$ 的地区为唐山；$0.4\leqslant U_3<0.5$ 的地区为邯郸、阳泉、长治、滨州与安阳；$0.5\leqslant U_3<0.6$ 的地区共有 22 个，如天津、石家庄、承

德、张家口等；$0.6 \leqslant U_3 < 0.7$ 的地区为廊坊与衡水；$U_2 \geqslant 0.7$ 的地区为北京。由此可知，京津冀及周边地区的经济和社会发展整体水平较低，生态发展水平相对较高，但尚未达到及格线。同时，三个系统内部均存在显著的阶梯性差异，且大部分地区位于低水平层级（见图 1）。因此，全面提升经济与社会保障水平、缩小区域内差距，是推进全域大气污染深化治理的关键。

（二）耦合协同评估分析

根据耦合协同评估规律，在高耦合度条件下，达到高协同度需具备两个前提：一是综合序参量整体处于较高值；二是不同综合序参量之间的差距较小。对京津冀及周边地区（2+26+3 市）而言，第一，耦合度 C 值域为（0.861，0.999），平均值为 0.927，所有地区处于“高度耦合”，表明三个系统之间具有强劲的相互依赖关系。第二，协同度 D 值域为（0.526，0.862），平均值为 0.601，全域处于“初级协调”，但不同地区之间存在显著的阶梯性差距。其中，北京处于“良好协调”；天津、济南与郑州处于“中级协调”；石家庄、沧州、廊坊及太原等 6 个地区处于“初级协调”；承德、张家口、秦皇岛等 21 个地区处于“勉强协调”。可知，经济发展、社会发展、生态发展综合序参量小且系统之间差距大，导致现阶段京津冀及周边地区大气污染治理处于“高耦合、低协同”层级。

京津冀及周边地区大气污染治理面临三个问题。第一，经济、社会、生态发展之间存在强劲的嵌套型互动关系，均是区域复杂系统形成及演化的必要组成部分。这意味着，京津冀及周边地区（2+26+3 市）的大气污染深化治理必然是一个牵涉广、关系网络复杂且见效较慢的过程，需具备经济发展、社会进步与生态保护的统筹型绩效理念，这样才能实现经济、社会、生态的可持续和谐互促。第二，经济、社会、生态发展之间的和谐程度低，区域内部负外部性大于正外部性。一方面，区域生态发展综合序参量明显高于经济发展和社会发展综合序参量，表明在大气污染治理过程中存在严重的“顾此失彼”问题，环境质量改善建立在经济、社会的损失基础上，缺乏长期有效的内在动力机制，难以持续提高生态福利水平。另一方面，大部分地区

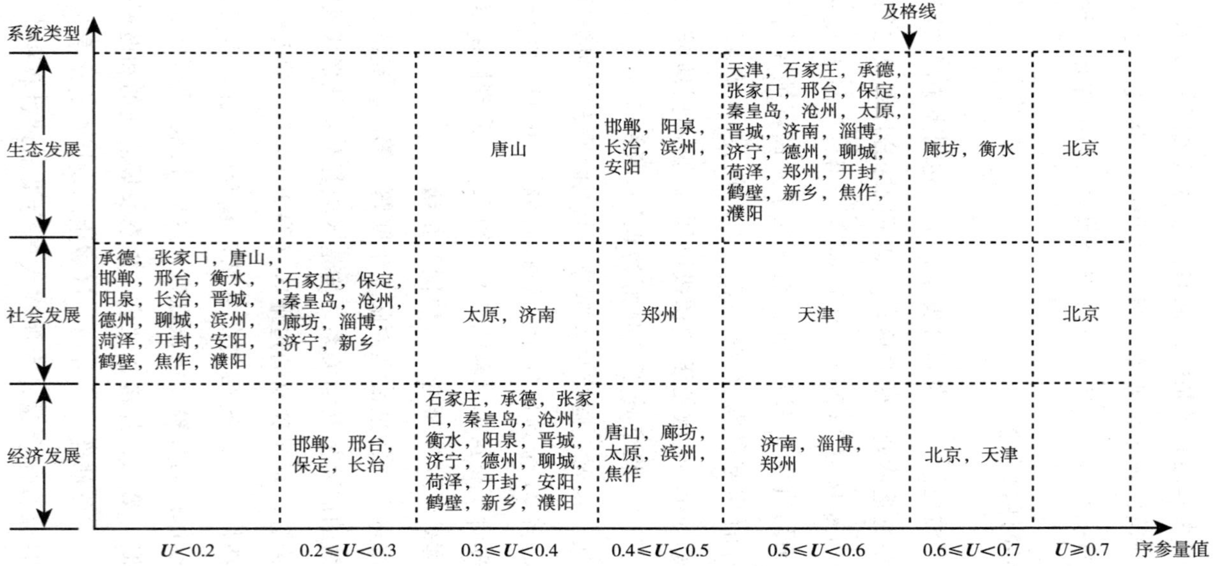

系统类型	U<0.2	0.2≤U<0.3	0.3≤U<0.4	0.4≤U<0.5	0.5≤U<0.6	0.6≤U<0.7	U≥0.7
生态发展			唐山	邯郸，阳泉，长治，滨州，安阳	天津，石家庄，承德，张家口，邢台，保定，秦皇岛，沧州，太原，晋城，济南，淄博，济宁，德州，聊城，荷泽，郑州，开封，鹤壁，新乡，焦作，濮阳	廊坊，衡水	北京
社会发展	承德，张家口，唐山，邯郸，邢台，衡水，阳泉，长治，晋城，德州，聊城，滨州，菏泽，开封，安阳，鹤壁，焦作，濮阳	石家庄，保定，秦皇岛，沧州，廊坊，淄博，济宁，新乡	太原，济南	郑州	天津		北京
经济发展		邯郸，邢台，保定，长治	石家庄，承德，张家口，秦皇岛，沧州，衡水，阳泉，晋城，济宁，德州，聊城，荷泽，开封，安阳，鹤壁，新乡，濮阳	唐山，廊坊，太原，滨州，焦作	济南，淄博，郑州	北京，天津	

序参量值；及格线：U=0.6

图 1 京津冀及周边地区“经济—社会—生态”系统发展情况

（占比约为67.74%）的协同度未达到“及格线”，存在显著的协同治理短板。这不仅是由资源禀赋、政治位势、技术水平、市场环境等现实约束造成的，更是由常规治理和运动治理转化连续谱系①中的“搭便车”“向底线竞争”等行动博弈理念驱使的结果，② 难以形成有序联动的区域治理空间格局。第三，区域大气污染治理战略布局的多中心、复合型“高耦合度”与“高协同度”互促体系亟待建立与完善。不同地区的经济、社会、生态发展水平存在着显著差异，短期内难以实现发展进度的完全一致，应全面调整“重区域目标、轻属地诉求”倾向。目前，根据不同系统演化规律与空间分布特征，将京津冀及周边地区（2+26+3市）细分为主体权责功能明确、比较优势交叠互补的多个“小圈层”，是进一步强化区域联防联控凝聚力与向心力，提升集体自组织行动效率的可行推进方向。

五 “经济—社会—生态”综合绩效评估

京津冀及周边地区（2+26+3市）大气污染治理是一个投入多、产出多（期望和非期望）的过程，地方政府作为主责者，往往希望期望产出多、非期望产出少。为此，本文参照Liu等的扩展性强自由处置原则③，细分了15个投入指标（X）和31个产出指标（Y）（见表1）。

（一）静态绩效评估分析

表4为运用利众型策略交叉效率模型，基于京津冀及周边地区（2+26+3市）2013~2018年的面板数据得出的地方政府大气污染综合治理绩效评估结果。就市域层面而言，在充分考虑自身优势的前提下，平均绩效的值域为

① 徐岩，范娜娜，陈那波．合法性承载：对运动式治理及其转变的新解释——以A市18年创卫历程为例［J］．公共行政评论，2015（2）：22-46.

② 王红梅，谢永乐，孙静．不同情境下京津冀大气污染治理的“行动”博弈与协同因素研究［J］．中国人口·资源与环境，2019，29（8）：20-30.

③ Liu W B, Meng W, Li X X, et al. DEA models with undesirable inputs and outputs[J]. Annals of operational research, 2010 (173): 177-194.

(0.741，1]，具有显著的区际差距。具体来看，第一，北京和承德拥有最高效率值，为1。北京作为政治和文化中心，技术、人才集聚，战略性新兴产业高速崛起，促使清洁能源替换、市场排污权交易/融资、“散乱污”企业整治等不断完善，如第三产业占比高达80%以上、年均万元GDP能源消耗量降低4.85%等。承德作为旅游城市，高耗能产业占比低，且非常注重环保宣传与绿化建设，2013~2018年的人均绿地面积达79.18平方米。因此，二者在发展过程中产生的“污染因子”少，“经济—社会—生态”综合治理绩效水平高，对相邻地区具有正外部性。第二，济南、开封、廊坊、张家口、沧州、济宁、晋城、天津均进入前10名。通过实地调研了解到，这些地区都积极致力于构建及完善灵活的宏观调控政策体系，如根据经济产值、体量规模、生产工艺等实施“一行（企）一策”制度，网格化监管与绩效考核制度，专项目标责任督察机制，大数据动态监测与预警机制等。这些措施突破了“环保一刀切”、经济利益占主导等理念的约束，有助于从传统能源依附型发展模式向高新技术导向型发展模式有序演进，提升地区发展收益率。第三，排在最后5名的是滨州、保定、菏泽、阳泉、唐山。一方面，它们多是依赖煤炭、石油等传统能源的重工业城市，高素质技术人才储备缺乏，市场环境相对单一，经济增长与社会就业压力大，产业结构转型升级进度相对缓慢。这五个城市2013~2018年的平均受教育程度分别为1.33%、1.74%、0.52%、1.02%、1.50%，第二产业平均占比分别为48.1%、46.6%、52.4%、50.4%、56.2%。另一方面，综合治理体系建设水平偏低，排放清单模糊、制度评估体系缺乏、精细化管理布局粗糙、部门利益博弈等，致使技术密集型产业升级、城中村污染等难题尚未得到有效解决。

表4 静态“经济—社会—生态”绩效评估情况

DUM	平均绩效值	排名	*DUM*	平均绩效值	排名	*DUM*	平均绩效值	排名
北京	1.000000	1	廊坊	0.992836	5	滨州	0.872895	27
天津	0.978037	10	衡水	0.922610	19	菏泽	0.835308	29

续表

DUM	平均绩效值	排名	*DUM*	平均绩效值	排名	*DUM*	平均绩效值	排名
石家庄	0.898449	25	太原	0.955004	15	郑州	0.911547	21
承德	1.000000	1	阳泉	0.755212	30	开封	0.996232	4
张家口	0.986995	6	长治	0.914967	20	安阳	0.889984	26
秦皇岛	0.902777	24	晋城	0.980623	9	鹤壁	0.937220	17
唐山	0.741360	31	济南	0.998472	3	新乡	0.952631	16
邯郸	0.908625	22	淄博	0.969160	11	焦作	0.964744	14
邢台	0.967958	12	济宁	0.982579	8	濮阳	0.905507	23
保定	0.847762	28	德州	0.966527	13	整体	0.930826	—
沧州	0.985126	7	聊城	0.934470	18			

注：因篇幅有限，仅呈现各地区的平均绩效值及排序结果。

从基于省域范围划分的平均绩效来看，河北 11 个城市的值域为(0.741，1]；山西 4 个城市的值域为（0.755，0.981)；山东 7 个城市的值域为（0.835，0.998)；河南 7 个城市的值域为（0.890，0.996)。由此可知，京津冀及周边地区（2+26+3 市）大气污染治理的绩效水平差距集中体现于河北，山东次之，这与前文验证的“地区之间综合发展协同度低”的结论相符。究其根源，资源禀赋、政治位势、产业结构、市场环境等的同质化程度高，使以个体利益为主导的地区竞争意识强，未形成有效的“经济—社会—生态”发展联盟，难以通过互补方式实现投入—产出的帕累托最优目标。从时间维度来看，平均绩效前 10 名城市的年度变化幅度很小，波动距为 0.117。第 11~21 名城市的年度绩效变化幅度相对较大，波动距为 0.239，且具有较显著的单向演化特征，如淄博、太原与长治呈上升态势，衡水与聊城为下降态势。第 22~31 名城市的年度绩效变化幅度大，波动距为 0.456，且存在多元化演化特征。其中，滨州与邯郸呈下降态势，濮阳、秦皇岛、石家庄、保定及唐山呈“降—升”态势，阳泉与菏泽呈“升—降”态势，安阳呈“降—升—降”态势。这表明，现阶段仍有较多地区缺乏明确的中长期“经济—社会—生态”统筹发展目标，在短期利益的驱使下，易采取“弃卒保车”的措施，致使阶段性绩效水平不稳定、整体成效偏低。

按自身实情制定并完善可持续发展战略政策，是提升属地大气污染综合治理绩效水平、强化区域专项分工协作合力的必然要求。

（二）动态绩效评估分析

任何组织的绩效水平，都会随着时间变化而呈现一定程度的多样性和动态性，仅对地方政府大气污染综合治理绩效开展静态评估，难以精准把控同等约束条件和测度标准下的演化规律，故需从动态层面进一步探究。所以，融合交叉效率评估和动态窗口分析的机理，取窗口宽度 $\sigma=2$，即共分为 5 个窗口：2013～2014 年、2014～2015 年、2015～2016 年、2016～2017 年、2017～2018 年，依次测量同一地区在不同窗口的绩效值及变动情况（见表 5），进而得出平均绩效值与排名。

表 5　动态“经济—社会—生态”绩效评估情况

城市	窗口划分	2013 年	2014 年	2015 年	2016 年	2017 年	2018 年	窗口变化率	平均变化率
北京	窗口 1	0.965629	0.999649					3.523%	-2.241%
	窗口 2		0.997349	0.968947				-2.848%	
	窗口 3			0.979155	0.998843			2.011%	
	窗口 4				0.997839	0.947565		-5.038%	
	窗口 5					0.999403	0.915860	-8.359%	
天津	窗口 1	0.970819	0.997588					2.757%	-6.658%
	窗口 2		0.999351	0.945265				-5.412%	
	窗口 3			0.987210	0.975609			-1.175%	
	窗口 4				0.998689	0.787015		-21.195%	
	窗口 5					0.965671	0.903961	-6.390%	
石家庄	窗口 1	0.784913	0.630804					-19.634%	-7.169%
	窗口 2		0.772160	0.789477				2.243%	
	窗口 3			0.855499	0.838232			-2.018%	
	窗口 4				0.836936	0.709401		-15.238%	
	窗口 5					0.846276	0.854911	1.020%	

续表

城市	窗口划分	2013 年	2014 年	2015 年	2016 年	2017 年	2018 年	窗口变化率	平均变化率
太原	窗口 1	0.733482	0.740242					0.922%	-2.648%
	窗口 2		0.887288	0.777299				-12.396%	
	窗口 3			0.776137	0.742624			-4.318%	
	窗口 4				0.951676	0.897599		-5.682%	
	窗口 5					0.857639	0.939915	9.593%	
济南	窗口 1	0.999094	0.975526					-2.359%	-1.888%
	窗口 2		0.999966	0.960401				-3.957%	
	窗口 3			0.998326	0.992601			-0.573%	
	窗口 4				0.999843	0.984205		-1.564%	
	窗口 5					0.991493	0.982083	-0.949%	
郑州	窗口 1	0.905859	0.838300					-7.458%	-1.164%
	窗口 2		0.837189	0.888363				6.133%	
	窗口 3			0.922294	0.810386			-12.134%	
	窗口 4				0.833775	0.861314		3.303%	
	窗口 5					0.826300	0.874313	5.811%	

注：因篇幅有限，仅呈现省级城市的动态绩效评估结果。

在此，可从三个维度探寻演化特征。第一，横向比较，平均绩效值排前 10 名的依次是济南、开封、北京、晋城、济宁、德州、承德、廊坊、天津、淄博；排最后 5 名的是菏泽、石家庄、保定、阳泉、唐山。可见京津冀及周边地区（2+26+3 市）大气污染综合治理绩效“三阶段”排名格局变动较小，但前 10 名城市的排序变动较大，这是因为它们绩效评估优势的差异更为显著，对测度标准的变化更敏感。第二，纵向比较，区域 2013～2018 年平均绩效值呈小幅度“升—降—升—降”态势，波动距为 0.043，大气污染综合治理绩效水平比较稳定。与此同时，各地区在不同窗口的绩效有增有减，但整体呈下降态势。其中，绩效变化幅度排前 5 名的依次是阳泉、保定、滨州、安阳、长治；整体下降幅度排前 10 名的依次是衡水、沧州、张家口、邯郸、阳泉、承德、石家庄、秦皇岛、天津、新乡。这反映了两个问题：一是属地大气污染治理具有显著的“运动式”特征，尚未探索出有效的全面、平稳的发展路径，导致其绩效水平受经济贸易环境、特殊政治任务及资源存储容量等因素的影响大[①]；二是区域内部潜藏着较严重的“搭便车”“逐底竞争”等问题。虽然目前能确保正外部性与负外部性基本持平或抵消，但属地常态化治理的内在动力逐步衰退，不利于区域联防联控战略的持续性贯彻执行与优化。第三，立足省域层面的横向、纵向比较。除了北京和天津，河北 11 个城市的平均绩效值为 0.864，极差为 0.256；山西 4 个城市的平均绩效值为 0.843，极差为 0.244；山东 7 个城市的平均绩效值为 0.910，极差为 0.170；河南 7 个城市的平均绩效为 0.894，极差为 0.118。可知，在动态窗口评估中，山东片区的平均绩效水平最高，河南片区的绩效水平差距最小，而河北和山西片区的平均绩效水平偏低且内部差距较大。这与静态评估结果基本一致，表明省际和省域内，大气污染综合治理的正、负外部性问题均显著，需参照大气污染集聚演化格局与资源环境承载力、技术与教育结构、城镇化发展水平等，同步做好省域、市域、县域层面的专项责任目标分解、主体功能区划分、复杂任务分块等联防联控统筹工作，以“共同但有差别”的属地“经济—社会—生态”协同发展，推动区域大气污染深化治理成效的稳步提升。

六　结论与对策建议

大气污染复合性、流动性与极强的外部性特征，决定其治理必然是一项长期、复杂的工程。随着全球气候治理与我国社会主义市场经济的深化发展，多维系统复合联动的投入—产出规模效益最大化已成为新时代密切关注与努力追求的核心目标。为此，本文对京津冀及周边地区（2+26+3 市）2013~2018 年大气污染治理开展“协同—绩效”评估。基于“五位一体”

① Wang H B, Zhao L J, Xie Y J, et al. “APEC blue”—the effects and implications of joint pollution prevention and control program［J］. Science of the total environment, 2016（553）: 429-438；孙静，马海涛，王红梅．财政分权、政策协同与大气污染治理效率——基于京津冀及周边地区城市群面板数据分析［J］．中国软科学，2019（8）：154-165.

战略视角的耦合协同评估发现以下两点。一是经济系统、社会系统及生态系统之间具有强劲的嵌套型互动关系，共同构成复杂多变的区域动态空间系统，使大气污染治理牵涉面广、关系网络错综且见效较慢。二是经济、社会及生态三个系统相互促进的和谐程度低。经济发展与社会发展的整体水平偏低，相对较高的生态发展尚未达到及格线。同时，各系统内部均存在显著的阶梯性差距，且大部分地区处于“低阶”层级，致使区域整体的负外部性大于正外部性。根据投入—产出效率视角的地方政府静态与动态绩效评估得出：同一时期地区大气污染综合治理绩效具有显著性差异，资源禀赋、政治位势、产业结构、市场环境等同质化程度较高促使属地之间的利益竞争意识强，难以通过优势互补的协作路径实现投入—产出的帕累托最优目标；区域大气污染综合治理绩效的“三阶段”排名格局比较稳定，虽然各地区在不同窗口的绩效水平有增有减，但整体呈下降态势。在相对优势差异及敏感性变动的影响下，属地大气污染治理具有显著的“运动式”特征，潜藏着较严重的“搭便车”“逐底竞争”“责任分散效应”等问题，不利于区域联防联控的可持续深化推进。

扎根于我国“双碳”目标等战略政策导向，全面提升京津冀及周边地区（2+26+3 市）大气污染协同治理绩效水平，可着重从以下三个方面推进。

第一，协调好属地发展诉求与整体协同治理目标的竞合博弈关系。一是要正视“促动发展”“保护环境”等多重使命共同引致的地区经济社会发展差距与现实需求变化。通过政府联席会、政治动员会、专家论证会、环评共商会等，组建专项领导小组、完善跨地区跨部门协作机制、细化监测—督察—预警标准设定等，健全区域联防联控的纵向横向环保利益差核算与转移支付、补偿体系，促使“任务驱动型协同”向“自主参与型协同”有序转变。二是要统筹好全域与局域“共同但有差别”的联防联控步调。以主导能源、要素禀赋、核心污染物排放存量为依据，以北京、天津、石家庄、济南、郑州、太原等为地缘辐射基点，逐步完善多中心、多层级、多梯队的复合型“地域+领域”协作体系，使各地区充分明确自身的比较优势与专项责任目标，制定财政资金分配、污染物排放限值、应急响应等适配方案，实现精细化“韧性”治理。

第二，基于生态保护红线、环境质量底线、资源利用上线与生态环境准入清单，协调好经济、社会、生态“三位一体”耦合协同机制建设。

对经济发展而言，一是要根据经济基础、技术条件、市场环境、地理位置等，明确各地区的研发、制造、贸易等主体功能区定位，打造复合型、互补型区域经济圈体系，增强内部协作契合度与外向竞争力。二是要积极推动具有高经济附加值的知识技术密集型制造业与现代服务业发展，吸引优质外资企业。同时，提高煤炭、石油等非再生能源的使用效率，加强太阳能、风能、水能等可再生清洁能源的开发利用，推动区域经济增长“量引导”向“质驱动”升级，提升“低碳—循环—绿色”全要素生产率。三是要健全各类产品的全生命周期管理体系，加强外商投资分类管理，推进环保型工业园、经济开发区、自贸试验区等建设，逐步优化绿色供应链和生产者责任动态监管机制。

对社会发展而言，一是要制定差异化的政策协调机制，完善交通、邮电等基础设施网，推动绿色城镇化发展，提升地级市、县级市在产业承接、科技创新、市场拓展、公共服务等方面的质量和效率。[①] 有效解决北京、天津、郑州、济南等城市的“虹吸效应”引致的资源配置不均衡问题。二是要运用税费、贷款优惠、财政性专项补贴、共同融资基金等激励型政策工具，提升新能源汽车、新型污染物处理技术和设备等的应用普及率，实现区域消费结构的整体升级。

对生态发展而言，一是要以石家庄、邯郸、衡水、邢台、唐山等为典型代表，提升地区环境治理投入比重及使用效率，完善省、市、县（区）不定期巡查与通报措施，实时督察地区责任目标的执行进度。二是要根据地形、土质、降水等情况，分域、分类推动草地、森林、湿地等绿化空间的延

---

① 张冀，史晓．京津冀协同发展政策效果评估——以家庭经济风险为例［J］．北京社会科学，2022（10）：41-54.

展，强化区域生态系统的自我净化能力与可持续性负荷能力。通过森林氧吧、生态民宿、有机牧场、生态农业科技园等联动运营模式，增加生物多样性，增加经济与社会附加值。

第三，完善地方政府综合绩效考核及奖惩机制改革。一是要参照国家“五位一体”战略布局，深化推行“经济—社会—生态”导向型目标责任制，以拓展官员政治晋升的环境绩效维度、调减经济权重等为“风向标”，构建“共性+个性”的评估体系，贯彻党政同责、一岗双责、多部门“分责”制度集合。二是要基于结构性与程序性评估结果，探索数字信息化治理、绿色 GDP 核算、绿色全要素生产率测度等方法，将行动成本、经济损失、个体及共同收益等影响因子，有效纳入地区综合发展效益评估范畴，并根据不同阶段的区域空间格局演化实情，精准执行环境绩效“一票否决”“奖惩分明”“动态调整”等措施。三是要严格落实相关领导干部的自然资源资产和环境离任审计要求，健全环境治理问责制和终身追究制，有效防止任期制、分管制等引致的政治“短视”与被动应对式行动策略，倒逼地方政府树立全面发展的绩效观。

“Coordination-Performance” Assessment of Air Pollution Control in Beijing-Tianjin-Hebei and Surrounding Areas

Xie Yongle, Wang Hongmei

Abstract: Through the coupling collaborative evaluation, cross-efficiency evaluation and dynamic window analysis, the air pollution control situation in Beijing-Tianjin-Hebei and surrounding areas (2+26+3 cities) from 2013 to 2018 was explored from the economic, social and ecological dimensions. This paper obtains the following findings: there is a strong nested interaction among the three systems, but the degree of harmony is low; each system has a significant ladder gap, and most of the regions are at the low level, resulting in negative spillover effects greater than positive externalities; the "three-stage" ranking pattern of comprehensive governance is relatively stable, and the performance of various regions in different evaluation windows has increased or decreased, but the overall trend is declining. Therefore, it's necessary to improve the coupling and collaborative level of multi-system based on "three lines and one order"; to optimize the accounting and transfer payment/compensation mechanism for environmental protection benefit differences, and guide the joint defense cooperation of multi centers, multi levels and multi echelons "regional+field" joint defense cooperation with the special responsibility targets; to expand the environmental performance dimension, reduce the weight of economic indicators, digital governance and strict lifelong accountability, so as to improve the regional comprehensive development benefit assessment system, strengthen the reward and punishment effect of the application of results.

Keywords: Beijing - Tianjin - Hebei and surrounding areas; air pollution control; coupling coordination; performance assessment

京津冀地区数字经济发展对碳排放的影响效应*

——来自2011~2019年13个地级及以上城市的经验证据

姜汝川　景辛辛**

摘　要： 本文基于2011~2019年京津冀地区城市面板数据，实证考察了京津冀地区数字经济发展对碳排放的影响及作用机制。结果显示，京津冀地区数字经济发展显著地促进了城市碳排放量降低，且主要是通过融资水平机制、产业集聚机制和外商直接投资机制三种机制产生显著的积极作用。变换核心解释变量、改变实证回归方法等进行检验后，研究结论依然保持稳健。异质性分析结果显示，不论数字经济发展水平高还是低，数字经济发展均可以促进京津冀地区城市碳排放量降低；环京城市与经济强市的数字经济发展均促进了其碳排放量下降，但在非环京地区，这一效果不显著，而非经济强市的数字经济发展则加速了其碳排放量增加。

关键词： 数字经济发展　碳排放　京津冀地区

* 本文已发表于《北京社会科学》2023年第4期。

** 姜汝川，中国政法大学商学院讲师，博士；景辛辛，山东财经大学会计学院讲师，博士。

一 引言

碳排放及其可能引发的一系列后果会影响经济可持续发展和人民安居乐业，为了有效应对碳排放可能产生的不利影响，中国提出了2030年实现碳达峰、2060年实现碳中和的目标，这需要中国经济实现健康可持续的发展。中国经济绿色转型发展，数字经济的发展同样提上日程。数字经济的发展可以有效促进中国经济“向实”而行①，数字经济通过促进企业的实体投资②，实现与实体经济的有效融合，提升制造业比重和制造业质量。数字经济的发展可以提升企业的融资水平，降低企业的冗余成本，增强企业的风险抵抗能力，提升创新水平，进而有效促进制造业高质量发展。绿色发展是高质量发展的题中应有之义，碳排放量的降低又是绿色发展的重中之重，实体经济是碳排放大户，数字经济发展在促进制造业“向实”而行的过程中，对京津冀地区各城市碳排放会产生何种影响？产生影响的作用机制又是什么？数字经济发展对京津冀地区城市碳排放的影响是否会随着数字经济发展水平的不同而产生不同的结果？这些问题都有待研究。

本文利用2011~2019年北京市、天津市和河北省11个地级市的城市面板数据，实证分析数字经济发展对京津冀地区城市碳排放的影响。研究结果显示，京津冀地区数字经济发展显著促进了城市碳排放量下降。数字经济发展促进京津冀地区碳排放量下降的主要机制包括融资水平机制、产业集聚机制和外商直接投资机制。进一步分析发现，不论数字经济发展水平高还是低，都显著地促进了京津冀地区碳排放量的下降，尤其是促进了环京城市和经济强市的碳排放量下降。

京津冀地区是中国北方重要的经济增长极，也是北方治理环境污染的重

---

① 江红莉，侯燕，蒋鹏程．数字经济发展是促进还是抑制了企业实体投资——来自中国上市公司的经验证据[J]．现代财经（天津财经大学学报），2022，42（5）：78-94.

② 孙哲远．数字经济发展如何影响制造业企业“脱虚向实”？——来自国家级大数据综合试验区的证据[J]．现代经济探讨，2022（7）：90-100.

点区域，研究京津冀地区数字经济发展对碳排放的影响具有重要意义。本文主要在以下两个方面有所创新：第一，着重分析数字经济发展对京津冀地区碳排放的影响，补充拓展了数字经济的环境效应；第二，创新了研究视角，分析了融资水平机制、产业集聚机制和外商直接投资机制，进一步厘清了京津冀地区数字经济发展对碳排放的作用机制，构建了数字经济发展降低碳排放的理论框架。本文的理论基础和研究结论对促进京津冀地区协同发展、环境污染协同治理和“双碳”目标实现具有重要的意义。

二　文献述评与理论基础

（一）文献述评

数字经济发展是实现“金山银山”和“绿水青山”相统一的重要推动力。数字经济发展可以有效地促进中国经济高质量发展①，提升经济发展的技术效率。② 就行业发展而言，数字经济发展同样可以有效提升行业的技术水平，促进行业技术升级，进而促进行业高质量发展。数字经济发展还可以进一步缩小先进制造业和非先进制造业的技术鸿沟，整体提升中国经济发展的质量。③

数字经济发展在促进中国经济转型升级的过程中，也促进了环境的改善，尤其是碳排放量的下降。数字经济发展与中国碳排放量呈现倒 U 形关系，表明数字经济发展刚开始会导致碳排放量上升，但随着数字经济发展水平的提升，数字经济和实体经济进一步融合，此时数字经济的创新效应逐步

---

① Liu Y, Yang Y L, Li H H, et al. Digital economy development, industrial structure upgrading and green total factor productivity: empirical evidence from China's cities[J]. International journal of environmental research and public health, 2022, 19 (4): 1-23.

② 范合君，吴婷．数字化能否促进经济增长与高质量发展——来自中国省级面板数据的经验证据[J].管理学刊，2021，34（3）：36-53.

③ 白雪洁，李琳，宋培．数字化改造能否推动中国行业技术升级？[J].上海经济研究，2021（10）：62-76.

显现，数字经济发展会逐步降低碳排放量。[①] 此外，从空间角度来看，数字经济发展降低碳排放量的减排效应存在空间溢出效应，但是溢出效应相对较弱。[②] 郭炳南等以国家级大数据综合试验区为案例，分析了数字经济发展对城市空气质量的影响。研究发现，数字经济发展可以显著改善城市的空气质量，但是该效应在污染程度更为严重的北方城市更加明显，其中数字经济发展通过驱动城市产业结构升级、创新水平提升和资源优化配置促进了城市空气质量的改善。[③] Zhang 等同样从空间角度出发，发现国家级大数据综合试验区的设立对空气质量的改善存在明显的空间正向溢出效应，数字经济发展可以通过降低能源强度、降低能耗及促进城市绿化等机制促进城市碳排放绩效提升。[④]

只对碳排放和空气质量进行研究较难衡量数字经济发展对经济发展和环境保护的影响，因此一般将工业烟尘、工业废水和工业二氧化硫视为城市经济发展的坏产出，以城市 GDP 为好产出来计算城市全要素环境效率，用以衡量数字经济发展对经济发展和环境保护的双重影响。梁琦等以城市生态效率为研究对象，发现城市数字经济发展通过促进产业升级有效地改善了城市生态效率，即城市全要素环境效率。[⑤]

综观以往研究不难发现，探讨数字经济发展的作用及碳排放影响因素的文献较多，其中，研究数字经济环境效应的文章近年来增长显著。虽然京津冀地区的数字经济发展在中国名列前茅，但是较少学者研究京津冀地区数字经济发展对碳排放的影响，更鲜有学者清楚探讨京津冀地区数字经济发展影

---

① 缪陆军，陈静，范天正，等．数字经济发展对碳排放的影响——基于 278 个地级市的面板数据分析[J].南方金融，2022（2）：45-57.

② 缪陆军，陈静，范天正，等．数字经济发展对碳排放的影响——基于 278 个地级市的面板数据分析[J].南方金融，2022（2）：45-57.

③ 郭炳南，王宇，张浩．数字经济发展改善了城市空气质量吗——基于国家级大数据综合试验区的准自然实验[J].广东财经大学学报，2022，37（1）：58-74.

④ Zhang W, Liu X M, Wang D, et al. Digital economy and carbon emission performance: evidence at China's city level[J]. Energy policy, 2022 (165): 112927.

⑤ 梁琦，肖素萍，李梦欣．数字经济发展提升了城市生态效率吗？——基于产业结构升级视角[J].经济问题探索，2021（6）：82-92.

响碳排放的机制。研究京津冀地区数字经济发展对碳排放的影响，对京津冀协同发展战略的实施具有重要意义。就实证评估而言，内生性问题是大多数经济学文章需要重点解决的问题，本文将采用工具变量和遗漏变量的方式解决内生性问题。数字经济发展不仅可以有效促进经济转型升级，而且可以实现生态环境的有效保护和改善。为此，本文着重以京津冀地区为例，研究数字经济发展对城市碳排放的影响及作用机制。

（二）理论机制及研究假设

1. 融资水平机制

数字经济发展可以有效降低企业的融资成本，提高企业的融资可得性。其中，金融科技起到了尤为关键的作用。金融科技是数字经济发展非常重要的一个方面，是金融行业和数字经济发展的有机结合。金融科技的发展可以有效助力银行获得高质量的客户，提升银行对客户的审核效率，解决资金需求方和供给方的信息不对称问题，进一步缓解企业融资约束，降低企业的融资成本，进而提高企业的融资可得性。[①] 此外，数字经济发展可以通过数字技术识别企业资金需求，并在此基础上进一步精细化管理，识别企业的长期资金需求和非长期资金需求、急需资金需求和非急需资金需求，从而更为精准地服务企业，为企业提供更为优质的金融服务。数字经济发展缓解了融资约束，提高了企业的融资效率。企业获得更多的资金，资金压力缓解，将通过融资获得的资金进一步用于环境治理，降低碳排放量。并且，企业通过融资获得更多资金可进一步提升企业的创新能力和创新水平，进而提升企业的碳排放治理能力，降低企业碳排放量。

数字经济发展推动了银行业大力采用大数据、人工智能和区块链等技术实现数字化发展，提升了银行业的数字化管理能力和促进了银行产品的创

---

① 刘长庚，李琪辉，张松彪，等．金融科技如何影响企业创新？——来自中国上市公司的证据[J]．经济评论，2022，233（1）：30-47.

新[①]，进一步缓解了企业融资约束。据此，本文提出假设1。

假设1：数字经济发展通过提高企业的融资水平，降低京津冀地区的碳排放量。

2. 产业集聚机制

一方面，数字经济发展可以促进企业内部数字化改革，促进企业内部信息流、资金流等畅通，提高企业信息、资金的利用效率，提升资源配置能力，改善企业的生产率。[②] 另一方面，数字经济发展促进了产业链和价值链上下游企业之间的信息共享，促进了不同企业能量转换，提升了地区内部的资源配置能力和效率。企业之间的交易成本不断下降，交易效率逐步提高。[③] 此外，数字经济发展促进了不同地区之间人、财、物的交流，产生了人、财、物的集聚效应。这不仅可以吸收容纳更多劳动力尤其是高素质劳动力就业和生活，而且可以有效解决企业之间资源的集聚和配置问题，从而扩大范围经济和产业集聚效应。

数字经济发展通过促进产业集聚产生显著的减排效应。一方面，数字经济发展促进城市产业集聚，而产业集聚可有效提高资源能源的配置效率，进而提高资源能源的利用效率，最终降低京津冀地区的碳排放量。而且，产业集聚减少了资源能源的运输损耗，也可以降低碳排放量。另一方面，数字经济发展促进了京津冀地区低污染、低排放、低耗能产业集聚，北京和天津数字经济的发展，对河北省不同地级市产生积极的空间溢出效应，促进河北省“三低”企业集聚，整体降低了京津冀地区的碳排放量。

此外，京津冀地区的数字经济发展促进了产业集聚，实现了创新技术的扩散和共享、创新水平的提升，有效降低了碳排放量。因此，京津冀地区数字经济发展降低了京津冀地区碳排放量。据此，本文提出假设2。

---

① 王诗卉，谢绚丽．经济压力还是社会压力：数字金融发展与商业银行数字化创新[J]．经济学家，2021（1）：100-108.

② 韦庄禹．数字经济发展对制造业企业资源配置效率的影响研究[J]．数量经济技术经济研究，2022，39（3）：66-85.

③ 王勇，辛凯璇，余瀚．论交易方式的演进——基于交易费用理论的新框架[J]．经济学家，2019（4）：49-58.

假设 2：京津冀地区数字经济发展通过促进产业集聚，降低了京津冀地区的碳排放量。

3. 外商直接投资机制

数字经济在促进实体经济发展方面具有重要的作用，数字经济发展可以通过吸引更多外商直接投资促进地区经济转型升级，进而带动碳排放量下降。

目前，中国吸引外商直接投资的优势已经转变为创新水平较高及全要素生产率较高。以往外商直接投资更多看重中国具有巨大的能源资源优势、劳动力成本较低及环境规制水平低，将高耗能、高污染、高排放及低附加值产业转移到中国。随着中国创新水平和全要素生产率的提升，必然会引入更多具有高技术水平的外商直接投资，而高耗能、高污染、高排放的外商直接投资将较少引入。

京津冀地区数字经济发展可以有效促进京津冀地区创新投入增加，改善科研环境，吸引更多高素质科研人员，进而带动地区创新水平提升，改善创新绩效。[①] 此外，数字经济的发展促进了京津冀地区人员交流和思想碰撞，降低了京津冀地区获取信息的成本。因此，数字经济发展通过增加创新投入、吸引人才和促进信息交流，促进了京津冀地区基础研究改善，促进了京津冀地区专利数量增加和专利水平提高。数字经济发展通过促进企业创新水平提高[②]，引入更多高质量、高创新能力和低污染排放的外商直接投资，带动了京津冀地区碳排放量下降。正如鲁玉秀和方行明所言，数字经济的发展使城市能够吸引更多外商直接投资流入，并且可以进一步增强制造业能力，加速外商直接投资流入。[③] 据此，本文提出假设 3。

---

① 黄节根，吉祥熙，李元旭．数字化水平对企业创新绩效的影响研究——来自沪深 A 股上市公司的经验证据[J].江西社会科学，2021，41（5）：61-72+254-255.

② Ferreira J J M, Fernandes C I, Ferreira F A F. To be or not to be digital, that is the question: firm innovation and performance [J]. Journal of business research, 2019 (8): 583-590; Jun W, Nasir M H, Yousaf Z, et al. Innovation performance in digital economy: does digital platform capability, improvisation capability and organizational readiness really matter? [J]. European journal of innovation management, 2021, 25 (5): 1309-1327.

③ 鲁玉秀，方行明．城市数字经济发展能够影响 FDI 区位选择吗？[J].技术经济，2022，41（2）：119-128.

假设 3：数字经济发展通过引入外商直接投资带动京津冀地区碳排放量下降。

三　变量选取和模型设定

（一）变量选取和描述性统计

核心解释变量为数字经济发展（*Dia*）。本文借鉴赵涛等的测量方法①，通过构建数字经济发展水平的指标体系，利用熵值法测算京津冀地区 13 个城市的数字经济发展水平。

控制变量包括以下几个。第一，人均 GDP（*PGDP*），表示经济发展水平。库兹涅茨曲线表明，经济发展和环境保护存在重要的相关关系，当人均 GDP 发展到一定程度时，环境质量会逐步提高。第二，产业结构（*Indu*）。产业结构是影响环境质量的重要因素，如果某一地区主要是高污染、高耗能产业，那么该地区的环境质量往往比较差。而当某一地区的产业结构较为合理，工业产业节能环保效益显著时，该地区的环境质量往往较高。产业结构采用第二产业增加值占 GDP 的比重表示。第三，外商直接投资（*FDI*）。已往的研究认为发展中国家存在"污染天堂"假说，发展中国家引入外商直接投资，往往会造成该地区环境污染。但是随着中国经济转型升级，吸引的外商直接投资质量越来越高，对环境的负向效应逐步降低。因此，本文引入 *FDI* 作为控制变量。第四，年末金融机构存款余额（*Fina*）。一般来说，年末金融机构存款余额越多，越有利于企业贷款。环境保护是企业的社会责任，但是环境保护是需要大量资金支持的，所以选取年末金融机构存款余额作为控制变量放入模型。第五，公路客运量（*Passe*）。一般来说，基础设施越完善，消费者购置车

---

① 赵涛，张智，梁上坤．数字经济、创业活跃度与高质量发展——来自中国城市的经验证据[J].管理世界，2020，36（10）：65-76.

辆越多，而车辆尾气排放是二氧化碳的重要来源，因此，本文选择公路客运量作为控制变量放入模型。

（二）模型设定

京津冀地区数字经济发展对城市碳排放的影响实证回归过程主要以式（1）为基本模型：

$$CO_{2,i,t} = \alpha_1 + \alpha_2 Sz_{i,t} + \alpha_3 Z_{i,t} + \beta_t + \theta_i + \varepsilon_{i,t} \tag{1}$$

式（1）中，$CO_{2,i,t}$ 表示京津冀地区 i 城市在第 t 年的碳排放量，是本文的被解释变量。$Sz_{i,t}$ 表示京津冀地区 i 城市在第 t 年的数字经济发展水平，是本文关注的核心解释变量。α_2 表示京津冀地区数字经济发展对城市碳排放影响的核心系数。Z 为控制变量，具体为人均 GDP、产业结构、外商直接投资、年末金融机构存款余额和公路客运量。$\varepsilon_{i,t}$ 为随机误差项。β 和 θ 分别表年份固定效应和地区固定效应。

在以式（1）验证京津冀地区数字经济发展对城市碳排放影响的基础上，还需要进一步分析京津冀地区数字经济发展影响碳排放的机制，因此，本文以式（2）为基础分析京津冀地区数字经济发展影响城市碳排放的作用机制，模型设定为：

$$ZY_{i,t} = \alpha_1 + \alpha_2 Sz_{i,t} + \alpha_3 Z_{i,t} + \beta_t + \theta_i + \varepsilon_{i,t} \tag{2}$$

式（2）中，$ZY_{i,t}$ 表示京津冀地区数字经济发展影响城市碳排放的机制变量，分别为融资水平、产业集聚和外商直接投资。其余变量符号含义同式（1）。

四　实证分析

京津冀地区数字经济发展对城市碳排放的影响如何以及通过何种机制产生影响是本文重点关注的问题。因此，本文首先以式（1）为基础实证考察了京津冀地区数字经济对城市碳排放的影响；其次，在基本回归结果基础上进行稳健性检验；最后，针对内生性问题进行内生性检验。

（一）基本回归结果分析

表 1 报告了京津冀地区数字经济发展对碳排放影响的基本回归结果。核心解释变量是京津冀地区各城市数字经济发展，被解释变量为京津冀地区各城市的碳排放量，共 13 个城市，样本量为 117 个。表 1 列（1）和列（2）均为只加入城市层面控制变量的回归结果，二者的区别是，列（1）的回归系数标准误未聚类到省级（直辖市）行政区划层面，列（2）的回归系数标准误聚类到省级（直辖市）行政区划层面。表 1 的列（1）和列（2）的结果显示，数字经济发展的回归系数均为-0.3018，且都在 5%的显著性水平上通过检验，回归结果表明，在未控制年份固定效应和地区固定效应的情况下，数字经济发展促进了京津冀地区城市碳排放量下降。表 1 列（3）和列（4）均加入了城市层面控制变量，并进一步控制了年份固定效应和地区固定效应，以更加准确地评估数字经济发展对京津冀地区城市碳排放量的影响。列（3）和列（4）的区别是，列（3）的回归系数标准误未聚类到省级（直辖市）行政区划层面，列（4）的回归系数标准误聚类到省级（直辖市）行政区划层面。列（3）和列（4）的结果显示，数字经济发展的回归系数均为-1.2509，分别在 1%和 5%的显著性水平上通过检验，表明在控制了年份固定效应和地区固定效应的基础上，京津冀地区数字经济发展仍然可以显著地促进城市碳排放量降低。

表 1 基本回归结果

	(1)	(2)	(3)	(4)
数字经济发展	-0.3018** (0.1394)	-0.3018** (0.1357)	-1.2509*** (0.2764)	-1.2509** (0.1714)
常数项	-10.2005*** (2.8233)	-10.2005*** (2.2159)	-17.3674*** (2.0044)	-17.3674*** (0.6777)
控制变量	控制	控制	控制	控制
年份固定效应	未控制	未控制	控制	控制
地区固定效应	未控制	未控制	控制	控制

续表

	(1)	(2)	(3)	(4)
样本量(个)	117	117	117	117
城市数量(个)	13	13	13	13
标准误聚类到省份层面	否	是	否	是
调整拟合优度	—	—	0.8895	0.8884

注：*、**、*** 分别表示在 10%、5%、1%的显著性水平，下同。

综上所述，在表 1 的回归结果中，不论是否控制年份固定效应和地区固定效应，也不论回归系数标准误是否聚类到省级（直辖市）行政区划层面，数字经济发展的回归系数均显著为负，表明京津冀地区数字经济发展可以显著地促进城市碳排放量下降，即京津冀地区数字经济发展促进了城市环境的改善，有助于经济高质量发展，真正实现“绿水青山就是金山银山”，助力生态文明建设。绿色低碳是京津冀地区经济高质量发展的必由之路①，京津冀地区数字经济发展通过促进碳排放量下降，助力京津冀地区新发展格局的构建。②

（二）稳健性检验

1. 主成分分析法

基本回归结果证实，数字经济发展促进了京津冀地区碳排放量下降，其中使用熵值法计算京津冀地区数字经济发展水平。为了验证基本回归结果的可靠性，本文使用主成分分析法计算京津冀地区数字经济发展水平并再次回归。表 2 列（1）的结果显示，主成分分析法测算得出的京津冀地区数字经济发展的回归系数为-0.5475，且在 5%的水平上显著，进一步证实了基本回归结果的稳健性。

---

① 安树伟．北京高质量发展的内涵与路径[J]. 北京社会科学，2022（8）：38-42.

② 张伯旭．北京高质量发展需解决的问题及关注的方面[J]. 北京社会科学，2022（8）：43-45.

2. 面板 Tobit 方法

在基本回归过程中，使用了固定地区和时间的双向固定效应进行实证回归，但是由于本文使用数据的特殊性，再次使用面板 Tobit 方法进行回归。表 2 列（2）运用面板 Tobit 方法进行回归的结果显示，京津冀地区数字经济发展的回归系数为-0.3025，且在 10%的显著性水平上通过检验，表明京津冀地区数字经济发展促进了城市碳排放量下降这一结论具有稳健性。

3. 腾讯研究院的数字经济发展指数

基本回归结果和主成分分析法对京津冀地区数字经济发展水平的测量只是采用了不同的计算方式，分别是熵值法和主成分分析法。腾讯研究院根据自身研究结果提出了数字经济发展指数。本文进一步采用该指数再次进行稳健性检验。表 2 列（3）中数字经济的回归系数为-0.0188，且在 5%的显著性水平上通过检验，再次表明基本回归结果具有稳健性。

表 2　稳健性检验结果

	(1)	(2)	(3)
数字经济发展	-0.5475** (0.0821)	-0.3025* (0.1678)	-0.0188** (0.0030)
常数项	-13.7863*** (0.0982)	-10.2174*** (3.6854)	4.1176** (0.8200)
控制变量	控制	控制	控制
年份固定效应	控制	控制	控制
地区固定效应	控制	控制	控制
样本量(个)	117	117	21
调整拟合优度	0.8768	—	0.9139

（三）内生性检验

1. 遗漏变量

本文在基本回归过程中既加入了城市层面的控制变量，也控制了年份固定效应和地区固定效应，但是由于即期碳排放量受到上一期碳排放量的影响，内生性问题之一就是遗漏变量所导致的回归结果不可靠。因此，本文进一步在控制变量中加入城市碳排放量滞后一期变量，以期进一步验证基本回归结果的可靠性。在回归过程中，加入了城市层面的控制变量，并控制年份固定效应和地区固定效应，在此基础上加入城市碳排放量滞后一期，回归结果见表 3 列（1）。结果显示，京津冀地区数字经济发展的回归系数为-0.1048，且在 10%的显著性水平上通过检验。因此，在加入城市碳排放量滞后一期之后，京津冀地区数字经济发展促进城市碳减排的基本结论仍具有可靠性。

2. 工具变量

为了进一步解决内生性问题，本文使用京津冀地区城市数字经济发展滞后一期作为核心解释变量再次进行回归，回归结果见表 3 列（2）。结果显示，数字经济发展滞后一期回归系数为-1.0548，且在 5%的显著性水平上通过检验。由此表明，采用数字经济发展滞后一期作为核心解释变量的工具变量，检验结果仍然具有稳健性。

表 3　内生性检验结果

	(1)	(2)	(3)	(4)
数字经济发展	-0.1048* (0.0258)			
数字经济发展滞后一期	—	-1.0548** (0.2025)	-0.0631* (0.0150)	—
数字经济发展滞后两期	—	—	—	-0.0752* (0.0220)
常数项	0.3840* (0.1165)	-15.7595*** (0.6530)	0.6699** (0.1402)	1.2489** (0.1483)
控制变量	控制	控制	控制	控制
年份固定效应	控制	控制	控制	控制
地区固定效应	控制	控制	控制	控制
样本量(个)	104	104	104	91
调整拟合优度	0.9865	0.8779	0.9864	0.9867

3. 遗漏变量加工具变量

为了进一步解决内生性问题，本文在加入城市碳排放量滞后一期作为控制变量的基础上，进一步将数字经济发展滞后一期和数字经济发展滞后两期分别作为核心解释变量的工具变量进行回归。检验结果见表 3 列（3）和列（4）。结果显示，数字经济发展滞后一期的回归系数为-0.0631，在 10%的显著性水平上通过检验；数字经济发展滞后两期的回归系数为-0.0752，在 10%的显著性水平上通过检验。因此证明，数字经济发展促进了京津冀地区城市碳排放量下降。

五　机制检验

（一）融资水平

表 4 报告了融资水平作为机制变量进行检验的回归结果。被解释变量为融资水平，本文采用各城市年末金融机构存款余额进行度量，核心解释变量为京津冀地区数字经济发展。融资水平对数字经济发展的回归结果显示，数字经济发展的回归系数为 1.2424，在 10%的显著性水平上通过检验，表明京津冀地区数字经济发展通过促进该地区融资水平提升，促进了碳排放量下降。本文的假设 1 得到验证。

（二）产业集聚

表 4 报告了产业集聚作为机制变量进行检验的回归结果。被解释变量为产业集聚，本文采用各城市规模以上工业总产值进行度量，核心解释变量为京津冀地区数字经济发展。产业集聚对数字经济发展的回归结果显示，数字经济发展的回归系数为 0.5349，在 10%的显著性水平上通过检验，表明京津冀地区数字经济发展通过促进该地区产业集聚，促进了碳排放量下降。本文的假设 2 得到验证。

（三）外商直接投资

表 4 报告了外商直接投资作为机制变量进行检验的回归结果。被解释变量为外商直接投资，本文采用各城市实际使用外资额进行度量，核心解释变量为京津冀地区数字经济发展。外商直接投资对数字经济发展的回归结果显示，数字经济发展的回归系数为 1.6342，在 1%的显著性水平上通过检验，表明京津冀地区数字经济发展促进了外商直接投资水平提升，进而促进碳排放量下降。本文的假设 3 得到验证。

表 4　机制检验结果

	融资水平	产业集聚	外商直接投资
数字经济发展	1.2424* (0.2985)	0.5349* (0.1386)	1.6342*** (0.5302)
常数项	1.0893** (0.2399)	-16.9099*** (0.5263)	-14.4456 (23.8669)
控制变量	控制	控制	控制
年份固定效应	控制	控制	控制
地区固定效应	控制	控制	控制
样本量(个)	117	78	117
调整拟合优度	0.9848	0.6938	0.6798

六　异质性分析

（一）数字经济发展水平高低

本文的基本回归、稳健性检验及内生性检验结果均表明，京津冀地区数字经济发展显著地促进了碳排放量下降，实现了生态环境的保护和改善。那么，京津冀地区数字经济发展降低碳排放量的效果是否会随着城市数字经济发展水平的高低而出现显著的差异呢？本文参照京津冀地区数字经济发展水平均值对样本数据进行划分，数字经济发展水平高于京津冀地区均值的城市归为数字经济发展水平高组别，相反，则归入数字经济发展水平低组别，各自按照式（1）进行回归，以验证京津冀地区数字经济发展降低碳排放量的效果是否会随着城市数字经济发展水平的差异而不同。

京津冀地区数字经济发展水平高低对城市碳排放量的影响检验结果见表5。表5中数字经济发展水平高组别样本的回归结果显示，数字经济发展的回归系数为-0.8382，在10%的显著性水平上通过检验。表5中数字经济发展水平低组别样本的回归结果显示，数字经济发展的回归系数为-1.0815，在1%的显著性水平上通过检验。表5的回归结果表明，不论京津冀地区各城市数字经济发展水平高还是低，数字经济发展都可以显著地促进城市碳排放量下降。

表5 京津冀地区数字经济发展水平高低对城市碳排放量的影响

	数字经济发展水平高	数字经济发展水平低
数字经济发展	-0.8382* (0.2876)	-1.0815*** (0.0003)
常数项	-6.3972** (1.0148)	-21.2737*** (0.0102)
控制变量	控制	控制
年份固定效应	控制	控制
地区固定效应	控制	控制
样本量(个)	47	70
调整拟合优度	0.8699	0.8859

（二）经济强市和非经济强市

库兹涅茨曲线表明，经济发展水平与环境质量呈U形关系，也就是说，经济发展水平初期环境质量相对较高，随着经济发展，重污染行业所占比重逐步增加，环境质量逐步下降，之后随着经济实力的增强，技术能力改善，环境治理水平提升，环境质量逐步提升。因此，本文将京津冀地区各城市按照GDP总量进行划分，高于均值的列为经济强市，低于均值的列为非经济强市，然后实证分析数字经济发展对城市碳排放的异质性影响。

经济强市和非经济强市的分样本回归结果见表6。表6中经济强市的回归结果显示，数字经济发展的回归系数为-1.4842，在1%的显著性水平上通过检验。表6中非经济强市数字经济发展的回归系数为0.4739，在10%的显著性水平上通过检验。由此表明，京津冀地区经济强市的数字经济发展促进了城市碳排放量下降，但是非经济强市的数字经济发展却加剧了城市碳排放量增加。

表6　京津冀地区经济强市和非经济强市数字经济发展对碳排放量的影响

	经济强市	非经济强市
数字经济发展	-1.4842*** (0.0308)	0.4739* (0.2314)
常数项	-41.8648*** (1.8365)	-7.2719 (11.1304)
控制变量	控制	控制
年份固定效应	控制	控制
地区固定效应	控制	控制
样本量(个)	63	54
调整拟合优度	0.9090	0.8615

（三）环京城市和非环京城市

北京市和天津市作为经济强市，数字经济发展水平相对较高，产业结构均以第三产业为主，两个城市的数字经济发展对周边城市会产生一定程度的溢出效应。因此，数字经济发展降低碳排放量的作用也会产生积极的溢出效应。本文进一步将京津冀地区的城市分为与北京接壤城市（环京城市）和非接壤城市（非环京城市）进行异质性检验。检验结果见表7。

表7中环京城市样本的回归结果显示，数字经济发展的回归系数为-2.0068，在10%的显著性水平上通过检验。表7中非环京城市样本的回归结果显示，数字经济发展的回归系数为-1.0416，未通过显著性检验。上述

结果表明，环京城市的数字经济发展促进了城市碳排放量下降，非环京城市数字经济发展对碳排放量影响不显著。这说明，北京和天津对京津冀地区周边城市的带动作用还未完全发挥，除了与环京城市进行数字经济、环境保护的紧密联系，仍然需要与非环京城市加强数字经济方面的合作与联系，以带动非环京城市数字经济发展，降低碳排放量。

表 7　京津冀地区环京城市和非环京城市数字经济发展对碳排放量的影响

	环京城市	非环京城市
数字经济发展	-2.0068* (0.5407)	-1.0416 (0.6312)
常数项	-25.2889*** (2.2963)	-2.4594 (3.9009)
控制变量	控制	控制
年份固定效应	控制	控制
地区固定效应	控制	控制
样本量(个)	72	45
调整拟合优度	0.9201	0.9513

七　结论与政策建议

数字经济发展对于地区经济增长和环境保护具有重要的积极作用，可以有效缩小地区经济发展差距，实现生态环境的协同保护。因此，推进数字经济发展对于经济社会高质量发展具有重要意义。京津冀地区既是中国北方地区重要的经济增长极，又是北方地区环境污染较为严重的区域，如何平衡经济发展和环境保护始终是重要的课题。

本文的研究结论主要有以下几点。第一，京津冀地区的数字经济发展显著地促进了城市碳排放量降低，经过变换核心解释变量、变换实证回归方法等，研究结论依然具有稳健性。第二，京津冀地区数字经济发展提高了融资的可得性，促进了产业集聚，进一步吸引了高质量的外商直接投资，进而带动了京津冀地区碳排放量下降。第三，异质性分析发现，不论数字经济发展水平高还是低，数字经济发展都可以促进京津冀地区城市碳排放量降低。数字经济发展促进了环京城市和经济强市碳排放量下降，但对非环京城市效果不显著，非经济强市的数字经济发展则使城市碳排放量增加。

据此，本文提出以下政策建议。

一是应加大京津冀地区数字经济发展力度。本文的研究结果表明，京津冀地区数字经济发展可以有效地降低城市碳排放量。一方面，京津冀地区要大力发展数字经济，完善数字基础设施，进一步加强互联网、信息通信技术、物联网、人工智能的发展，为数字经济发展提供必要的数字基础设施。通过数字基础设施带动新能源、新材料等领域发展，并且进一步以此为契机，实现政府的数字化治理和企业的数字化转型。另一方面，要积极吸引高素质人才，通过人才、信息、资金和技术带动京津冀地区数字经济发展。高等院校和企业要实现数字经济发展的协同共享，高等院校可开设数字经济相关的专业，与企业实际人才需求相对接，通过高素质人才的培养为数字经济发展奠定人才基础。

二是应加强京津冀地区数字基础设施的协同发展，提高京津冀地区数字经济的互联互通水平。北京市和天津市的数字经济发展会对河北省产生积极的外溢效应，而京津冀在环境治理方面更需要协同共治，三地在环境治理方面“牵一发而动全身”“一荣俱荣一损俱损”。一方面，应加大数字基础设施的互联互通，为京津冀地区数字经济的互联互通打好基础，另一方面，应加强数字经济降低碳排放量的积极效应，三地协同共治，而不是“各扫门前雪”，这样有利于充分发挥数字经济发展对碳减排的积极效应。

三是应提高京津冀地区的均衡发展程度，实现更大程度的碳减排。本文研究发现，虽然数字经济发展对京津冀地区碳减排具有积极效应，但是非经济强市和非环京城市的数字经济发展却并未显现积极效应。因此，京津冀地区在数字经济发展及经济建设方面要促进地区均衡发展，有效疏解北京市非首都功能和加快雄安新区建设并以此为抓手，着重促进京津冀地区尤其是河北省的经济社会发展，缩小河北省与北京市和天津市的经济发展差距。落后地区既要解决经济发展问题，又要解决碳排放问题，双重压力需借大力发展数字经济予以妥善解决。京津冀地区可以通过对口帮扶来促进非经济强市和非环京城市的数字经济发展。

Study on the Impact of Digital Economy Development on Carbon Emissions in Beijing-Tianjin-Hebei Region: Empirical Evidence from the City Level in 2011-2019

Jiang Ruchuan, *Jing Xinxin*

Abstract: Based on the urban panel data of Beijing-Tianjin-Hebei region from 2011 to 2019, this paper empirically investigates the impact and mechanism of digital economy development on carbon emissions in Beijing-Tianjin-Hebei region. The research results show that the development of digital economy in Beijing-Tianjin-Hebei region significant positive effect mainly through promoting financing loans, industrial agglomeration and foreign direct investment. After changing the core explanatory variables and empirical regression methods, the research conclusion remains stable. Heterogeneity analysis shows that the development of digital economy can promote the reduction of urban carbon emissions in Beijing-Tianjin-Hebei region, regardless of the high or low level of digital economy development. The development of digital economy in cities around Beijing and cities with strong economies has significant promoted the decline of their carbon emissions, but this effect is not significant in non-Beijing areas, while the development of digital economy in cities with emerging economies has promoted the increase of their carbon emissions.

Keywords: digital economy development; carbon emissions; Beijing-Tianjin-Hebei region

影响机理与协同效果

京津冀协同发展规划对税收收入的影响*

周 波　申亚茹**

摘　要： 本文基于2014~2019年的地级市（区）层面的年度数据，考察了京津冀协同发展规划对京津冀区域内税收差距和区域整体税收发展的影响。结果显示，分地区来看，协同发展规划提高了河北省的企业所得税宏观税负，使京津地区企业所得税宏观税负率保持稳定；降低了京津地区的增值税宏观税负，使河北省的增值税宏观税负保持稳定，与此同时，河北省城市维护建设税宏观税负率显著增高。从整体上看，协同发展规划缩小了河北省与京津两市在税收方面的差距，降低了北京市和天津市的宏观税负。实证结果表明，协同发展规划对税收收入的影响是京津冀区域内产业转移和升级的重要体现，京津冀三地的经济发展质量均得到提升。

关键词： 京津冀协同发展　区域经济　税收收入　税收差距

---

* 本文已发表于《北京社会科学》2023年第7期。

** 周波，对外经济贸易大学国际经济贸易学院财政税务学系副教授；申亚茹，对外经济贸易大学国际经济贸易学院财政税务学系博士研究生。

一 引言

京津冀是与长三角和珠三角并列的中国三大经济圈之一。2014 年 2 月，习近平主持召开京津冀协同发展座谈会并发表了重要讲话；2015 年 4 月，党中央审议并通过了《京津冀协同发展规划纲要》；此后京津冀协同发展规划（以下简称“协同发展规划”）各项政策逐步实施。作为一项重要的国家战略，京津冀三省市均投入了巨大的资源，全国人民也给予了高度关注。那么，协同发展规划的实施效果究竟如何呢？现有的研究并未给出答案。本文将基于 2014～2019 年北京和天津两市各区和河北省地级市的数据，运用倍差法考察协同发展规划对京津冀区域内税收差距的影响，同时实证分析协同发展规划对京津冀三省市整体税收发展的影响。

二 文献述评

本文的研究与两个领域相关，其中一个领域为京津冀协同发展规划的影响。尽管已有大量文献针对协同发展规划进行了研究，但是定性分析较多，定量分析较少。[①] 在定量研究中，有研究通过北京、天津和河北三省市在《京津冀协同发展规划纲要》发布前后不同年份的数据对比，从公共文化服务、教育和农业等角度讨论了协同发展规划的影响，也有研究仅利用京津冀地区地级市层面的面板数据，通过回归分析来考察协同发展规划对创新的影响，但是进行严谨的因果识别的研究较少，仅有一篇文献例外。[②] 该研究运

① 赵国钦，宁静．京津冀协同发展的财政体制：一个框架设计[J]．改革，2015（8）：77-83；徐妍．京津冀协同发展中的税收协调问题刍议[J]．税务研究，2018（8）：95-99；赵杨．北京市机构养老供给现状及环京布局[J]．北京社会科学，2022（9）：46-54.

② 曹浩文．京津冀基本公共教育服务差距缩小了吗？——基于 2014 至 2016 年数据的对比[J]．教育科学研究，2018（9）：17-22；孙钰，章圆，齐艳芬，等．京津冀城市群基本公共文化服务水平的时空演变、溢出效应与驱动因素研究[J]．北京联合大学学报（人文社会科学版），2022，20（2）：58-68；肖红波，陈雨霞，白宏伟．京津冀农业协同发展的实证分析[J]．中国农业资源与区划，2022，43（10）：139-149；汪涛，张志远，王新．创新政策协调对京津冀区域创新绩效的影响研究[J]．科研管理，2022，43（8）：10-20.

用2011~2016年城市层级的数据和倾向得分匹配倍差法（PSM-DID），考察了京津冀协同发展规划对公共服务的影响，发现协同发展规划并未从整体上提升京津冀地区的公共服务供给，但是该政策提升了河北省发展水平较低地区的公共服务供给。[①] 与该研究关注京津冀协同发展规划对公共服务的影响不同，本文考察了协同发展规划对税收产生的影响，税收既是各项政策实施的财力保障，也能反映协同发展规划对经济发展和产业结构调整的作用，从而为评估协同发展规划的影响提供不同视角的证据。

另一个领域为区域性发展政策对区域均衡发展的影响。在世界范围内，相当多的国家，包括中国、美国、印度和欧盟各国等均存在大量区域性发展项目。欧盟的"团结政策"（cohesion policy）被发现促进了目标地区的经济增长，缩小了地区间的发展差距。[②] 对美国田纳西河谷管理局项目的研究也发现，该项目促进了当地的制造业就业和农业就业，但只有对制造业就业的积极影响在项目停止之后持续存在。[③] 印度的区域性发展项目被发现促进了地方经济发展和就业及企业活动的增加，但是该影响并不可持续。[④]

---

① 王郁，赵一航．区域协同发展政策能否提高公共服务供给效率？——以京津冀地区为例的研究[J].中国人口·资源与环境，2020，30（8）：100-109.

② Becker S，Egger P，Ehrlich M. Going NUTS：the effect of EU structural funds on regional performance[J]. Journal of public economic，2010，94（9-10）：578-590；Mohl P，Hagen T. Do EU structural funds promote regional employment? Evidence from dynamic panel data[J]. Journal of urban economic，2010，40（5）：353-365；Pellegrini G，Terribile F，Tarola O，et al. Measuring the effects of european regional policy on economic growth：a regression discontinuity approach[J]. Papers in regional science，2013，92（1）：217-233；Giua M. Spatial discontinuity for the impact assessment of the EU regional policy：the case of Italian objective regions[J]. Journal of regional science，2017，57（1）：109-131.

③ Kline P，Moretti E. Local economic development，agglomeration economies，and the big push：100 years of evidence from the tennessee valley authority [J]. Quarterly journal of economics，2014，129（1）：275-331.

④ Chaurey R. Location-based tax incentives：evidence from India [J]. Journal of public economics，2017（156）：101-120；Shenoy A. Regional development through place-based policies：evidence from a spatial discontinuity [J]. Journal of development economics，2018（130）：173-189；Hasan R，Jiang Y，Rafols R. Place-based preferential tax policy and industrial development：evidence from India's program on industrially backward districts [J]. Journal of development economics，2021（150）：102621.

在关于中国的区域性发展政策的研究中，西部大开发受到研究者的广泛关注。西部大开发促进了西部地区的固定资产投资，但是对西部地区的可持续发展影响甚微，对于其是否缩小了地区间和区域内的发展差距结论并不一致。[①] 另外，还有不少研究关注经济特区和振兴东北等区域发展政策。[②] 中国的西部大开发、经济特区和振兴东北等区域性发展政策及其他国家的区域性发展项目的目的都是推动目标地区的经济增长，而对于区域内的分工合作及缩小区域内的发展差距缺少关注。与此不同，京津冀协同发展规划既要明确三地各自定位，促进整体发展，又要缩小地区差距，推动协同发展，这使其成为特色鲜明且具有重要研究意义的区域性发展政策。本文考察了京津冀协同发展规划对京津冀区域内税收差距和整体税收发展的影响，为该领域的研究提供了来自京津冀协同发展规划这一具有鲜明特色的政策的证据。

---

① 王洛林，魏后凯．我国西部大开发的进展及效果评价[J]．财贸经济，2003（10）：5-12；刘生龙，王亚华，胡鞍钢．西部大开发成效与中国区域经济收敛[J]．经济研究，2009，44（9）：94-105；雷根强，黄晓虹，席鹏辉．转移支付对城乡收入差距的影响——基于我国中西部县域数据的模糊断点回归分析[J]．财贸经济，2015（12）：35-48；刘瑞明，赵仁杰．西部大开发：增长驱动还是政策陷阱——基于 PSM-DID 方法的研究[J]．中国工业经济，2015（6）：32-43；罗鸣令，范子英，陈晨．区域性税收优惠政策的再分配效应——来自西部大开发的证据[J]．中国工业经济，2019（2）：61-79；Jia J，Ma G，Qin C，et al. Place-based policies，state-led industrialisation，and regional development：evidence from China's great western development programme [J]. European economic review，2020（123）：103398.

② Jia J，Ma G，Qin C，et al. Place-based policies，state-led industrialisation，and regional development：evidence from China's great western development programme [J]. European economic review，2020（123）：103398；彭涛，黄福广，孙凌霞．税收优惠能否激励风险投资：基于准自然实验的证据[J]．管理世界，2021，37（1）：33-46+87；Wang J. The economic impact of special economic zones：evidence from Chinese municipalities [J]. Journal of development economic，2013（101）：133-147；Alder S，Shao L，Zilibotti F. Economic reforms and industrial policy in a panel of Chinese cities [J]. Journal of economic growth，2016，21（4）：305-349；Zheng S，Sun W，Wu J，et al. The birth of edge cities in China：measuring the effects of industrial parks policy [J]. Journal of urban economic，2017（100）：80-103；Lu Y，Wang J，Zhu L. Place-based policies，creation，and agglomeration economies：evidence from China's economic zone program [J]. American economic journal：economic policy，2019，11（3）：325-360；宋常铁．东北振兴：历史、现状与建议[J]．财经智库，2017（6）：115-124；董香书，肖翔．“振兴东北老工业基地”有利于产值还是利润？——来自中国工业企业数据的证据[J]．管理世界，2017（7）：24-34；潘英丽．东北振兴需要增量改革[J]．财经智库，2018（1）：14-18.

三 理论分析与研究假设

京津冀协同发展规划明确了三省市的功能定位，通过功能互补、错位发展、相辅相成来推动京津冀区域的共同发展。三地的共同发展在税收收入上必然会有所体现。

（一）协同发展与增值税

京津冀协同发展规划将改变产业结构。习近平总书记指出，京津冀协同发展要牢牢抓住北京非首都功能疏解这个“牛鼻子”。[①] 北京市的定位为全国政治中心、文化中心、国际交往中心、科技创新中心，而河北省的定位包括产业转型升级试验区和全国现代商贸物流重要基地。这意味着，北京市的相当一部分服务业和制造业将外迁，其中跟商贸和物流相关的产业可能部分迁移至河北省。

产业结构的变化会进一步影响增值税宏观税负水平。根据增值税税制设计，所有资本品投入所含增值税可以抵扣，而劳动投入所含增值税则只有外购劳务的部分可以抵扣，因此，不同行业的增值税宏观税负必然存在较大的差异。具体而言，劳动密集型行业增值税宏观税负较高，资本密集型行业增值税宏观税负较低；在制造业中，一般制造业增值税宏观税负较高，先进制造业增值税宏观税负较低。[②] 这意味着，如果某地区的劳动密集型行业和一般制造业占比下降，那么该地区的增值税宏观税负将下降；而增值税税收收入绝对水平受经济总量的影响，则不一定会下降。反之，如果某地区迁入了部分劳动密集型行业和一般制造业，那么其增值税税收收入绝对水平将增

① 中共中央党史和文献研究院．习近平关于城市工作论述摘编[M].北京：中央文献出版社，2023：59.

② 樊勇．增值税抵扣制度对行业增值税税负影响的实证研究[J].财贸经济，2012（1）：34-41；增值税微观税负视角看湖南经济发展联合课题组．强优势补短板增后劲着力提升湖南经济发展含金量——从增值税微观视角看湖南经济发展[J].湖南税务高等专科学校学报，2022，35（4）：3-7.

加；该地区增值税宏观税负的变化情况则要看迁入地的产业结构是否发生了明显的变化而定。就京津冀三地而言，企业搬迁的影响存在差异。北京市是迁出地，其经济结构将更偏向于资本密集型行业，经济发展质量更高。而河北省是迁入地，河北省本身劳动密集型行业和一般制造业占比较高，迁入企业不一定会改变当地的产业结构。天津市既是潜在的迁入地，也是潜在的迁出地，其经济结构所受影响处于北京市和河北省之间；从行业的角度来看，其可能更偏向于资本密集型行业，因而协同发展规划对天津市增值税宏观税负的影响可能与北京市所受到的影响相近。

据此，本文提出研究假设 1：协同发展规划将促进北京市和天津市的增值税宏观税负下降，河北省的增值税宏观税负上升。

（二）协同发展与企业所得税

区域分工有助于提高效率、增加利润，从而增加企业所得税税收收入。分工能提升生产效率[①]，对于企业而言，生产效率的提升是增加利润的一个重要途径。京津冀协同发展本质上是京津冀三地的进一步分工合作，北京市的定位为科技创新中心，天津市的定位为全国先进制造研发基地，两市企业生产效率将进一步提升。与此同时，河北省由于承接了来自北京市和天津市的搬迁企业，企业整体生产效率也将获得提升。这将使京津冀三地共同提高生产效率。三省市在企业生产效率上的提升必然会反映到企业的利润上，进而体现为三省市企业所得税税收收入增加，并使三省市企业所得税税收收入占地区生产总值比重提升。搬迁企业对河北省的影响可能是立竿见影的，而北京市和天津市的产业升级则可能需要相对更长的时间。

由此，本文提出研究假设 2：协同发展规划将促使京津冀地区的企业所得税税收收入增加，企业所得税宏观税负上升，河北省的企业所得税宏观税负上升更加明显。

---

① 亚当·斯密．国民财富的性质和原因的研究（上卷）［M］．郭大力、王亚南译．北京：商务印书馆，2011；亚当·斯密．国民财富的性质和原因的研究（下卷）［M］．郭大力、王亚南译．北京：商务印书馆，2011.

（三）协同发展与税收收入

分工不仅会提升生产效率，而且会最终带动整体经济发展和税基增加。分工会提升企业的生产效率，而企业整体生产效率的提升最终会体现为该地区整体经济的发展。[①] 协同发展规划明确了京津冀三地的分工定位。其中，北京市定位为全国政治中心、文化中心、国际交往中心、科技创新中心，天津市定位为全国先进制造研发基地、北方国际航运核心区、金融创新运营示范区、改革开放先行区，河北省的定位为全国现代商贸物流重要基地、产业转型升级试验区、新型城镇化与城乡统筹示范区、京津冀生态环境支撑区。这一分工定位将促使三地经济发展更为互补、合作更为密切，进而促进该地区的经济发展。长三角地区的发展经验表明，区域分工可以促进企业和地区经济的发展。[②]

经济的发展必然也会给税收带来影响。经济发展将促使税基增加，在政府保持宏观税负不变的情况下，税收收入就会增加；如果政府保持税收收入不变，那么宏观税负就会下降。考虑到近年来中国一直在推进减税降费工作，在财力允许的情况下，政府更可能降低宏观税负。就具体操作而言，在法定税率不变的条件下，政府可以调整税收征管力度，进而改变宏观税负。[③] 结合京津冀三地的实际情况来看，北京市的财力最为充裕，河北省的财力相对最为紧张，因此，北京市更可能降低宏观税负，河北省宏观税负则相对难以降低。

---

① 蔡海亚，徐盈之．贸易开放是否影响了中国产业结构升级？[J]．数量经济技术经济研究，2017，34（10）：3-22；刘京军，鲁晓东，张健．中国进口与全球经济增长：公司投资的国际证据[J]．经济研究，2020，55（8）：73-88；辛冲冲．贸易开放有助于中国产业结构转型升级的空间收敛吗？——兼论产业结构转型升级的β收敛特征[J]．北京工商大学学报（社会科学版），2022，37（2）：24-36.

② 李廉水，周彩红．区域分工与中国制造业发展——基于长三角协整检验与脉冲响应函数的实证分析[J]．管理世界，2007（10）：64-75.

③ 谢贞发，范子英．中国式分税制、中央税收征管权集中与税收竞争[J]．经济研究，2015，50（4）：92-106；席鹏辉．财政激励、环境偏好与垂直式环境管理——纳税大户议价能力的视角[J]．中国工业经济，2017（11）：100-117；许敬轩，王小龙．市县级分成率波动与企业税收征管[J]．经济研究，2022，57（11）：138-156.

由此，本文提出研究假设 3：协同发展规划将降低京津冀地区特别是北京市和天津市的宏观税负。

四　政策背景与实证策略

（一）政策背景

京津冀协同发展的讨论最早始于 20 世纪 80 年代前期[①]，但是三地协同发展并未真正成为实实在在的行动。2015 年 4 月，党中央通过了《京津冀协同发展规划纲要》，同年 6 月印发并实施了该纲要，这标志着京津冀协同发展真正成为国家战略。该战略强调三省市的鲜明定位和功能互补，各自错位发展，从而促进整体发展。除了雄安新区的建设，协同发展规划的实施主要依赖三省市内部的资源协调和优化配置，而从中央或其他省市直接调拨的资源很少。这使本文能将协同发展规划的影响设定在北京市、天津市和河北省三省市，而周边的山东省、河南省和山西省则可当作比较对象，且不用过于担心这三省会受到协同发展规划的较大影响。

协同发展规划是整体规划，总体而言各项政策是逐步实施的。在《京津冀协同发展规划纲要》的落实过程中，具体政策成熟一项就推进一项，例如，2015 年，北京市、天津市和河北省三省市生态环保部门签订《京津冀区域环境保护率先突破合作框架协议》；2016 年，北京市和河北省共同签署《推动人力资源和社会保障深化合作协议》；2019 年，北京市、天津市与河北省教育部门签署并发布了《京津冀教育协同发展行动计划（2018—2020 年）》。[②] 由于各项政策是逐步落地实施的，本文预期政策效果也将是逐步体现出来的，某些政策效果可能随着时间发展而增强。

---

① 黎福贤．京津唐国土规划纲要研究[J].城市规划，1985（2）：24-29；徐志康．京津唐地区土地资源合理利用问题[J].经济地理，1985（1）：44-49.

② 王郁，赵一航．区域协同发展政策能否提高公共服务供给效率？——以京津冀地区为例的研究[J].中国人口·资源与环境，2020，30（8）：100-109.

（二）倍差法与回归方程

基于协同发展规划的实施情况，本文使用倍差法来估计协同发展规划的影响。本文将北京市、天津市和河北省三省市设为处理组，将周边的山东省、河南省和山西省设为控制组。之所以将山东省、河南省和山西省设为控制组，主要有以下两个方面的考虑：一是山东省、河南省、山西省在地理、经济和社会文化习惯等方面与京津冀三省市较为接近，具有较高的可比性；二是内蒙古自治区和辽宁省同为周边省份，但内蒙古自治区地域辽阔，地理经济条件与处理组和控制组的六省市具有相当差异，不是控制组的最佳选择；辽宁省在区域定位上属于东北地区，而非华北地区，东北地区在经济结构和人口结构等方面具有一定的特性，因而也不是控制组的最佳选择。在稳健性分析中，本文将对控制组进行不同的设定，以进行更多的讨论来确保控制组选择的合理性。本文的具体回归方程设定为：

$$Y_{it} = \alpha_0 + \alpha_1 T_t + \alpha_2 XTZC_i + \alpha_3 T_t \times XTZC_i + \alpha_4 X_{it} + \delta_t + \gamma_i + \varepsilon_{it} \tag{1}$$

其中，Y_{it} 为 i 地级市（区）在第 t 年的被解释变量，包括增值税税收收入①、企业所得税税收收入、城市维护建设税（城建税）税收收入、税收收入、增值税税收收入占地区生产总值的比重（增值税宏观税负）、企业所得税税收收入占地区生产总值的比重（企业所得税宏观税负）、城市维护建设税税收收入占地区生产总值的比重（城建税宏观税负）及税收收入占地区生产总值的比重（宏观税负）8 个变量。T_t 为时间虚拟变量，如果观测值来自 2016 年及之后年份则为 1，来自 2014 年及之前则为 0，舍弃 2015 年的样本。$XTZC_i$ 是协同发展规划的虚拟变量，如果地级市（区）i 来自北京、天津或河北三省市，那么，该虚拟变量设定为 1；否则设定为 0。本文关注的系数为 α_3，该系数表示协同发展规划对京津冀区域相应被解释变量的影响。控制变量 X_{it} 包括人均地区生产总值分组均值与时间趋势的交互项。人均地区生产总值分组均值是将全国所有地级市和直辖市的区按照人均地区生

① 增值税和营业税税收收入合计数，下同。

产总值从低到高分为 10 组，计算得到每组的人均地区生产总值的平均值。这些交互项可以控制处于不同经济发展水平的城市各自的发展趋势。本文没有控制各城市随时间变化的各个不同经济指标，如人均地区生产总值、产业结构等，这是因为协同发展规划本身可能影响京津冀区域各地级市（区）的此类经济指标，如果本文控制这些变量，那么本文就控制住了一部分协同发展规划的效果，这会导致本文估计的政策效果出现偏差。变量 δ_t 表示年份固定效应，变量 γ_i 表示城市固定效应，前者控制被解释变量在所有城市随时间变化的共同趋势，后者控制被解释变量在各个城市不随时间变化的部分，可反映各个城市的固有特质。

协同发展规划一方面要推动京津冀的整体发展，另一方面也要缩小京津冀三省市之间的发展差距。回归方程（1）体现了协同发展规划对京津冀整体发展的影响；回归方程（2）则用于估计协同发展规划缩小京津冀三省市之间发展差距的效果。

$$Y_{it} = \beta_0 + \beta_1 T_t + \beta_2 HB_i + \beta_3 T_t \times HB_i + \beta_4 BJTJ_i + \beta_5 T_t \times BJTJ_i + \beta_6 X_{it} + \delta_t + \gamma_i + \varepsilon_{it} \tag{2}$$

式（2）中，被解释变量和控制变量与回归方程（1）相同，本文将协同发展规划所覆盖的北京、天津与河北三省市分为两个处理组，一组为河北省，另一组为北京市和天津市。本文分别用虚拟变量 HB_i 和 $BJTJ_i$ 来表示这两个处理组。当地级市（区）i 来自河北省时，虚拟变量 HB_i 取值为 1，否则取值为 0。当地级市（区）i 来自北京市或天津市时，虚拟变量 $BJTJ_i$ 取值为 1，否则取值为 0。这里关注的系数为 β_3 和 β_5，β_3 表示协同发展规划对河北省发展的影响；β_5 表示协同发展规划对北京市和天津市发展的影响。从系数 β_3 和 β_5 估计值的大小可以发现协同发展规划是否缩小了河北省与北京市和天津市的差距。

（三）识别检验和稳健性检验

倍差法所依赖的一个关键前提为平行趋势假设。本文将 2013 年的数据纳入分析中，增加处理组与 2013 年年度虚拟变量的交互项，重新估计回归方程（1）和回归方程（2）。如果新交互项的系数在统计上显著异于零，那么被解释变量在处理组和控制组之间的发展趋势并不平行，本文所估计的政策效果可能存在高估或低估的情况。如果新交互项的系数在统计上不显著异于零，那么被解释变量在处理组和控制组之间的发展趋势可能是平行的，本文可以对实证结果持有较高的信心。

如前所述，本文的被解释变量包括增值税税收收入、企业所得税税收收入、城市维护建设税税收收入、税收收入、增值税税收收入占地区生产总值的比重、企业所得税税收收入占地区生产总值的比重、城市维护建设税税收收入占地区生产总值的比重、税收收入占地区生产总值的比重 8 个变量。但稍有遗憾的是，本文在 2013 年的数据中只能观测到增值税税收收入、税收收入、增值税税收收入占地区生产总值的比重及税收收入占地区生产总值的比重 4 个变量，因而，本文主要就这 4 个变量的平行趋势假设进行检验。不过，考虑到这 8 个变量均为税收收入或分税种的税收收入，它们在时间上的发展趋势很可能是一致的。因此，如果可观测到的 4 个变量的平行趋势检验能使本文对相应的实证结果有较强的信心，那么本文对另外 4 个变量的实证结果应该也拥有相当的信心。

除了平行趋势检验和稳健性检验，还需排除其他政策的影响。天津市所辖各区县的地区生产总值和税收收入数据在 2016 年前后出现了较大的变动，而京津冀协同发展规划正式出台的时间为 2015 年，二者在时间上相当接近，从理论上来说，这很有可能影响本文的实证结果。为此，本文将在稳健性检验时在处理组中排除天津市重新进行估计。如果在处理组中排除天津市后得到的实证结果与基准回归结果较为相近，那么本文可以对实证结果具有更大的信心。

另外，如果存在其他未知的政策会从整体上影响北京市、天津市和河北省，那么本文可以从政策影响不同被解释变量的逻辑关系来进行考察。考虑到北京市的一部分企业会迁到河北省，河北省的增值税税收收入会增加，但是这部分搬迁的企业中较大的企业所缴纳的增值税和企业所得税可能会暂时与北京市共享，从而使河北省增加的增值税和企业所得税税收收入与搬迁企业的体量不匹配。然而，这些搬迁企业在迁入地缴纳的城市维护建设税则不需要跟迁出地共享，从而使河北省的城市维护建设税税收收入的增幅高于其增值税税收收入的增幅。暂未发现其他未知的政策会对北京市、天津市和河北省的分税种税收收入产生此种不同的影响。如果这一逻辑在实证结果中得到验证，那么将进一步支持本文的实证结果。

本文进行的稳健性检验包括两个部分：一是改变控制组所包括的省份；二是部分改变处理组。如前所述，本文的控制组为山东省、河南省和山西省。在稳健性检验部分，本文考虑了两种不同的控制组，一种控制组设定为包括京津冀周边的所有省（自治区），即包括山东省、河南省、山西省、辽宁省和内蒙古自治区五省（自治区），另一种为全国除港澳台、西藏、上海和重庆的所有其他省（自治区）。

在处理组方面，除了将北京市、天津市和河北省作为处理组，本文还考虑了只关注北京市和河北省，而将天津市不放入处理组中的情况。这是因为上文提到的天津市的地区生产总值和税收收入数据在2016年前后出现了较大的变动，还因为京津冀协同发展规划的“牛鼻子”是北京非首都功能的疏解，而最大的产业迁入地是河北省，因而只关注北京市和河北省或许更能捕捉到政策效果在区域间的异质性。

五　数据与变量

本文使用的数据为2014~2019年京津冀地级市（区）层面的年度数据，其中北京市和天津市使用的是区县级的数据。① 相关数据主要来自EPS数据平台和各地级市或直辖市所辖各区的官方网站。

本文的被解释变量包括增值税税收收入、企业所得税税收收入、城建税税收收入、税收收入、增值税宏观税负、企业所得税宏观税负、城建税宏观税负和宏观税负8个变量。变量的具体定义见表1。前四个变量反映（分税

① 北京市和天津市分别在2015年和2016年及之前存在县，在此之后两市的所有市辖县均改为区。

种）税收收入的绝对水平，本文在回归中均对其取对数；后四个变量反映总体及分税种的宏观税负。增值税税收收入实际上为增值税税收收入与营业税税收收入的合计数，这是因为本文研究的时期跨越了“营改增”改革，前期同时征收增值税和营业税，后期只征收增值税，只有将二者合并计算才具有可比性。政策变量包括协同政策、京津、冀等。

表1　变量定义

	变量名称	定义
被解释变量	增值税税收收入	地级市（区）增值税和营业税税收收入合计数
	企业所得税税收收入	地级市（区）企业所得税税收收入
	城建税税收收入	地级市（区）城市维护建设税税收收入
	税收收入	地级市（区）全部税收收入
	增值税宏观税负	地级市（区）增值税和营业税税收收入占地区生产总值的比重
	企业所得税宏观税负	地级市（区）企业所得税税收收入占地区生产总值的比重
	城建税宏观税负	地级市（区）城市维护建设税税收收入占地区生产总值的比重
	宏观税负	地级市（区）税收收入占地区生产总值的比重
政策变量	协同政策	该地级市（区）是否处于北京市、天津市或河北省，处于该地区则虚拟变量等于1，否则等于0
	冀	该地级市（区）是否处于河北省，处于该省则虚拟变量等于1，否则等于0
	京津	该地级市（区）是否处于北京市或天津市，处于这两市则虚拟变量等于1，否则等于0
	T	时间虚拟变量，当观测的年份处于2016年及之后年份则为1，处于2014年及之前等于0，舍弃2015年的样本
控制变量	人均地区生产总值分组均值	本文所用地级市（区）按照2014年人均地区生产总值从低到高分为10组，然后分别计算每组的人均地区生产总值的平均值
	人均地区生产总值分组均值与时间趋势的交互项	人均地区生产总值分组均值乘以时间趋势项

主要变量的描述性统计结果具体见表2。可以看出，各地级市（区）增值税税收收入平均值为57.8亿元，企业所得税税收收入平均值为22.1亿元，城建税税收收入平均值为10.3亿元，税收收入的平均值为147.8亿元，

宏观税负的平均值为6.007%。处理组占全部样本的46%，与控制组样本量大致相当。

表2　主要变量的描述性统计

单位：万元，%

变量名称	平均值	标准差	最小值	最大值	观测值
增值税税收收入	578238	603429	19465	3612488	357
企业所得税税收收入	220776	325502	5462	1581425	359
城建税税收收入	102511	112263	178	576986	349
税收收入	1477835	1617756	94689	9058553	365
增值税宏观税负	2.410	0.923	0.162	6.883	354
企业所得税宏观税负	0.851	0.602	0.046	4.034	356
城建税宏观税负	0.440	0.218	0.001	1.403	346
宏观税负	6.007	1.910	1.070	13.879	362
协同政策×T	0.416	0.494	0	1	365
协同政策	0.460	0.499	0	1	365
T	0.866	0.341	0	1	365
人均地区生产总值分组均值	6.459	5.199	1.820	30.267	365

六　实证结果分析

（一）基准回归结果分析

表3报告了协同发展规划对京津冀税收收入的影响。列（1）~（8）的被解释变量分别为增值税税收收入、企业所得税税收收入、城建税税收收入、税收收入、增值税宏观税负、企业所得税宏观税负、城建税宏观税负和宏观税负。表中所有回归结果均控制了城市（区）固定效应、年度固定效应、人均地区生产总值分组均值与时间趋势的交互项，标准误在城市（区）层面进行了聚类调整，后续所有回归分析的控制变量和聚类调整方法均与此相同，不再赘述。列（1）的实证结果表明，协同发展规划并未导致京津冀

三省市的增值税税收收入出现统计上的显著增加，但是列（5）的实证结果显示，三省市增值税宏观税负下降了 0.736 个百分点。列（2）、列（3）、列（6）、列（7）的回归结果显示，协同发展规划显著提高了京津冀三省市的企业所得税税收收入和城建税税收收入，而企业所得税宏观税负的系数为正但在统计上不显著。由列（4）的实证结果可知，协同发展规划对于京津冀三省市整体的税收收入没有统计上显著异于零的影响；相对应列（8），京津冀宏观税负的系数为负，但也在统计上不显著异于零。总体而言，协同发展规划使京津冀地区部分税种税收收入增加，部分税种宏观税负下降。

表 3　协同发展规划对京津冀地区税收的整体影响

变量	（1）	（2）	（3）	（4）	（5）	（6）	（7）	（8）
协同政策×T	0.077 （0.236）	0.430* （0.217）	0.254* （0.144）	0.023 （0.134）	-0.736* （0.414）	0.111 （0.089）	0.017 （0.057）	-0.807 （0.591）
控制变量	是	是	是	是	是	是	是	是
拟合优度	0.966	0.950	0.914	0.978	0.759	0.897	0.858	0.783
观测值(个)	357	359	349	365	354	356	346	362

表 4 报告了协同发展规划对京津冀区域内部税收收入差距的影响。由列（1）和列（5）可知，北京市和天津市的增值税税收收入和增值税宏观税负显著下降，而河北省的增值税相关系数均为正但不显著。在理论分析部分，本文指出协同发展规划导致经济结构变动，进而使增值税宏观税负变化。这里的实证结果验证了研究假说 1 中关于京津的部分，未能验证其关于河北省的部分。这可能是由于协同发展规划中存在迁入地和迁出地针对搬迁企业的税收共享协定，迁出地在一定年限内仍能分享搬迁企业的增值税和企业所得税，因此搬迁企业对河北省的增值税增加效应被削弱了，河北省的增值税相关系数也就变得不显著异于零。与此相关的列（3）和列（7）的实证结果恰好支持了这一论断。城建税的计税依据为企业缴纳的增值税和消费税，考虑到消费税税收收入在规模上比增值税税收收入小很多，2017 年全国国内

消费税税收收入仅相当于国内增值税税收收入的 18.1%，[①] 理论上城建税的变化情况应该与增值税的变化情况比较接近。不过，实际上，河北省城建税税收收入因协同发展规划而显著上升，增值税税收收入则并无显著变化。这两个税种所受影响的差异反映了针对搬迁企业的税收共享协定的影响。这种相互印证实际上有助于说明本文估计的政策效果来自协同发展规划，而非其他政策。

表 4　协同发展规划对京津冀区域内部税收收入差距的影响

变量	(1)	(2)	(3)	(4)	(5)	(6)	(7)	(8)
冀×T	0.444 (0.523)	0.694 (0.482)	0.435* (0.253)	0.321 (0.332)	0.322 (0.445)	0.228** (0.112)	0.120** (0.057)	1.123 (0.906)
京津×T	-0.163* (0.097)	0.257** (0.102)	0.136 (0.134)	-0.117 (0.080)	-1.426*** (0.443)	0.034 (0.108)	-0.050 (0.075)	-1.711*** (0.541)
控制变量	是	是	是	是	是	是	是	是
拟合优度	0.969	0.951	0.915	0.980	0.784	0.897	0.863	0.800
观测值(个)	357	359	349	365	354	356	346	362

表 4 的列（2）报告的协同发展规划对京津及河北省的企业所得税税收收入影响的系数均为正，其中对京津的影响在 5%的统计水平上显著；河北省的这一回归系数不显著，可能也是受搬迁企业所得税税收分享政策的影响。列（6）显示，协同发展规划促使河北省的企业所得税宏观税负上升了 0.228%，与表 2 中企业所得税宏观税负均值 0.85%相比，表明河北省企业盈利出现了大幅增加。河北省企业盈利增加可能是由于协同发展规划使北京市和天津市部分产业搬迁到河北省提升了其企业的整体盈利能力。以河北省沧州市的渤海新区生物医药产业园区为例，该园区基于协同发展规划于 2015 年引入第一批 10 家医药企业[②]，到 2019 年形成了一个千

① 根据 2018 年《中国统计年鉴》计算得到。

② 北京向河北沧州转移的 10 家医药企业集中开工建设[EB/OL].（2015-04-11）[2025-04-24]. https://www.gov.cn/xinwen/2015-04/11/content_2845206.htm.

亿元级的医药产业集群[①]。相对于河北省原有企业而言，该医药产业集群无疑具有较高的科技含量和较强的盈利能力，有助于河北省的企业所得税税收收入增加和企业所得税宏观税负上升。因此，企业所得税的表现与研究假设2相一致。

表4列（4）结果显示，协同发展规划对河北省税收收入的影响为正，对北京市和天津市税收收入的影响为负，二者均在统计上不显著。列（8）的回归结果则表明，协同发展规划使北京市和天津市的宏观税负下降了1.711个百分点，且该影响在1%的统计水平上显著。换言之，协同发展规划对京津冀区域的税收收入影响并不明显，但对京津地区和河北省的宏观税负呈现异质性影响。这验证了研究假设3。

总体而言，根据表4的实证结果，协同发展规划导致河北省的税收收入与北京市和天津市的差距缩小了。在表4中，除了列（2），均表明协同发展规划对河北省税收收入的正面影响要大于对北京市和天津市的正面影响。

（二）识别检验

本文增加2013年的数据进行平行趋势检验。在此，本文针对表3和表4中所有政策效果显著的列给出了其平行趋势检验图。[②] 图1是与表3列（5）对应的平行趋势检验；图2是与表4列（1）对应的平行趋势检验；图3是与表4列（8）对应的平行趋势检验；图4是与表4列（5）对应的平行趋势检验。结果表明，平行趋势假设得到检验。这保证了本文对表3和表4实证结果及相关结论的信心。

---

① 沧州崛起千亿级医药产业集群[EB/OL].（2019-02-18）[2025-04-24]. https://hebei.cri.cn/2019-02-18/a318d77c-3b66-bd88-e8af-5c2c4e528782.html.

② 针对表3和表4的每一列均进行了平行趋势检验，所有实证结果最终均未违反平行趋势假设，由于篇幅所限本文未能将所有图一一展示，如感兴趣可向作者发邮件索取。

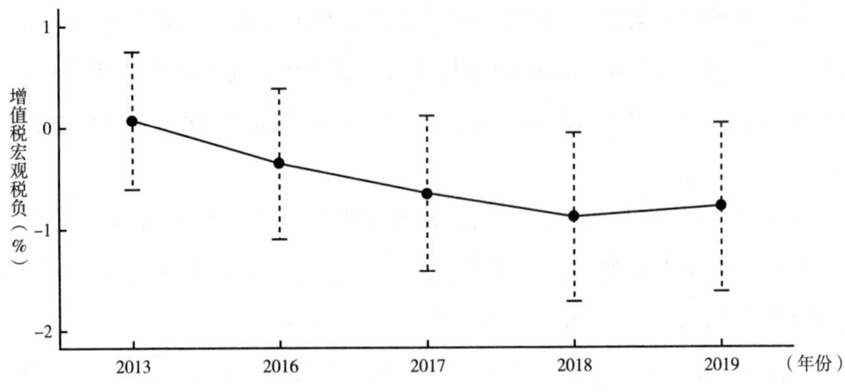

图 1　协同发展规划对增值税宏观税负的影响

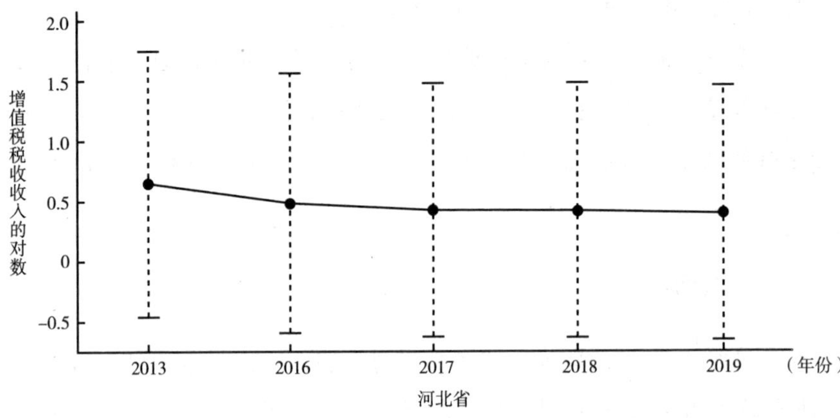

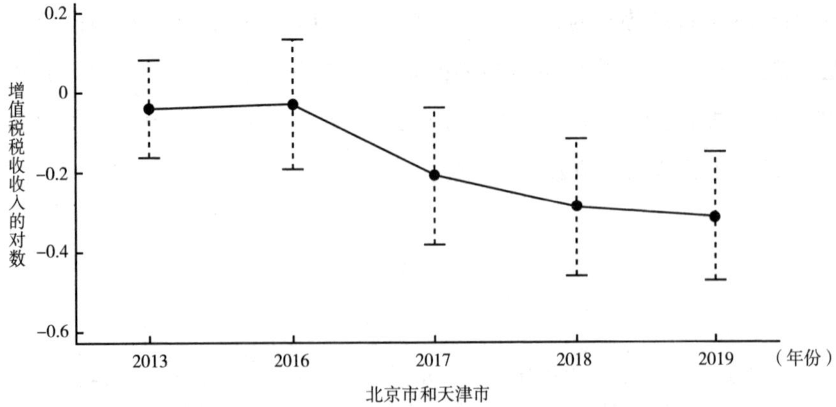

图 2　协同发展规划对河北省及北京市和天津市增值税税收收入的影响

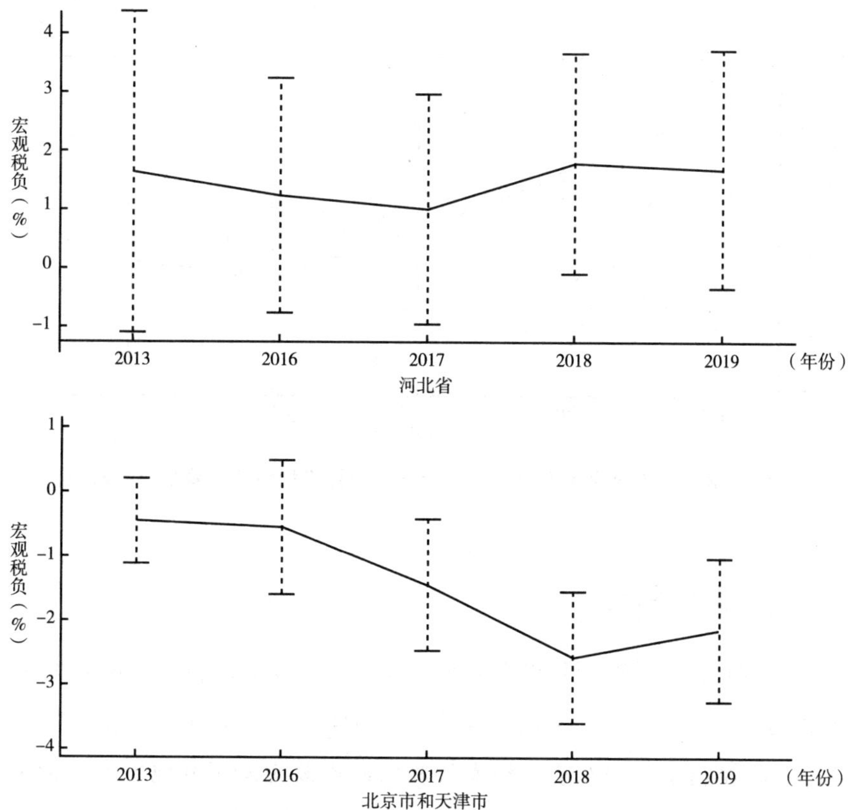

图 3　协同发展规划对河北省及北京市和天津市宏观税负的影响

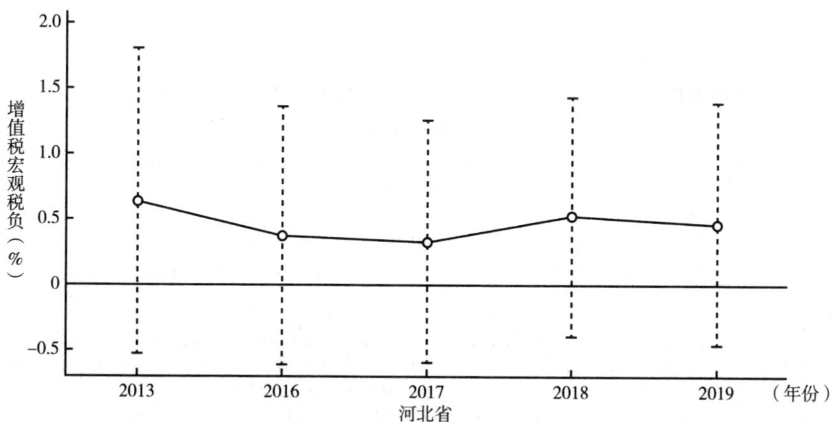

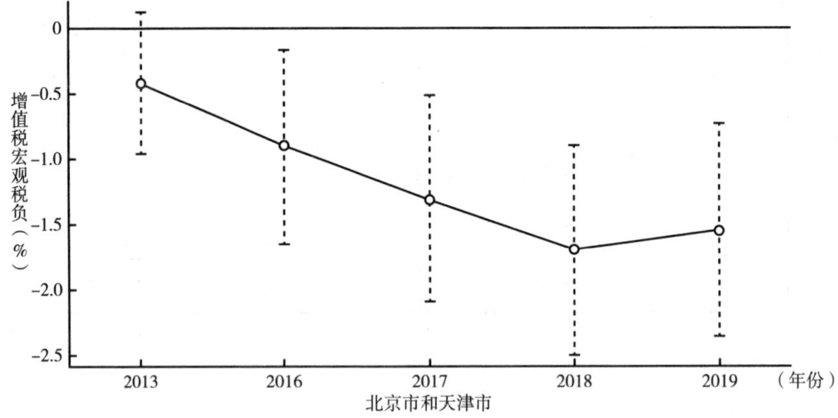

图 4　协同发展规划对河北省及北京市和天津市增值税宏观税负的影响

（三）稳健性检验

本文的稳健性检验包括以下两个方面：一是改变控制组所包括的省份，二是部分改变处理组，即去除来自天津市的样本。表 5 和表 6 分别对应表 3 和表 4，将控制组由山东省、河南省和山西省改为全国其他省（自治区）。研究发现，表 5 和表 6 的系数大小和统计显著性均分别与表 3 和表 4 接近。本文还将京津冀周边所有省（自治区），即山东省、河南省、山西省、内蒙古自治区和辽宁省作为控制组进行了稳健性分析，实证结果也类似。

表 5　协同发展规划对京津冀地区税收的整体影响：基于全国其他省（自治区）作为控制组

变量	(1)	(2)	(3)	(4)	(5)	(6)	(7)	(8)
协同政策×T	0.081 (0.228)	0.378* (0.206)	0.151 (0.129)	0.062 (0.130)	-0.690* (0.404)	0.040 (0.077)	-0.008 (0.054)	-0.686 (0.567)
控制变量	是	是	是	是	是	是	是	是
拟合优度	0.980	0.968	0.966	0.986	0.787	0.917	0.877	0.880
观测值(个)	969	978	950	1000	962	970	943	992

表 6　协同发展规划对京津冀区域内部税收收入差距的影响：基于全国其他省（自治区）作为控制组

变量	(1)	(2)	(3)	(4)	(5)	(6)	(7)	(8)
冀×T	0.472 (0.520)	0.668 (0.478)	0.343 (0.247)	0.375 (0.333)	0.378 (0.442)	0.171 (0.106)	0.092 (0.056)	1.263 (0.894)
京津×T	-0.167* (0.086)	0.194** (0.084)	0.030 (0.115)	-0.082 (0.075)	-1.366*** (0.432)	-0.044 (0.093)	-0.072 (0.071)	-1.581*** (0.514)
控制变量	是	是	是	是	是	是	是	是
拟合优度	0.981	0.968	0.966	0.986	0.793	0.918	0.879	0.885
观测值(个)	969	978	950	1000	962	970	943	992

表 7 和表 8 删除了来自天津市的样本，分别重新估计了回归方程（1）和回归方程（2）。研究发现，表 7 和表 8 的实证结果与表 3 和表 4 的实证结果，不论在系数大小还是在统计显著性上均非常相似。

表 7　协同发展规划对京津冀地区税收的整体影响：基于河北省和北京市作为处理组

变量	(1)	(2)	(3)	(4)	(5)	(6)	(7)	(8)
协同政策×T	0.092 (0.256)	0.460* (0.233)	0.277* (0.152)	0.126 (0.166)	-0.749* (0.443)	0.130 (0.099)	0.032 (0.062)	-0.497 (0.764)
控制变量	是	是	是	是	是	是	是	是
拟合优度	0.954	0.944	0.896	0.980	0.767	0.909	0.885	0.837
观测值(个)	296	298	288	301	296	298	288	301

表 8　协同发展规划对京津冀区域内部税收收入差距的影响：基于河北省和北京市作为处理组

变量	(1)	(2)	(3)	(4)	(5)	(6)	(7)	(8)
冀×T	0.446 (0.525)	0.696 (0.484)	0.434* (0.254)	0.320 (0.334)	0.352 (0.445)	0.242** (0.116)	0.129** (0.057)	1.184 (0.899)
京津×T	-0.172 (0.110)	0.284** (0.111)	0.161 (0.147)	-0.018 (0.103)	-1.571*** (0.464)	0.045 (0.127)	-0.040 (0.086)	-1.746** (0.820)
控制变量	是	是	是	是	是	是	是	是
拟合优度	0.958	0.945	0.897	0.981	0.800	0.910	0.890	0.855
观测值(个)	296	298	288	301	296	298	288	301

总之，所有的稳健性检验结果均表明，本文表 3 和表 4 的实证结果非常稳健，这进一步支持了本文的实证结果。

（四）机制检验

协同发展规划通过明确城市分工、促进结构调整和经济发展，影响税收收入。本文从产业结构和经济发展两个方面来检验协同发展规划的效果。

1. 协同发展规划对京津冀产业结构的影响

协同发展规划对京津冀产业结构的影响需要在细分行业层面进行分析，但是本文只有分第一、第二和第三产业的比较粗的数据。如果本文直接以第二产业增加值或第三产业增加值占 GDP 的比重来度量产业结构的变化，那么将带来较为严重的测量误差，从而不能正确估计协同发展规划对京津冀产业结构的影响。

2019 年，一些媒体报道了北京市外迁企业的详细情况。[①] 2018 年，北京市外迁企业总计 780 家，从外迁企业行业分布来看，批发零售业、科学研究和技术服务业、租赁和商务服务业外迁企业数量合计占比为 84.1%，其中批发零售业占比最大。批发零售业、科学研究和技术服务业、租赁和商务服务业均为增值税宏观税负较高的行业。[②] 这三个行业的企业外迁将降低北京市整体的增值税宏观税负，从而支持了表 4 列（5）的实证结果，即协调发展规划促使京津地区的增值税宏观税负降低；与此同时，也为表 4 列（1）京津地区增值税税收收入下降的结论提供了解释。

从外迁企业的迁入地分布来看，迁往河北省的企业最多，占比为 21.8%，其次是浙江省和广东省，迁往其余省市的企业占比均在 7%以下。

① 北京企业大迁移：780 家企业外迁去哪儿了？［EB/OL］.（2019-03-01）［2024-04-24］. https：//www. thepaper. cn/newsDetail_ forward_ 3058625.

② 樊勇．增值税抵扣制度对行业增值税税负影响的实证研究［J］. 财贸经济，2012（1）：34-41；增值税微观税负视角看湖南经济发展联合课题组．强优势补短板增后劲着力提升湖南经济发展含金量——从增值税微观税负视角看湖南经济发展［J］. 湖南税务高等专科学校学报，2022，35（4）：3-7.

这表明，河北省确实接纳了不少来自北京的外迁企业，因此河北省的增值税税收收入将有所增长。但是针对搬迁企业的税收分享协定使河北省的增值税税收收入增长较少，这与表 4 列（1）和列（5）对河北省的不显著的正向影响相符。值得注意的是，由于该税收分享协定不包括城市维护建设税，因此外迁企业对河北省城市维护建设税税收收入的增长作用不会被削弱。表 4 列（3）和列（7）河北省相关的结果表明，协同发展规划对河北省城市维护建设税税收收入和宏观税负存在显著的正向影响。该实证结果与此处外迁企业对河北省城市维护建设税的预期影响相一致。

2. 协同发展规划对京津冀经济发展的影响

在理论分析中，本文指出协同发展规划在促进经济发展的基础上将稳定京津地区的税收收入，同时降低京津地区的宏观税负。表 4 列（4）和列（8）京津地区的结果表明，协同发展规划未显著减少京津地区的税收收入，但显著降低了其宏观税负。在此，本文检验了协同发展规划对经济增长的影响（见表 9）。结果显示，协同发展规划对京津冀地区的整体经济增长存在正向但不显著的影响，其中京津地区的经济总量由于协同发展规划而增长了 6.8%，该影响在 5%的统计水平上显著异于零。

表 9　协同发展规划对京津冀地区经济总量的影响

变量名称	(1)	(2)
协同效应×T	0.039 (0.030)	
冀×T		-0.045 (0.031)
京津×T		0.068** (0.034)
控制变量	是	是
拟合优度	0.987	0.988
观测值(个)	422	422

注：被解释变量为取对数的 GDP。

（五）进一步分析

协同发展规划是一项长远战略，其对京津冀整体发展和缩小区域内差距的作用不是立竿见影的，而是一个逐步发生的过程。对此，本文在表10和表11中分析了协同发展规划的年度动态效果，表10和表11分别对应表3和表4的实证结果。表10列（5）的实证结果表明，增值税宏观税负在政策实施后的第一年不显著，在实施后的第二年到第四年均在统计上显著且系数较大，这与北京市的产业疏解是相一致的。表11列（4）的实证结果表明，河北省与京津两市的税收收入差距逐年缩小，但该缩小更多与税收收入区域内分布变化有关。所有宏观税负的指标均体现了河北省与京津两地宏观税负差距逐年缩小的趋势。

表10　协同发展规划对京津冀地区税收的整体动态影响

变量	(1)	(2)	(3)	(4)	(5)	(6)	(7)	(8)
实施后第一年	0.198 (0.235)	0.502** (0.215)	0.431** (0.194)	0.149 (0.128)	-0.451 (0.401)	0.120 (0.094)	0.049 (0.058)	-0.114 (0.580)
实施后第二年	0.063 (0.236)	0.466** (0.218)	0.223 (0.135)	0.030 (0.135)	-0.746* (0.416)	0.175* (0.095)	0.010 (0.056)	-0.808 (0.601)
实施后第三年	0.011 (0.242)	0.437* (0.229)	0.148 (0.151)	-0.046 (0.141)	-0.955** (0.446)	0.103 (0.109)	-0.022 (0.066)	-1.364** (0.663)
实施后第四年	-0.006 (0.245)	0.271 (0.230)	0.159 (0.140)	-0.080 (0.144)	-0.887* (0.451)	0.026 (0.109)	0.024 (0.063)	-1.110 (0.679)
控制变量	是	是	是	是	是	是	是	是
拟合优度	0.968	0.952	0.917	0.98	0.768	0.898	0.861	0.795
观测值(个)	357	359	349	365	354	356	346	362

表11　协同发展规划对京津冀区域内部税收收入差距的动态影响

变量		(1)	(2)	(3)	(4)	(5)	(6)	(7)	(8)
实施后第一年	冀	0.491 (0.539)	0.675 (0.488)	0.493 (0.302)	0.338 (0.344)	0.252 (0.498)	0.231** (0.107)	0.074 (0.066)	0.880 (0.972)
	京津	-0.014 (0.097)	0.359*** (0.110)	0.353* (0.185)	0.048 (0.071)	-1.017** (0.428)	0.043 (0.117)	0.008 (0.079)	-0.688 (0.581)

续表

变量		(1)	(2)	(3)	(4)	(5)	(6)	(7)	(8)
实施后第二年	冀	0.429 (0.527)	0.679 (0.494)	0.399 (0.261)	0.294 (0.340)	0.206 (0.454)	0.200* (0.116)	0.080 (0.065)	0.650 (0.953)
	京津	-0.183* (0.100)	0.300*** (0.102)	0.097 (0.118)	-0.105 (0.082)	-1.427*** (0.449)	0.128 (0.120)	-0.052 (0.074)	-1.597*** (0.572)
实施后第三年	冀	0.423 (0.525)	0.759 (0.487)	0.406* (0.243)	0.321 (0.331)	0.394 (0.445)	0.285** (0.119)	0.147*** (0.055)	1.425 (0.889)
	京津	-0.258** (0.102)	0.226* (0.119)	-0.014 (0.148)	-0.225*** (0.085)	-1.807*** (0.459)	-0.006 (0.132)	-0.124 (0.082)	-2.695*** (0.557)
实施后第四年	冀	0.402 (0.527)	0.626 (0.492)	0.396 (0.249)	0.297 (0.336)	0.336 (0.452)	0.179 (0.123)	0.165** (0.068)	1.327 (0.958)
	京津	-0.277*** (0.097)	0.044 (0.114)	0.001 (0.126)	-0.265*** (0.086)	-1.708*** (0.466)	-0.075 (0.133)	-0.071 (0.076)	-2.345*** (0.589)
控制变量		是	是	是	是	是	是	是	是
拟合优度		0.971	0.954	0.918	0.983	0.804	0.9	0.876	0.833
观测值(个)		357	359	349	365	354	356	346	362

七　结论与政策启示

研究发现，首先，协同发展规划确实缩小了京津冀区域内的税收差距。具体而言，协同发展规划降低了北京市和天津市的宏观税负，却未降低河北省的宏观税负；协同发展规划降低了北京市和天津市的增值税税收收入和增值税宏观税负，而未降低河北省的增值税相关指标；协同发展规划提升了河北省企业所得税宏观税负，但未改变北京市和天津市企业所得税宏观税负。其次，协同发展规划未从整体上增加京津冀地区的税收收入，但是增值税宏观税负有所降低，企业所得税税收收入有所增加，表明协同发展规划在一定程度上提升了京津冀地区的整体经济发展质量。

基于上述实证结果，本文提出以下关于区域协同发展的政策启示。

第一，产业升级与转移是区域协同发展的重点。区域协同发展要求区域内部不同地区之间协调共同发展。产业转移和产业升级能促进各地区自身特色产业的发展，更加明确自身定位，在此基础上形成不同地区之间互补的产业结构。区域内部不同地区间紧密的产业联系将使不同地区间相互带动、共同发展。

第二，税收政策等体制机制改革是促进区域合作的重要抓手。不同地区之间在体制机制上存在着不一致性，即便不同地区间体制机制相同，信息交换也往往存在着障碍。这些体制机制包括税收制度、海关管理、医药产业监管等，在兼顾各地区利益并保障监管力度的基础上，应进行体制机制改革，尽可能地为商品、资本和人员在区域内自由流动创造便利条件。如此则构筑了产业转移与各地产业升级的基础环境，区域的分工与合作将遵循市场机制自发形成。

第三，区域协同发展既能缩小区域内发展差距，也能促进各地区共赢。区域协同发展要求逐步缩小区域内发展差距，促进区域均衡发展，不是以牺牲一部分地区为代价来促进另一部分地区的发展，而是同时推动不同发展水平的地区同时发展。一方面，区域协同发展能促进发展水平较低地区的可持续发展。区域发展规划促使发达地区的部分产业搬迁到发展水平较低的地区，能促进迁入地的产业转型升级，增强迁入地企业的整体盈利能力，并使迁入地有效扩大税基，提高税收收入。税收收入的增加能为发展水平较低的迁入地提供财力，企业盈利能力的增强和产业转型升级将为迁入地提供进一步发展的基础，这些均能增强迁入地的可持续发展能力。另一方面，区域协同发展对于发达地区既是机遇也是挑战，要抓住机遇，迎接挑战。协同发展规划可能促使一部分产业搬迁至发展水平较低的地区，这会导致发达地区流失一部分一般性企业和一部分税收收入，但是也使发达地区有更大的空间发展高科技行业，以更大的力度支持研发投入和科技创新，从而与发展水平较低的地区形成紧密的分工合作，以促使自身达到更高的发展水平，形成更强的竞争能力。

The Effects of Coordinated Development for Beijing-Tianjin-Hebei Region on (Inequality in) Taxation

Zhou Bo, *Shen Yaru*

Abstract: Based on the annual prefecture-level city data from 2014 to 2019 and the Difference-in-that from a regional perspective, the coordinated development plan has increased the macro tax rate of corporate income tax in Hebei Province and maintained the stability of the macro tax rate of corporate income tax in Beijing and Tianjin. It has reduced the macro tax burden rate of value-added tax in Beijing and Tianjin, at the same time, the macro tax burden rate of urban maintenance and construction tax in Hebei province has increased significantly. On the whole, The coordinated development strategy has narrowed interregional taxation disparities between Hebei Province and the Beijing-Tianjin municipalities, and reduced the macro tax burden rate of Beijing and Tianjin. The empirical results show that the impact of collaborative development planning on tax revenue is the important embodiment of industrial transfer and upgrading in Beijing-Tianjin-Hebei region, and also indicates that the quality of economic development in Beijing-Tianjin-Hebei region has been improved.

Keywords: coordinated development for Beijing-Tianjin-Hebei region; regional economies; tax revenue; the tax gap

京津冀协同发展对企业成长的影响效应及作用机制*

李素英　刘　珊**

摘　要： 本文基于2010～2020年中国上市公司样本数据，采用双重差分法实证检验了京津冀协同发展战略对企业成长的影响效应、作用机制及异质性表现。结果显示，与对照组企业相比，京津冀协同发展战略的实施显著地促进了实验组企业的成长。机制检验表明，京津冀协同发展战略主要通过提升企业投资支出率和降低企业经营成本两条路径来促进企业成长。异质性检验发现，京津冀协同发展战略对民营企业、劳动生产率较高的企业、规模较大的企业以及不同年龄组的企业均具有积极促进作用。对此，在纵深推进京津冀协同发展战略实施的过程中，应进一步降低经济政策的不确定性，加大对国有企业的改革力度，加强对小规模企业和劳动生产率较低企业的帮扶，以实现对企业成长的积极促进效果。

关键词： 企业成长　京津冀协同发展战略　投资支出效率　经营成本

---

* 本文已发表于《北京社会科学》2023年第11期。

** 李素英，石家庄铁道大学管理学院教授，博士研究生导师；刘珊，石家庄铁道大学管理学院博士研究生，讲师。

一 引言

企业是市场经济中最为重要的主体之一，企业成长关系到经济的持续快速健康发展。① 尤其是对于中国这种转轨型经济国家来说，企业能否健康成长，不仅影响到企业本身，而且影响到消费者、社会等，牵一发而动全身。因此，促进企业健康成长一直是社会各界关注的焦点。企业能否健康成长，除了与企业管理人员素质、员工人力资本、企业制度构建等密切相关，还与外部环境的影响相关。营商环境的好坏对于企业发展具有非常关键的影响，中国一直积极优化营商环境。②

京津冀协同发展的目标就是要通过京津冀协同发展战略的执行来促进北京市、天津市和河北省三地的产业协同发展，实现创新水平的提升，从而推动京津冀地区经济实现高质量可持续发展。就目前而言，京津冀协同发展战略的执行产生了显著的效果③，京津冀三地开始迈向经济高质量发展，人民生活幸福感和获得感得到进一步提升，在三地协同努力下，京津冀环境质量，尤其是空气质量和水环境质量都实现了显著改善。除此之外，京津冀协同发展战略对在经济运行中发挥重要支撑作用的企业产生了怎样的影响，是否促进了企业的成长？回答这一问题，对于进一步完善京津冀协同发展战略，进一步提升京津冀协同发展战略的政策效果具有重要的现实意义。京津冀地区是中国北方非常重要的经济增长极，京津冀协同发展对于探索地区经济一体化的政策效果具有重要的意义。京津冀协同发展战略的执行和推进是北方地区探索中国式现代化、实现经济高质量发展的重要尝试。

---

① 徐现祥，王子晗．微观主体成长、“放管服”改革与南方经济占比上升[J].南方经济，2022（6）：64-76.

② 周泽将，雷玲，伞子瑶．营商环境与企业高质量发展——基于公司治理视角的机制分析[J].财政研究，2022（5）：111-129；牛鹏，郑明波，郭继文．营商环境如何影响企业投资[J].当代财经，2022（1）：90-101.

③ 杨志云．京津冀协同发展的公众感知和效果评价：基于四个区县的田野观察[J].湖北社会科学，2022（1）：55-62.

二　文献述评

（一）京津冀协同发展战略的影响效应研究

京津冀协同发展战略主要目的是促进京津冀三地的经济协调发展。京津冀协同发展战略提出初期，更多主要是单方面的协作，存在碎片化协调合作的问题，随着京津冀协同发展战略进入纵深推进阶段，京津冀三地逐步找到了合作机制，京津冀协同发展战略的实施进一步促进了三地经济的高质量发展[①]，而在经济高质量发展阶段，提升全要素生产率是核心，只有全要素生产率提升了，才能够进一步支撑经济的可持续健康发展。京津冀协同发展战略之所以能促进三地经济高质量发展，一个最重要的原因就是其促进了三地劳动力、资本等生产要素的流动，提高了资源配置效率，进而提升了全要素生产率。[②] 从全要素生产率的改善来看，天津市在第二产业、河北省在第三产业方面的改善效果最为显著。[③] 但是京津冀三地在创新和开放方面仍存在较大的内部差异，并且京津冀地区内部经济发展也存在较大的不平衡、不协调的问题，尤其是京津冀南部地区的经济高质量发展程度较低[④]，甚至在创新方面存在虹吸效应。[⑤] 安树伟和董红燕认为，京津冀协同发展战略的实施在京津冀三地交通协调发展、环境联合治理和缓解北京“大城市病”等方面产生了积极的效

---

① 武义青，冷宣荣．京津冀协同发展八年回顾与展望[J].经济与管理，2022，36（2）：1-7.

② 陈浩，罗力菲．区域协同发展政策对要素流动与配置的影响：京津冀例证[J].改革，2023（5）：105-123.

③ 韩英，马立平．京津冀产业结构变迁中的全要素生产率研究[J].数量经济技术经济研究，2019，36（6）：62-78.

④ 文余源，杨钰倩．高质量发展背景下京津冀协同发展评估与空间格局重塑[J].经济与管理，2022，36（2）：8-18.

⑤ 任爱华，刘玲，刘洁．协同发展还是虹吸效应？——来自京津冀地区的“动态”多维评估[J].经济体制改革，2022（1）：59-66.

果，但是未产生产业协同效应。[①] 可能的原因是北京市、天津市与河北省的发展水平和城市功能差距较大。[②]

（二）企业成长的影响因素研究

企业是地区经济发展的关键，企业成长的好坏关系到京津冀地区产业协同发展水平的高低，深刻影响京津冀地区经济高质量发展。企业成长影响因素一般分为内部和外部两种。就内部因素而言，一方面，企业成长与企业领导者及领导团队有密切关系。就初创民营企业而言，好的创业者是企业成长的内源性力量，好的创业者可以通过资源整合促进企业规模扩张和企业成长。[③] 当企业高管具有相对全备的素质时，企业会具有相对完善的信息披露制度，而完善的信息披露可以提高企业在市场上的信息透明程度，降低信息不对称程度，更有利于企业获得相应的资金支持。因此，企业高管素质越高，企业的信息越完善，越有利于企业成长。[④] 另一方面，对于中小企业的成长而言，企业领导者的素养更加关键。“人无信不立”，企业也一样，当企业领导者具有较高的诚信水平时，企业往往会走上正向发展的轨道，逐步实现企业规模扩张，获得声誉，相反，如果中小企业的领导者不具有诚信的基本素养，那么企业成长将“荆棘满地”。更进一步来说，当中小企业的领导者具有较高的诚信素养时，企业良好的组织氛围将起到“锦上添花”的作用。[⑤]

从外部因素来看，行政审批制度改革可以促进企业生产规模扩大及资本的增长。但是其对民营企业的促进作用要大于对国有企业的促进作用。[⑥] 就

---

① 安树伟，董红燕．京津冀协同发展战略实施效果中期评估[J]．经济问题，2022（4）：1-9.

② 安树伟，李瑞鹏．城市群核心城市带动外围地区经济增长了吗？——以京津冀和长三角城市群为例[J]．中国软科学，2022（9）：85-96.

③ 朱斌，吕鹏．中国民营企业成长路径与机制[J]．中国社会科学，2020（4）：138-158.

④ 金祥义，张文菲．有效信息披露与企业成长能力[J]．世界经济文汇，2019（3）：38-56.

⑤ 魏峰，朱千林．CEO 诚信与中小企业成长：组织氛围和企业规模的效用研究[J]．科学学与科学技术管理，2019，40（2）：55-67.

⑥ 邵传林．行政审批制度改革对企业成长的影响——基于民企与国企的比较[J]．经济与管理，2022，36（5）：73-84.

民营企业而言，政府的商事制度改革可以降低民营企业的制度成本（管理费用、销售费用和营业费用），带动企业资源配置优化和生产效率提升，从而促进企业成长。① 产业政策是另一重要的外部因素，集中体现在开发区的设立上。经济技术开发区的设立可以促进企业获得更多的政府财政支持，缓解企业融资约束，降低经济政策的不确定性，还可以通过促进企业创新水平的提升，提高企业竞争力，促进企业成长壮大。② 将开发区政策效应扩大到更广泛的空间，也就是开发区政策对开发区以外的周边地区的企业成长可能造成一定的挤出效应，没有很好地促进开发区周边企业的健康成长。③

与本文密切相关的文献主要有区域经济融合对企业成长的影响研究。邓慧慧和李慧榕以长三角城市群的不断扩展为研究切入点，分析了在地区经济融合发展过程中，区域经济一体化对企业成长所产生的影响。④ 长三角城市群不断扩容实现经济一体化，一方面通过市场力量促进了企业成长，利用市场力量促进了长三角城市群的产业集聚，并且进一步扩大了企业投资，进而促进了企业成长；另一方面，随着长三角城市群不断扩容，政府给予其足够的财政支撑，企业的外部融资约束得到了一定程度的缓解，从而推动了企业成长。因此，长三角城市群不断扩容，通过市场和政府的力量共同发力，促进了所在地企业的成长壮大。内嵌于区域经济一体化的过程，城市群对企业成长产生了积极的作用。城市群中的不同城市之间存在相互补充的空间分工体系，提升了企业的集聚水平，增加了集聚的多样化程度，降低了交易成本，从而促进了企业成长。⑤

---

① 李兰冰，商圆月，阎丽．行政审批制度改革、制度成本与民营企业成长[J]．经济与管理研究，2021，42（5）：29-49.

② 李贲，吴利华．开发区设立与企业成长：异质性与机制研究[J]．中国工业经济，2018（4）：79-97；康志勇，周伟建，汤学良．政府支持、能力建设与中国本土企业成长——来自中国微观企业的数据分析[J]．现代经济探讨，2018（5）：14-21.

③ 包群，唐诗．开发区建设与周边地区的企业成长：窗口辐射还是挤出效应[J]．产业经济研究，2016（5）：26-36+99.

④ 邓慧慧，李慧榕．区域一体化与企业成长——基于国内大循环的微观视角[J]．经济评论，2021，229（3）：3-17.

⑤ 刘胜，顾乃华，李文秀，等．城市群空间功能分工与制造业企业成长——兼议城市群高质量发展的政策红利[J]．产业经济研究，2019（3）：52-62.

综上所述，目前关于企业成长因素的研究多从企业内部和外部两种因素进行分析，外部因素更多的是从营商环境切入，阐述其机制并进行实证检验，虽有区域经济一体化战略对企业成长的研究，但主要是从长三角一体化的城市扩容视角分析，目前鲜有关于京津冀协同发展战略的实施对企业成长影响的理论和实证研究。京津冀一体化战略的实施对于疏解北京非首都功能、缩小京津冀三地发展差距、缓解京津冀不平衡以及带动北方地区经济发展，进而缓解南北经济差距扩大的趋势具有极其重要的意义。因此，本文将采用双重差分（DID）法进行深入研究，在有效缓解实证分析中的内生性问题的基础上，更好地评估京津冀协同发展战略对企业成长的影响。

三　理论分析及研究假设

京津冀协同发展战略的实施能促进企业投资支出效率的提升，从而带动企业成长。具体来说，一是经济政策的不稳定和不协调会提高企业对未来经济发展的悲观程度，进而降低企业的投资预期，不利于企业长期成长。京津冀协同发展战略的实施需要北京市、天津市和河北省三地统一协调发展，三地企业在政策预期方面将具有更强的稳定性和可预见性。政策可预见性提高，将有助于企业制定长期战略并增强企业战略定力。企业长期战略的执行依赖经济政策的确定性，京津冀协同发展战略的实施提高了三地经济政策的稳定性，有助于促进企业增加投资，进而带动投资支出率提高，而企业投资的增加会进一步提升企业的成长性。二是产业协同发展有利于企业成长，在京津冀协同发展战略实施之前，京津冀三地产业之间的关联较弱，第二、第三产业之间及产业内部关联程度均较低，不利于形成产业联动效应，不能很好地带动企业投资。随着京津冀协同发展战略的实施，产业协同发展规划逐步提上日程，并落地实施，促进了京津冀三地产业之间和产业内部的联系，产业协同的规模效应逐步显现，促进了企业的投资支出，从而带动了企业成长。三是京津冀协同发展战略的实施提高了企业的支出效率，在企业生产建设过程中，企业支出效率的提升，一方面可以提升企业新建投资和企业规模投资的效率，减少企业在新建投资和扩张过程中的冗余资本和非效率投资，进而提高企业的投资质量，带动企业高质量发展，反映在企业规模上则是企业规模扩大，从而带动企业成长；另一方面可以提升投资效率，减少非效率投资和冗余资本，为企业的研发投资提供内部资金，促进企业招聘研发人员，或者对在职研发人员进行再培训，提升人力资本水平，进而带动企业成长。据此，本文提出研究假设 1。

研究假设 1：京津冀协同发展战略能促进企业提高投资支出率，从而促进企业成长。

经济政策不确定性增大可能使企业更多参与寻租过程，以此来增强对未来的政策预期，因此，经济政策不确定性会增加企业的经营成本，企业经营成本的增加，一方面会挤占企业投资资金、降低投资规模，另一方面也会降低企业的研发支出，不利于企业创新能力的提升，进而削弱企业在市场中的竞争力，不利于企业的成长。随着京津冀协同发展战略的实施，北京市、天津市和河北省在经济政策、产业协同发展、环境保护联合治理等方面具有较强的一致性和可预期性，从而降低了企业的经营成本，促进了企业成长。

在京津冀协同发展战略实施之前，京津冀地区存在严重的市场分割和本地市场保护等问题，市场分割不利于三地资金、劳动力、技术及知识等生产要素的市场化流动，也就不利于企业经营成本降低。随着京津冀协同发展战略的实施，三地在市场一体化建设方面取得了长足的发展，市场分割程度降低，本地市场保护也逐步减弱，促进了生产要素的市场化流动，生产要素的供给和需求逐步匹配，降低了企业的生产经营成本，企业生产经营成本的降低促进了企业成长。

京津冀协同发展战略的实施降低了企业经营成本，企业经营成本的降低有助于企业节约资源，提高研发水平，从而促进企业成长。一方面，企业经营成本的降低节约了企业资源，促进了企业成长。企业经营成本的降低反映了企业组织能力和生产能力的提高，以及企业组织效率和生产效率的提升，企业组织和生产过程中的非效率部分得到改善，有助于促进企业成长。另一方面，企业经营成本降低，有助于提高企业研发水平，促进企业成长。在企业收入水平和外部融资水平一定的情况下，经营成本降低使企业能够节约更多的资金，用于创新研发，提升研发水平，提高市场竞争能力，而市场竞争能力的提升是促进企业成长的关键。因此，经营成本降低促进了企业成长。据此，本文提出研究假设 2。

研究假设 2：京津冀协同发展战略降低了企业的经营成本，从而促进了企业成长。

四 模型设定、变量说明和数据来源

（一）模型设定

1. 基本回归模型设定

本文研究京津冀协同发展战略对京津冀地区企业成长的影响，主要目的是考察京津冀协同发展战略的政策效果，对此，本文主要使用 DID 法进行实证检验。具体来说，本文按照京津冀协同发展战略提出和实施的时间（2014 年），划分了政策执行前和政策执行后两个类别，即当时间在 2014 年之前时，政策执行时间 *Time* 取值为 0，当时间在 2014 年及之后时，政策执行时间 *Time* 取值为 1。根据京津冀协同发展战略的实施范围划定实验组和对照组，即当上市公司处于北京市、天津市和河北省时，该企业属于实验组，也就是 *Codev* 取值为 1，当上市公司位于非京津冀地区时，*Codev* 取值为 0。位于京津冀地区的上市公司为实验组，位于非京津冀地区（辽宁省、内蒙古自治区、山西省、河南省和山东省）的上市公司为对照组。因此，通过政策执行前后和政策实验组与非实验组两组差分，形成了京津冀协同发展战略的政策评估变量 *BTH*（*Time* 与 *Codev* 的交乘项）。对此，基本回归模型设定为：

$$Growth_{y,i} = c + \alpha_1 BTH_{y,i} + \alpha_2 Time_y + \alpha_3 Codev_p + \alpha_4 X_{y,i} + \beta_y + \delta_p + \varepsilon_{y,i} \quad (1)$$

其中，$Growth_{y,i}$ 表示企业成长性，使用托宾 Q 值来衡量，$BTH_{y,i}$ 表示京津冀协同发展战略这一核心解释变量；回归系数 α 反映了京津冀协同发展战略对企业成长的影响效果；$Time_y$ 为时间变量，以 2014 年为界设定虚拟变量；$Codev_p$ 表示政策执行地区变量，以企业是否处于京津冀地区设定虚拟变量；$X_{y,i}$ 表示企业层面的控制变量，具体包括企业年龄、总资产净利润率、营业收入、管理费用率；β_y 表示时间固定效应，本文的时间固定效应是年份固定效应；δ_p 表示地区固定效应，本文的地区固定效应是省份固定效应；$\varepsilon_{y,i}$ 表示随机误差项。

2. 机制检验模型设定

在确定京津冀协同发展战略对企业成长影响的基础上，本文进一步分析京津冀协同发展战略影响企业成长的作用机制，参考廖正方和王丽①、杜剑等②、包群和廖赛男③等采用的机制检验方法，本文的机制检验模型设定为：

$$Invest_{y,i} = c + \chi_1 BTH_{y,i} + \chi_2 Time_y + \chi_3 Codev_p + \chi_4 X_{y,i} + \beta_y + \delta_p + \varepsilon_{y,i} \quad (2)$$

$$Cost_{y,i} = c + \varphi_1 BTH_{y,i} + \varphi_2 Time_y + \varphi_3 Codev_p + \varphi_4 X_{y,i} + \beta_y + \delta_p + \varepsilon_{y,i} \quad (3)$$

其中，$Invest_{y,i}$ 表示企业的投资支出率；$Cost_{y,i}$ 表示企业的经营成本。其他变量含义同式（1）。

3. 平行趋势和时间效应检验模型设定

平行趋势和时间效应检验模型设定为：

$$Growth_{y,i} = c + \gamma_1 BTH_{y,i} + \gamma_2 Time_y + \gamma_3 Codev_p + \gamma_4 X_{y,i} + \beta_y + \delta_p + \varepsilon_{y,i} \quad (4)$$

具体来说，本文以 2013 年为基准年份，2013 年之前和之后每个年份分别依次取值为 1，同时其他的年份取值为 0。回归系数表示度量年份和 2013 年相比是否存在差异，如果回归系数显著，则表明该年份与 2013 年在企业成长性上存在显著差异，如果回归系数不显著，则表明企业成长性在该年份

---

① 廖正方，王丽．金融科技与京津冀地区产业结构升级［J］．北京社会科学，2023（5）：22-32.

② 杜剑，江美玲，杨杨．税收激励对企业价值的影响——基于研发绩效的中介效应［J］．江南大学学报（人文社会科学版），2021，20（5）：58-71.

③ 包群，廖赛男．国内生产网络与间接出口外溢：基于客户—供应商关系的证据［J］．管理世界，2023，39（8）：20-39.

与 2013 年不存在显著差异。因此，如果要满足平行趋势检验，则 2010 年、2011 年和 2012 年的企业成长性与 2013 年不存在显著差异，即回归系数不显著。

（二）变量说明

1. 被解释变量

企业成长性（*Growth*）。本文使用托宾 Q 值来衡量企业成长性。企业市场价值是衡量企业成长性的关键指标，企业的市场价值高才能表征企业成长性。因此，本文选取托宾 Q 值作为企业成长性的衡量指标。

2. 核心解释变量

京津冀协同发展战略（*BTH*）。本文采用 DID 法，根据政策实施时间和政策实施范围，获取京津冀协同发展战略的核心解释变量，即京津冀协同发展战略是通过时间变量（*Time*）和政策实施范围变量（*Codev*）相乘而得。

3. 控制变量

本文确定的控制变量主要如下。第一，企业年龄（*Age*）。具体计算公式为：企业年龄 = 计算年份 - 企业成立年份 + 1。第二，总资产净利润率（*Profits*）。总资产净利润率使用净利润与总资产之比来度量。第三，营业收入（*Income*）。营业收入使用企业营业收入的绝对数取对数来衡量。第四，管理费用率（*Fees*）。企业管理费用率使用管理费用与总资产之比来衡量。第五，投资支出率（*Invest*）。投资支出率使用购建的固定资产、无形资产和其他长期资产的现金支出与总资产的比来衡量。第六，经营成本（*Cost*）。经营成本采用上市公司营业成本进行衡量。

（三）数据来源

本文使用的数据来自 2010~2020 年国泰安中国沪深上市公司数据，剔除了 ST 和 *ST 的上市公司，并且剔除了金融类上市公司，此外，还删除了关键变量缺失的上市公司样本数据，最后形成本文研究的样本数据库。

五　实证结果分析

（一）基本回归结果分析

表 1 报告了京津冀协同发展战略对企业成长影响的基本回归结果。其中，列（1）为未固定地区和时间效应、未加入企业层面控制变量的回归结果，列（2）为未固定地区和时间效应、加入了企业层面控制变量的回归结果，列（3）为固定了地区和时间效应、未加入企业层面控制变量的回归结果，列（4）为固定了地区和时间效应、加入企业层面控制变量的回归结果。列（1）~（4）的回归系数分别为 0.2480、0.2446、0.2800、0.3545，前两列的回归结果未通过显著性检验，而后两列均在 10%的统计水平上通过检验。随着地区固定效应和时间固定效应及企业层面控制变量的加入，回归结果趋于可靠。表 1 的回归结果表明，京津冀协同发展战略的实施显著促进了京津冀地区企业成长。可能的原因是，2014 年京津冀协同发展战略提出以来，京津冀三地相互协作，降低了政府对市场的不当干预，改善了营商环境，从而促进了京津冀地区的企业成长。

表 1　京津冀协同发展战略对企业成长影响的基本回归结果

	(1)	(2)	(3)	(4)
京津冀协同发展战略	0.2480 (0.1836)	0.2446 (0.1799)	0.2800* (0.1659)	0.3545* (0.1714)
地区固定效应(省份)	未固定	未固定	固定	固定
时间固定效应(年份)	未固定	未固定	固定	固定
控制变量	未加入	未加入	未加入	已加入
观察值(个)	7696	7696	7696	7696

注：括号内的数值为聚类到省份的稳健标准误，*、**、*** 分别表示在 10%、5%、1%的统计水平上显著，下同。

（二）平行趋势和时间效应检验结果分析

DID 法的适用前提是被解释变量的变动趋势需满足平行趋势检验，也就是说在京津冀协同发展战略实施之前，北京市、天津市和河北省的企业成长趋势与辽宁省、内蒙古自治区、山西省、河南省和山东省的企业成长变动趋势相一致。为了验证实验组和对照组企业成长的平行趋势和时间效应，本文根据式（4）进行回归估计，检验结果见表 2。回归结果显示，BTH_{-4}、BTH_{-3}、BTH_{-2} 的回归系数均没有通过显著性检验，也就意味着从 2010 年到 2012 年的 3 年间，企业成长趋势和 2013 年没有显著差异，平行趋势检验满足要求。时间效应检验发现，从 2014 年开始回归系数均显著为正，意味着从 2014 年开始企业成长与 2013 年有显著差异，而且均为正向差异，表明京津冀协同发展战略的实施对企业成长具有持续的积极影响。

表 2　平行趋势和时间效应检验

	回归系数
BTH_{-4}	0.1961 (0.1452)
BTH_{-3}	-0.1865 (0.3195)
BTH_{-2}	0.0923 (0.0813)
BTH_1	0.5337** (0.1648)
BTH_2	0.9760** (0.3034)
BTH_3	0.5942*** (0.1361)
BTH_4	0.3155** (0.0905)
BTH_5	0.3150** (0.0788)
BTH_6	0.4043* (0.1790)
BTH_7	0.6194** (0.2098)

（三）稳健性检验

1. 变换对照组省份

在基本回归结果中，选择了与京津冀三地接壤省份的上市公司样本作为对照组。本部分按照中国地理区划重新选择对照组，将华北地区的省份山西省和内蒙古自治区的上市公司作为对照组，再次进行回归。在采用DID法进行回归估计的过程中，实验组为北京市、天津市和河北省，对照组若选择地理位置相近的省份，那么经济、社会和文化差异较小，符合DID法的基本要求，山西省和内蒙古自治区同属华北地区，与京津冀相似性更高，因此，对照组只选择位于华北地区的山西省和内蒙古自治区的企业进行再次回归。回归结果见表3。结果显示，变换对照组省份，京津冀协同发展战略的回归系数为0.9445，且在5%的统计水平上显著。这表明，京津冀协同发展战略促进企业成长的结论没有因变换对照组省份而产生改变。

2. 变换对照组城市

本文以与京津冀地区相接壤城市的上市公司作为对照组进行再次回归。具体而言，与京津冀地区相接壤的城市有葫芦岛市、朝阳市、赤峰市、乌兰察布市、大同市、忻州市、阳泉市、晋中市、长治市、安阳市、濮阳市、聊城市、德州市和滨州市。选择与京津冀地区相接壤城市的上市公司作为对照组的回归结果见表3。京津冀协同发展战略的回归系数为0.8655，且在5%的统计水平上显著。回归结果再次显示，京津冀协同发展战略促进企业成长的结果并未因变换对照组城市而产生变化。

3. 提前政策时点

在使用DID法评估京津冀协同发展战略对企业成长的影响时，时间变量的取值以2014年为界，2014年及其以后取值为1，之前取值为0。但是，如果该政策时间提前，京津冀协同发展战略的回归系数仍然显著为正的话，就说明京津冀地区企业成长不是受京津冀协同发展战略的影响，而是有其他原因，那么，该结果将不能准确地评估京津冀协同发展战略对企业成长的影响。如果政策时间提前之后，京津冀协同发展战略的回归系数不显著，则说明京津冀地区企业成长的确是由京津冀协同发展战略的实施所驱动的。

基于此，本文将京津冀协同发展战略的时间点提前至 2011 年和 2012 年，回归结果见表 3。政策时点提前到 2011 年时，回归系数为-0.0003，没有通过显著性检验。政策时点提前到 2012 年时，回归系数为 0.2646，同样没有通过显著性检验。综上所述，政策时点提前的检验结果表明，京津冀协同发展战略的确促进了京津冀地区企业成长，京津冀协同发展战略促进企业成长的结果具有一致性。

表 3　京津冀协同发展战略对企业成长影响的稳健性检验结果：基于变换对照组省份、变换对照组城市、政策时点提前

	变换对照组省份	变换对照组城市	政策时点提前至 2011 年	政策时点提前至 2012 年
京津冀协同发展战略	0.9445** (0.2108)	0.8655** (0.3344)		
京津冀协同发展战略(2011 年)			-0.0003 (0.1092)	
京津冀协同发展战略(2012 年)				0.2646 (0.1411)
地区固定效应(省份)	已固定	已固定	已固定	已固定
时间固定效应(年份)	已固定	已固定	已固定	已固定
控制变量	已加入	已加入	已加入	已加入

4. 缩小时间区间

本文在进行京津冀协同发展战略对企业成长影响的研究过程中，时间跨度是从 2010 年到 2020 年，而京津冀协同发展战略是在 2014 年提出的，就整个样本时间区间而言，存在前后窗宽不对称的问题。因此，本文选取京津冀协同发展战略提出前后 2 年、3 年和 4 年分别进行回归，回归结果见表 4。京津冀协同发展战略提出前后 2 年的样本回归结果显示，回归系数为 0.3685，并在 10%的统计水平上显著。京津冀协同发展战略提出前后 3 年的样本回归结果显示，回归系数为 0.4002，且在 10%的统计水平上显著。京津冀协同发展战略提出前后 4 年的样本回归结果显示，回归系数为 0.3406，并在10%的统计水平上显著。因此，改变京津冀协同发展战略实施的前后窗宽，仍然证实了京津冀协同发展战略促进了企业成长。

表4　京津冀协同发展战略对企业成长影响的稳健性检验结果：基于缩小时间区间、缩小企业样本、添加遗漏变量

	前后2年	前后3年	前后4年	删除2014年及之后成立的企业	加入企业层面控制变量	加入省份层面控制变量	同时加入企业层面和省份层面控制变量
	(1)	(2)	(3)	(4)	(5)	(6)	(7)
京津冀协同发展战略	0.3685* (0.1576)	0.4002* (0.1717)	0.3406* (0.1424)	0.3525* (0.1710)	0.1272* (0.054)	0.9272** (0.260)	0.2207* (0.097)
地区固定效应（省份）	已固定	已固定	已固定	已固定	已固定	已固定	已固定
时间固定效应（年份）	已固定	已固定	已固定	已固定	已固定	已固定	已固定
控制变量	已加入	已加入	已加入	已加入	—	—	—

5. 缩小企业样本

本文在基本回归估计过程中使用的是2010~2020年所有京津冀地区及对照组的上市公司样本，但是由于有些企业是在2014年成立，并在2014年及之后才上市。因此，为了进一步验证回归结果的可靠性，本文删除了2014年及之后成立的企业，检验结果见表4。回归结果显示，京津冀协同发展战略的回归系数为0.3525，且在10%的统计水平上显著，即删除2014年及之后成立的企业，仍然证实了京津冀协同发展战略促进了企业的成长。

6. 添加遗漏变量

为了进一步验证研究结果的稳健性，本文进一步加入企业层面和省份层面的控制变量。具体地，企业层面的控制变量在基本回归的基础上进一步加入了企业规模、企业就业人数、企业银行贷款额、高管人数、高管持股比例和高管团队平均年龄；省份层面的控制变量加入了各省GDP、人均GDP、年末常住人口、外商直接投资额、进出口贸易额、道路面积、普通高等学校在校学生人数（本科和专科）以及国内专利申请受理量，回归结果见表4。结果表明，在只加入企业层面控制变量的回归结果中，回归系数为0.1272，且在10%的统计水平上显著；在只加入省份层面控制变量的回归结果中，回归系数为0.9272，并在5%的统计水平上显著；在同时加入企业层面和省份层面控制变量的回归结果中，京津冀协同发展战略的回归系数为0.2207，并在10%的统计水平上显著。以上结果表明，京津冀协同发展战略的实施促进了京津冀地区的企业成长，该结论稳定可靠。

六　机制检验

前文已经验证了京津冀协同发展战略的实施显著促进了京津冀地区上市公司成长，但未分析其影响机制。因此，本文进一步进行京津冀协同发展战略促进企业成长的机制检验。本文的机制变量主要包括投资支出率和经营成本，根据机制检验式（2）和式（3）进行京津冀协同发展战略促进企业成长的机制的回归估计，检验结果见表5。投资支出率的检验结果显示，京津冀协同发展战略的回归系数为0.0073，且在5%的统计水平上显著，京津冀协同发展战略显著促进了企业投资支出率的提高，研究假设1得到验证。经营成本的检验结果显示，京津冀协同发展战略的回归系数为-3.8999，同样在5%的统计水平上显著，表明京津冀协同发展战略促进了京津冀地区企业经营成本下降，研究假设2得到验证。检验结果表明，京津冀协同发展战略主要通过促进企业投资支出率提升和经营成本下降两条路径促进企业成长。

表5　京津冀协同发展战略促进企业成长的机制检验

	投资支出率	经营成本
京津冀协同发展战略	0.0073** (0.0028)	-3.8999** (1.4562)
地区固定效应(省份)	已固定	已固定

续表

	投资支出率	经营成本
时间固定效应(年份)	已固定	已固定
控制变量	已加入	已加入

经济政策不确定性提高会增加企业的信息不对称程度和企业对未来的保守预期，从而不利于企业做出投资决策，进而不利于企业成长。但是，京津冀协同发展战略是国家重大战略，降低了经济政策的不确定性程度，提高了企业对未来稳定的预期，这有利于企业进一步制定和执行企业战略，促进企业成长。而且，京津冀协同发展战略的实施使三地的营商环境均出现了显著改善，市场分割程度有所下降，市场一体化程度有所提升，降低了企业在经营过程中的经营成本，而经营成本的降低可以进一步提升企业的决策效率，缓解企业成长过程中的融资约束，进而促进企业进一步投资和加强研发强度，从而促进企业成长。因此，京津冀协同发展战略的实施通过提高企业投资支出率和降低企业经营成本两条路径来促进京津冀地区企业成长。

七 异质性检验

（一）企业所有制异质性检验

2012 年以后，中国民营经济的发展逐步进入高质量发展阶段，民营经济技术创新水平已经取得了长足的进步，但是民营经济在发展过程中仍然存在较多的不足，面临诸多壁垒，尤其是制度性壁垒较多。对于北方地区来说，更需要激活民营经济来提升市场活力。因此，在基本回归结果的基础上，本文进一步展开企业所有制差异的检验，回归结果见表 6。在国有企业样本中，京津冀协同发展战略的回归系数为 0.3667，未通过显著性检验，而在非国有企业样本中，京津冀协同发展战略的回归系数为 0.2243，在

10%的统计水平上显著。检验结果表明，京津冀协同发展战略促进了非国有企业成长，提升了民营经济的活力。

表 6　企业所有制和企业年龄异质性检验结果

	企业所有制		企业年龄	
	国企	非国企	小于 3 年	大于 3 年
京津冀协同发展战略	0.3667 (0.3056)	0.2243* (0.1040)	0.3779* (0.1845)	0.3008* (0.1428)
地区固定效应(省份)	已固定	已固定	已固定	已固定
时间固定效应(年份)	已固定	已固定	已固定	已固定
控制变量	已加入	已加入	已加入	已加入

可能的原因在于，一方面，京津冀协同发展战略的实施进一步消除了民营企业的制度性壁垒，民营企业和国有企业拥有了更加公平的市场环境，民营企业在获得融资贷款等方面的壁垒进一步消除，外部融资约束缓解，民营企业的投资增加，经营成本降低，从而促进了民营企业成长。另一方面，京津冀协同发展战略的实施促进了京津冀三地的交流合作，降低了市场分割，促进了市场一体化进程，从而促进了民营企业成长。

（二）企业年龄异质性检验

企业年龄会影响企业的竞争力，初创企业往往在竞争力方面不如成熟期企业。但是企业年龄较低的企业一般来说有更为灵活的企业政策。随着企业年龄的增长，企业在行业经验、企业战略、政策应对等方面更具有“章法”。因此，本文参考杨本建和黄海珊①对企业年龄的划分方法，将企业年龄划分为小于 3 年和大于 3 年的两个组别，进一步根据企业年龄进行异质性分析，回归结果见表 6。企业年龄异质性检验结果显示，当企业年龄小于 3 年时，京津冀协同发展战略的回归系数为 0.3779，并在 10%的统计水平上

① 杨本建，黄海珊．城区人口密度、厚劳动力市场与开发区企业生产率[J]．中国工业经济，2018（8）：78-96.

显著。当企业年龄大于3年时，京津冀协同发展战略的回归系数为0.3008，同样在10%的统计水平上显著。回归结果表明，不论企业年龄大小，京津冀协同发展战略均促进了企业成长。

（三）劳动生产率异质性检验

表7报告了劳动生产率异质性检验的回归结果。在劳动生产率的低水平组别中，京津冀协同发展战略的回归系数为0.2798，未通过显著性检验。在劳动生产率高水平组别中，京津冀协同发展战略的回归系数为0.6132，且在1%的统计水平上显著。京津冀协同发展战略的实施显著地促进了劳动生产率高水平组的企业成长，对低水平组的促进作用不明显。

表7　劳动生产率和公司规模异质性检验结果

	劳动生产率		公司规模	
	低	高	小	大
京津冀协同发展战略	0.2798 (0.1895)	0.6132*** (0.1237)	0.4949 (0.2495)	0.2795** (0.1009)
地区固定效应(省份)	已固定	已固定	已固定	已固定
时间固定效应(年份)	已固定	已固定	已固定	已固定
控制变量	已加入	已加入	已加入	已加入

京津冀协同发展战略促进劳动生产率高水平组的企业成长原因有以下两个方面。一是劳动生产率高的企业拥有更强的吸收能力，能够更好地与京津冀协同发展战略相结合，从而实现“1+1>2”的政策效果。而劳动生产率较低的企业自身内生发展能力相对较欠缺，虽有政策加持，但是效果不尽如人意。二是劳动生产率高的企业的资源配置效率更高，在京津冀协同发展战略实施过程中，劳动生产率高的企业可以更加有效地配置资源，提升自己的市场竞争力，进而促进企业成长。

（四）公司规模异质性检验

一般来说公司规模越大，越有利于实现正向发展。因为规模较大的公司具有正循环效应，规模越大，在市场中越具有竞争力，企业获得生存乃至发展的机会越多。而且，公司规模越大，内部融资和外部融资都会越容易，企业的融资约束缓解，企业会获得更多的资金用于企业成长。企业规模越大也越容易获得政府的财政补贴等政策支持，从而更有利于企业成长。因此，本文按照公司就业人数的中位数进行划分，低于中位数的公司归为小规模公司样本组别，高于中位数的公司归为大规模公司样本组别，公司规模异质性检验的回归结果见表 7。在小规模公司样本中，京津冀协同发展战略的回归系数为 0.4949，未通过显著性检验，在大规模公司样本中，京津冀协同发展战略的回归系数为 0.2795，在 5%的统计水平上显著。检验结果表明，京津冀协同发展战略的实施有利于较大规模公司的成长，而对于较小规模公司的促进作用不明显。

因此，公司规模越大越容易在京津冀协同发展战略中获得先机。规模较大的企业可以更好地享受京津冀协同发展战略的政策红利，将政策红利与企业的资源配置结合，最大限度地发挥政策效用，提升企业的资源配置效率，从而促进规模较大企业成长。此外，规模较大的企业本身在创新水平、市场竞争力、产品质量等方面存在较大的竞争优势，京津冀协同发展战略使该竞争优势更容易发挥出来，从而促进了企业成长。

八　研究结论与政策建议

（一）研究结论

本文利用 2010~2020 年中国上市公司样本数据，采用 DID 法实证检验了京津冀协同发展战略对企业成长的影响效应、作用机制及异质性表现。研究结论主要有以下几点。第一，本文将辽宁省、内蒙古自治区、山西省、河南省和山东省的上市公司作为研究分析的对照组，将位于京津冀地区的上市公司作为实验组，研究发现，相较于对照组而言，京津冀协同发展战略显著地改善了京津冀地区上市公司的企业成长性，促进了企业成长，且该研究结论具有较强的稳定性。第二，京津冀协同发展战略主要通过提升企业投资支出率和降低企业经营成本两条路径来促进企业成长。第三，异质性检验表明，京津冀协同发展战略对民营企业、劳动生产率较高的企业、规模较大的企业以及不同年龄组的企业均具有积极的促进作用。

（二）政策建议

第一，应进一步降低经济政策的不确定性。尽管京津冀协同发展战略的实施降低了北京市、天津市和河北省经济政策的不确定性，但是由于市场机制不完善，京津冀三地的经济政策仍然存在诸多不确定性，由此增加了企业的经营成本和战略实施的不稳定性。建议应以雄安新区建设为抓手，促进三地共同出台经济发展政策，提高经济政策的可预期性和稳定性，如此才能够进一步提升企业的投资支出率并降低企业的经营成本，为企业成长带来更加确定的外部环境。

第二，应加大对国有企业的改革力度。研究结果发现，京津冀协同发展战略的实施对国有企业的企业成长性没有明显改善，表明国有企业改革虽然取得了巨大进步，在国民经济发展过程中起到了巨大的作用。但是，由于国有企业规模较大，积弊已久，需要花大力气进行国有企业改革，推进国有企业混合所有制改革，提高国有企业的组织效率和生产效率，积极提升国有企业的投资支出率，降低经营成本，促进国有企业成长。

第三，应加强对小规模企业和劳动生产率较低企业的帮扶。研究结果发现，京津冀协同发展战略对小规模企业和低劳动生产率企业的成长不具有显著的促进作用。而小规模企业往往也是劳动生产率较低的企业。因此，在京津冀协同发展战略下一步纵深推进的过程中，可以成立中小企业专项基金，为小规模企业和低劳动生产率企业提供资金支持，缓解其发展过程中的融资约束，实现定点扶持，这样可以降低大规模企业和劳动生产率高的企业对资金的挤占。

The Effect and Mechanism of Beijing-Tianjin-Hebei Coordinated Development on Enterprise Growth

Li Suying, *Liu Shan*

Abstract: Based on the sample data of Chinese listed companies from 2010 to 2020, this paper empirically tests the effect, mechanism and heterogeneity of Beijing-Tianjin-Hebei coordinated development strategy on the growth of Chinese listed companies by using the double difference method. The results showed that compared with the control group, the implementation of Beijing-Tianjin-Hebei coordinated development strategy significantly promoted the growth of the experimental group. The mechanism test shows that the Beijing-Tianjin-Hebei coordinated development strategy promotes the growth of enterprises by promoting the rate of investment expenditure and reducing the operating costs of enterprises. Analysis of heterogeneity shows that, the coordinated development strategy of Beijing-Tianjin-Hebei has a positive effect on the growth of private enterprises, enterprises with high labor productivity, large-scale enterprises and enterprises of both young and old age groups. In this regard, and further promote the implementation of the Beijing-Tianjin-Hebei coordinated development strategy, we should further reduce the uncertainty of economic policy, increase the reform of state-owned enterprises, to strengthen the support for small-scale enterprises and enterprises with lower labor productivity, in order to achieve a positive effect on enterprise growth.

Keywords: enterprise growth; Beijing-Tianjin-Hebei coordinated development strategy; investment expenditure efficiency; operating cost

基于投入产出表的京津冀产业协同发展水平测度*

刘 冲　李皓宇**

摘　要： 本文通过使用省内和省际投入产出表数据，从产业布局、产业分工和产业联系与融合等多个方面进行测算，发现北京非首都功能疏解取得显著进展，“科技创新中心”的定位凸显，但部分制造业产能仍有待疏解；天津高端制造生产与研发迅猛发展，但需要重视产业竞争问题；河北积极承接京津产业转移，但与京津两地的产业融合水平有待进一步提高。因此，北京需要坚定不移地推进非首都功能疏解，进一步发挥研发中心的龙头带动作用；天津需要进一步明确自身定位，加强与北京的产业互补和协同，同时实现市内各区的差异化发展；河北需要大力推进产业转型升级，融入京津的高端产业链，在京津冀产业协同发展中不掉队。

关键词： 京津冀协同发展　产业协同　投入产出表

---

* 本文已发表于《北京社会科学》2023年第6期。

** 刘冲，北京大学经济学院长聘副教授、博士研究生导师；李皓宇，北京大学经济学院博士研究生。

一 引言

党的二十大报告提出，促进区域协调发展，优化重大生产力布局，构建优势互补、高质量发展的区域经济布局和国土空间体系。优势互补的区域经济布局离不开合理的产业布局，产业协同发展是区域协同发展的重要内涵。实现京津冀产业协同发展，能够让京津冀三地的比较优势得到充分发挥，促进产业的有序转移和承接，形成空间布局合理、产业联系紧密、要素流动顺畅、资源配置高效的区域内产业体系。

2015 年，中共中央、国务院印发实施《京津冀协同发展规划纲要》（以下简称《纲要》），对京津冀协同发展进行了具体规划，以有序疏解北京非首都功能为“牛鼻子”，构建以京津、京保石、京唐秦三个产业发展带和城镇聚集轴为支撑的主体框架。在符合协同发展目标且现实急需、具备条件、取得共识的交通一体化、生态环境保护、产业升级转移等重点领域率先取得突破，深化改革、创新驱动、试点示范有序推进，协同发展取得显著成效。疏解北京非首都功能意味着北京的产业向天津和河北转移，从而改变京津冀区域内部的产业分布、产业相似度和区域内经济联系。天津和河北主动围绕《纲要》对其的定位，进行了产业结构调整。为了评估京津冀产业协同发展水平，及时针对不足之处调整政策路径，有必要对京津冀产业结构变化进行定量描述和科学分析。

“协同”这一概念最早可以追溯到哈肯（Hermann Haken）提出的协同理论。他将“协同”定义为系统内各个子系统通过内部的相互作用实现宏观有序的状态。[①] 据此可以将产业协同定义为，在一个区域内部，各个地区的产业通过分工、竞争和上下游合作等相互作用，形成宏观有序的状态，主要表现为产业布局合理、产业分工明确、产业联系紧密等。

---

① Haken H. Synergetics: cooperative phenomena in multi-component systems [M]. Berlin, DE: Springer-Verlag, 2013: 9-19.

本文根据2012年和2017年省内投入产出表数据和省际投入产出表数据，对截至2017年京津冀产业协同发展的状况进行分析，利用定量指标测度京津冀区域内的产业布局、产业分工和产业联系，并通过具体案例，对数据的变化进行诠释，发现有待改进的问题，为未来一段时期内京津冀产业协同发展相关政策的完善提供参考。

二　京津冀产业协同发展研究现状

（一）产业协同发展的评估方法

目前，对产业协同发展水平进行评估和测算没有统一的方法和指标，学术界主要采取以下三种方法。

一是区位熵及灰色关联度分析法。区位熵理论由 Chorley 和 Haggett 首次提出，从经济地理学的角度判断某一地区的优势产业、某一产业的专业化程度，以及该地区产业集聚的可能性，区位熵值越大，意味着产业的专业化程度越高。[①] 在此基础上，部分学者利用区位熵灰色关联度分析法对中原城市群[②]和京津冀城市群[③]的产业结构和协同发展水平进行了评估。

二是相似系数法。产业结构相似系数由联合国工业发展组织国际工业研究中心提出，用于测度产业结构的趋同程度。中国不同区域之间的产业结构趋同程度差异较大，例如，长三角地区的产业结构趋同问题并不严重，特别是在制造业和产品层面，产业结构的相似性趋于弱化。[④] 从三次产业、制造

---

① Chorley R J, Haggett P. Trend-surface mapping in geographical research [J]. Transactions of the institute of british geographers, 1965 (37): 47-67.

② 李学鑫，苗长虹．城市群产业结构与分工的测度研究——以中原城市群为例[J].人文地理，2006，21 (4)：25-28+122.

③ 张明艳，孙晓飞，贾巳梦．京津冀经济圈产业结构与分工测度研究[J].经济研究参考，2015 (8)：103-108；刘怡，周凌云，耿纯．京津冀产业协同发展评估：基于区位熵灰色关联度的分析[J].中央财经大学学报，2017 (12)：119-129.

④ 邱风，张国平，郑恒．对长三角地区产业结构问题的再认识[J].中国工业经济，2005 (4)：77-85.

业和第三产业内部结构三个方面来看，闽台地区的产业同构现象明显。[①]

三是区域分工指数或产业融合指数。区域产业分工和区域产业融合是衡量产业结构的一体两面，已有研究多采用多种方法和数据计算相关的指数来衡量区域产业分工程度或产业融合程度。例如，部分学者使用区位基尼系数对中国的产业专业化做了探讨。[②] 而另有学者根据中国各地区的投入产出数据构建地方化系数，研究中国产业的地区集中度的决定因素和变动趋势。[③]

目前，由于数据限制，已有研究对京津冀区位熵和产业结构相似系数的测算没有具体到制造业细分大类，对京津冀产业协同发展的刻画不够精准，本文弥补了以往研究的这一缺陷。另外，利用区位基尼系数刻画某一产业的空间分布情况，或某一地区内的所有产业集中情况时，缺乏整体上对所有产业在整个区域内的度量[④]，而利用区域间投入产出关系来计算，则能够在更为宏观的层面进行评估，因此，本文采用区域间投入产出表来衡量京津冀区域内的产业融合水平。

（二）京津冀产业协同发展研究述评

从目前的研究成果来看，对京津冀产业协同发展的研究主要集中于问题和对策分析、探究产业协同的驱动因素及协同发展的产业效应评估等方面。

在问题和对策分析方面，有学者指出，京津冀产业协同发展面临经济总量低、发展不均衡、生态环保问题突出等，因此应当重视三地增量利益共享

① 韦素琼，陈艳华，耿静嫒．基于相似系数和 R/S 分析方法的闽台产业同构性[J]．地理研究，2010，29（3）：491-499.

② 梁琦．中国工业的区位基尼系数——兼论外商直接投资对制造业集聚的影响[J]．统计研究，2003（9）：21-25；文玫．中国工业在区域上的重新定位和聚集[J]．经济研究，2004，39（2）：84-94；赵继敏．京津冀地区与长三角地区制造业区域专业化特征分析[J]．地域研究与开发，2008，27（4）：5-8+14.

③ Hoover E M. The measurement of industrial localization [J]. The review of economic statistics，1936（18）：162-171；白重恩，杜颖娟，陶志刚，等．地方保护主义及产业地区集中度的决定因素和变动趋势[J]．经济研究，2004，39（4）：29-40.

④ 樊福卓．地区专业化的度量[J]．经济研究，2007，42（9）：71-83.

机制。[①] 在产业协同的驱动因素方面，有学者指出，政府行政推动、市场主体推动、多重力量网络协同是京津冀产业协同发展的动力来源，应当发挥中央政府和三地政府制度供给主体以及企业市场主体的作用来实现京津冀产业协同发展，发挥政府引领和企业带动作用，强化创新资源互联互通和开放共享。[②] 在协同发展的产业效应评估方面，有学者指出，京津冀协同发展在人口转移、产业结构优化升级、绿色全要素生产率提升、收入差距缩小等方面具有显著影响。[③]

既有文献从多个方面对京津冀产业协同发展进行了研究，拓展了研究思路，但仍存在可以进一步完善的地方，例如，京津冀产业协同发展取得了什么样的进展，这些进展的背后还有哪些有待优化之处。这些问题均需要借助科学的定量分析进行更深入的研究。

三　京津冀产业协同发展水平评估设计

（一）区位熵视角下的产业分布

区位熵 LQ_{ij} 能够体现某一区域内的产业专业化程度，计算方法为：

---

① 孙虎，乔标．京津冀产业协同发展的问题与建议[J]．中国软科学，2015（7）：68-74；朱晓青，寇静．京津冀产业协同发展探析[J]．新视野，2015（1）：104-109.

② 刘戒骄．京津冀产业协同发展的动力来源与激励机制[J]．区域经济评论，2018（6）：22-28；杨道玲，任可，秦强．京津冀产业协同的驱动因素研究[J]．宏观经济管理，2022（1）：52-59+67；陆军，毛文峰．中国首都圈的综合发展能力和协同治理水平测度[J]．北京社会科学，2022（11）：34-45.

③ 赵成伟，刘冬梅，王砚羽．产业疏解对京津冀协同发展的作用路径及效果研究[J]．经济与管理评论，2022（3）：53-66；王磊，李金磊．区域协调发展的产业结构升级效应研究——基于京津冀协同发展政策的准自然实验[J]．首都经济贸易大学学报，2021，23（4）：39-50；高素英，王迪，马晓辉．产业协同集聚对绿色全要素生产率的空间效应研究——来自京津冀城市群的经验证据[J]．华东经济管理，2023，37（1）：73-83；李玉姣，王晓洁．京津冀地区产业结构转型对城乡居民收入差距的影响[J]．北京社会科学，2023（3）：45-55.

$$LQ_{ij} = \frac{e_{ij}/e_i}{\sum_{i=1}^{n} e_{ij}/\sum_{i=1}^{n} e_i} \tag{1}$$

其中，e_{ij} 表示 i 地区 j 行业的增加值，区位熵 LQ_{ij} 越大，则表明 j 行业集中分布于 i 地区。通常而言，$LQ_{ij}>1$，表明 j 行业是 i 地区的优势产业。因此，区位熵可以揭示京津冀三地各自的优势产业，从而反映京津冀三地的产业分布情况。本文使用京津冀三地 42 个部门的投入产出表，计算了精确到行业细分大类的京津冀三地的区位熵。

从产业分布来看，2012~2017 年，京津冀三地发生了较为明显的产业转移，主要表现为北京疏解中低端产业，天津制造业高端化、生产性服务业蓬勃发展，河北承接京津产业、推进工业化进程（见表 1）。

表 1　京津冀三地 2012 年和 2017 年各行业区位熵

行业	北京		天津		河北	
	2012 年	2017 年	2012 年	2017 年	2012 年	2017 年
农林牧渔业	0.14	0.10	0.22	0.21	1.96	2.17
采矿业	0.15	0.12	1.29	2.34	1.43	1.00
食品和烟草	0.36	0.42	1.66	1.09	1.11	1.42
纺织品	0.04	0.03	0.17	0.23	2.05	2.22
纺织服装鞋帽、皮革羽绒及其制品	0.36	0.16	0.86	1.08	1.50	1.64
木材加工品和家具	0.43	0.39	0.91	0.81	1.43	1.60
造纸、印刷和文教体育用品	0.57	0.34	1.05	1.12	1.26	1.48
石油、炼焦产品和核燃料加工品	0.61	0.11	0.86	1.82	1.33	1.28
化学产品	0.75	0.56	1.18	1.29	1.08	1.21
非金属矿物制品	0.49	0.30	0.48	0.49	1.60	1.86
金属冶炼和压延加工品	0.02	0.02	1.12	0.54	1.60	2.06
金属制品	0.28	0.15	0.79	0.50	1.58	1.97
通用设备	0.57	0.48	1.45	1.26	1.07	1.28
专用设备	0.54	0.52	1.22	1.00	1.20	1.40
交通运输设备	1.17	1.03	1.52	1.43	0.64	0.74
电气机械和器材	0.64	0.49	1.34	1.16	1.07	1.34
通信设备、计算机和其他电子设备	0.96	0.91	2.60	2.16	0.25	0.44

续表

行业	北京		天津		河北	
	2012 年	2017 年	2012 年	2017 年	2012 年	2017 年
仪器仪表	1.49	1.35	1.64	1.00	0.36	0.71
其他制造产品和废品废料	0.29	0.44	2.98	1.68	0.51	1.09
机械和设备修理服务	0.45	1.57	0.06	0.13	1.82	1.00
电力、热力的生产和供应	1.51	1.04	0.63	0.74	0.84	1.10
燃气生产和供应	1.32	0.82	1.12	0.95	0.72	1.18
水的生产和供应	1.33	1.45	0.56	1.09	0.99	0.58
建筑业	0.88	0.81	0.86	0.81	1.15	1.26
批发和零售	1.21	0.99	1.26	1.07	0.74	0.97
交通运输、仓储和邮政	0.71	0.80	0.82	0.67	1.29	1.34
住宿和餐饮	1.22	1.02	1.00	1.03	0.85	0.97
信息传输、软件和信息技术服务	2.43	1.99	0.37	0.65	0.34	0.37
金融	1.83	1.60	1.00	0.88	0.44	0.57
房地产	1.49	1.13	0.75	1.05	0.79	0.86
租赁和商务服务	2.29	1.58	0.80	1.35	0.23	0.33
科学研究和技术服务	2.10	1.85	0.88	1.15	0.32	0.22
水利、环境和公共设施管理	1.33	1.07	1.53	1.36	0.52	0.75
居民服务、修理和其他服务	0.53	0.42	1.60	1.44	1.02	1.24
教育	1.50	1.48	0.86	0.88	0.73	0.67
卫生和社会工作	1.32	1.17	0.67	0.97	0.95	0.87
文化、体育和娱乐	2.38	1.73	0.55	1.07	0.29	0.36
公共管理、社会保障和社会组织	1.19	1.06	0.85	0.92	0.95	0.99

1. 北京区位熵变化情况

在工业方面，2012~2017 年，北京大多数制造业部门的区位熵下降明显，尤其是低增加值行业区位熵降幅接近甚至超过 50%，主要集中在纺织服装鞋帽、皮革羽绒及其制品等劳动密集型行业，造纸、印刷和文教体育用品，石油、炼焦产品和核燃料加工品，以及金属制品等高能耗、高排放（以下简称“两高”）行业。这显示了在《纲要》的指引下，北京严格执行《北京市新增产业的限制和禁止目录》和《北京工业污染行业、生产工艺调整退出及设备淘汰目录》，严格控制增量、有序疏解存量，疏解非首都功能取得明显进展，“两高”行业基本退出北京。

但是，在疏解制造业方面，北京仍然保留了几个具有比较优势的高端制造业行业，如交通运输设备，通信设备、计算机和其他电子设备，仪器仪表等，这些行业仍然有较高的区位熵。这是因为这些行业依托北京全国领先的高等院校和科研院所等智力资源，以创新为增长引擎，可以不断转化应用最新的科学技术成果，成为技术密集型产业。

在服务业方面，2012~2017 年，北京重点疏解京内大型批发市场，取得了显著成效，批发和零售业区位熵大幅下降。同时，北京信息传输、软件和信息技术服务，科学研究与技术服务等高技术服务业的区位熵也有所下降，而天津相关行业的区位熵大幅上升，体现了北京发挥龙头带动作用，通过人才流动、知识产权转让和共享实现技术外溢，使高附加值行业扩散到周边地区，促进了天津相关产业的发展。

总的来说，2012~2017 年，北京呈现“去工业化”的特征，城市推行“减量发展”，中低端产业逐步向天津和河北转移，有力地带动了京津冀产业协同发展。

2. 天津区位熵变化情况

2012~2017 年，天津制造业部门的区位熵变化不一。作为天津市“十二五”规划确定的支柱产业，天津的石油炼焦产品和核燃料加工品业具有距渤海油田产地较近、港口进口油气便利等比较优势，规模迅猛扩张，成为天津区位熵增幅最大的制造业部门。此外，天津也在积极转移和改造“两高”行业，大力淘汰落后产能，在金属冶炼和压延加工品制造业表现最为明显，区位熵降幅超过 50%。通用设备、专用设备、交通运输设备、电气机械和器材等装备制造业的区位熵有所下降，但仍然高于 1；通信设备、计算机和其他电子设备制造业区位熵有所下降，但仍然高于 2。这表明在高端制造业领域，天津在规模上一直保持着京津冀区域内的优势地位。

天津产业基础较好、劳动力素质较高、基础设施建设水平较优，能够消化和转化先进技术，也承接了北京转移的一部分高端制造业。例如，北京市中关村发展集团在天津市宝坻区建设了京津中关村科技城，承接北京转移的动力电池、集成电路、生物医药等高端制造业企业，这些企业在保留北京研发中心的同时，在天津设立生产线和第二研发中心，使天津的高端制造业保持较高的区位熵。

在服务业方面，天津在“十二五”规划和“十三五”规划中均提出重点发展生产性服务业，并取得了良好成效。租赁和商务服务、科学研究和技术服务这两个生产性服务业的区位熵增幅明显，在 2017 年均突破 1，表明天津在京津冀区域内建立了这两个行业的规模优势；信息传输、软件和信息技术服务业也有所发展，区位熵增幅明显。

总的来说，2012~2017 年天津处于工业化后期阶段，主要表现为高端制造业的进一步发展和落后产能的淘汰，以及生产性服务业的蓬勃发展。

3. 河北区位熵变化情况

河北在京津冀产业协同发展中主要扮演承接京津两地产业转移的角色，2012~2017 年区位熵的变化也体现了这一点。在制造业方面，由于北京和天津大量向河北转移制造业企业，特别是低端制造业企业，使河北大部分制造业行业的区位熵均不同程度上升，尤其是非金属矿物制品、金属冶炼和压延加工品、金属制品业以及造纸、印刷和文教体育用品“两高”行业的区位熵上升显著。在服务业方面，北京疏解的大型批发市场大部分落户河北，使河北批发和零售业的区位熵大幅上升，而高端服务业，特别是生产性服务业，区位熵值一直较小，表明发展水平和规模仍处于起步阶段。

此外，产业转移的案例也能够佐证河北 2012~2017 年区位熵的变化。例如，北京凌云建材化工公司整体搬迁到河北省武安市，利用当地钢铁行业产生的废气二氧化碳作为原料生产碳酸氢钠，还利用了钢铁生产的余热和蒸汽冷凝水，实现了节能化的联合生产；北京市西城区动物园批发市场和丰台区大红门批发市场的商户分批自主搬迁，主要搬迁到河北省廊坊市新动批红门服装城和沧州市明珠商贸城等新建和既有市场；北京市丰台区京开五金建材市场整体搬迁，在河北省高碑店市重建。虽然相比搬迁到天津的企业，这些搬迁到河北的企业大部分属于附加值和技术含量较低的产业，但对于投资稀缺、迫切希望招商引资的河北来说，这些企业能够促进当地经济增长、居民收入和财政收入增加，同时河北在这些低端行业具有比较优势，联合生产、延长产业链还可以进一步降低生产成本，向河北疏解这些产业也促进了京津冀整体资源配置效率的提高。

总的来说，2012~2017 年河北仍然处在工业化进程中，承接京津产业转移既是其自身发展的内在需要，也是其比较优势使然。

（二）产业结构相似系数为基础的产业分工

本文使用产业结构相似系数来衡量京津冀区域内的产业相似度。产业结构相似系数的计算方法为：

$$S_{ij} = \frac{\sum_{k=1}^{n} x_{ik}x_{jk}}{\sqrt{x_{ik}^2 x_{jk}^2}} \tag{2}$$

其中，x_{ik} 表示 k 行业增加值在地区 i 总增加值中所占的比重，x_{jk} 表示 k 行业增加值在地区 j 总增加值中所占的比重。产业结构相似系数的取值范围为［0，1］，当取值为 0 时，两地产业结构完全不同；当取值为 1 时，两地产业结构完全相同。已有研究通常以 0.9 为分界线，认为高于 0.9 时，两地产业结构相似程度较高。[①] 大部分已有研究通常使用产业门类增加值或一、二、三产业增加值来计算，本文使用各省市内 42 个部门的投入产出表，计算了精确到行业大类的京津冀三地之间的产业结构相似系数（见表 2）。

表 2　京津冀三地 2012 年和 2017 年产业结构相似系数

	2012 年	2017 年
北京—天津	0.717	0.852
北京—河北	0.490	0.590
天津—河北	0.771	0.735

① 丁宏．产业同构对区域经济增长的空间溢出效应——以京津冀地区为例［J］．首都经济贸易大学学报，2021，23（5）：44-54.

从产业相似度来看，2012~2017 年，京津冀三地的产业结构相似系数发生了较大的变化，但均未超过 0.9，表明五年间京津冀三地之间仍保持着适当的分工协作，产业同构现象尚不突出。这些变化体现了《纲要》对三地定位的要求，反映了三地在《纲要》的指引下，围绕自身定位发展具有比较优势的特色产业，产业协同性有了较大提升。

北京和天津之间的产业结构相似系数大幅上升，从不足 0.72 上升至超过 0.85。产业相似度上升主要是因为天津大力发展高端制造业和生产性服务业，使自身产业结构向北京趋同。但是，京津两地产业结构相似系数上升不一定意味着两地的产业缺乏协同性，北京作为科教高地，有较强的辐射带动能力，能够带动天津高新技术产业发展；天津的高新技术产业与北京相比，综合实力还较为薄弱，京津两地之间的产业竞争、产业重复和产业过剩问题尚不突出。

另外，《纲要》对北京和天津的定位分别为科技创新中心和全国先进制造研发基地，北京基础科学研究和应用科技研发并重，而天津更侧重于应用研发。从这一角度看，尽管京津两地均大力发展高新技术产业导致产业结构相似系数较高，但两地的高新技术产业具有一定的协同性和互补性，这一产业趋同也符合《纲要》对京津两地的定位。例如，位于北京的中国科学院自动化研究所在天津滨海新区设立了中科虹星科技有限公司，将模式识别国家重点实验室研究的远距离虹膜识别技术进行应用转化，针对不同场景的应用需求，开发各种商业化的软硬件产品。

根据表 2 的数据，北京与河北的产业结构相似系数有所上升，但仍处于相对较低的水平。这表明，河北与北京之间产业分工较为明确，互补性强。由于《纲要》对京冀两地的定位差异较大，2012~2017 年两地产业结构相似系数较低表明，两地严格遵循《纲要》的战略规划，实现了错位发展。

天津和河北的产业结构相似系数则有所下降，这表明，2012~2017 年津冀两地产业分工日益明确，更加充分地发挥了自身的比较优势进行差异化发展。天津利用自身人才储备强、资本积累雄厚等优势，进行制造业产业升级，发展高端制造业和生产性服务业；河北则发挥劳动力资源丰富、建设用地指标充足等优势，进一步扩大制造业产业规模，促进规模经济的形成，推动自身工业化进程。

（三）产业联系度和融合水平

本文使用 2012 年中国地区扩展投入产出表①和 2017 年中国省际投入产出表②来计算京津冀区域内的中间品和最终产品贸易份额，进而衡量产业融合水平。

2017 年省际投入产出表使用了比例性假定，即假定每个部门的中间品和最终产品需求中，本地产品、省外流入产品和进口产品的比例等于该产品总使用量中本地产品、省外流入产品和进口产品的比例；同时假定无转口贸易，即省外流入产品和进口产品全部用于本地中间品投入及作为最终产品使用。为了保持口径一致，本文对 2012 年的地区扩展投入产出表进行了相同处理，得到了 2017 年的省际投入产出表。使用省际投入产出表的数据，本文计算了京津冀三地之间各省市生产的产品占其他省市使用的中间品和最终产品的比，具体结果见表 3。

表 3　2012 年和 2017 年京津冀三地之间各省市生产的产品占其他省市使用的中间品和最终产品的比

单位：%

	2012 年		2017 年	
	中间品	最终产品	中间品	最终产品
北京—天津	2.69	3.03	3.54	2.72
北京—河北	3.70	3.30	2.10	3.39
天津—北京	2.29	1.83	2.72	1.92
天津—河北	0.87	1.28	0.76	1.11
河北—北京	6.19	1.66	4.50	1.19
河北—天津	2.23	2.27	2.25	1.21

注：北京—天津表示，天津使用的北京生产的中间品（或北京生产的最终产品）占天津使用的总中间品（最终产品）的比重，其余类型同义。

① 李善同 . 2012 年中国地区扩展投入产出表：编制与应用[M]. 北京：经济科学出版社，2018.

② 李善同 . 2017 年中国省际间投入产出表：编制与应用[M]. 北京：经济科学出版社，2021.

在中间品方面，2012~2017年，京津冀三地之间的中间品贸易变化不一。天津使用北京生产的中间品占比显著上升，增幅为0.85个百分点，表明在产业链中，北京和天津的上下游关系更加密切，这也与前文所说的北京企业在保留北京的研发中心的同时，在天津设立第二研发中心和生产线的现象相契合；北京使用天津生产的中间品比例也有所上升，总的来说，京津两地之间的产业链联系大大加强。北京和河北之间的中间品贸易占比则显著下降，主要是因为，随着北京疏解非首都功能，北京进入“去工业化”的发展阶段，而河北还处于工业化中期，京冀两地之间的产业发展阶段差距加大，北京的产业集中于高端产业，河北的主要产业还停留在中低端，两地产业出现了脱节，在产业链上的联系被削弱。天津与河北之间的中间品贸易占比则几乎不变，表明两地仍然较多地保持了原有的产业链上下游关系。

在最终产品方面，2012~2017年，京津冀内部最终产品占比大多出现了不同程度下降，可能是由于随着全国统一大市场建设，省际贸易成本下降，京津冀区域外的产品能够更顺畅地流入区域内。

为了进一步揭示京津冀三地产业联系变化的原因，本文重点关注中间品贸易的组成结构（见表4）。

表4 2012年和2017年京津冀三地行业中间品使用情况

单位：%

行业	农林牧渔业	采矿业	制造业	水电气热生产和供应业	建筑业	服务业
2012年						
北京—天津	0.00	0.00	2.85	13.57	3.26	1.84
北京—河北	2.71	0.13	3.58	13.47	3.20	4.76
天津—北京	0.00	2.67	2.90	0.01	0.03	2.08
天津—河北	0.28	1.95	0.46	0.26	1.68	1.30
河北—北京	0.00	0.32	10.79	0.31	0.06	2.80
河北—天津	3.40	0.00	3.19	0.38	3.43	0.57

续表

行业	农林牧渔业	采矿业	制造业	水电气热生产和供应业	建筑业	服务业
2017 年						
北京—天津	0.34	1.12	3.51	0.23	0.14	4.72
北京—河北	0.13	1.35	1.37	10.91	1.49	2.35
天津—北京	0.00	12.60	2.85	0.00	0.00	2.85
天津—河北	1.46	1.79	0.56	0.03	0.45	0.70
河北—北京	0.01	0.22	11.27	0.13	0.00	1.22
河北—天津	0.03	2.19	3.03	0.13	0.01	1.47

注：北京—天津表示，天津使用北京生产的某一类中间品占天津使用的该类中间品总量的比重，其余行意义相同。

根据表 4 的数据，京津之间，在制造业和服务业部门，天津使用北京生产的中间品比例均大幅增加，表明天津更深地融入北京的产业链下游，天津的产业水平能够消化北京高端制造业和高端服务业的中间品；而北京使用天津生产的中间品增加主要集中在采矿业和服务业，前者主要是渤海油田的石油及长芦盐场的海盐，后者则体现了天津发展生产性服务业取得的成效。

京冀之间，河北使用北京生产的制造业和服务业中间品占比大幅度下降，反映了河北发展水平过低，不足以承接发展北京在“去工业化”后保留的高端制造业和服务业的下游产业。北京使用河北生产的制造业中间品则有所增加，体现了河北作为京津冀区域内的工业基地，向北京提供大量中低端工业半成品和制成品的特点。

本文进一步研究了中间品贸易中，京津冀生产的高技术中间品在三地的使用情况（见表 5）。参照傅元海的做法等①，本文将部分制造业行业定义为高技术制造业②。同时，参考国家统计局公布的《高技术产业（服务业）

① 傅元海，叶祥松，王展祥．制造业结构优化的技术进步路径选择——基于动态面板的经验分析[J]. 中国工业经济，2014（9）：78-90.

② 包括化学产品，通用设备，专用设备，交通运输设备，电气机械和器材，通信设备、计算机和其他电子设备，仪器仪表这几个制造业行业。

分类（2018）》，将信息传输、软件和信息技术服务，科学研究和技术服务定义为高技术服务业，这些行业产出的产品多为带有知识产权的无形资产，因而这部分中间品贸易不仅体现了产业联系的强弱，还体现了产业链与创新链的融合水平。

表 5　2012 年和 2017 年京津冀三地高技术中间品使用情况

	2012 年		2017 年	
	高技术制造业	高技术服务业	高技术制造业	高技术服务业
北京—天津	3.25	1.83	2.73	6.96
北京—河北	11.19	1.62	2.84	18.95
天津—北京	3.47	0.01	4.40	6.41
天津—河北	1.03	0.24	1.16	3.05
河北—北京	1.23	0.00	2.42	1.77
河北—天津	0.88	0.11	1.32	1.06

注：北京—天津表示天津使用北京生产的某一类高技术中间品占天津使用的该类高技术中间品总量的比重，其余行意义相同。

高技术制造业方面的变化体现了《纲要》落地实施取得的成效。随着北京疏解非首都功能的推进，部分高技术制造业生产基地从北京转移到天津，使津冀两地使用的北京生产的高技术制造业中间品占比大幅下降，而京冀两地使用的天津生产的高技术制造业中间品占比大幅度上升。另外，作为产业转型升级试验区，河北的高技术制造业也取得了一定的进步，京津两地使用河北生产的高技术制造业中间品占比显著增加，但仍处于较低水平，有待进一步提高。

高技术服务业方面的变化展现了京津冀产业链和创新链融合程度大大加深。2012~2017 年，京津冀使用区域内其他省市高技术服务业的中间品的比重均大幅上升，体现了区域内知识产权交易和共享较为活跃，三地产业链更紧密地围绕创新链发展。特别是天津和河北使用北京生产的高技术服务业中间品占比均较大，且增长迅速，体现了北京作为区域内的科教高地，向津冀转让研发成果，在当地落地转化投产，以研发出的智力成果为中间品，成为天津和河北的技术要素投入。北京使用天津生产的高技术服务业中间品比重也有了极大的增加，表明天津作为区域内的第二研发中心，其研发成果能够及时向北京反馈和转让，京津两个研发中心双向互动密切，有一定的协同性和互补性。河北的高技术服务业尽管有所发展，但仍处于起步阶段，在京津两地的中间品市场份额还比较小。

最后，本文借鉴已有研究的做法①，通过以下公式计算京津冀三地之间的产业融合指数：

$$I_{ij} = \frac{d_{ij} + d_{ji}}{d_{ii} + d_{jj}} \tag{3}$$

其中，d_{ij} 表示地区 j 使用地区 i 生产的中间品产值，d_{ji} 表示地区 i 使用地区 j 生产的中间品产值，d_{ii} 和 d_{jj} 表示两个地区内部的中间品使用量。该指数越大，说明地区间的产业关联性越大，两个地区的产业融合水平越高。计算结果见表 6。

表 6　2012 年和 2017 年京津冀三地产业融合指数变化

	2012 年*	2017 年
北京—天津	0.0618	0.0704
北京—河北	0.0978	0.0575
天津—河北	0.0212	0.0199

* 赵晓军等于 2021 年测算的京津、京冀、津冀 2012 年产业融合指数分别为 0.0622、0.0896、0.0182，与本文的测算结果接近。

2012~2017 年，北京和天津的产业融合指数有了很大的提升，但北京和河北的产业融合指数降幅较大；天津与河北的产业融合指数则一直保持较低的水平。在疏解非首都功能后，北京整体的产业结构趋于高端化，而天津的产业结构也在向高端化升级转型，两地之间的产业逐渐趋同而发生融合；河

① 赵晓军，王开元，赵佳雯．地区间产业融合有利于缩小区域经济差异吗？——兼析中国地区间产业融合网络及其结构演变[J]．西部论坛，2021，31（5）：1-14.

北由于其自身发展阶段的限制，紧跟京津两地产业升级的进程显得有些力不从心，是未来亟待解决的问题。

四　京津冀产业协同发展的问题分析及对策建议

（一）京津冀产业协同发展评估中需深化的问题

总体来说，到 2017 年，京津冀产业协同发展水平相比于 2012 年已经有了很大的提高，圆满实现了《纲要》明确的有序疏解北京非首都功能取得明显进展、在产业升级转移等重点领域率先取得突破等计划，京津冀三地之间的产业协同发展初具规模，特别是京津之间的产业协同性和产业融合水平有了很大提升。但是，目前京津冀产业协同发展还存在可以进一步优化改进的空间，主要表现为以下三点。

第一，北京非首都功能疏解还不够彻底。截至 2017 年，北京市内仍然保留了部分制造业产能，主要集中在交通运输设备，通信设备、计算机和其他电子设备，仪器仪表等制造业行业。这些行业涉及企业大多数是基于就地转化北京本地高校和科研院所科研成果的原因而设立的，在京津冀三地知识产权市场日益完善，智力资源交流日益密切的条件下，设立在津冀两地同样可以得到相近水平的技术支持，继续保留在北京，既不符合《纲要》对北京全国政治中心、文化中心、国际交往中心、科技创新中心的定位，也缺乏现实必要性。

第二，天津与北京产业相似度较高，而且产业园区分散在各区，存在产业竞争和重复建设的问题。随着天津的高端产业，特别是生产性服务业的进一步发展，其与北京的产业同构性不断提高，可能会在未来与北京产生产业竞争。另外，天津承接北京非首都功能疏解的产业园区分散在滨海新区、宝坻区、武清区、宁河区、北辰区等各区，各产业园区的定位不够明确，发展目标和支持政策高度重合，在天津内部也存在招商竞争和重复建设的问题。

第三，河北自身发展阶段与京津两地差异过大。目前，河北在基础设施建设水平、人力资本储备、本地资本存量等方面与京津两地相比还有很大的差距，对中高端产业的吸纳能力较弱，使北京向河北疏解制造业的进程不够顺畅。另外，京津两地向河北转移的产业以中低端产业为主，在产业链上与京津的高端产业较为脱节，这使河北与京津两地的产业协同性进一步降低，成为京津冀产业协同发展的瓶颈。

从问题的内在原因上看，进一步实现京津冀产业协同发展，关键在于明确三地政府的考核目标和主体责任，加强三地政府之间的沟通协调，各司其职、各安其位、各尽其力、各展所长；建立更有效的利益共享机制，通过适当的激励措施，使京津冀三地各级政府国民经济和社会发展目标与京津冀产业协同发展的大目标相一致，特别是增强地市级和县级政府之间的协作意愿，化竞争为合作。

（二）京津冀产业协同发展的对策建议

党的十八大以来，作为党和国家的重大战略，京津冀协同发展的步伐明显加快。三地之间的产业协同发展水平明显提高，主要表现为以下几个方面。第一，北京非首都功能疏解取得显著进展，大量制造业企业被转移到津冀两地；北京科技创新中心的定位更加稳固，研发的智力成果作为投入生产的中间品，不断向津冀两地外溢，带动津冀两地经济发展和产业结构转型升级。第二，天津立足全国先进制造研发基地的定位，积极承接北京的高端制造业，同时发展生产性服务业，已经建设成为京津冀区域内的第二研发中心。第三，河北围绕全国现代商贸物流重要基地、产业转型升级试验区等定位，吸纳京津冀区域内批发零售等中低端产业，同时高技术制造业和高技术服务业也取得了一定的发展。

基于《纲要》对京津冀产业协同发展的要求，为促进京津冀产业布局更合理、结构更互补、融合更深入，可以着重从以下三个方面推进。

第一，北京要坚定不移地推进非首都功能疏解。对于没有必要保留在京内的制造业项目，本着“应疏尽疏”的原则，向天津和河北的产业园区转移。立足科技创新中心定位，鼓励和支持企业做大做强京内研发中心，引导企业在天津和河北设立第二研发中心和生产基地。完善京津冀三地政府异地合作和税收共享的制度设计，总结大兴机场等税收共享项目的经验，建立企业生产部门所在地和研发部门所在地的利润转移和税收清算机制，提高北京区级政府将辖区内的制造业向津冀两地转移的意愿和动力。

第二，天津要进一步明确自身定位，加强与北京的产业互补和协同。在制定和执行产业规划时，要加强与北京有关部门的协商和沟通，重点发展精细化工、生物医药、装备制造、电子芯片等高端制造业，有针对性地发展与北京既有产业有互补性和协同性的生产性服务业。理顺天津内部各产业园区的定位，要求各园区找准自身特色，实现差异化发展，避免天津内部的无谓竞争和重复建设。

第三，河北要进一步推进产业转型升级，在京津冀产业协同发展中不掉队。大力提高基础设施建设水平，为京津中高端产业向河北转移建好配套设施，使中高端产业“落得下”；重点保障高技能人才的住房、医疗、子女教育等民生问题，提高人才来河北工作、在河北定居的意愿，使中高端产业“留得住”；加强对来冀企业的帮扶力度，提供融资、税费、市场营销等方面的支持，使中高端产业“办得好”。另外，河北也不能对产业转移照单全收，对于不符合产业政策的“两高”项目要坚决拒绝和清退，绝不能为了短期利益牺牲长远发展。

The Measurement of the Coordinated Development of Beijing-Tianjin-Hebei Industries Based on the Input-Out Table

Liu Chong, Li Haoyu

Abstract: Using intra provincial and inter provincial input-output table data, calculations were conducted from multiple aspects such as industrial layout, industrial specialization, and industrial connections and integration. The results show that there is significant progress in the decontamination of non-capital functions in Beijing, with a prominent positioning as a "technology innovation center". However, some manufacturing capacity still needs to be decontaminated. Tianjin's high-tech manufacturing production and research are developing rapidly, but the government should pay attention to industrial competition. Hebei undertakes the transfering of industries from Beijing and Tianjin, but the level of industrial integration with Beijing and Tianjin needs to be further improved. Therefore, Beijing should play a further role of the R&D center in the region; Tianjin should strengthen its industrial complementarity with Beijing, while working on the differentiated development of various districts in the city; Hebei should give great impetus to industrial transformation and upgrading, so as to integrate into the high-tech industrial chain of Beijing and Tianjin.

Keywords: coordinated development of Beijing-Tianjin-Hebei region; industry collaboration; input-output table

京津冀与珠三角协同创新比较分析*

叶堂林　刘哲伟**

摘　要： 本文围绕以"研发—中介—应用"为核心群落的创新生态系统，依次构建了京津冀城市群和珠三角城市群协同创新网络，比较分析了京津冀城市群和珠三角城市群在协同创新方面的特征与差异，结果显示，除中介群落，京津冀创新群落不具有规模优势；京津冀和珠三角均呈现创新核心城市和腹地城市地位差距明显缩小、创新关联程度明显加强、腹地城市创新外向活跃度明显上升的趋势；但珠三角协同创新水平领先于京津冀。本文通过与珠三角的对比，总结了京津冀协同创新中存在的短板与问题，并从高层次人才管理体制创新、强化企业科技创新主体地位、培育科技成果转化公共服务平台、构建承载先进制造业集群的园区共同体等方面提出了政策建议。

关键词： 京津冀　珠三角　城市群　协同创新　创新生态系统

---

* 本文已发表于《北京社会科学》2024年第2期。

** 叶堂林，首都经济贸易大学特大城市经济社会发展研究院执行副院长，城市经济与公共管理学院教授，博士研究生导师；刘哲伟，首都经济贸易大学城市经济与公共管理学院博士研究生。

一　引言

进入新时代以来，中心城市和城市群正成为承载发展要素的主要空间形式，其在推动区域经济转型和增长中的作用日益凸显，城市群成了创新资源的集聚地与落实创新驱动发展战略的重要抓手。在全球生产范式的创新化转型背景下，协同创新更是城市群协同一体化发展的关键维度之一。[①] 京津冀协同发展是习近平总书记亲自谋划、亲自部署、亲自推动的重大国家战略，也是党的十八大之后提出的第一个重大区域发展战略。十年来，京津冀协同发展从谋思路、打基础、寻突破过渡到滚石上山、爬坡过坎、攻坚克难的关键时期，为将京津冀建设成为中国式现代化建设先行区和示范区，迫切需要探索如何通过协同创新来进一步提高区域内资源配置效率、推进区域发展动力转型、促进区域产业转型升级。在此背景下，本文将京津冀与珠三角的协同创新进行比较研究，深入分析和理解不同城市群在应对创新挑战中的策略和成效，以期能够为京津冀协同创新路径提供有益借鉴和启示。

二　文献述评

创新范式的变化引发区域层面的创新从独立创新、集成创新逐步演变为开放式创新[②]，区域间的界限变得模糊，跨区域协同创新模式成了主流。学者对于区域协同创新的研究主要集中在协同创新的理论框架[③]、协同创新的

① 吴康敏，张虹欧，叶玉瑶，等．粤港澳大湾区协同创新的综合测度与演化特征[J]．地理科学进展，2022，41（9）：1662-1676.

② 赵成伟，张孟辉，李文雅，等．京津冀协同创新机制探讨——基于主体协同与区域协同视角[J]．中国科技论坛，2023（12）：116-124.

③ 颜廷标．构建京津冀协同创新共同体：底层逻辑与优化路径[J]．河北学刊，2023，43（6）：131-136.

空间格局演化[①]、协同创新的耦合机理[②]及协同创新水平的测度[③]等领域。在研究内容上，可以大致将学者的研究分成三类：第一类是从主体协同视角出发，基于创新主体间的利益博弈和知识管理研究单一空间单元内产学研等多元创新主体间的联动机制[④]；第二类是从产业协同视角出发，基于相对比较优势和创新生态系统研究如何构建形成更加开放的产业协同创新体系，增强产业之间的“互动与共生”[⑤]；第三类是从区域协同出发，基于区域创新系统和创新集群研究区域间的创新分工格局形成路径及演化特征[⑥]。在研究方法上，学者们主要利用专利数据[⑦]、引力模型[⑧]等构建协同创新网络，基于逻辑框架法从创新投入、环境、产出等维度构建区域协同创新评价指标体系[⑨]，并利用 DEA、空间聚类等测度区域协同创新效率[⑩]。

区域创新生态系统是指在区域范围内，创新群落之间相互作用、相互依存的复杂结构。[⑪] 创新生态系统理论的发展为解释协同创新提供了新思

---

① 杨凡，杜德斌，段德忠，等．长三角产学协同创新的空间模式演化[J].资源科学，2023，45（3）：668-682.

② 武华维，王超，许海云，等．知识耦合视角下区域科学—技术—产业协同创新水平的评价方法研究[J].情报理论与实践，2020，43（5）：91-98+8.

③ 孙瑜康，李国平．京津冀协同创新水平评价及提升对策研究[J].地理科学进展，2017，36（1）：78-86.

④ 李恩极，李群．政府主导的产学研协同创新的利益分配机制研究[J].研究与发展管理，2018，30（6）：75-83.

⑤ 王坤岩．区域产业协同创新联盟运行机制研究[J].科学管理研究，2023，41（5）：72-79.

⑥ 陆军，毛文峰，聂伟．都市圈协同创新的空间演化特征、发展机制与实施路径[J].经济体制改革，2020（6）：43-49.

⑦ 徐宜青，曾刚，王秋玉．长三角城市群协同创新网络格局发展演变及优化策略[J].经济地理，2018，38（11）：133-140.

⑧ 龚勤林，宋明蔚，韩腾飞．成渝地区双城经济圈协同创新水平测度及空间联系网络演化研究[J].软科学，2022，36（5）：28-37.

⑨ 汪凌，邹建辉，高心仪．长江经济带协同创新发展水平测度、区域差异及空间分布[J].统计与决策，2023，39（22）：117-122.

⑩ 吴传清，黄磊，文传浩．长江经济带技术创新效率及其影响因素研究[J].中国软科学，2017（5）：160-170；崔志新，陈耀．区域技术协同创新效率测度及其演变特征研究——以京津冀和长三角区域为例[J].当代经济管理，2019，41（3）：61-66.

⑪ 刘洪久，胡彦蓉，马卫民．区域创新生态系统适宜度与经济发展的关系研究[J].中国管理科学，2013（S2）：764-770.

路。一方面，学者们已经发现协同创新是涉及多主体、多环节的复杂活动，不同主体之间存在着相互影响和共生演化的关系①；另一方面，基于主体属性相似所形成的创新群落会由于自身存在的自组织性而极大地影响区域创新水平②。一般而言，学者们将以产学研为核心的研发、应用、服务作为区域创新生态系统的核心组成部分。③ 在此基础上，学者们发现完善的协同共生机制是驱动区域创新的根本动力。④ 在关于京津冀协同创新和珠三角协同创新的研究中，学者们的工作主要围绕协同创新的形成机制、协同创新水平、影响因素及提升路径等方面开展。薄文广和黄南从政府合作的视角构建了协同创新的分析框架。⑤ 颜廷标分析了京津冀协同创新的底层逻辑、目标架构，并从层级和功能视角提出了运行机理。⑥ 孙铁山等从技术临近性视角分析了京津冀技术结构差异和由此产生的不利影响。⑦ 孙瑜康和李国平测度了京津冀协同创新水平，并从主体互动视角明确了提升路径。⑧ 王雅洁和张嘉颖利用改进的 TOPSIS 动态评价法对珠三角的协同创新水平进行了测度⑨。

---

① 谢国根，蒋诗泉，赵春艳．区域创新生态系统韧性时空演变特征与动态预警研究[J].统计与决策，2023，39（24）：63-68.

② 王文静，刘一伟，赵子萱．群落演化对区域创新生态系统韧性的影响研究[J].科研管理，2023，44（11）：114-123；杨博旭，柳卸林，吉晓慧．区域创新生态系统：知识基础与理论框架[J].科技进步与对策，2023，40（13）：152-160.

③ 张坚，黄琨，胡玥歆．双循环格局下长三角创新生态系统协同发展溢出效应研究[J].科技进步与对策，2023，40（22）：75-86；葛爽，柳卸林．我国关键核心技术组织方式与研发模式分析——基于创新生态系统的思考[J].科学学研究，2022，40（11）：2093-2101.

④ 李晓娣，张小燕．区域创新生态系统对区域创新绩效的影响机制研究[J].预测，2018，37（5）：22-28+55；王飞航，本连昌．创新生态系统视角下区域创新绩效提升路径研究[J].中国科技论坛，2021（3）：154-163.

⑤ 薄文广，黄南．基于政府合作视角的京津冀协同创新共同体构建研究[J].河北经贸大学学报，2023，44（3）：55-62.

⑥ 颜廷标．构建京津冀协同创新共同体：底层逻辑与优化路径[J].河北学刊，2023，43（6）：131-136.

⑦ 孙铁山，刘禹圻，吕爽．京津冀地区间技术邻近特征及对区域协同创新的影响[J].天津社会科学，2023，1（1）：129-138.

⑧ 孙瑜康，李国平．京津冀协同创新水平评价及提升对策研究[J].地理科学进展，2017，36（1）：78-86.

⑨ 王雅洁，张嘉颖．城市群协同创新动态评价[J].统计与决策，2022，38（8）：168-173.

鄢波等考察了珠三角协同创新水平的提升路径。①

综合来看，学者们针对协同创新的形成机理、协同创新水平测度等进行了丰富的研究，但是对协同创新的形式和逻辑及区域间创新分工仍关注不足，忽视了对创新从产生、扩散到应用的过程中区域间的创新角色差异和相对比较优势变化的研究。为此，本文选择 2010~2021 年京津冀城市群和珠三角城市群创新数据，构建了以“研发—中介—应用”为核心群落的创新生态系统，多视角、多领域对比分析京津冀城市群和珠三角城市群的协同创新特征与演变过程，并就如何提升京津冀协同创新水平得出相应的启示。

三　研究设计

（一）城市群协同创新网络的构建

本文借鉴其他学者的研究思路，利用改进后的空间引力模型②，围绕研发、中介、应用三个创新生态系统的核心群落构建区域协同创新网络。以研发网络为例，改进后的引力模型设定为：

$$r_{ij} = k_{ij}\frac{\sqrt{P_iT_i}\sqrt{P_jT_j}}{d_{ij}^2}, k_{ij} = \frac{P_iT_i}{P_iT_i + P_jT_j} \tag{1}$$

其中，r_{ij} 表示城市群内城市 i 和城市 j 之间在研发群落中的引力系数；P 表示该城市内科学研究和技术服务业在营企业累计注册资本额；T 表示该城市累计授权发明专利数；PT 表示利用累计授权发明专利数及科学研究和技术服务业在营企业累计注册资本额共同表示的该城市创新能力；d_{ij} 表示

① 鄢波，杜军，潘虹．珠三角区域科技协同创新的现状、问题及对策[J]. 科技管理研究，2019，39（1）：87-96.

② 赵巧芝，张聪，崔和瑞．长江经济带地级城市间技术创新关联网络演变特征研究[J]. 技术经济，2021，40（12）：1-10；孙久文，高宇杰．新发展格局与京津冀都市圈化发展的构想[J]. 北京社会科学，2021（6）：95-106；叶堂林，等．京津冀发展报告（2023）：国际科技创新中心建设助推区域协同发展[M]. 北京：社会科学文献出版社，2023.

选用球面距离测度的城市群内城市 i 和城市 j 之间的地理空间距离；k_{ij} 表示修正系数，考虑到城市间技术创新过程中研发关系的双向性和非对称性，利用该城市研发能力占两个城市总研发能力的比进行修正。

根据式（1）计算得出的城市群内城市间在研发群落中的引力系数，分别构建京津冀城市群和珠三角城市群的邻接矩阵 R，通过识别强关联关系，构建京津冀城市群、珠三角城市群协同创新的研发网络。

（二）城市间协同创新关系特征的测度

1. 外向发展活跃度的计算

协同创新的基础是城市间形成开放的创新环境，以上述研发网络为例，利用加权出度中心性衡量一个城市的研发群落外向发展活跃度。计算公式为：

$$C_0(i) = \sum_{j=1}^{N} G_{ij} k_{ij} \tag{2}$$

其中，C_0 表示城市节点加权出度中心性，G_{ij} 表示研发群落邻接矩阵中 i 行 j 列的元素。

2. 创新组团的识别

考虑到城市群中部分城市之间形成创新关联更为紧密的创新组团更有利于进一步推进城市群协同创新，利用分块模型探究城市群协同创新网络的聚类特征，基于联系程度计算分块密度，表示城市群创新组团的内部联系强度以及不同组团之间的相互影响程度，以便更好地识别协同创新进展情况。

（三）数据说明与来源

利用城市累计授权发明专利数、科学研究和技术服务业在营企业累计注册资本额反映城市创新能力，利用研究和试验发展业的累计授权发明专利数和在营企业累计注册资本额反映城市研发能力，利用科技推广和应用服务业的累计授权发明专利数和在营企业累计注册资本额反映城市的创新中介发育程度，利用高技术制造业的累计授权发明专利数和在营企业累计注册资本额反映城市的技术应用能力。所用数据来自龙信企业大数据平台、《中国科技统计年鉴》和京津冀三省市的统计年鉴。

四 京津冀与珠三角协同创新比较

（一）研发群落的对比分析

测算结果表明，京津冀的研发群落集聚水平与珠三角存在明显差距，京津冀在总量、增速等方面均不具备相对优势。从研发主体（研究和试验发展业在营企业）占全国的比重看，2010~2021 年，京津冀研发主体占全国研发主体总量的比重从 6.23%下降至 5.27%，珠三角从 21.07%下降至 17.93%，但是珠三角的研发群落集聚水平依然远高于京津冀。从研发主体平均数量来看（见图 1），京津冀研发主体平均数量逐年增加，虽然增速与珠三角相近，但是仍有较大差距。2010~2021 年，京津冀城市群研发主体平均数量从 542 户/城市上升至 3443 户/城市，年均复合增长率为 18.31%；珠三角城市群研发主体平均数量从 2645 户/城市上升至 16921 户/城市，年均复合增长率为 18.38%，速度略高于京津冀，由此导致珠三角与京津冀在研

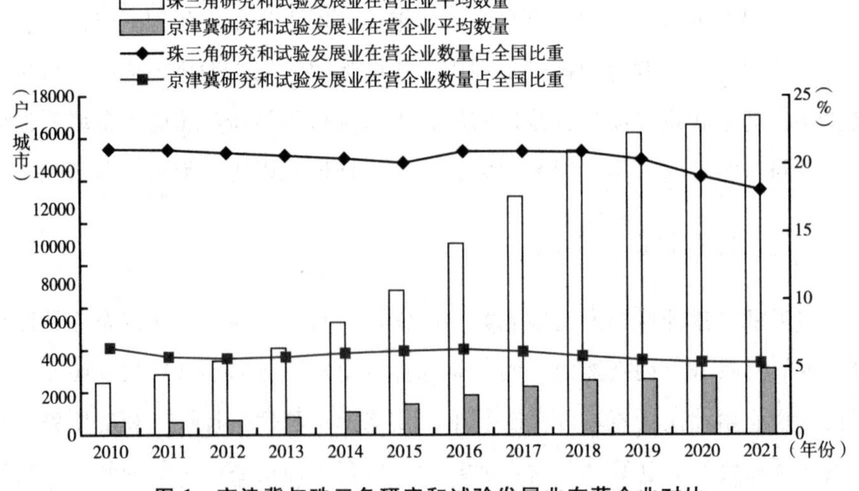

图 1 京津冀与珠三角研究和试验发展业在营企业对比

发群落集聚水平上的差距从 4.88 倍增加到 4.91 倍。

核心城市对腹地城市的带动作用是提升城市群协同创新水平的重要路径。整体来看，京津冀研发网络中的核心城市与腹地城市间的地位差距有所缓解，廊坊、石家庄、保定等腹地城市在研发网络中的地位有较大上升；珠三角研发网络梯度布局的空间结构明显，深圳作为核心城市在研发网络中的地位并不突出。从核心城市在研发网络中的地位变化看，在京津冀城市群中，2010~2021 年，北京和天津作为京津冀核心城市，其研发群落外向发展活跃度分别从 7.93 提高至 149.29、从 1.73 提高至 28.50。在此期间，京津冀城市群平均研发群落外向发展活跃度从 0.86 提高至 18.23，提升了 20 倍，而北京研发群落外向发展活跃度则提升了 17.8 倍，天津提升了 15.5 倍，均低于整体提升速度，这意味着腹地城市的研发群落外向发展活跃度提升是引发京津冀研发网络联系强度提升的主要原因，且进一步优化了城市群研发网络的结构。在珠三角城市群中，2010~2021 年，深圳、广州作为珠三角创新核心城市，其研发群落外向发展活跃度分别从 0.48 提高至 58.19、从 4.92 提高至 345.69。在此期间，珠三角城市群整体平均研发群落外向发展活跃度从 0.85 提高至 80.32，提升了 93.4 倍，其中深圳的研发群落外向发展活跃度提升了 120.2 倍，广州提升了 69.3 倍，同样呈现腹地城市研发外向发展活跃度上升的趋势（见表 1）。

表 1　2010 年和 2021 年京津冀与珠三角城市研发群落外向发展活跃度

京津冀	2010 年	2021 年	珠三角	2010 年	2021 年
	研发群落外向发展活跃度	研发群落外向发展活跃度		研发群落外向发展活跃度	研发群落外向发展活跃度
保定	0.07	3.87	广州	4.92	345.69
北京	7.93	149.29	珠海	1.08	130.37
沧州	0.05	2.36	东莞	0.64	86.23
承德	0.03	0.15	深圳	0.48	58.19
邯郸	0.04	1.64	中山	0.32	10.67
衡水	0.08	2.21	佛山	0.12	84.09
廊坊	0.16	22.01	肇庆	0.06	3.34

续表

京津冀	2010 年	2021 年	珠三角	2010 年	2021 年
	研发群落外向发展活跃度	研发群落外向发展活跃度		研发群落外向发展活跃度	研发群落外向发展活跃度
秦皇岛	0.08	1.79	江门	0.02	4.04
石家庄	0.87	19.02	惠州	0.02	0.29
唐山	0.05	2.52			
天津	1.73	28.50			
邢台	0.02	3.02			
张家口	0.03	0.59			

资料来源：笔者整理计算所得。

城市群协同创新的形成不仅需要核心城市对腹地城市的创新扩散和带动作用，腹地城市自身的创新活力也是重要影响因素。从腹地城市在研发网络中的地位变动看，在京津冀城市群中，廊坊、石家庄在腹地城市中发挥的作用更加突出，2010 年，在腹地城市研发群落外向发展活跃度排名中，石家庄（0.87）、廊坊（0.16）排名靠前，且远远领先于其他城市，到 2021 年，石家庄、廊坊的研发群落外向发展活跃度均超过 19。2010～2021 年，研发群落外向发展活跃度提升幅度最大的城市前三位依次为邢台（提高了 150.0 倍）、廊坊（提高了 136.6 倍）、保定（提高了 54.2 倍）。在珠三角城市群，珠海、东莞等城市比作为核心城市的深圳在研发网络中具有更大的影响力。2010 年，在腹地城市研发群落外向发展活跃度排名中，珠海（1.08）、东莞（0.64）排名较为靠前。到 2021 年，珠海的研发群落外向发展活跃度超过 100，居腹地城市前列，所有腹地城市研发群落外向发展活跃度均实现较大提升，与其他城市的研发关联水平进一步提升，提高幅度最大的城市前三位依次为佛山（提高了 699.8 倍）、江门（提高了 201.0 倍）、东莞（提高了 133.7 倍）。

城市之间所形成的创新组团内部以及组团之间的联系加强或影响程度的提升将推动协同创新水平提高。从研发网络中城市之间联系紧密程度看，在京津冀城市群中，北京作为研发中心城市的空间格局突出，且对腹地城市的带动作用明显。按照聚类特征可将京津冀研发网络划分为三个子群（见表2），以邢台为代表的冀南地区和以唐山为代表的冀北地区之间联系的程度相对较弱。从核心城市与腹地城市的关联程度看，2010~2021年，第一子群对第二子群的分块密度从0.41上升到15.07，对第三子群的分块密度从0.84上升到7.18，影响力分别提升了35.8倍和7.5倍，核心城市对腹地城市以及腹地城市之间的研发联系进一步加强。在珠三角城市群中，广州在研发网络中的核心地位得到强化，与腹地城市间的关联关系进一步强化。按照聚类特征可将珠三角研发网络划分为三个子群（见表3），深圳作为核心城市在研发群落中与广州的联系程度相对较弱。从核心城市与腹地城市的关联程度看，2010~2021年，第一子群对第二子群的分块密度从0.65上升到32.79，对第三子群的分块密度从0.55上升到19.94，影响力分别提升了49.4倍和35.3倍，珠三角核心城市与腹地城市的研发联系提升程度高于京津冀。

表2　京津冀研发网络子群划分与分块密度

		2010年			2021年			
第一子群		北京			北京			
第二子群		石家庄、保定、邯郸、衡水、邢台			石家庄、邯郸、衡水、邢台			
第三子群		天津、秦皇岛、廊坊、唐山、沧州、张家口、承德			天津、保定、秦皇岛、沧州、承德、廊坊、唐山、张家口			
分块密度	子群	一	二	三	子群	一	二	三
	一	—	0.41	0.84	一	—	15.07	7.18
	二	0.01	0.02	0.02	二	0.49	0.78	0.44
	三	0.04	0.02	0.03	三	0.22	0.46	0.86

资料来源：笔者计算整理所得。

表3　珠三角研发网络子群划分与分块密度

	2010年	2021年
第一子群	广州	广州、珠海
第二子群	深圳、东莞、佛山、肇庆、惠州	深圳、东莞、佛山、肇庆、惠州
第三子群	江门、珠海、中山	江门、中山

续表

		2010 年			2021 年			
分块密度	子群	一	二	三	子群	一	二	三
	一	—	0.65	0.55	一	34.20	32.79	19.94
	二	0.02	0.04	0.03	二	6.54	5.89	4.90
	三	0.03	0.05	0.10	三	0.80	0.83	1.59

资料来源：笔者计算整理所得。

（二）中介群落的对比分析

京津冀城市群的中介群落集聚水平在全国具有显著领先优势。从中介主体（科技推广和应用服务业在营企业）的绝对数量来看，2021 年，京津冀中介主体占全国的比重达 29.31%，领先优势明显，珠三角占比为 8.76%，与京津冀存在较大差距。从中介主体平均数量来看，2021 年，京津冀城市群中介主体平均数量是珠三角的 2.32 倍。从具体变化来看，2010~2021 年，珠三角城市群中介主体平均数量从 3200 户/城市上升至 27190 户/城市，年均复合增长率为 21.47%；京津冀城市群中介主体平均数量从 13740 户/城市上升至 63026 户/城市，年均复合增长率为 14.85%，低于珠三角 6.62 个百分点（见图 2）。

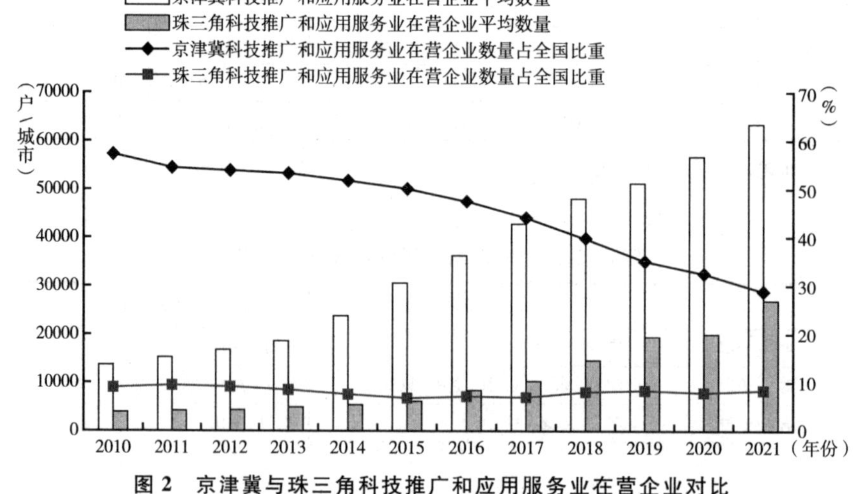

图 2　京津冀与珠三角科技推广和应用服务业在营企业对比

北京与天津、深圳与广州在两大城市群的中介网络中占据核心位置，但是两大城市群的腹地城市与核心城市间存在着较大差距。从核心城市在中介网络中的地位变化看（见表4），在京津冀城市群中，2010~2021年，北京和天津作为京津冀核心城市，中介群落外向发展活跃度分别从27.73提高至566.52、从4.19提高至140.15。京津冀城市群平均中介群落外向发展活跃度从2.51提高至58.26，提升了22.19倍，其中北京提升了19.43倍，天津提升了32.45倍。在珠三角城市群中，深圳和广州作为珠三角核心城市，2010~2021年，其中介群落外向发展活跃度分别从1.83提高至261.05、从1.09提高至101.50。珠三角城市群平均中介群落外向发展活跃度从0.39提高至57.47，提升了146.77倍，其中，深圳提升了141.65倍，广州提升了92.12倍。相较于京津冀，珠三角腹地城市的中介群落外向发展活跃度提升更为明显。

表4 2010年和2021年京津冀与珠三角城市中介群落外向发展活跃度

京津冀	2010年	2021年	珠三角	2010年	2021年
	中介群落外向发展活跃度	中介群落外向发展活跃度		中介群落外向发展活跃度	中介群落外向发展活跃度
北京	27.73	566.52	深圳	1.83	261.05
天津	4.19	140.15	广州	1.09	101.50
保定	0.18	4.36	东莞	0.22	49.76
邢台	0.12	1.41	佛山	0.10	40.29
石家庄	0.09	9.04	江门	0.09	4.37
廊坊	0.08	15.66	中山	0.08	19.36
唐山	0.07	8.58	肇庆	0.04	0.65
沧州	0.05	1.88	珠海	0.03	38.39
承德	0.05	0.40	惠州	0.02	1.82
秦皇岛	0.04	3.27			
衡水	0.02	2.97			
邯郸	0.02	2.54			
张家口	0.02	0.66			

资料来源：笔者计算整理所得。

从腹地城市在中介网络中的地位变动看，廊坊、东莞正在加速成为新兴的创新中介核心城市。在京津冀城市群中，廊坊正在加速成长为京津冀创新中介核心城市，2010 年，在腹地城市中介群落外向发展活跃度排名中，保定（0.18）、邢台（0.12）、石家庄（0.09）、廊坊（0.08）排名较为靠前，到 2021 年，廊坊、石家庄、唐山的中介群落外向发展活跃度均超过 8，居腹地城市前列。2010～2021 年京津冀腹地城市中介群落外向发展活跃度提高最明显的城市前三位依次为廊坊（提高了 194.75 倍）、衡水（提高了 147.50 倍）、邯郸（提高了 126.00 倍），张家口、承德、沧州、保定与邢台的中介群落外向发展活跃度提升幅度较低，在京津冀中介网络中的地位不具有相对优势。在珠三角城市群中，东莞、佛山、珠海等腹地城市在中介网络中具有较为明显的相对比较优势，2010 年，在腹地城市中介群落外向发展活跃度排名中，东莞（0.22）、佛山（0.10）排名较为靠前。到 2021 年，佛山、东莞的中介群落外向发展活跃度均超过 40，居腹地城市前列，但与核心城市还有明显差距，其中，提高幅度最大的城市前三位依次为珠海（提高 1278.67 倍）、佛山（提高 401.90 倍）、中山（提高 241.00 倍），相比京津冀，珠三角腹地城市在中介网络中的地位提升更为明显。

从中介网络中城市之间的联系紧密程度看，将京津冀中介网络划分为三个子群（见表 5），2010～2021 年，除天津进入第一子群，其他均未发生明显变动；第一子群对第二子群分块密度从 0.82 上升为 10.76，对第三子群的分块密度从 3.81 上升为 26.59，影响力分别提升了 12.12 倍和 5.97 倍。虽然京津冀中介网络中的核心城市与腹地城市之间的联系程度进一步提升，但是中介网络结构基本保持不变。按照联系紧密程度，将珠三角中介网络划分为三个子群（见表 6），2010～2021 年，除佛山、江门产生变动，基本保持稳定；第一子群对第二子群的分块密度从 0.17 上升为 27.44，对第三子群的分块密度从 0.11 上升为 5.35，影响力分别提升了 160.41 倍和 47.64 倍。相比京津冀城市群，珠三角城市群核心城市对腹地城市的影响更为紧密。

表 5　京津冀中介网络子群划分与分块密度

		2010 年			2021 年			
第一子群		北京			北京、天津			
第二子群		保定、石家庄、邯郸、承德、邢台、张家口			保定、石家庄、邯郸、承德、邢台、张家口			
第三子群		天津、秦皇岛、沧州、唐山、衡水、廊坊			秦皇岛、沧州、唐山、衡水、廊坊			
分块密度	子群	一	二	三	子群	一	二	三
	一	—	0.82	3.81	一	155.85	10.76	26.59
	二	0.00	0.01	0.01	二	0.05	0.32	0.28
	三	0.22	0.03	0.06	三	0.41	0.44	0.75

资料来源：笔者计算整理所得。

表 6　珠三角中介网络子群划分与分块密度

		2010 年			2021 年			
第一子群		广州、深圳			广州、珠海			
第二子群		东莞、惠州、江门、中山、珠海			深圳、东莞、佛山、中山、惠州			
第三子群		佛山、肇庆			江门、肇庆			
分块密度	子群	一	二	三	子群	一	二	三
	一	0.38	0.17	0.11	一	33.40	27.44	5.35
	二	0.01	0.01	0.01	二	3.91	4.41	2.22
	三	0.00	0.01	0.01	三	0.12	0.39	0.34

资料来源：笔者计算整理所得。

（三）应用群落的对比

京津冀城市群的应用群落集聚水平与珠三角城市群存在较大差距。从应用主体（高技术制造业在营企业）的绝对数量来看，2021 年，珠三角集中了全国 37.24%的应用主体，京津冀仅拥有全国 5.72%的应用主体，远远落后于珠三角。从应用主体平均数量来看，2010~2021 年，京津冀城市群内城市的应用主体平均数量呈逐年增长态势，从 505 户/城市上升至 1075 户/城市，年均复合增长率为 7.11%；珠三角城市群应用主体平均数量从 5214 户/

城市上升至 10113 户/城市，年均复合增长率为 6.21%，虽然增速低于京津冀城市群 0.9 个百分点，但是 2021 年珠三角应用主体平均数量是京津冀的 9.41 倍（见图 3）。

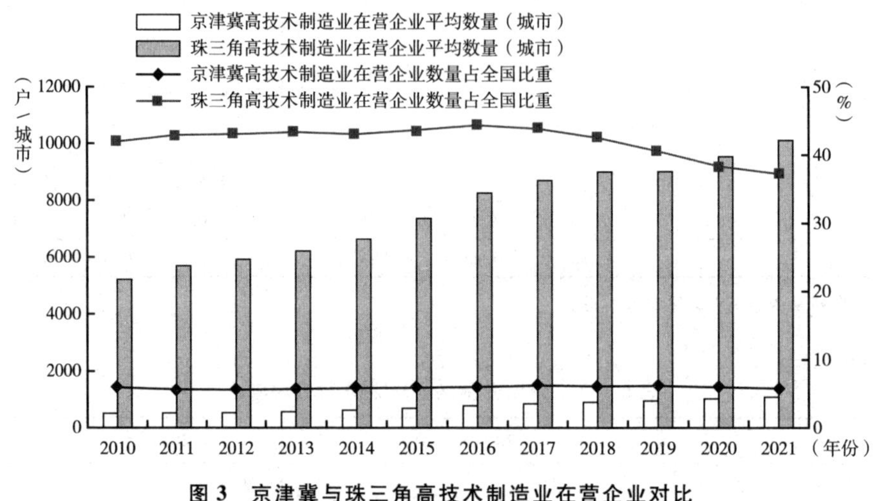

图 3 京津冀与珠三角高技术制造业在营企业对比

在城市群应用网络中，核心城市北京、天津、深圳依然具有突出优势，但东莞在应用网络中的地位已经超过了广州，珠三角应用网络的空间格局出现明显调整。从核心城市在应用网络中的地位变化看，在京津冀城市群中，2010~2021 年，北京和天津作为京津冀核心城市，应用群落外向发展活跃度分别从 2909.69 提高至 34440.40、从 406.47 提高至 5342.71。京津冀城市群平均应用群落外向发展活跃度从 257.68 提高至 3188.48，提升了 11.37 倍，其中，北京提升了 10.84 倍，天津提升了 12.14 倍。在珠三角城市群中，2010~2021 年，深圳和广州作为珠三角核心城市，应用群落外向发展活跃度分别从 54040.19 提高至 1160731.38、从 910.07 提高至 41431.71。珠三角城市群平均应用群落外向发展活跃度从 6292.28 提高至 147802.51，提升了 22.49 倍，其中深圳提升了 20.48 倍，广州提升了 44.53 倍，珠三角的应用群落协同发展领先于京津冀，城市之间在应用群落中的联系更为紧密（见表 7）。

表 7　京津冀与珠三角城市群应用群落外向发展活跃度

京津冀	2010 年	2021 年	珠三角	2010 年	2021 年
	应用群落外向发展活跃度	应用群落外向发展活跃度		应用群落外向发展活跃度	应用群落外向发展活跃度
北京	2909.69	34440.40	深圳	54040.19	1160731.38
天津	406.47	5342.71	东莞	1116.20	108172.48
石家庄	21.50	970.96	广州	910.07	41431.71
保定	7.03	258.81	佛山	268.86	1131.87
廊坊	2.99	132.03	珠海	230.04	5910.40
邢台	0.70	114.67	惠州	57.88	11106.70
沧州	0.56	68.66	中山	5.63	1347.20
唐山	0.53	48.82	江门	1.44	359.39
承德	0.13	34.46	肇庆	0.22	31.50
秦皇岛	0.10	27.56			
张家口	0.04	7.52			
邯郸	0.02	2.60			
衡水	0.02	1.03			

资料来源：笔者计算整理所得。

从腹地城市在应用网络中的地位变动看，东莞正在加速成长为新的应用核心城市。在京津冀城市群中，2010 年，在腹地城市应用群落外向发展活跃度排名中，石家庄（21.50）、保定（7.03）、廊坊（2.99）排名较为靠前；到 2021 年，石家庄、保定、廊坊、邢台的应用群落外向发展活跃度均超过 100。2010~2021 年，京津冀腹地城市应用群落外向发展活跃度提高最明显的城市前三位的依次为秦皇岛（提高 274.6 倍）、承德（提高 264.08 倍）、张家口（提高 187.00 倍），所有腹地城市在应用网络中点加权出度提升速度远高于京津冀点加权出度提升均值，在应用网络中，核心城市和腹地城市之间的地位差距逐渐缩小。在珠三角城市群中，2010 年，在腹地城市应用群落外向发展活跃度排名中，东莞（1116.20）、佛山（268.86）、珠海（230.04）排名较为靠前。到 2021 年，东莞应用群落外向发展活跃度远超广州，居珠三角第二位，佛山的应用群落外向发展活跃度提升较缓慢，其余城市均实现快速提升，提高最明显的城市前三位依次为江门（提高 248.58 倍）、中山（提高 238.29 倍）、惠州（提高 190.89 倍）。

从应用网络中城市之间联系紧密程度看，将京津冀应用网络划分为三个子群（见表 8），2010~2021 年，除衡水进入第二子群，其他均未发生变动；第一子群对第二子群的分块密度从 66.15 上升为 1108.85，对第三子群的分块密度从 418.80 上升为 5335.70，影响力分别提升 15.76 倍和 11.74 倍，核心城市与腹地城市的联系进一步增强，但是应用网络的空间结构基本保持不变。按照联系紧密程度，2010~2021 年，将珠三角应用网络划分为三个子群（见表 9），第一子群由深圳变为广州和珠海；第一子群对第二子群的分块密度从 10475.97 上升为 271811.22，对第三子群的分块密度从 553.45 上升为 18371.63，影响力分别提升了 24.95 倍和 32.19 倍，同样领先于京津冀。

表 8　京津冀技术应用网络子群划分与分块密度

<table>
<tr><td colspan="2"></td><td colspan="3">2010 年</td><td colspan="4">2021 年</td></tr>
<tr><td colspan="2">第一子群</td><td colspan="3">北京</td><td colspan="4">北京</td></tr>
<tr><td colspan="2">第二子群</td><td colspan="3">保定、石家庄、邯郸、承德、邢台、张家口</td><td colspan="4">保定、石家庄、邯郸、承德、邢台、衡水、张家口</td></tr>
<tr><td colspan="2">第三子群</td><td colspan="3">天津、秦皇岛、沧州、唐山、衡水、廊坊</td><td colspan="4">天津、秦皇岛、沧州、唐山、廊坊</td></tr>
<tr><td rowspan="4">分块密度</td><td>子群</td><td>一</td><td>二</td><td>三</td><td>子群</td><td>一</td><td>二</td><td>三</td></tr>
<tr><td>一</td><td>—</td><td>66.15</td><td>418.80</td><td>一</td><td>—</td><td>1108.85</td><td>5335.70</td></tr>
<tr><td>二</td><td>0.10</td><td>0.56</td><td>0.33</td><td>二</td><td>4.54</td><td>18.37</td><td>15.45</td></tr>
<tr><td>三</td><td>32.37</td><td>3.00</td><td>3.61</td><td>三</td><td>272.88</td><td>55.18</td><td>118.51</td></tr>
</table>

资料来源：笔者计算整理所得。

表 9　珠三角技术应用网络子群划分与分块密度

	2010 年	2021 年
第一子群	深圳	广州、珠海
第二子群	广州、东莞、佛山、惠州、珠海	深圳、东莞、佛山、中山、惠州
第三子群	江门、中山、肇庆	江门、肇庆

续表

		2010 年			2021 年			
分块密度	子群	一	二	三	子群	一	二	三
	一	—	10475.97	553.45	一	—	271811.22	18371.63
	二	14.38	112.19	17.82	二	5897.94	9277.69	1981.08
	三	0.01	0.25	0.58	三	4.41	73.61	139.55

资料来源：笔者计算整理所得。

五　与珠三角相比京津冀协同创新存在的问题

（一）高端创新人才相对短缺且分布存在明显的“极化”现象

从高端创新人才分布看，2021 年，珠三角 R&D 活动人员为 102.96 万人，京津冀 R&D 活动人员为 65.70 万人，二者之间存在明显差距。从京津冀城市群内部看，北京 R&D 活动人员为 47.29 万人，天津 R&D 活动人员为 16.60 万人，河北 R&D 活动人员为 1.81 万人，河北吸引人才、留住人才的内生磁力不足，与北京和天津对高端创新人才的集聚能力存在较大差距，较难满足河北进行科技创新和科技成果落地转化的需求，且京津冀三地人才流动路径相对固定，没有呈现双向流动或循环流动的态势。北京作为京津冀的创新策源地，集聚大量高端创新人才，但是从结构上看存在人才相对短缺的现象。2010~2019 年，北京市高科技产业从业人员从 78 万人增加到 145 万人，但是相对应的研发人员总量却增长缓慢，研发人员占比从 36.80%逐年下降至 31.50%，高科技产业的创新潜力受到影响。

（二）津冀科技创新投入不足且河北的创新产出效率存在明显短板

从 R&D 经费投入上看，2021 年，珠三角 R&D 经费投入为 2767.22 亿元，京津冀地区为 3949.12 亿元，显然，后者对科技创新的投入力度更大。从内部结构上看，京津冀地区科技创新投入主要集中于北京，津冀的科技创新投入相对不足。2021 年，北京 R&D 经费投入为 2629. 30 亿元，分别是天津（574. 33 亿元）、河北（745. 49 亿元）的 4. 58 倍和 3. 53 倍。其中，企业资金依次为 1247. 72 亿元、440. 70 亿元和 625. 14 亿元，政府资金依次为 1186. 50 亿元、110. 60 亿元和 101. 38 亿元，企业资金占比分别为 47. 45%、76. 73%、83. 86%，政府创新投入较低。从 R&D 经费投入强度上看，2021 年北京为 6. 41%，天津为 3. 66%，河北为 1. 85%，存在明显的梯度差距。从研发机构的产出效率看，2021 年，北京的规上工业企业中有研发机构的企业数为 454 家，天津为 537 家，河北为 2375 家，河北在规模上具有明显优势，但是北京的规上工业企业平均有效发明专利数为 155. 37 件，天津为 49. 02 件，而河北仅为 14. 42 件，与其规模不匹配，创新产出效率存在明显的短板。

（三）北京科技成果向津冀转化不足且供需不匹配

作为创新中介主体最集中的区域，北京对国内和国际的创新辐射作用明显，但从城市群视角来看，北京科技成果转化的“就近转化”效果并不显著。从规模上看，2014~2021 年，北京流向河北的技术合同数量从 2099 件增加到 3554 件，成交金额从 62. 7 亿元增长到 240. 2 亿元，但是占北京流向外省市技术合同成交额的比重仅从 3. 6%增加到 4. 6%；北京流向天津的技术合同数量从 1376 件增加到 1880 件，成交金额从 20. 4 亿元增长到 110. 2 亿元，但是占北京流向外省市技术合同成交额的比重仅从 1. 1%增加到 2. 1%。从结构上看，北京对津冀输出的重点领域与津冀技术需求领域存在结构性差异，天津在仪器仪表制造、专用设备制造等领域的专利需求对京津冀以外地区的依赖度分别高达 93. 75%、87. 50%。河北对北京的专利需求集中于专用设备制造，金属制品、机械和设备修理，仪器仪表制造等领域，但除了仪器仪表制造的专利主要来源于北京，专用设备制造，金属制品、机械和设备修理领域的专利需求对外依赖度仍分别高达 55. 22%、61. 64%，且北京流向河北的技术合同还存在明显的“三多三少”的特征：小额合同多、大额合同少；城建环保类多、产业升级类少；传统产业类多、高新技术产业类少。

（四）科技创新平台建设进展缓慢，协同转化的空间支撑不足

从科技创新平台建设看，珠三角城市群有国家级重点实验室 312 家，京津冀城市群只有 154 家，重大技术攻关综合能力相对较弱。在京津冀城市群内部，河北各类承接转化平台较少且整体层级偏低，只有 12 家国家重点实验室，难以有效支撑京津科技成果孵化转化。在京津冀地区国家级高新区中，2021 年中关村国家自主创新示范区营业收入为 8.4 万亿元，占全国高新区营业收入的比重高达 17.05%，天津滨海高新技术产业开发区这一比重仅为 0.01%，其余 5 个高新技术开发区（包括石家庄高新技术产业开发区、唐山高新技术产业开发区、保定国家高新技术产业开发区、承德高新技术产业开发区及燕郊高新技术产业开发区）则不足 0.01%，且京津冀没有形成如长三角“G60 科创走廊”等类似的能够支撑科技成果转化的空间载体，协同转化的空间支撑不足。

六　结论及建议

（一）研究结论

研究发现，一是京津冀的研发群落集聚水平与珠三角存在明显的差距，虽然核心城市和腹地城市在创新网络中的地位差距不断缩小、城市群内部研发关联逐渐加强、腹地城市的研发群落外向发展活跃度明显上升，但是京津冀明显滞后于珠三角。二是京津冀在中介群落发育方面具有显著的规模优势，2021 年，京津冀中介主体占全国的比重达 29.31%，中介主体平均数量是珠三角的 2.32 倍，廊坊、东莞正在成长为京津冀和珠三角新兴的创新扩散核心节点城市，但是相较于珠三角，京津冀创新腹地城市的中介主体发育速度缓慢，主要依托北京的辐射带动作用，中介群落外向发展活跃度提升幅度相对较小。三是京津冀城市群应用主体发育程度与珠三角城市群存在明显差距，2021 年，珠三角应用主体平均数量是京津冀的 9.40 倍，但是从京津冀内部来看，核心

城市和腹地城市之间的地位差距有所缩小，且分别围绕石家庄和天津形成了两个联系紧密的应用组团。四是京津冀城市群协同创新存在高端人才供给不足、科技创新投入与产出效率较低、科技成果向津冀转化不足及科技创新平台建设进展缓慢等问题。

（二）对提升京津冀协同创新水平的政策建议

一是应加大高技能人才的培育和引进力度，推进高层次人才管理体制创新。要将高技能、高层次人才的配置状况作为企业主体参加重大工程项目招投标、评优和资质评估的重要考核因素，鼓励各类企业把高技能人才培养纳入发展规划；要建立三地科技人才共享机制，利用互联网平台优势，设立线上“周末工程师”和“候鸟专家”等专家异地指导的互动机制，提升三地间人才互动水平；要在京津冀职称互认、科技奖励等方面予以政策倾斜，加强津冀地区在医疗、教育、就业等方面的公共服务保障，缩小京津冀人才环境差距，推动京津高端人才向河北流动；要探索建立市场化运营的“校企园”三方共建产教融合基地，加强三地在职业教育、技能培训、成果转化等领域的合作，共同开展人才培养项目，促进人才交流，加快培养多学科交叉领域人才和“卡脖子”技术紧缺人才。

二是应强化企业科技创新主体地位，形成企业家出题、科学家答题、政府付费的新型科研模式。要积极打造多元主体共同参与的跨区域创新共同体，围绕生物医药、新材料、智能制造等高新技术产业共性需求，积极邀请京津冀以外地区的科研机构共建科创合作基地；要加速在关键节点城市培育高新技术企业和科技型中小企业，进一步扩大科技型企业的整体规模，促进科技龙头企业的资源集聚，整合高端新型研发机构优势科研资源，提升河北地区的科技创新能力和产出效率；要改变“自上而下”的科研模式，由企业家结合产业发展方向和企业需求提出科研项目，列入国家自然科学基金或三地自然科学基金的选题范围，由科学家“揭榜挂帅”，由政府和企业共同承担经费投入。

三是应畅通技术供需对接渠道，培育科技成果转化公共服务平台。要联合天津、河北，根据天津、河北关于传统产业转型升级、战略性新兴产业布局、重点产业发展需求，定期面向全域企业征集技术需求，制定精准的京—津、京—冀技术转移转化需求目录，并面向北京市高等学校、科研院所、科技型企业、在京技术转移机构等主体发布；要完善技术转移转化从业人员的资质评定和配套政策，扶持技术转移转化服务机构，鼓励职业高校试点开设“科技转化”相关专业，培养科技成果转化人才；要建立科技成果大数据推介平台，通过人工智能技术对产业科技需求和北京科技成果供给进行精准匹配，依托科技行业协会建立创新研发端与产业需求端的有效沟通机制，打造区域“科博会”，畅通三地科技要素流通渠道，提升技术的供需匹配度。

四是应构建承载先进制造业集群的园区共同体，打造京津冀科创走廊。要探索建设产业合作“双向飞地”，绘制京津冀产业合作图谱，精准研究三地产业合作空间，制定项目合作清单，打造河北在京研发飞地和北京在冀先进制造业飞地，并沿着京保石、京津唐发展轴，在北京大兴国际机场临空经济合作区中的河北部分扩大地域范围，联手打造区域先进制造业集聚的园区；要基于京津城际铁路、津保高铁和京雄城际等高效链接优势，打造京津新一代信息技术产业廊道、京保石新能源装备产业廊道、京唐秦机器人产业廊道、京张承绿色算力和绿色能源产业廊道以及京雄空天信息产业廊道，并推动产业协同走廊从生产功能导向型向综合导向型转变，实现生产、生活、生态功能的协调发展。

Comparative Analysis of Collaborative Innovation in the Beijing-Tianjin-Hebei and Pearl River Delta Regions

Ye Tanglin, *Liu Zhewei*

Abstract: This essay constructs a collaborative innovation network for the

Beijing-Tianjin-Hebei urban agglomerations and Pearl River Delta urban agglomerations around the innovation ecosystem centered on the "research and development-intermediary-application" cluster. By comparing and analyzing the characteristics and differences in collaborative innovation between the Beijing-Tianjin-Hebei urban agglomerations and Pearl River Delta urban agglomerations, this essay finds that, aside from the intermediary cluster, the Beijing-Tianjin-Hebei innovation cluster does not possess a scale advantage. Both regions show trends of narrowing gaps in status between core cities and hinterland cities, strengthening innovation linkages, and increasing outward innovation activity in hinterland cities. However, the level of collaborative innovation in the Pearl River Delta is ahead of Beijing- Tianjin-Hebei. Through comparison with the Pearl River Delta, this essay identifies shortcomings and issues in collaborative innovation in Beijing-Tianjin-Hebei and clarifies insights into collaborative innovation in the region, focusing on innovation in talent management systems, the implementation of new scientific research models, the cultivation of public service platforms for the transformation of scientific and technological achievements, the construction of park communities supporting advanced manufacturing clusters, and the exploration of building a "two-way enclave" for industrial innovation cooperation.

Keywords: Beijing-Tianjin-Hebei; Pearl River Delta; urban agglomeration; collaborative innovation; innovation ecosystem

图书在版编目(CIP)数据

京津冀产业协同发展理论与实践研究 /《北京社会科学》编辑部主编 . --北京：社会科学文献出版社，2025. 6. --ISBN 978-7-5228-5352-9

Ⅰ. F269. 272

中国国家版本馆 CIP 数据核字第 202578UP74 号

京津冀产业协同发展理论与实践研究

主　　编 / 《北京社会科学》编辑部

出 版 人 / 冀祥德
组稿编辑 / 任文武
责任编辑 / 方　丽
责任印制 / 岳　阳

出　　版 / 社会科学文献出版社 · 生态文明分社（010）59367143
地址：北京市北三环中路甲 29 号院华龙大厦　邮编：100029
网址：www. ssap. com. cn
发　　行 / 社会科学文献出版社（010）59367028
印　　装 / 三河市尚艺印装有限公司

规　　格 / 开　本：787mm × 1092mm　1/16
印　张：33　字　数：496 千字
版　　次 / 2025 年 6 月第 1 版　2025 年 6 月第 1 次印刷
书　　号 / ISBN 978-7-5228-5352-9
定　　价 / 98. 00 元

读者服务电话：4008918866